Beck'scheReihe

BsR 1046

Die Streifzüge durch die frühen Hochkulturen führen in ferne Vergangenheiten, als Geschichte noch nicht Weltgeschichte war und als unabhängig und in verschiedenen Landschaften der Erde Weltreiche entstanden, die nichts voneinander wußten. Vom Beginn der Geschichte bis in unsere Gegenwart suchten die Menschen immer wieder neue Lösungen für gleichartige Ideen und Probleme, wenn es galt, das Miteinander und das Gegeneinander zu organisieren. Welch verblüffende Vielfalt an Wegen die Menschheit in ihrem kulturellen Entwicklungsprozeß beschritten hat, deutet sich in diesem Lesebuch an. Sein geographischer Rahmen umfaßt die Kulturen des Zweistromlandes, den mediterranen Raum und reicht über Europa bis hin nach Mittelamerika und China; zeitlich wird der Bogen von der frühen Geschichte der Menschwerdung und den Jägern und Sammlern der Altsteinzeit über die Großreiche des 3. bis 1. Jahrtausends v. Chr. zwischen Euphrat und Tigris und in Ägypten bis hin zum Staat der Inka gespannt.

Prof. Dr. Heiko Steuer, geb. 1939, ist Direktor des Instituts für Ur- und Frühgeschichte der Universität Freiburg.

Dr. Ulrich Zimmermann, geb. 1950, ist wissenschaftlicher Assistent am Institut für Ur- und Frühgeschichte der Universität Freiburg.

Streifzüge durch die frühen Hochkulturen

Ein historisches Lesebuch

Herausgegeben von
Heiko Steuer und Ulrich Zimmermann

VERLAG C.H. BECK

Mit 23 Abbildungen im Text

Die Deutsche Bibliothek – CIP-Einheitsaufnahme

Streifzüge durch die früheren Hochkulturen:
ein historisches Lesebuch / hrsg. von Heiko Steuer und
Ulrich Zimmermann. – Orig.-Ausg., 2., überarb. Aufl. –
München : Beck, 1997
   (Beck'sche Reihe; 1046)
   ISBN 3 406 41985 2
NE: Steuer, Heiko [Hrsg.]; GT

Originalausgabe
ISBN 3 406 41985 2

2., überarbeitete Auflage. 1997
Umschlagentwurf: Uwe Göbel, München
Umschlagabbildung: Bildausschnitt – Deckel des dritten
mumiengestaltigen Sarges des Tutenchamun
(2. H. 14. Jh. v. Chr.) – Kairo, Ägyptisches Museum.
© Editions Gallimard, Paris 1979.
© C. H. Beck'sche Verlagsbuchhandlung (Oscar Beck), München 1994
Satz: Presse-Druck- und Verlags-GmbH, Augsburg
Druck und Bindung: C. H. Beck'sche Buchdruckerei, Nördlingen
Gedruckt auf säurefreiem, alterungsbeständigem Papier,
(hergestellt aus chlorfrei gebleichtem Zellstoff)
Printed in Germany

Inhalt

V. Symbole der Macht

VI. Feste für die Götter

VII. Macht für die Ewigkeit

VIII. Pyramiden

IX. Herrscher

X. Krieg

XI. Wirtschaft und Alltag

XII. Expansionen

Editorischer Hinweis: Anmerkungen und Quellenhinweise der Originaltexte wurden für diesen Band gestrichen; Textkürzungen und Erklärungen der Herausgeber sind durch eckige Klammern kenntlich gemacht. Quellentexte sind im Kleindruck wiedergegeben.

[...]
„Gilgamesch, wohin läufst du?
Das Leben, das du suchst, wirst du nicht finden!
Als die Götter die Menschheit erschufen,
Teilten den Tod sie der Menschheit zu,
Nahmen das Leben für sich in die Hand.
Du, Gilgamesch – dein Bauch sei voll,
Ergötzen magst du dich Tag und Nacht!
Feiere täglich ein Freudenfest!
Tanz und spiel bei Tag und Nacht!
Deine Kleidung sei rein, gewaschen dein Haupt,
Mit Wasser sollst du gebadet sein!
Schau den Kleinen an deiner Hand,
Die Gattin freu' sich auf deinem Schoß!
Solcher Art ist das Werk *der Menschen!*"
[...]

Aus: Gilgamesch-Epos (etwa 2000 v. Chr.)

Vorwort

Aurelius Augustinus (354–430 n. Chr.) aus Nordafrika schrieb einmal, „daß weder Zukunft noch Vergangenheit sind, und daß man eigentlich nicht sagen kann, es gibt drei Zeiten, Vergangenheit, Gegenwart und Zukunft, sondern daß man …vielleicht sagen muß: es gibt drei Zeiten, die Gegenwart vom Vergangenen, die Gegenwart vom Gegenwärtigen und die Gegenwart vom Zukünftigen… Die Gegenwart des Vergangenen ist Erinnerung, und die Gegenwart des Zukünftigen ist die Erwartung."

Es gibt nur eine Geschichte, so wie es nur eine Menschheit gibt. Unter diesem Aspekt der Einheit, die aus einer erstaunlichen Vielfalt besteht, haben wir die Texte dieses Lesebuchs zusammengestellt, nach Themen gegliedert, die anscheinend regelmäßig zu verschiedenen Zeiten an verschiedenen Orten der Erde für die jeweilige Gesellschaft von Bedeutung waren.

Die „Streifzüge durch die frühen Hochkulturen" führen in ferne Vergangenheiten, als Geschichte noch nicht Weltgeschichte war und als unabhängig und in verschiedenen Landschaften der Erde Weltreiche entstanden, die nichts voneinander wußten. Vom Beginn der Geschichte bis in unsere Gegenwart suchten die Menschen immer wieder neue Lösungen für gleichartige Ideen und Probleme, wenn es galt, das Miteinanderleben und das Gegeneinander zu organisieren. Dabei verblüfft die Vielfalt der Wege, die von der Menschheit beschritten worden ist, und trotz aller Variation begegnet Verwandtes zu allen Zeiten und in jeder Weltgegend.

Geschichte unterliegt einem Verwitterungsprozeß; Vergangenes wird vergessen. Ziel aller Geschichtsschreibung ist es, Erinnerung zu bewahren oder erst zu wecken, sie ist Gedächtnis der Menschheit, und wir wissen heute zumeist mehr über vergangene Epochen, Räume und Ereignisse, als je den Zeitgenossen möglich war, auch wenn es uns verwehrt sein wird, das Bewußtsein der frühen Gesellschaften selbst nachzuempfinden. Je mehr wir über die Vergangenheit erfahren, desto deutlicher wird, daß vor Jahrzehntausenden die Menschen nicht anders fühlten, dachten und planten als in der Gegenwart. Dies wird uns erst in der Gegenwart bewußt, nicht nur durch die Überwindung aller Distanzen im Raum, sondern auch durch die Erschließung ferner Zeiten. Die „Streifzüge" begleiten durch frühe Kulturen, deren Geschichte jenseits geschriebener Texte erschlossen worden ist. Generationen von Forschern haben durch archäologische Ausgrabungen versunkene Kulturen wieder in das Bewußtsein der Menschen zurückgeholt; sie haben untergegangene Sprachen, vergessene Schriften und ganze Archive wieder ans Tageslicht befördert. Die ferne Geschichte, wie sie sich in der Vielfalt früher Kulturen ausdrückt, ist gemeinsames Erbe und wird daher nicht fremd bleiben, wenn man sich mit ihr auseinandersetzt.

Aus dieser Überlegung heraus haben wir versucht, sowohl geographisch und zeitlich als auch thematisch einen möglichst weiten Bogen zu spannen vom alten Mesopotamien und dem mediterranen Raum bis nach Mittelamerika und China; zeitlich reicht er von der frühen Geschichte der Menschwerdung und den Jägern und Sammlern der Altsteinzeit über die alten Großreiche des 3. bis 1. Jahrtausends v. Chr. zwischen Euphrat und Tigris und in Ägypten bis hin zum Staat der Inka, der erst im 16. nachchristlichen Jahrhundert in der Auseinandersetzung mit den europäischen Invasoren unterging. Die über 60 Beiträge dieses Bandes sind in zwölf Kapitel gegliedert, die immer wiederkehrende Strukturen von unterschiedlichen Blickwinkeln aus beleuchten und diachrone und überregionale Vergleiche ermöglichen. So zeigt sich, daß eine Gemeinsamkeit früher Kulturen überall auf der Welt darin besteht, *Schrift* zu entwickeln; dies, obwohl oder gerade weil man sicher sein konnte, daß nur sehr wenige Mitmenschen diese Schriftzeichen schreiben oder lesen würden. Lesen und schreiben zu lernen war anfangs offensichtlich ein Privileg weniger Eingeweihter. Die *Symbole der Macht* wurden zu allen Zeiten und überall monumental gestaltet. Palastanlagen, Tempel oder Skulpturen mußten groß und weithin sichtbar sein, gleichzeitig aber auch unnahbar und Macht demonstrierend. Ähnliches gilt für den Bau von *Pyramiden* und bei den *Festen für die Götter* sowie für Herrschergräber, die mit allem ausgestattet wurden, was zur *Macht für die Ewigkeit* gehörte, die aber oft aus Angst vor Grabschändung und Grabraub möglichst unzugänglich angelegt wurden. Es ist für vergangene Zeiten leider nur die Ausnahme, daß etwas über Einzelschicksale ausgesagt werden kann. Wenn dies möglich ist, dann meist allein über das Leben von Würdenträgern, von *Herrschern*, die über sich selbst, über ihre Taten berichten bzw. berichten lassen. Dabei wird deutlich, daß sie der Nachwelt nur über ihre guten und großen Taten, über Erfolge und militärischen Siege berichtet haben.

Menschen führen *Kriege*, jedenfalls lehren dies Geschichte und Gegenwart, um Macht zu erlangen, diese zu erhalten und auszuweiten. Dabei scheint am Anfang jeder Krieg gerecht und gerechtfertigt, auch wenn er beispielsweise nur dazu dient, genügend Gefangene zu Opferzwecken zu erhalten, wie dies bei den Azteken offenbar der Fall war. Wenn auch immer grausam, menschenverachtend und absurd, der Krieg ist seit Jahrtausenden ständiger Wegbegleiter des Menschen.

Es wird auffallen, daß viel von Macht, Repräsentation und Reichtum die Rede ist. Armut bleibt anonym, und die allgemeinen Lebensrealitäten, *Wirtschaft und Alltag*, spiegeln sich in den wenigen ausgewählten Berichten über Ernährungsgewohnheiten, Produktionsstrukturen, über Handelsverträge, in Beschreibungen von Bergwerken und Rohstoffgewinnung.

Das größte antike Metallgefäß, das bisher in Europa gefunden wurde, der „Krater von Vix", der immerhin 1200 Liter Wein faßt, ist nicht nur eine bemerkenswerte Grabbeigabe für eine Dame fürstlichen Ranges, die im 5. Jahrhundert v. Chr. verstarb; es zeugt auch von politisch-wirtschaftlichen Verbindungen zwischen der keltischen Welt und „Groß-Griechenland", wo das Gefäß aller Wahrscheinlichkeit nach um 520 v. Chr. hergestellt worden ist. Kulturelle Kontakte und wirtschaftlicher Austausch über Völkergrenzen hinweg haben jedoch Bestrebungen, durch militärische *Expansionen* politische und ökonomische Einflußbereiche zu vergrößern, nicht dauerhaft verhindern können. Die sogenannten Seevölker überrennen am Ende des 2. vorchristlichen Jahrtausends den gesamten östlichen Mittelmeerraum; die Kelten dringen im 5. Jahrhundert v. Chr. bis nach Griechenland vor; Hannibal überquert 217 v. Chr. mit rund 40 000 Mann und 37 Elefanten die Alpen und marschiert auf Rom. Später bildet Rom aufgrund seiner militärischen Stärke ein Weltreich vom Zweistromland bis an den Atlantik, von der Sahara bis an die Grenzen Schottlands und integriert Mitteleuropa bis an Rhein und Donau. Schließlich aber wird Varus 9 n. Chr. mit seinen drei Legionen in Innergermanien von einem germanischen Heer unter dem Cheruskerfürsten Arminius vernichtend geschlagen. Mit dieser Niederlage war die weitere Ausbreitung des Imperium Romanum nach Norden endgültig gestoppt.

Die für diesen Band ausgewählten Beispiele expansiver Machtbestrebungen zeigen zumindest zweierlei, daß nämlich zum einen nur wenig und lokal begrenzte Unruhen genügen, um in der Folge eine ganze Region in Flammen aufgehen zu lassen. Zum anderen wird in der heutigen Rückschau auf diese historischen Ereignisse deutlich, daß gewonnene Einheit, erreicht durch militärische Dominanz, niemals von Dauer war und ist.

Geblieben ist wahrlich wenig von den frühen Kulturen; wenn sie auch über Jahrhunderte hinweg blühten, aus unterschiedlichen Gründen und mit unterschiedlichen Folgen verschwanden sie von der Bildfläche der Geschichte. Geblieben sind Sachgüter, vielleicht auch Ideen, vor allem aber Erkenntnismöglichkeiten. Bei kritischer Betrachtung heutiger Verhältnisse im Vergleich zu dem, was die Geschichte zeigt, kann daher durchaus deutlich werden, daß die Vergangenheit nicht gänzlich vergangen, sondern in manchen Aspekten hochmodern ist.

Für das Lesebuch haben wir Berichte und Darstellungen so ausgewählt, daß die Vielfalt der Lebenswelten deutlich wird. Bei dieser Auswahl müssen die Auszüge aus Büchern und Aufsätzen zwangsläufig unterschiedlichen Forschungsstand spiegeln; denn Geschichtsschreibung berücksichtigt nicht nur den wissenschaftlichen Fortschritt, sondern sie hängt auch vom jeweils gegenwärtigen Weltverständnis ab. Immer wieder wollen wir andere Aspekte der Vergangenheit kennenlernen, und es ist allgemein bekannt, daß mit dem Wandel der Gegenwart auch die Geschichte ständig neu geschrieben werden muß.

Freiburg, Mai 1994   *Heiko Steuer, Ulrich Zimmermann*

Abb.1: Flußkiesel aus quarzhaltigem Sandstein mit eingeritzten menschlichen Zügen, der „Adam" genannt wird – Höhe 23,2 cm – Fundstätte Lepenski Vir, Eiserne Pforte, Serbien – Starčevo-Kultur, 6. Jahrtausend v. Chr.

I. Anfänge

Brian M. Fagan
Aufbruch aus dem Paradies

„Und Adam hieß sein Weib Eva, darum daß sie Mutter sei aller lebendigen (Menschen) …". Auch die Urgeschichtsforschung taufte die menschliche Stammutter Eva, zögernd zwar, weil der Name zu Mißverständnissen Anlaß gibt. Die biblische Eva wurde von der hinterlistigen Schlange verführt, kaum eine Woche nach Krönung der Schöpfung. Eva versuchte Adam und lebt in unserer Erinnerung als willensschwache Person. Die Künstler der Renaissance malten eine milchhäutige Schönheit mit betörenden Formen, festgehalten in dem Moment, als sie makellose Äpfel vom Baum der Erkenntnis pflückte. Über die Jahrhunderte hat sich dieses Klischee hartnäckig gehalten: Weich, aufregend langhaarig und stets nackt wohnt Eva, die Frau des Uranfangs, in einem mit verschwenderischer Fülle ausgestatteten Garten Eden, wo Obst das ganze warme Jahr über reift und Gras nie vergilbt.

Die Wissenschaftler kennen ihre Eva nicht annähernd so gut, aber sie vermuten eine schwarzhaarige, muskulöse und dunkelhäutige Frau, die vor etwa 200 000 Jahren in der afrikanischen Savanne lebte. Als Glied einer kleinen Wildbeutergruppe mußte sie stark genug sein, um schwere Lasten, Früchte oder Nüsse zu schleppen und Wildbret mit bloßen Händen aufzubrechen. Weder war sie damals die einzige Frau auf Erden, geschweige die attraktivste, noch nicht einmal die mit den meisten Kindern. Doch war sie sicher die fruchtbarste, vorausgesetzt, man mißt Fruchtbarkeit an der erfolgreichen Weitergabe eines bestimmten Gensets. Die Gene dieser Eva pflanzen sich bis heute fort. Alle fünf Milliarden unserer Art sind Blutsverwandte, Urenkel zehntausendsten Grades der Afrikanerin. Natürlich glaubt keiner der Genetiker, in deren Berechnungen die afrikanische Eva Gestalt annahm, er sei auf das erste weibliche Wesen der

Welt gestoßen. Kontur gewann vielmehr ein Idealtypus – der des gemeinsamen Vorfahren aller modernen Menschen.

Die Suche nach unseren Ahnen hat eine lange Geschichte. Eigentlich beginnt sie mit der Entdeckung eines primitiv aussehenden Schädeldaches 1856 in Deutschland. Die seltsame Kalotte aus dem Neandertal bei Düsseldorf-Mettmann entfachte eine hitzig geführte, wissenschaftliche Kontroverse. Einige Anatomen verwarfen sie als Überbleibsel eines pathologisch Schwachsinnigen. Andere hielten das Schädelfragment für den sterblichen Rest eines Kosaken aus dem Armeekorps des russischen Generals Černičev, der 1814 desertiert sein und sich im Neandertal versteckt haben soll. Dann, in seinem Werk *Man's Place in Nature* (1863), verglich der große britische Biologe Thomas Henry Huxley, „Darwins Bulldogge", die Hirnschale mit den Crania nichtmenschlicher Primaten und denen unserer eigenen Art, *Homo sapiens.* Huxley kam zu dem Schluß, der Neandertaler-Schädel gehöre tatsächlich „einer uralten menschlichen Rasse" an. Und er stellte die „Kardinalfrage ... (nach) der Ermittlung des Ranges, den der Mensch in der Natur einnimmt". Diese Frage beschäftigt die Gelehrten bis zur Gegenwart.

Huxley wagte noch eine weitere Prognose: „Selbst die gemäßigteste Vermutung über das historische Alter des Menschen wird gegenstandslos angesichts der Zeiträume, die uns die Evolution erschließt." Wie recht er hatte! Vielleicht dachte Huxley an Zeiträume von einigen zehntausend Jahren. Heute wissen wir, daß die allerersten werkzeugherstellenden Hominiden vor wenigstens 2,5 Mio. Jahren in Ostafrika auftauchten, und wir überblicken ein Panorama der Evolution, das alles übertrifft, was sich ein viktorianischer Zeitgenosse vorzustellen vermochte.

Das Ehepaar Leakey und die Olduvai-Schlucht, Donald Johanson und Hadar – Namen von Paläoanthropologen und ihrer Wirkungsstätten in Ostafrika, die, dank der in den letzten Jahrzehnten aus Grabungsbefunden gewonnenen

Erkenntnisse über Millionen Jahre alte Urmenschen, weltweit Berühmtheit erlangten. Diese und andere Funde haben uns unsere entferntesten Ahnen nähergebracht. Sie erscheinen im grellen Focus öffentlicher Aufmerksamkeit, während sich die Spurensuche nach jüngeren Fossilien, Überresten unserer unmittelbaren Vorfahren, ohne Mediengetöse vollzieht. Ein romantischer Schleier liegt über den Anfängen der menschlichen Urgeschichte, über dem Bild schweifender Jäger und Sammler in der Weite afrikanischer Savannen vor Millionen Jahren. Die Wirklichkeit ist prosaischer. Wir wissen nun, daß die Urmenschen in ihrem Verhalten viel äffischer gewesen sind, als man früher annahm. Viele Fachleute glauben jetzt, daß erst das Erscheinen anatomisch moderner Menschen, des *Homo sapiens sapiens,* eines Hominiden mit fortgeschritteneren geistigen Fähigkeiten, den größten Entwicklungssprung der Urgeschichte darstellt. [...]

Der Disput um den Ursprung von *Homo sapiens sapiens* wird ebenso kontrovers geführt wie die Debatte über die ersten Schritte der Urmenschheit. Entwickelten sich anatomisch moderne Menschen monolokal oder an mehreren Orten? Falls sich die Menschwerdung regional begrenzt vollzog, wie, wann und warum verdrängten unsere Vorfahren ihre Vorgänger? Begleiteten radikale Verhaltensänderungen den biogenen Wandel? Wie zuverlässig sind die anatomischen, archäologischen und genetischen Belege?

Die Fachwissenschaft teilt sich in der Diskussion über diesen manchmal „Humanrevolution" genannten Abschnitt der Menschwerdung in zwei Lager. Auf der einen Seite sammeln sich die Anhänger der These, daß sich die Menschheit unabhängig voneinander und mehr oder weniger gleichzeitig in verschiedenen Winkeln der Erde – in Afrika, in Asien, in Europa – entfaltete, ungeachtet der Präsenz werkzeugherstellender Urmenschen in Afrika. Die Gegenposition beziehen die, die glauben, daß sich unsere unmittelbaren Vorfahren auf dem schwarzen Kontinent entwickelten und von dort aus alle übrigen Weltgegenden besiedelten. [...]

Homo sapiens sapiens ist der erfolgreichste Hominide, dessen Fähigkeiten die seiner Vorläufer weit in den Schatten stellen. Unsere anatomisch modernen Ahnen waren genauso intelligent und anpassungsfähig wie wir es sind. [...]

Homo sapiens sapiens, das ist der Schlaue, das vernünftige Wesen – ein Tier, fähig zur Heimtücke, zur Manipulation, zur Selbsterkenntnis. Was eigentlich trennt uns wirklich von den Mitgeschöpfen, worin besteht die Gabe, die uns die Arroganz verleiht, uns als einsichtig und weise über alle Kreaturen zu erheben?

Der auffälligste Unterschied zwischen uns und anderen Arten liegt in der Fähigkeit, Werkzeuge zu entwerfen und anzufertigen, in unserem Sprachvermögen und unserer Selbstreflexion, in unseren intellektuellen und schöpferischen Leistungen sowie in dem Bereich, den man salopp als „Psyche" bezeichnen könnte.

Schimpansen, unsere nächsten nichtmenschlichen Verwandten, fabrizieren ebenfalls Geräte, doch sind die von ihnen gebastelten Stöckchen, mit denen sie in Termitenbauten angeln, nur ein dürftiger Abklatsch der verwirrenden Vielfalt an Artefakten, die der menschliche Genius hervorbringt. Die Herstellung von technischen Hilfsmitteln mit großer Anwendungsbreite, nicht nur die Fertigung von Gerätschaften für einen eher beschränkten Zweck, ist allein dem Menschen möglich. Seine allerersten Artefakte waren einfache Stöcke, Geröllsteine und grobe Faustkeile. Diese rohen Werkzeuge jedoch stehen an der Schwelle einer Entwicklungskette hin zu unserer neuzeitlichen Hochtechnologie. Verfügten morphologisch moderne Menschen über besondere Fertigkeiten bei der Herstellung funktionaler Objekte, die ihnen – als kulturelle Morgengabe in die Wiege gelegt – einen Selektionsvorteil gegenüber früheren Menschenformen verschafften? Die jahrhunderttausendealte Tradition der Steinbearbeitung nimmt in unserer Geschichte aus gutem Grund breiten Raum ein.

Es gehört zum menschlichen Wesen, daß individuelles

Verhalten von bestimmten Mechanismen modelliert und ge-
regelt wird. Der wohl wichtigste Regelschalter ist die Sprache. Wir kommunizieren, erzählen Erfundenes und Über-
liefertes, geben Kenntnisse und Ideen weiter, alles über das
Medium Sprache. Wenn wir aus irgendeinem Grund nicht
reden können oder dürfen, fühlen wir uns ausgegrenzt, ge-
sellschaftlich kaltgestellt. Außer dem Menschen verfügen
auch die anderen Primaten über eine nuancenreiche akusti-
sche Kommunikation, ohne allerdings volle Sprachfähigkeit
zu erreichen. Wann also und wie erwarben Hominiden ihr
Vermögen zu artikulierter Rede? [...]

Bewußtsein, Kognition, Selbsterkenntnis, Vorausschau
und die Gabe, sich mitzuteilen oder anderen Gefühle vermitteln zu können, bilden Voraussetzungen der sprachlichen Entfaltung. Sie sind mit weiteren Attributen eines wachen Geistes gekoppelt: der Fähigkeit zu sinnbildlichem
und transzendentalem Denken, das über Subsistenzsiche-
rung und materielle Ausgestaltung des Alltags hinausgreift
zu den Grenzen der Existenz, zu dem Netz zwischen Indi-
viduum, Gruppe und Universum. In allen Kulturen verarbeitet man solche Themen in Kunst und Religion. Wann
reiften diese Formen abstrakter Kreativität und die Vorstellungen vom Jenseitigen? Die steinzeitlichen Bildergrotten
Westeuropas sind weltberühmt. Wisente und Wildpferde
stürmen über die Wände der Höhlen von Lascaux in Südfrankreich und Altamira in Nordspanien. Gezeichnete oder
eingeritzte Figuren und Symbole finden sich aber auch unter australischen, tasmanischen und südafrikanischen Fels-
schutzdächern. Begleiteten künstlerische und spirituelle Be-
gabungen erst den *Homo sapiens sapiens* oder materialisier-
ten sie sich bereits bei seinen Vorgängern?

Erblühtes schöpferisches Gestalten, die Ausbildung einer
Vollsprache und ausgereifte Werkzeugherstellung dürfen als
Siegel des Menschseins gelten. Ausgerüstet mit diesen Seg-
nungen kolonisierten unsere Vorfahren die Ökumene. Wider die Unbilden eines sich stetig wandelnden Klimas voll-

zog sich eine Revolution – zu einer Zeit, da die Welt ganz anders als heute aussah.

[...] Wo aber stand die Wiege des *Homo sapiens sapiens*? Betrat er die Weltbühne relativ spät und räumlich eingrenzbar – wieder in Afrika –, oder entwickelte er sich davor in multiregionaler Evolution aus verschiedenen frühmenschlichen Populationen? Der Streit kann nicht auf Grundlage des Fossilmaterials allein entschieden werden, auch nicht ausschließlich anhand genetischer Fakten. Die Hilfe vieler weiterer wissenschaftlicher Disziplinen ist nötig, um unseren Ahnen auf die Spur zu kommen.

Die ersten werkzeugbesitzenden Hominiden erschienen vor 2,5 Mio. Jahren in Ostafrika. Unklarheit besteht darüber, ob einige von ihnen nach Asien auswanderten, oder ob dies erst dem Frühmenschen gelang, der vor 1,6 Mio. Jahren den *Homo habilis* ablöste. Frühmenschen waren morphologisch moderner als ihre Vorgänger. Sie zähmten das Feuer, jagten und betrieben Sammelwirtschaft. Ansätze zu artikulierter Rede sind wahrscheinlich. Vermutlich gab es zwei frühmenschliche Formenkreise: den in Ost- und Südostasien lebenden *Homo erectus* sensu stricto, der vielleicht von dem unscharf konturierten *Homo (habilis) modjokertensis* abstammt, und seinen westlichen Verwandten, der Afrika, Europa und Vorderindien bewohnte. Nur wenige zehntausend Individuen verloren sich damals in der Welt. Ganze Erdteile – Amerika und Australien – waren menschenleer. Auch die Nordhälfte Eurasiens blieb vorläufig verwaist, denn es fehlte am technologischen „Know-how", kalte Klimazonen zu kolonisieren. [...]

Noch vor 50 000 Jahren bewohnte die Jetztmenschheit ausschließlich warme und gemäßigte Breiten. Nördlich davon erstreckten sich vom Atlantik bis über den Ural hinaus hügelige Ebenen und Mittelgebirge. Gletscher schnürten diesen Lebensraum ein, und es herrschte große Kälte. Kurz vor 40 000 Jahren scheint *Homo sapiens sapiens* hierher gefunden zu haben, während einer etwas milderen Phase der

Weichsel/Würm-Eiszeit. Die Verbreitung jungpaläolithischer Kultur und ihrer Träger, der Cro-Magnon-Menschen, läßt sich, ausgehend von Südosteuropa entlang der Donau nach Westen, gut verfolgen. Um 30 000 vor der Gegenwart war die Landnahme zu Lasten der eingeborenen Neandertaler abgeschlossen. Die Altmenschen wurden verdrängt oder von den Neuankömmlingen assimiliert. Schon vor 35 000 Jahren hatten sich anatomisch moderne Menschen in der Ukraine, an den Flußtälern von Dnjepr und Don niedergelassen, noch ehe die Vereisung zwischen 20 000 und 18 000 Jahren ihrem Höhepunkt zustrebte. Danach setzte die Blüte jungpaläolithischer Jägerkulturen in Europa ein. Mit Recht rühmt man ihre großartigen künstlerischen Leistungen, aber auch ihr Vermögen, sich auf die arktischen Verhältnisse ringsum optimal einzustellen. Der Mensch erweiterte seinen geistigen Horizont und entwickelte neues Gerät. Die Erfindung der Nähnadel beispielsweise ermöglichte die Anfertigung geschneiderter Kleidung, ein nicht zu unterschätzender Vorteil in klirrender Kälte. Mythos und Kunst verschmolzen zu einem reichen Kanon religiöser Symbolik, die sich den Gläubigen in geheimnisvollen Zeremonien offenbarte.

Denis Vialou

Der Mensch und sein Spiegel

An den dahingesagten Bezeichnungen „Göttinnen-Mütter", „Idole" erweist sich unsere sprachliche Ratlosigkeit, wenn wir die vorgeschichtlichen „Venus"-Gestalten und insbesondere die paläolithischen, in Stein und Elfenbein eingeritzten und geschnitzten Frauenbilder erklären und verstehen wollen. Aber wie soll man sie beschreiben, ohne auf die künstlerischen Regeln des Praxiteles zurückzugreifen, die unsere Darstellungen des weiblichen Körpers bestimmen? Wie sollte man ihren Symbolgehalt erfassen, ohne die wechselnde Stellung der Frau in den gegenwärtigen, vergangenen und primitiven Gesellschaften zu berücksichtigen? Dank neuerer Entdeckungen wissen wir mehr über die paläolithischen Figuren und die Rollen, die ihnen unter bestimmten Umständen zufielen.

Unter dem „Facteur" genannten Felsüberhang von Tursac im Périgord kam bei Ausgrabungen einer Wohn- und Werkstätte aus dem Gravettien, in denen Stein und Knochen bearbeitet wurden, die berühmte Venus zutage. Für ihren Aufenthalt unter den Sterblichen hatte man ihr einen Platz außerhalb des Wohnbereichs, nahe an der Felswand zugewiesen und ihr den frisch abgeschnittenen Fuß eines Wisents vorgelegt. Bei neueren Ausgrabungen in den weitläufigen Freilandstationen aus dem Gravettien von Dolní Věstonice und Pavlov in Mähren wurde ebenso wie bei Grabungen in der Ukraine und Sibirien [...] ein enger Zusammenhang zwischen Menschen- und Tierfiguren mit den Wohnstätten aufgezeigt. Menschen und Bilder lebten im Alltag zusammen, als dürfte das Verherrlichte und Geheiligte nicht aus dem Träumen und Wachen der Jäger ausgegrenzt werden. In den Lagerplätzen von Avdeevo und Gagarino waren Elfenbeinstatuetten einzeln oder in Gruppen in kleinen, in den Boden eingetieften Gruben sogar innerhalb des Wohnbereichs aufgestellt. Auch in der ukrainischen Freilandstation von Mezin, die während des Magdalénien genutzt wurde, entdeckte man die fast bis zur Unkenntlichkeit stilisierten und mit aufwendigen geometrischen Mustern geschmückten Frauenfiguren zusammen mit anderen, abstrakt verzierten Kleinfunden und mit linear bemalten Mammutknochen mitten im Wohnplatz. Daß man die Frauenfiguren ebenso wie knöcherne und steinerne Bildträger mit nichtfigürlichen, linearen Motiven ausschmückte, zeigt, daß man beim Dekor der Venus-Gestalten keine Ausnahmen machte. Möglicherweise legten ihre Formen, mit denen man keinerlei anatomisch genaue Wiedergabe beabsichtigte, ein solches Verfahren nahe. Auch an anderen Wohnplätzen aus dem Magdalénien blieben stark stilisierte Frauenstatuetten mitten unter anderem beweglichem Hausrat erhalten. Zusammen mit Gegenständen, in die männliche und weibliche Sexualsymbole und Pferde graviert sind, wurden in Oelknitz in Thüringen zwei elfenbeinerne Frauenumrisse entdeckt, die schlagend an drei scherenschnittartige Elfenbeinplättchen in Frauengestalt aus Nebra erinnern, aber auch an die Figuren aus Elfenbein, Rentiergeweih oder Schiefer aus der rechtsrheinischen Freilandstation von Gönnersdorf (Kreis Neuwied). Hier waren gegen Ende des Magdalénien Zelte aufgestellt, die zahlreiche Schieferplatten enthielten. In sie sind Hunderte von schematisierten Menschen- und Tierumrissen, vor allem von Pferden und Mammuten, übereinander graviert. In diesem Liniengewirr sind Frauenumrisse im Stil der scherenschnittartigen weiblichen Figuren am häufigsten vertreten. Unwillkürlich fühlt man sich an die Ritzdarstellungen auf den Blöcken und Platten aus Kalkstein in der Höhle von La Marche (Vienne) erinnert, aber dort fanden sich aus dem Magdalénien keine vollplastischen Frauenstatuetten. Alle gravettien- oder magdalénienzeitlichen Frauenfiguren, deren Fundumstände gut dokumentiert sind [...], stammen aus Siedlungen und gehören in den Rahmen alltäglicher Tätigkeiten. Einige dienten als Kultobjekte, wie die für sie ausgehobenen Gruben, ihr besonderer Standort oder die ihnen vorgelegten Opfer bezeugen.

Man kann für Männerfiguren nicht generell feststellen, in welcher Beziehung sie zu Wohnbereichen stehen; denn während man Dutzende von Venus-Gestalten kennt, sind männliche Statuetten selten. Es gibt aber wenigstens zwei Exemplare, bei denen die Fundumstände ihren symbolischen Stellenwert für abgegrenzte kulturelle Gruppen erkennen lassen. Auf merkwürdige Weise nimmt der Löwenmensch von der Höhle vom Hohlenstein bei Ulm die Symbolik vorweg, die sich unter den ägyptischen Dynastien einbürgern sollte. Vor nahezu 32 000 Jahren haben Künstler im Aurignacien diese überaus symbolträchtige Gestalt geschaffen, in der sich menschliche und tierische Wesenszüge verbinden. Die Figur wurde sodann im rückwärtigen Teil der Galerie, im Stadel, hinter dem Wohnbereich aufgestellt und erhielt damit ihren Platz im unterirdischen Halbdunkel, nicht am Wohnplatz, der sich zum Freien hin öffnet. Schon im letzten Jahrhundert (1891) wurde in der tschechoslowakischen Stadt Brünn ein Einzelgrab entdeckt, das vermutlich in das Gravettien (das mährische Pavlovien) zu datieren ist. Es enthielt auffällige Beigaben, darunter eine einzigartige Männerstatuette. Der Tote, dessen Schädel fast vollständig erhalten blieb, lag in einer Grube auf einem Bett aus Kieselsteinen. Um ihn herum waren die Stoßzähne und Knochen eines Mammuts, der Schädel eines Rhinozeros', ein unvollständiges Rentiergeweih, Steine, Hunderte von Zähnen, Elfenbeinsplitter und 14 runde Scheiben (mit Durchmessern bis zu 6 cm) aus Stein, Elfenbein, Knochen und aus dem Backenzahn eines Mammuts gruppiert. Die Hälfte der kleinen, polierten Scheiben ist entlang dem Rand eingekerbt. Die Männerstatuette aus Elfenbein besteht wie eine Gliederpuppe aus mehreren Teilen. Ihr birnenförmiger Kopf (7 x 6 x 5,5 cm) trägt ein unergründliches Gesicht zur Schau. Nach dem bruchstückhaft erhaltenen Körper (13,5 x 5 x 4 cm) läßt sich das Stück als Männergestalt deuten; denn Brüste sind nicht erkennbar, und ein knopfförmiger Vorsprung weist auf das männliche Geschlecht hin. Von den Gliedmaßen hat nur ein Arm (10 x 3 x 2,5 cm) die Zeit überdauert. Er ist zur Befestigung am Körper durchbohrt, und entsprechend wird man auch die Zapfenlöcher unter dem Kopf und am Rumpf benutzt haben.

Aus dem Fund dieser „Puppe" in der Nähe eines Toten und dem anderer Statuetten innerhalb von Wohnbereichen werden für die Figuren Funktionen erkennbar, die mit nicht-alltäglichen Zeremonien (Bestattungen) oder ständig wiederholten Riten im Gemeinschaftsleben bestimmter Gruppen zusammenhingen. Das legen jedenfalls die Grabungsergebnisse aus den großräumigen Freilandstationen Mittel- und Osteuropas und von den gewaltigen Felsüberhängen Westeuropas nahe. Bisweilen wurden Tier- und Menschenstatuetten auch gemeinsam in Siedlungen gefunden, etwa in Kostjenki, Dolní Věstonice oder Laugerie-Basse. Tierfiguren allein kommen ebenfalls an Wohnplätzen vor; doch ist für sie die symbolische Einbeziehung in das Alltagsleben weniger deutlich ausgeprägt als für Menschenstatuetten. Man kann hierfür auf Beispiele aus dem westlichen Magdalénien in Duruthy (Landes), Isturitz, Lourdes (Pyrenäen) oder Saint-Cirq (Dordogne) verweisen. Unter den menschengestaltigen Statuetten wurden die Venus-Figuren vor allem im Gravettien idealisiert wiedergegeben. Ihre stilistische Gestaltung und kultische Bestimmung trafen sich in der Absicht, die Nachzeichnung des äußeren Erscheinungsbilds zum Ausdruck des inneren Gehalts werden zu lassen. Man hat zu diesem Zweck keine plastischen Veränderungen vorgenommen, sondern gestaltete den Gegenstand als eine grundlegende Idee, indem an die Stelle des Frauenbilds die weiblichen Wesensmerkmale traten. Dies alles vollzog sich nicht in Träumen, sondern mitten in der Welt der Jäger, in der die wärmenden Flammen der nächtlichen Feuer flackerten.

Venceslas Krůta

Gesichter ohne Körper

Die außergewöhnliche Fundstätte Lepenski Vir liegt in beherrschender Lage auf dem rechten Ufer der Donau bei der Eisernen Pforte. Die neolithische Bevölkerung, die sich im 6. Jahrtausend v. Chr. hier aufhielt, ernährte sich im wesentlichen vom Fischfang und befand sich vermutlich noch im Übergang von der mesolithischen zur neolithischen Lebensweise mit Ackerbau. Da es in der Umgebung nichts Vergleichbares zu den Funden am Ort gibt, werden sie unterschiedlich gedeutet. Die Menschen hatten aus Steinen Plattformen errichtet, die Trapeze beschrieben. In ihrer Mitte befand sich jeweils eine Feuerstelle, unter der man Bestattungen vorgenommen hatte. Die ausgegrabenen Tierreste stammen überwiegend von Fischen und Hunden und können kaum als Abfälle einer einstmaligen Siedlung gelten, sondern eher als Reste, die von rituellen Praktiken herrühren. Einige Forscher nehmen deshalb an, daß man es hier mit einem Begräbnisplatz oder einem Heiligtum und nicht mit einem bewohnten Ort zu tun habe.

In der Fundstätte entdeckte man eine Reihe seltsam verzierter Flußkiesel, in die man andeutungsweise menschliche Gesichter eingeritzt hatte. Einige von ihnen sind mit Zügen ausgestattet, die stark an von vorn gesehene Fische erinnern, da ihr leicht geöffneter Mund von einem fortlaufenden Wulst umgeben und gerundet ist und auch ihre Augen kreisförmig sind. Da man die Kieselform insgesamt unverändert beließ, war es keineswegs einfach, diese Wirkung zu erzielen. Bei einigen Exemplaren sind freilich auch ein Hals und obere Gliedmaße angegeben. Zumindest teilweise hat man also die Darstellungen auch mit menschlichen Merkmalen versehen. Offen ist, ob man diese Mischform beabsichtigt hatte und eine Beziehung zwischen den dargestellten Wesen und dem Element des Wassers in Form eines „Fischmenschen" aufzeigen wollte, der dann wohl als Flußgottheit von Menschen verehrt worden wäre, die ihren Lebensunterhalt mit Fischfang bestritten. Dabei sollte man die Wellenlinien nicht übersehen, die bei einigen Gesichtern auf den Kieseln hinzukommen und symbolisch Wasser andeuten könnten.

Die Kieselkunst von Lepenski Vir steht bislang völlig isoliert in ihrer Umgebung, und als der Ort verlassen wurde, brach sie ab und wurde in der Gegend anscheinend nicht fortgesetzt.

Unter dem Fundmaterial vom Felsüberhang Gaban im norditalienischen Trentino kommen jedoch vergleichbare Stücke vor, und auch zu ihnen gibt es in ihrer Umgebung keine Parallelen. Diese Übereinstimmung mit dem Befund in Lepenski Vir dürfte kaum zufällig sein; denn der Felsüberhang Gaban dürfte ebenso wie Lepenski Vir eine mesolithische Gruppe beherbergt haben, die sich an die neue Entwicklung noch nicht angepaßt hatte. Anders als die neolithischen Bauern ernährten sich die Menschen noch hauptsächlich vom Jagen und Fischen. Als Bildträger benutzten sie längliche Kiesel, in die sie skizzenhaft menschliche Antlitze einritzten. Ihnen gaben sie den gleichen runden Mund und die gleichen runden Augen, außerdem fügten sie abstrakte Motive hinzu. Ein weiteres Fundstück vom Ort beweist, daß hier keine zufällige Ähnlichkeit besteht, sondern ein festgeprägter Stil. Dabei handelt es sich um ein Stück von einem menschlichen Oberschenkelknochen, das man vielleicht als Musikinstrument gebrauchte und das auf dieselbe Weise verziert war.

Diese Beobachtung ist deshalb besonders wichtig, weil der Bildtyp, dessen Kennzeichen ein schematisch skizziertes Gesicht war, zu dem meist einige Strichornamente hinzukamen, die häufigste zeichnerische Ausdrucksform in der neolithischen und chalkolithischen Kunst Südwesteuropas darstellte. Sie war demnach in den Gebieten verbreitet, in denen die neolithische Kultur nur langsam Fuß faßte, da die ansässige Bevölkerung die neuen Lebensformen anscheinend nur zögernd übernahm.

Rein formal betrachtet, besteht ein scharfer Kontrast zwischen den Menschenbildern, bei denen die ausdrucksstarke Andeutung von Gesichtern im Vordergrund steht, und dem in der Donaukultur vorherrschenden Typ, bei dem der Körper Vorrang vor dem Gesicht hatte, das oft ganz fehlte oder kaum angegeben war. Bei letzteren hat man die Geschlechtsmerkmale betont, während sie bei den Gesichtsdarstellungen nicht angedeutet wurden, wenigstens nicht in ausgeführter, anatomische Details nachzeichnender Form. Bei ihnen hat man statt dessen die Augen hervorgehoben, mit denen der Mensch mit seiner Umgebung Verbindung aufnimmt und durch deren Blick sich lebende Wesen von Toten mit leeren und starren Augen unterscheiden.

Nach alledem ist nicht anzunehmen, daß die Vorstellungen, die beide Bildtypen erkennen lassen, miteinander verwandt waren. Sie dürften vielmehr zwei unterschiedliche Traditionen widerspiegeln, von denen die eine mit den bäuerlichen Siedlern im Donauraum, ihren Nachkommen und ihnen angepaßten einheimischen Gruppen zu verbinden ist, die andere mit mesolithischen Gesellschaften, die sich erst im Übergang zur neolithischen Lebensweise befanden oder sie übernommen hatten, ohne direkt von der Besiedlung des Donauraums beeinflußt worden zu sein. Auf zwei deutlich voneinander abgegrenzte Gebiete lassen sich beide Bildtypen freilich nicht verteilen, statt dessen sind sie bisweilen in derselben Gegend neben- oder nacheinander bezeugt. Aus der Summe der Belege, die sich über mehr als zwei Jahrtausende erstrecken, ergibt sich aber, daß man in beiden Hauptströmungen des europäischen Neolithikums diese zwei Darstellungsformen unterschiedlich schätzte, was aber trotzdem nicht ausschließt, daß sie eng nebeneinander bestehen konnten.

Hartwig Cleve

Die Last der Arbeit

Die kulturelle Entwicklungsstufe des anatomisch modernen Menschen am Ende des Pleistozän und am Beginn des Holozän, oder in der Nacheiszeit, war die des Jägers und

Sammlers. Der Übergang von dieser „aneignenden" Wirtschaftsweise der Jäger und Sammler zu einer „produzierenden" Wirtschaftsform, für die Tiere „domestiziert" und Pflanzen „kultiviert" wurden, also Nahrungsmittel nicht erbeutet, sondern produziert werden, wird seit Gordon Childe (1936) „neolithische Revolution" genannt.

Die Einteilung der kulturellen menschlichen Entwicklung in verschiedene Stufen oder Phasen ist natürlich nicht eine Errungenschaft unseres Jahrhunderts; schon bei dem Aristoteles-Schüler Dikaiarchos finden wir um 300 v. Chr. die Stufung in den Urzustand, in dem alles von selbst wächst und der Mensch noch keine Tiere tötet, entsprechend dem paradiesischen Zustand des Alten Testaments, der in den Mythen vieler Völker vorkommt. Diese Stufe dürfte eher eine unserer Wunschvorstellungen widerspiegeln, als dem geschichtlichen Ablauf entsprechen; es folgt die Stufe der Jäger und Nomaden, gemeint sind die nomadischen Hirten; schließlich die Stufe des Ackerbaus und der Seßhaftigkeit. Dieses Schema wurde später in die Dreistufentheorie umgewandelt mit der Folge: Jäger – Hirten – Akkerbauern. Die Einteilung Stein-, Bronze- und Eisenzeit gibt den Ablauf der Werkzeug- und Materialentwicklung im Norden Europas wieder. In anderen geographischen Regionen und Kulturkreisen sind andere Perioden unterschieden worden. Die Entwicklung vom System der Jäger und Sammler zur Gesellschaft mit Viehzucht und Ackerbau ist ein Vorgang, der sich in der Vor- und Frühgeschichte des Menschen mehrfach abgespielt hat und deshalb einen generellen Charakter aufweist, so daß der Begriff der neolithischen Revolution begierig aufgegriffen wurde, um die damit verbundenen Umwälzungen zu erkennen und zu beschreiben. Es handelt sich natürlich *nicht* um eine Revolution, sondern um einen Jahrtausende währenden Prozeß der Wandlung. [...]

Die neolithische Revolution beinhaltet eine Entwicklung, die uns heute noch zur Last fällt: das Erbringen regelmäßiger Arbeitsleistungen. Mit der Hege und Pflege der Tiere, der Aufarbeitung ihrer Produkte, mit der Feldarbeit, mit Rodung, Saat, Wachstumspflege und Ernte, mit Vorratshaltung und Vorbereitung der Nahrungsmittel zum Verbrauch sind Mühsal und Plage zum Bestandteil unserer Existenz geworden. Es soll damit nicht gesagt werden, daß es ein reines Vergnügen ist, z.B. in der Kalahari-Wüste für sich und seine Horde ausreichend Nahrungsmittel zu erjagen und zu sammeln. Immerhin, für die Buschmänner des Stammes !Kung San hat man für die Männer eine wöchentliche Arbeitszeit von 22, für Frauen von 13 Stunden ermittelt. Kinder bis zu 15 Jahren und Greise über 60 brauchen nicht zu arbeiten, sie werden mitversorgt, machen allerdings auch nur 10% dieser Bevölkerung aus.

Der Beginn der Haustierhaltung liegt im dunkeln, sie setzte vermutlich vor 12 000 bis 10 000 Jahren ein. Ausgelöst wurde diese für den Menschen ganz neue Betätigung wahrscheinlich durch die veränderte Versorgungslage, die mit der Änderung des Klimas im ausgehenden Pleistozän einherging. Der Eiszeitmensch deckte einen großen Teil seines Nahrungsbedarfes durch die Jagd. Mit dem Zurückweichen der geschlossenen Eisdecke breitete sich die Vegetation aus, und es entstanden weite Räume, auf die sich das Wild verteilte. Hinzugetreten ist vielleicht eine Verminderung des Wildbestandes durch Überbejagung bzw. die Anwendung verschwenderischer Jagdmethoden wie das Anlegen von Steppenbränden, das Treiben der Tiere in Fallen oder über Felsklippen in Abgründe. Es ist wahrscheinlich, daß zu dieser Zeit der Jagderfolg unsicherer und die Jagdbeute karger wurde. Der Zwang zur Nahrungsbeschaffung dürfte der Anreiz zur Domestikation gewesen sein.

Die ersten Haustiere waren sehr wahrscheinlich in Südostasien Schaf und Ziege. Wer von den beiden, Schaf oder Ziege, zuerst domestiziert wurde, ist nicht entschieden, da die Zuordnung von Skeletteilen bei diesen beiden Tieren schwierig ist. Auch Schaf und Ziege unserer Tage unterscheiden sich voneinander nur in wenigen Knochen. Die ältesten Fossilbelege sind die Reste eines Schafes in Zawi Chemi im Irak vor 11 000 bzw. 10 800 Jahren, die Reste einer Ziege aus Asiab in Vorderasien auf 10 050 Jahre datiert und die Reste eines Schafes in Argissa-Magula in Griechenland mit einem Alter von 9200 Jahren. In den darüberliegenden Schichten von Argissa-Magula finden sich etwa 9000 Jahre alte Skeletteile von Rindern und Schweinen. Hauspferde traten erst später in Erscheinung; als Wildpferde wurden sie gejagt, wie schon Höhlenmalereien zeigten; die ältesten Funde domestizierter Pferde stammen aus der Ukraine, aus Derejevka, und haben ein Alter von 6350 Jahren. In Mitteleuropa ist wahrscheinlich der Hund das erste domestizierte Tier. Der älteste Fund in Europa stammt aus Star Carr, Großbritannien, mit einem Alter von 9500 Jahren. [...]

Haustierhaltung und Anfänge einer Tierzüchtung mit dem Ziele, Tiere mit bestimmten Merkmalen zu erhalten, sind vermutlich älter als die fossilen Belege. Die Tierhaltung erfolgte zunächst zur Gewinnung von Nahrungsmitteln, d. h. zur Fleischproduktion, zur Gewinnung von Milch. Erst später erfolgte die Fellverwertung, die Gewinnung der Wolle von den Schafen. Noch später schließlich wurden Tiere zum Tragen, zum Ziehen, zum Reiten eingesetzt. Die ältesten Reiterdarstellungen stammen aus dem südwestlichen Iran, Ritzzeichnungen auf Knochen, die knapp 5000 Jahre alt sind. Etwas älter ist anscheinend die Verwendung von Tieren als Zug- und Tragtiere.

Man nimmt heute an, daß Tierhaltung und Tierzüchtung, daß das Halten von Haustieren und von Tierherden etwas älter sein dürfte als der Anbau von Pflanzen. Der Viehzüchter und der Halter von Tierherden dürfte in der Menschheitsgeschichte älteren Datums sein als der Ackerbauer. Der Beweis für diese These ist schwierig, da Fossilien, Artefakte und künstlerische Darstellungen bislang eindeutige Belege nicht lieferten.

Die Kultivierung wild wachsender Pflanzen hatte noch tiefgreifendere Folgen als die Domestikation der Tiere, denn sie zog die Entwicklung mehrerer Industrie-Zweige nach sich: die Herstellung von Ackerbaugeräten, von landwirtschaftlichen Transportmitteln und Fahrzeugen, von Vorratsgefäßen und Vorratskammern, von Bewässerungsanlagen, von Terrassenbauten und anderem, bis zur Nahrungsmittelverarbeitung.

Die systematische Nutzung der Pflanzen begann wahrscheinlich mit dem Sammeln wild wachsender Pflanzen und der Aussaat an ausgewählten Stellen.

Am Anfang des Weges von der Wildpflanze zur Nutzpflanze stand der „Hackbau" oder „Pflanzbau" als älteste Form der Bodenbearbeitung: das Stechen von Saatlöchern mit zugespitzten Hölzern, das Auflockern des Bodens während des Heranwachsens der Pflanzen mit Astgabeln oder gekrümmten Hölzern. Zum systematischen Auswählen der Pflanzen und dem Anbau an für geeignet gehaltenen Stellen trat später das Kreuzen von Pflanzen hinzu. Der entscheidende Übergang wurde mit dem Gewinnen von anbaufähigen Getreidepflanzen aus Wildgräsern erzielt.

Die Kultivierung der Pflanzen gelang in verschiedenen Zentren: in Vorderasien vom östlichen Mittelmeerraum bis zum Zwei-Strom-Land, in Südost- und Ostasien und in Meso- und Südamerika. Jedes dieser Zentren brachte charakteristische Kulturpflanzen hervor.

Gerste und Weizen stammen aus Westasien und sind vermutlich bereits 11 000 Jahre alt. Die Gerste stammt aus Kreuzungen verschiedener Wildpflanzen, die z. T. noch heute im Vorderen Orient, z. B. in Israel, zu finden sind. Weizen entstammt der Kreuzung zweier Wildformen, Einkorn und Emmer, die bereits vor 10 000 Jahren im Nahen Osten vorkamen. Aus dem westasiatischen Zentrum stammen ferner Erbsen, Linsen, Feigen, Aprikosen, Mandeln, Walnüsse, Oliven, Pistazien und Weintrauben.

In Ostasien wurden verschiedene Hirse-Arten gezüchtet,

vor etwa 6000 Jahren, die dann ihren Zug nach Westen antraten. Reis wurde erst später gewonnen. Reis benötigt schwere Böden und feuchtheißes Klima. Sein systematischer Anbau in China ging mit der Entwicklung von Terrassenböden und Bewässerungsanlagen einher. Aus Südostasien stammen ferner Sojabohnen, Zuckerrohr u. a.

Aus Mittel- und Südamerika stammen die Kartoffeln und der Mais. Kartoffeln werden in den Anden seit rund 4000 Jahren gezüchtet. Der Ursprung des Mais hingegen ist rätselhaft, da eine Wildpflanze, auf die man ihn zurückführen könnte, nicht mehr existiert. Der Mais bedarf des Menschen für seine Aussaat: die die Maiskörner enthaltenden Kolben sind in eine Blatthülle eingeschlossen, die von Menschenhand entfernt werden muß. Man nimmt an, daß die ursprünglichen, hypothetischen Maisgräser ausgestorben sind. Sie hatten wahrscheinlich die Eigenschaft, sich natürlicherweise besonders leicht mit anderen Wildgräsern zu kreuzen, wie mit den noch existierenden Wildgräsern Teosinte, den Gama-Gräsern und anderen Grasarten. Vermutlich ist der Mais zuerst in Mittelamerika, in Mexico, kultiviert worden. In Mesoamerika wird den ältesten Funden von Maiskolben ein Alter von etwa 7000 Jahren zugesprochen; einige in Peru aufgefundene alte Maiskolben werden auf ein Alter von 6300–4800 Jahre geschätzt; sehr alte Funde verschiedener Stätten in Ecuador weisen ein Alter von bis zu 5000 Jahren auf. Aus Mesoamerika stammen Avocado, Bohne, Tomate, Kürbisgewächse, Gurke und Erdnuß sowie Kautschuk und schließlich Kakao und Tabak.

Afrikanischen Ursprungs sind Banane, Kaffee, Öl- und Dattelpalme. Baumwolle wurde sowohl im Indus-Gebiet wie auch in Nordperu gepflanzt, an beiden Orten vor etwa 5000 Jahren. [...]

Die Verarbeitung der pflanzlichen Nahrungsmittel, z.B. durch Backen und Kochen, läßt sich bislang auf ihre Anfänge nur unvollständig zurückverfolgen. Diesem Gegenstand wird bei den Ausgrabungsarbeiten früher menschlicher

Siedlungen und Städte besondere Aufmerksamkeit gewidmet.

Die Kultivierung von Getreidearten aus Wildgräsern war ein Vorgang, der nicht nur den Fortgang des Ackerbaus nachhaltig beeinflußte, sondern für die Entwicklung der Menschheit überhaupt tiefgreifende Folgen hatte: Mit den Getreidearten war ein Grundnahrungsmittel gewonnen, mit dem Vorratswirtschaft betrieben werden konnte und somit die Versorgung mit Nahrungsmitteln auch für eine größere Zahl von Menschen auf eine gesicherte Grundlage gestellt werden konnte. Mit der Vergrößerung der Anbauflächen konnten ständig Ernteüberschüsse erwirtschaftet werden, so daß Nahrungsmittel als Handelsobjekte Verwendung finden konnten. Es waren mit der Sicherstellung eines Grundnahrungsmittels und dem Verfügbarwerden eines Handelsobjektes die materiellen Voraussetzungen geschaffen, auch eine größere Anzahl von Menschen zu erhalten. Damit konnten sich Strukturen und Organisationsformen menschlichen Zusammenlebens entwickeln, die sich von der Gesellschaft der in Horden und Stämmen lebenden Wildbeuter und der nomadisierenden Hirten abhoben.

Vor 10 000 bis 8000 Jahren entwickelten sich die ersten menschlichen Siedlungen und die ersten angelegten Städte: Jericho, durch das Alte Testament allgemein bekannt, und die befestigte Ackerbausiedlung Çatal Hüyük in Anatolien. Çatal Hüyük hatte zu seiner Blütezeit vor 10 000–8000 Jahren mindestens 3000, vielleicht gar 10 000 Einwohner. Die Stadt hatte eine Fläche von 12–15 Hektar. Die Häuser hatten verhältnismäßig einheitliche Grundrisse von 50–60 m^2 und eine Höhe von 2,70 m. Es fanden sich Geräte aus Stein, Knochen und Holz, z. B. hölzerne Eßbestecke wie Gabeln und Löffel. Neben den Spuren von Haustieren, den Knochen von Schafen und Ziegen, fanden sich Reste von 14 verschiedenen Kulturpflanzen, darunter Getreide, Hülsenfrüchte, Öl- und Baum-Früchte. Vorratskammern mit Behältern aus getrocknetem Ton gehörten zur Einrichtung ebenso wie Tonöfen zum Brotbacken. Çatal Hüyük ist ein eindrucksvolles Beispiel, wie die Kultivierung der Pflanzen, ihr systematischer Anbau, ihre Verwertung und Auswertung, die Basis für ein hochdifferenziertes menschliches Gemeinwesen schuf.

Von Jericho und Çatal Hüyük bis zur Entwicklung der Hochkulturen waren noch vielfältige organisatorische, technische und künstlerische Leistungen erforderlich, die ökonomische Grundlage jedoch war mit dem Vollzug der neolithischen Revolution gegeben.

Abb. 2: Plan von Ur, sog. Isin-Larsa-Stadt (1900–1700 v. Chr.).

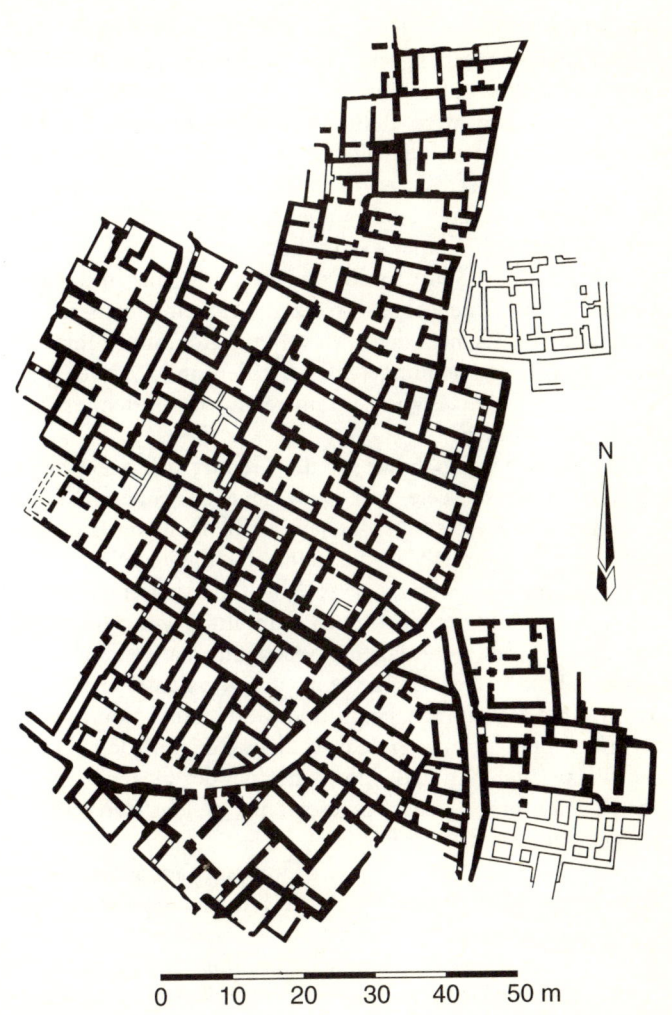

0   10   20   30   40   50 m

Oswald Spengler
Weltgeschichte ist Stadtgeschichte

Dies ist das eigentliche Kriterium der „Weltgeschichte", das sie von der Menschengeschichte überhaupt aufs schärfste abhebt – Weltgeschichte ist die Geschichte des Stadtmenschen. Völker, Staaten, Politik und Religion, alle Künste, alle Wissenschaften beruhen auf einem Urphänomen menschlichen Daseins: der Stadt. Da alle Denker aller Kulturen selbst in Städten leben – auch wenn sie sich körperlich auf dem Lande befinden –, so wissen sie gar nicht, ein wie bizarres Ding die Stadt ist. Wir müssen uns ganz in das Erstaunen eines Urmenschen versetzen, der zum erstenmal inmitten der Landschaft diese Masse von Stein und Holz erblickt, mit ihren steinumgebenen Straßen und steinbelegten Plätzen, ein Gehäuse von seltsamster Form, in dem es von Menschen wimmelt.

Das eigentliche Wunder ist die Geburt der Seele einer Stadt. Als Massenseele von ganz neuer Art, deren letzte Gründe für uns ein ewiges Geheimnis bleiben werden, sondert sie sich plötzlich ab aus dem allgemeinen Seelentum ihrer Kultur. Ist sie erwacht, so bildet sie sich einen sichtbaren Leib. Aus der dörflichen Sammlung von Gehöften, von denen jedes seine eigene Geschichte hat, entsteht ein Ganzes. Und dieses Ganze lebt, atmet, wächst, erhält ein Antlitz und eine innere Form und Geschichte. Von nun an ist außer dem einzelnen Hause, dem Tempel, dem Dom, dem Palast auch das Stadtbild als Einheit der Gegenstand einer Formensprache und Stilgeschichte, welche den ganzen Lebenslauf einer Kultur begleitet.

Es versteht sich, daß nicht der Umfang, sondern das Vorhandensein einer Seele Stadt und Dorf unterscheidet. Es gibt nicht nur in primitiven Zuständen wie im heutigen Inner-Afrika, sondern auch im späten China und Indien und in allen Industriegebieten des modernen Europa und Amerika sehr große Siedlungen, die trotzdem keine Städte sind. Sie sind Mittelpunkte des Landes, aber sie bilden innerlich keine Welt für sich. Sie haben keine Seele. Jede primitive Bevölkerung lebt durchaus bäuerlich und landmäßig. Das Wesen „Stadt" ist für sie nicht vorhanden. Was sich äußerlich vom Dorfe abhebt, ist nicht eine Stadt, sondern ein Markt, ein bloßer Treffpunkt ländlicher Lebensinteressen, bei welchem von einem Sonderleben keine Rede sein kann. Die Bewohner eines Marktes, auch wenn sie Handwerker oder Kaufleute sind, leben und denken doch als Bauern. Wir müssen genau nachfühlen, was es heißt, wenn aus einem urägyptischen, urchinesischen oder germanischen Dorf, einem Pünktchen im weiten Lande, eine Stadt wird, die sich äußerlich vielleicht durch nichts unterscheidet, die aber seelisch der Ort ist, von dem aus der Mensch das Land jetzt als „Umgebung" erlebt, als etwas anderes und Untergeordnetes. Von nun an gibt es zwei Leben, das drinnen und das draußen, und der Bauer empfindet das ebenso deutlich wie der Bürger. Der Dorfschmied und der Schmied in der Stadt, der Dorfschulze und der Bürgermeister leben in zwei verschiedenen Welten. Der Landmensch und der Stadtmensch sind verschiedene Wesen. Zuerst fühlen sie den Unterschied, dann werden sie von ihm beherrscht; zuletzt verstehen sie sich nicht mehr. Ein märkischer und ein sizilianischer Bauer stehen sich heute näher als der märkische Bauer dem Berliner. Von dieser Einstellung an gibt es wirkliche Städte und diese Einstellung ist es, welche dem gesamten Wachsein aller Kulturen mit Selbstverständlichkeit zugrunde liegt.

Jede Frühzeit einer Kultur ist zugleich die Frühzeit eines neuen Städtewesens. Den Menschen der Vorkultur erfüllt eine tiefe Scheu vor diesen Gebilden, zu denen er innerlich kein Verhältnis gewinnen kann. Am Rhein und der Donau siedelten sich die Germanen vielfach – z.B. in Straßburg – vor den Toren der Römerstädte an, die unbewohnt liegenblieben. In Kreta haben die Eroberer auf dem Trümmerschutt der niedergebrannten Städte wie Gurnia und Knossos ein Dorf angelegt. Die Orden der abendländischen Vorkultur, die Benediktiner, vor allem die Cluniazenser und Prämonstratenser siedeln wie die Ritter auf freiem Lande. Erst die Franziskaner und Dominikaner bauen sich in den frühgotischen Städten an: da ist die neue Stadtseele eben erwacht. Aber auch da liegt in allen Bauten, in der gesamten Franziskanerkunst noch eine zarte Schwermut, eine fast mystische Furcht des einzelnen vor dem Neuen, Hellen, Wachen, das von der Gesamtheit noch dumpf hingenommen wird. Man wagt es kaum, kein Bauer mehr zu sein. Erst die Jesuiten leben mit dem reifen und überlegenen Wachsein echt großstädtischer Menschen. Es ist ein Symbol der unbedingten Vorherrschaft des Landes, das die Stadt noch nicht anerkennt, wenn die Herrscher jeder Frühzeit in wandernden Pfalzen Hof halten. Im ägyptischen Alten Reiche liegt der stark bevölkerte Verwaltungssitz an der „Weißen Mauer" beim Ptahtempel im späteren Memphis, aber die Residenzen der Pharaonen wechseln unaufhörlich wie im sumerischen Babylonien und im Karolingerreich. Die frühchinesischen Herrscher der Dschoudynastie haben seit 1109 ihre Pfalz in der Regel zu Loh-yang (heute Honan-fu), aber erst seit 770, was unserem 16. Jahrhundert entspricht, wird der Ort zur dauernden Residenzstadt erhoben.

Nirgends hat sich das Gefühl der Erdverbundenheit, des Pflanzenhaft-Kosmischen so mächtig ausgesprochen wie in der Architektur dieser winzigen frühen Städte, die kaum mehr sind als ein paar Straßen um einen Markt, eine Burg oder ein Heiligtum. Wenn es irgendwo deutlich wird, daß jeder große Stil selbst eine Pflanze ist, so hier. Die dorische Säule, die ägyptische Pyramide, der gotische Dom wachsen streng, schicksalhaft, ein Dasein ohne Wachsein aus dem Boden; die ionische Säule und die Bauten des Mittleren Reiches und des Barock ruhen voll erwacht, selbstbewußt, frei und sicher auf ihm. Da ist, von den Mächten der Landschaft abgetrennt, durch das Pflaster unter den Füßen gleichsam abgeschnitten, das Dasein matter, das Empfinden und Verstehen immer mächtiger geworden. Der Mensch wird „Geist", „frei" und dem Nomaden wieder ähnlicher, aber enger und kälter. „Geist" ist die spezifisch städtische Form des verstehenden Wachseins. […]

Vor allen Dingen ist es „das Gesicht" der Stadt, dessen Ausdruck eine Geschichte besitzt, dessen Mienenspiel beinahe die Seelengeschichte der Kultur selbst ist. Da sind es erst die kleinen Urstädte der Gotik und aller anderen Frühkulturen, die sich fast in der Landschaft verlieren, echte Bauernhäuser noch, die im Schatten einer Burg oder eines Heiligtums sich aneinander drängen und ohne Veränderung der inneren Form Stadthäuser werden, nur weil sie nicht aus der Umgebung von Feldern und Wiesen, sondern von Nachbarhäusern hervorwachsen. Die Völker der Frühkultur sind allmählich Stadtvölker geworden, und es gibt also ein spezifisch chinesisches, indisches, apollinisches, faustisches Stadtbild und wieder eine armenische oder syrische, eine ionische oder etruskische, deutsche, französische oder englische Physiognomie der Stadt. Es gibt eine Stadt des Phidias, eine Stadt Rembrandts, eine Stadt Luthers. Diese Bezeichnungen und die bloßen Namen Granada, Venedig, Nürnberg zaubern sofort ein festes Bild herauf, denn alles, was eine Kultur hervorbringt an Religion, Kunst und Wissen, ist in solchen Städten entstanden. Die Kreuzzüge entsprangen noch aus dem Geist der Ritterburgen und ländlichen Klöster, die Reformation ist städtisch und gehört zu schmalen Gassen und steilen Dächern. […]

Und nun die laute Formensprache dieser großen Steingebilde, wie sie die Stadtmenschheit selbst, ganz Auge und Geist, im Widerspruch zur leiseren Sprache der Landschaft, in ihre Lichtwelt hineinträgt! Die Silhouette der großen Stadt, die Dächer mit ihren Schornsteinen, die Türme und Kuppeln am Horizont! Welche Sprache redet ein Blick auf Nürnberg und Florenz, auf Damaskus und Moskau, auf

Peking und Benares! Was wissen wir vom Geist antiker Städte, da wir ihre Linien am südlichen Himmel, im Licht des Mittags, unter Wolken, am Morgen, in der sternhellen Nacht nicht kennen! Diese Straßenzüge, gerade oder krumm, breit oder schmal, die niedrigen, steilen, hellen, düsteren Häuser, welche mit ihren Fassaden, ihren Gesichtern, in allen abendländischen Städten auf die Straße herabblikken und in allen morgenländischen fensterlos und vergittert ihr den Rücken kehren; der Geist der Plätze und Winkel, Abschlüsse und Durchblicke, der Brunnen und Denkmäler, der Kirchen, Tempel und Moscheen, Amphitheater und Bahnhöfe, Bazare und Rathäuser; und dann wieder die Vorstädte, Gartenhäuser und Haufen von Mietskasernen zwischen Unrat und Äckern, die vornehmen und armen Viertel, die Suburbia im antiken Rom und der Faubourg St. Germain in Paris, das alte Bajä und das heutige Nizza, die kleinen Stadtbilder von Rothenburg und Brügge und das Häusermeer von Babylon, Tenochtitlan, Rom und London! Alles das hat Geschichte und ist Geschichte. [...]

Die Landschaft bestätigt das Land, sie ist eine Steigerung seines Bildes; erst die späte Stadt trotzt ihm. Mit ihrer Silhouette widerspricht sie den Linien der Natur. Sie verneint alle Natur. Sie will etwas anderes und Höheres sein. Diese scharfen Giebel, diese barocken Kuppeln, Spitzen und Zinnen haben in der Natur nichts Verwandtes und wollen es nicht haben, und zuletzt beginnt die riesenhafte Weltstadt, die Stadt als Welt, neben der es keine andere geben soll, die Vernichtungsarbeit am Landschaftsbilde. Einst hatte die Stadt sich ihm hingegeben, jetzt will sie es dem eigenen gleichmachen. Da werden draußen aus Feldwegen Heerstraßen, aus Wäldern und Wiesen Parks, aus Bergen Aussichtspunkte; eine künstliche Natur wird in der Stadt selbst erfunden, Fontänen statt der Quellen, Blumenbeete, Wasserstreifen, beschnittene Hecken statt der Wiesen, Teiche und Büsche. In einem Dorfe liegt das strohgedeckte Dach noch wie ein Hügel, die Gasse wie ein Rain da. Hier aber eröffnen sich die Schluchten hoher und langgestreckter steinerner Straßen, voll von farbigem Staub und fremdartigem Lärm; Menschen hausen darin, wie kein natürliches Wesen sie je geahnt hatte. Die Trachten, selbst die Gesichter sind auf einen Hintergrund von Stein abgestimmt. Des Tags entfaltet sich ein Straßentreiben in seltsamen Farben und Tönen, des Nachts ein neues Licht, das den Mond überstrahlt. [...]

Daraus folgt aber, und das ist wesentlicher als alles andere: alle politische, alle Wirtschaftsgeschichte kann nur begriffen werden, wenn man die vom Lande sich mehr und mehr absondernde und das Land zuletzt völlig entwertende Stadt als das Gebilde erkennt, welches den Gang und Sinn der höheren Geschichte überhaupt bestimmt. Weltgeschichte ist Stadtgeschichte.

Frank Kolb

Die Geburt der Stadt

In der Mitte des 4. Jahrtausends gibt es dann Anzeichen für einen Wandel im Siedlungscharakter, der zur Herausbildung urbaner Zentren führt – in einem freilich sehr begrenzten Gebiet von wenigen tausend qkm entlang den Wasserläufen und Kanälen. Bemerkenswert ist dabei, daß erst gleichzeitig mit oder im Gefolge der Entstehung von Städten entscheidende ökonomische und technische Fortschritte bezeugt sind, so die Erfindung des Pflugs, der Technik systematischer Bewässerung größerer Gebiete, des Wagenrads, der Töpferscheibe, der Metallurgie, der Maße und Gewichte sowie einer rudimentären Form von Metallgeld. Auch die grundlegenden geistig-kulturellen Errungenschaften einer Hochkultur erscheinen in Mesopotamien erst mit dem Auftreten der Stadt, insbesondere die Schrift und die politische Repräsentationskunst. Ob die Genese städtischer Zivilisation mit der Errichtung monumentaler Kultzentren – sei es als architektonischer Ausdruck eines nunmehr die gesamte Gesellschaft beherrschenden religiösen Mittelpunktes oder als Stapelplatz agrarischer Überschüsse – zu *erklären* ist, muß dahingestellt bleiben. Jedenfalls *begleitet* der Tempelbau die *Anfänge* der Stadt.

Die ersten Städte formieren sich in der sumerischen Kultur des südlichen Mesopotamien relativ rasch nach dessen Besiedlung. Die unterschiedlichen Bedingungen und Begleitumstände ihrer Entstehung werden anhand der Siedlungsgeographie deutlich. Dabei erweist sich die umstrittene Frage, ob die Sumerer aus dem Osten ins südliche Mesopotamien eingewandert sind oder sich als *Volk* dort allmählich formiert haben, als ein Problem von zweitrangiger Bedeutung. Es scheint unzweifelhaft, daß die sumerische *Kultur* und das sumerische *Städtewesen* sich erst im südlichen Irak entfaltet haben, und zwar über einen längeren Zeitraum hinweg.

Besonders gut erforscht ist die Siedlungsgeographie in der Umgebung von Uruk. Bereits Mitte des 4. Jahrtausends entsteht hier ein bedeutendes Kultzentrum im charakteristischen mesopotamischen Stil, ein Zigurrat mit einem monumentalen Tempelbau von ca. 80 m Länge aus sorgfältig geformten, kleinen, rechteckigen Ziegeln. Seine Errichtung muß den Einsatz tausender Arbeitskräfte erfordert haben. Um diesen Tempel herum gab es zunächst keine Wohnanlagen, aber im näheren Umkreis existierte eine beachtliche Zahl größerer Siedlungen. Um etwa 3000 scheint sich das dem Heiligtum am nächsten gelegene Dorf rasch vergrößert zu haben; binnen kurzer Zeit wächst sein von einer neu errichteten Mauer umgebenes Siedlungsareal auf etwa 400 ha mit wohl wenigstens 50 000 Einwohnern. Gleichzeitig ist das Verlassen zahlreicher Siedlungen im Umland festzustellen; ihre Zahl sinkt von 146 auf 76, später gar auf 24. Dies deutet am ehesten auf eine gezielte politische Maßnahme, eine Bevölkerungstransplantation und -vereinigung hin, die

möglicherweise auf eine militärische Bedrohung zurück-
ging und das Ziel hatte, ein starkes, auf eine große, zentrale
Siedlung hin konzentriertes Gemeinwesen zu schaffen. Das
Gebiet um die spätere Stadt Ur wies eine eher noch dichte-
re ländliche Besiedlung auf. Dennoch hat Ur nie mehr als
etwa 1/8 der Größe Uruks erreicht, und die Stadtwerdung
erfolgte mehrere Jahrhunderte später, um die Mitte des
3. Jahrtausends. Anscheinend war hier keine gesteuerte
Übersiedlung Ausgangspunkt der Stadtentstehung, sondern
eine allmähliche Bevölkerungskonzentration in einem Zen-
tralort.

Man gewinnt aus diesen Beispielen den Eindruck, daß die
Stadtwerdung jeweils ganz verschiedene Ursachen hatte; sie
erfolgte weder gleichzeitig an verschiedenen Orten noch
läßt sich eine Zwangsläufigkeit der Entwicklung erkennen.
Letztere läuft freilich nach R. M. C. Adams insgesamt darauf hinaus, daß in der Mitte des 3. Jahrtausends 4/5 der Bevölkerung im Gebiet der Landschaften Sumer und Akkad in
städtischen Zentren von jeweils mehr als 40 ha Siedlungsareal gelebt haben dürften. Aber worauf ist diese Entwicklung zurückzuführen? Am Anfang des 1. Jahrtausends be-
herbergten die Städte dieses Gebiet angeblich nurmehr 1/6
der Bevölkerung, obwohl die ökonomischen Lebensgrund-
lagen im wesentlichen die gleichen geblieben waren.

Max Weber suchte den Ursprung der altorientalischen
Stadt in der Kombination von Kultzentrum und Handel:
Die Tempelbezirke weithin bekannter Götter hätten dem
politisch ungeschützten Handel sakralen Schutz gewährt,
und an sie habe sich daher eine stadtartige Ansiedlung an-
lehnen können, welche ökonomisch durch die Tempelein-
nahmen gespeist worden sei. Zwar haben jüngste Funde
im Gebiet des Persischen Golfes in der Tat die Bedeutung
des Handels auf Wasser- und Karawanenstraßen im frühen Mesopotamien stärker in den Vordergrund gerückt,
aber sie stammen aus der Zeit *nach* der Stadtbildung. Der
Handel dürfte einen nicht unwesentlichen Beitrag zur

Weiterentwicklung der Stadt geleistet haben, denn Mesopotamien hatte so gut wie ausschließlich agrarische Produkte zu bieten; eine hochentwickelte städtische Zivilisation in diesem Gebiet war folglich auf den Fernhandel angewiesen. Die Rolle des Handels bei der Stadt*entstehung* bleibt jedoch gänzlich im unklaren. Neuere siedlungsgeographische Untersuchungen kommen zu dem Schluß, daß eher der Streit um das für die mesopotamische Landwirtschaft so bedeutsame Wasser der Kanäle oder aber eine klimatisch bedingte Wasser- und Fruchtlandverknappung zu wehrhafter beziehungsweise jedenfalls notgedrungen urbaner Siedlungsballung führte und generell Veränderungen hydrographischer Faktoren solche siedlungsgeographischer Art hervorriefen.

Die ökonomische Grundlage der mesopotamischen Stadt scheint jedenfalls die Landwirtschaft gewesen zu sein, die im südlichen Mesopotamien mit Hilfe künstlicher Bewässerung Ernteerträge erzielen konnte, wie sie erst heute mit modernsten Produktionsmethoden wieder möglich sind. So genügte ein relativ kleines Gebiet, um die Ernährung einer städtischen Bevölkerung sicherzustellen, und mehrere städtische Siedlungen konnten auf verhältnismäßig kleinem Raum nebeneinander bestehen. Wir wissen freilich nicht, ein wie großer Anteil der Stadtbewohner im agrarischen Sektor tätig gewesen ist und wie viele ein Handwerk oder Handel betrieben bzw. in der Verwaltung arbeiteten. Und in welchem *Ausmaß* war die Stadt *Marktzentrum* für ihr Territorium? Die Beurteilung des Verhältnisses zwischen den Städten und anderen Siedlungen auf ihrem Gebiet ist um so schwieriger, als es im Sumerischen und Akkadischen kein besonderes Wort für Stadt gibt, sondern jeweils nur ein Wort für eine größere Siedlung (sumerisch *uru,* akkadisch *alim*). Man legte also weder großen Wert auf eine Unterscheidung zwischen Stadt und Dorf noch auf eine Beschreibung ihrer Beziehungen. Hinzu kommt, daß eine Reihe dieser „Dörfer" von ihrem stratigraphisch erfaßten Siedlungs-

areal her gesehen (zwischen 4 und 40 ha) durchaus Klein-
städte gewesen sein mögen. Wir wissen freilich so gut wie
nichts über ihre Bausubstanz, Zentralortfunktionen, berufli-
che Differenzierung usw. [...]

In Ermangelung von Stein baute man mit luftgetrockne-
ten Lehmziegeln; diese waren nicht sehr dauerhaft, im Gegensatz zu den gebrannten Ziegeln, welche man häufig, aber
nicht immer, für Tempel und Paläste verwandte. In Mesopotamien gräbt man in der Regel daher keine aufrecht stehenden Ruinen aus, sondern Fundschichten.

Uruk bietet ein typisches Beispiel für diese Forschungssi-
tuation. Die im Alten Testament erwähnte größte der alten
sumerischen Städte wies in der frühdynastischen Zeit (ca.
2900 bis 2300) innerhalb einer 9,5 km langen, mit fast 1000
halbkreisförmigen Bastionen ausgestatteten Ziegeldoppel-
mauer ein über 500 ha großes Siedlungsareal auf. Die Mauer, als deren Begründer Gilgamesch, der bekannteste mesopotamische Heros und König von Uruk, galt, ist zum Teil
noch bis zu 7 m Höhe und 4–5 m Dicke erhalten. Das
Stadtbild wurde beherrscht von dem der Göttin Inanna geweihten Tempelbezirk, dem sogenannten E-Anna („Bereich
des Himmels"). Ein vom Tempel abgesonderter Herrscherpalast wurde noch nicht entdeckt. Testgrabungen und
Oberflächenuntersuchungen ergaben, daß zumindest für
einige Zeit während der Frühdynastisch I-Epoche die gesamte Fläche innerhalb der Mauern und sogar noch ein Gebiet außerhalb der Stadtmauern besiedelt gewesen sein
dürften. Im allgemeinen gilt für die Siedlungsdichte vielleicht eher die Angabe des Gilgamesch-Epos (XI 325 f.),
wonach nur ein Drittel von Wohnhäusern okkupiert war.
Die wenigen ausgegrabenen Teile von Wohngebieten in
Uruk zeigen eine sehr dichte Bebauung. Die übliche Schät-
zung von 200 000 und mehr Einwohnern scheint jedoch
auch für die frühe Zeit zu hoch gegriffen, für die Ur-III-
Epoche (2112–2004) wird die gesamte Bevölkerung von
Sumer und Akkad auf nicht mehr als eine halbe Million ge-

schätzt. Insgesamt ist der Versuch einer Bevölkerungsstatistik im Hinblick auf die mesopotamischen Städte ein kaum lösbares Problem. Zwar enthalten die Tempellisten Zahlen für die im Dienst der Tempel stehenden Personengruppen, aber dies hilft kaum weiter. Angaben über die Gesamtbevölkerung einer Stadt werden uns nicht geboten, allenfalls solche für ein Staatsgebiet, und diese besitzen „mythischen" Charakter.

Ur ist die am besten erforschte sumerische Stadt. Insbesondere ist ihr Stadtplan aus der Zeit um 2100 gut bekannt, als Ur die Hauptstadt des neusumerischen Reiches und eine berühmte Tempel- und Hafenstadt war. Ihr Siedlungsareal umfaßte ca. 75 ha innerhalb einer Befestigungsanlage, die aus einem riesigen Lehmziegelwall und einer Brandziegelmauer bestand. Etwa 20 000 Einwohner mögen innerhalb der Stadtmauern gewohnt haben, aber auch hier haben wir mit Vororten zu rechnen, und es gibt Forscher, welche die Gesamtbevölkerung von Ur auf etwa 250 000 schätzen, wohl eine weit übertriebene Zahl. Neben der Funktion als Residenzstadt eines Herrschers ist diejenige als Handelsstadt unverkennbar. Zwischen einem Arm des Euphrat und einem schiffbaren Kanal gelegen, besaß Ur zwei Häfen. Seine Lage nahe dem Persischen Golf machte es zu einem wichtigen Umschlagplatz. Dem Export von Getreide und Handwerkserzeugnissen stand der Import von Rohstoffen wie Kupfer, Bronze, Edelmetallen und Holz gegenüber, die zum Teil aus weit abgelegenen Regionen, von Zentralanatolien im Westen bis zum Industal im Osten, herantransportiert wurden. Schon die berühmten Königsgräber von Ur aus der Zeit um 2650 spiegeln in ihrem märchenhaften Reichtum einen intensiven Handel mit dem Osten wider. Ein großer Teil der Innenstadt wurde vom Heiligtum des Stadtgottes Nannar in Anspruch genommen. Sein heiliger Bezirk beherbergte nicht nur Tempelanlagen mit Zigurrat, sondern auch Amts- und Lagerräume und erweist sich somit als ein Verwaltungs- und Wirtschaftszentrum. In Ur gab es anscheinend erst zur Zeit des neusumerischen Reiches einen Herrscherpalast; er stand in enger Verbindung mit dem Tempelbezirk und war zudem von erheblich bescheideneren Ausmaßen als der Tempel.

Abb. 3: Neusumerisch – Tello – „Gudea"-Statue „A", 22. Jh.
– Diorit – Paris, Louvre.

III. Schrift

Jan Assmann

Die Schrift der Macht und der Ewigkeit

Anders als in Mesopotamien entwickelt sich die Schrift in Ägypten nicht im Rahmen der Wirtschaft, sondern der politischen Organisation und Repräsentation. Hier ging es nicht um ökonomische, sondern um „politische" Kommunikation: um die Aufzeichnung von Handlungen besonderer politischer Bedeutung. Die ersten Schriftdenkmäler sind politische Manifeste im Dienste des entstehenden Staates. Sie sind am ehesten als „prospektive Erinnerung" einzustufen. Sie beziehen sich auf die Gegenwart als auf eine „zukünftige Vergangenheit" und stiften eine Erinnerung, die diese Gegenwart im kulturellen Gedächtnis präsent halten soll. Damit wurden offenbar vor allem zwei Zwecke verfolgt: einerseits das Ergebnis dieser Handlungen auf Dauer sicherzustellen, indem man es in Stein abbildete und in einem Heiligtum deponierte: also hineinstellte in einen situativen Rahmen, der zugleich permanent und zur Götterwelt hin „öffentlich" war; andererseits ein Mittel zur chronologischen Orientierung zu schaffen, indem man das Hauptereignis eines Jahres festhielt und das Jahr nach ihm benannte. Dies ist daher sowohl der Ursprung der ägyptischen Annalistik und Geschichtsschreibung als auch der gesamten monumentalen Bau- und Bildkunst, die keinen anderen Sinn hat, als diesen permanenten und zur Götterwelt hin öffentlichen situativen Rahmen als einen „heiligen Raum der Dauer" sichtbar zu machen und auszugestalten. Und es ist damit auch der Ursprung der Hieroglyphenschrift, die eine Gattung der Bildkunst bleibt und als „die Schrift der Gottesworte", wie sie ägyptisch heißt, den Aufzeichnungen im götterwelt-öffentlichen heiligen Raum der Dauer vorbehalten ist.

So entsteht der „monumentale Diskurs" als das Medium, in dem der Staat zugleich sich selbst und eine ewige Ordnung sichtbar macht. Dieser Doppelbezug der Schrift, der Kunst und der Architektur erklärt sich aus der besonderen Beziehung, in der die Größen „Staat" und „Ewigkeit" (oder: Unsterblichkeit) in Ägypten zueinander stehen. Der Staat ist nicht nur eine Institution zur Sicherung von Frieden, Ordnung und Gerechtigkeit, sondern zugleich damit auch eine Institution zur Ermöglichung von Unsterblichkeit, oder zumindest der Fortdauer über den Tod hinaus. Jedes hieroglyphische Denkmal verweist auf diesen Zusammenhang. Es dient der Verewigung eines Individuums und verdankt sich einer staatlichen Lizenz. Da das Handwerk im Alten Ägypten Staatsmonopol ist, ist es dem einzelnen nur über den Staatsdienst zugänglich. Damit verfügt der Staat nicht nur über *das* Medium der Sichtbarmachung kollektiver Identität und gesellschaftlicher Selbstthematisierung, sondern auch über *das* Medium einer Fortdauer im sozialen Gedächtnis nach dem Tode. Der monumentale Diskurs ist nicht nur ein Kommunikationsmedium, sondern ein Heilsweg. Indem er die Chance einer Kommunikation mit der Nachwelt, über die Jahrtausende hinweg, eröffnet, erschließt er dem einzelnen die Chance einer entsprechenden Ewigkeit, die so lange dauert, wie er – wie es bei Diodor treffend heißt – „auf Grund seiner Tugend in Erinnerung bleibt". Der monumentale Diskurs ist ein Diskurs der „Tugend" (ägyptisch *Ma'at*, d. h. Gerechtigkeit, Wahrheit und Ordnung), der Ewigkeit und der politischen Zugehörigkeit. Als solcher ist er die zentrale Organisationsform des kulturellen Gedächtnisses in Ägypten.

Natürlich bleibt die Schrift nicht auf ihren ursprünglichen Funktionsrahmen des „monumentalen Diskurses" beschränkt. Sie verändert aber außerhalb dieses Funktionsrahmens so grundlegend ihren „hieroglyphischen", d. h. bildhaften Charakter, daß man von einer echten Digraphie-Situation sprechen muß. Innerhalb des monumentalen Diskurses bleibt sie bis ans Ende der ägyptischen Kultur, ohne die geringsten Abstriche, ihrer ursprünglichen Bildhaftigkeit treu. Außerhalb entwickelt sie sich zu einer Kursive, in der die ursprünglichen Bilder bis zur Unkenntlichkeit vereinfacht werden und nur noch graphematische Distinktivität besitzen. So entwickeln sich zwei Schriften: die hieroglyphische Inschriftenschrift und die kursive Handschriftenschrift. Nur die letztere ist eine Schrift im normalen Sinne des Wortes. Sie ist es, die der ägyptische Schüler lernte. Die Inschriftenschrift dagegen ist eine Gattung der Kunst. Sie erlernte man nur, wenn man die Laufbahn eines „Vorzeichners" oder „Zeichners der Umrißlinien" ergriff. Als eine Gattung der Kunst bzw. des „monumentalen Diskurses" unterliegt die Inschriftenschrift deren Bindungen, die so auffallend und einzigartig sind, daß man sie mit Recht mit dem Begriff des Kanons zusammengebracht hat. Wir haben es also auch in Ägypten mit einer Kanonisierung des kulturellen Gedächtnisses zu tun, nur daß sich diese Kanonisierung nicht auf die Texte, sondern auf die Form des visuellen Mediums bezog. Hier ist die „Option für Invarianz" unübersehbar. Sie war Platon bereits aufgefallen und gilt bis heute als das typische Merkmal der ägyptischen Kunst. [...]

Was Platon in den *Gesetzen* über den ägyptischen Tempel schreibt, beruht auf einem produktiven, nämlich für das Selbstbild der spätägyptischen Gesellschaft aufschlußreichen Mißverständnis. Er berichtet dort, die Ägypter hätten in ihren Tempeln die Vorbilder oder Standardtypen – der griechische Ausdruck lautet „schemata" – dargestellt, in denen man „das Schöne" für alle Zeiten verbindlich erkannt und niedergelegt habe. Die Ägypter, so heißt es, „haben schon in der Frühzeit erkannt, daß die jungen Leute in ihren gewohnten Übungen nur mit schönen Stellungen und nur mit schönen Liedern zu tun haben sollten. Nachdem sie diesen Grundsatz aufgestellt hatten, stellten sie in ihren Tempeln auch dar, was und wie etwas schön sei. Darüberhinaus war es nun weder den Malern, noch anderen, welche Figuren und dergleichen verfertigten, erlaubt, Neuerungen zu machen oder irgend etwas von dem Altherkömmlichen

Abweichendes zu erfinden. Noch jetzt ist es nicht erlaubt, weder in den genannten Stücken noch überhaupt in irgendeiner Musenkunst. Und bei näherer Betrachtung wirst du finden, daß Gegenstände, die dort vor 10 000 Jahren gemalt oder plastisch dargestellt wurden (und ich meine das nicht wie man so sagt, sondern buchstäblich vor zehntausend Jahren) im Vergleich mit den Kunstwerken der heutigen Zeit weder schöner noch häßlicher sind, sondern genau dieselbe künstlerische Vollendung zeigen".

Worauf sich Platon hier bezieht und was man als den wahren Kern dieser Geschichte festhalten muß, ist die in der Tat erstaunliche Konstanz der architektonischen und künstlerischen Formensprache in Ägypten. Damit ist ein wichtiger Wesenszug vor allem des *spätägyptischen* Selbstbilds getroffen. Natürlich hat niemand zur Zeit der ersten oder vierten Dynastie ein Gesetz erlassen, daß von dem nun erreichten Stand der künstlerischen Entwicklung in alle Zukunft nicht mehr abgewichen werden dürfe. Vielmehr war es die ägyptische Spätzeit, die den allergrößten Wert darauf legte, von der Kunst früherer Epochen so wenig wie möglich abzurücken. Ganze Grabwände wurden kopiert, uralte Bauformen aufgegriffen und Statuen geschaffen, deren Datierung noch immer um 1500 Jahre schwankt.

Darüber hinaus scheint aber nun doch auch in der Gesamtentwicklung der ägyptischen Kunst ein Prinzip am Werk zu sein, für das Jacob Burckhardt den Begriff der „hieratischen Stillstellung" geprägt hat. Über dieses Prinzip, das auch im Hellenismus nichts von seiner prägenden und bindenden Kraft eingebüßt hat (so daß in der Tat die ptolemäischen Tempel der Formensprache einer um zwei Jahrtausende zurückliegenden Vergangenheit näherstehen als der Formensprache der hellenistischen Kultur-Koiné), ist unter dem Begriff des „ägyptischen Kanons" viel geforscht und geschrieben worden. In letzter Zeit hat sich immer klarer gezeigt, daß hier J. Burckhardt mit seinem Begriff der „Riesenschrift" intuitiv das Richtige getroffen hat. Die

Kunst steht in Ägypten der Schrift, die Schrift der Kunst in einem so ungewöhnlichen Maße nahe, daß man hier nicht nur von engen Beziehungen, sondern geradezu von einer Einheit sprechen muß. Die Schrift ist eine Gattung der Kunst, die Kunst eine Ausweitung der Schrift. Von daher erklärt sich die detaillierte und realistische Bildlichkeit, die sich die ägyptische Hieroglyphenschrift völlig unabgeschwächt durch alle Zeiten bewahrt hat, ebenso wie die strenge Typengebundenheit und Formkonstanz der Kunst. Die Bildhaftigkeit bzw. der Kunstcharakter der (Monumental-)Schrift und der Schriftcharakter der Kunst bedingen sich gegenseitig. Es handelt sich also, was die eigentümlichen Gebundenheiten der ägyptischen Kunst angeht, nicht um eine Unfähigkeit zu Fortschritt und Entwicklung, sondern um eine schriftartige Verbindung von Signifikant und Signifikat, deren Lockerung, mit Jacques Lacan zu reden, bedeutet hätte, „die Vertäuung ihres Seins zu modifizieren".

Was hat es aber nun mit der „hieratischen Stillstellung" auf sich, jener Konstanz über „zehntausend Jahre", von der Platon so beeindruckt war? Das hieroglyphische Schriftsystem scheint ja, zumindest in seiner Spätform, im Gegenteil gerade durch eine Offenheit gekennzeichnet zu sein, die man in anderen Schriftsystemen vergeblich suchen würde. Stillgestellt, kanonisiert wurde nicht der Bestand, sondern das generative Prinzip, nämlich das Prinzip der Bildhaftigkeit. Die Schriftzeichen mußten immer *Bilder* bleiben. Die Offenheit des Bestandes, die es erlaubte, ständig neue Zeichen und Zeichenbedeutungen einzuführen, beruhte auf der Bildhaftigkeit der Zeichen, die – auch wenn ihr Bezug auf ein Wort oder eine Lautgruppe der Sprache zunächst dunkel blieb – in jedem Falle als das Bild eines Dinges erkannt werden konnten. Über den ikonischen Bezug auf die *Welt* läßt sich dann meist der semantisch-phonemische Bezug auf die *Sprache* erschließen. In dem Moment, in dem die Hieroglyphenschrift beginnt, von der in ihr angelegten Möglichkeit der Systemoffenheit, der Neographismen Gebrauch zu

machen, hört die Bildhaftigkeit der Zeichen auf, ein rein äs-
thetisches Prinzip zu sein und gehört zur Systemrationalität
der Schrift, die ohne sie nicht mehr lesbar wäre. Es ist also
zunächst keine „hieratische", sondern eine durchaus sy-
stemrationale Stillstellung, die hier am Werk ist.

Die ägyptische Hieroglyphenschrift ist ein komplexes System, weil sie auf Sprache und Welt zugleich verweist. Sie
hat einen Doppelcharakter: ihre Elemente fungieren sowohl
als *Zeichen,* die sich auf Sprachliches beziehen, als auch als
Bilder, die die Formen der Welt wiedergeben. In diesem
letzteren Bezug leisten sie dasselbe wie die Kunst und gehören zu den „schemata", von denen Platon schreibt. Und
diese „schemata" sind heilig, weil sie von den Göttern entworfen sind, ebenso wie der Tempelplan und die Ordnungen der Riten, wie alle Formen, die der spätägyptische Tempel bewahren soll. Die Hieroglyphenschrift ist inklusiv, weil
sie der Idee nach alles überhaupt Abbildbare umfaßt, also
zugleich eine Art enzyklopädisches Bildlexikon darstellt
und die ganze Welt im Tempel vergegenwärtigt; sie ist heilig, weil Bilder als solche heilig sind. Denn die abbildbaren
Figuren sind die Gedanken des Schöpfergottes, die der Gott
Thoth, der Erfinder der Schrift, in „Formen" – Platons
„schemata" – artikuliert, d. h. bildhaft und abbildbar gestaltet hat. Die Welt ist, mit einem treffenden Ausdruck Friedrich Junges, die „Hieroglyphenschrift der Götter".

Dietz Otto Edzard

Die Schrift der Sumerer

„Keilschrift" meint von Hause aus das altmesopotamische
Schriftsystem, dessen Zeichen als Einzelbestandteile Striche
mit Keilkopf und sog. Winkelhaken haben, Formen also,
die durch das Eindrücken eines Griffels in weichen Ton ent-

stehen. Im weiteren Sinne nennt man aber bereits die ältesten Vorläufer dieser Schrift so. Ihre Erfinder sind mit größter Wahrscheinlichkeit die Sumerer, Sprecher einer agglutinierenden Sprache. Die semitischen Akkader, die Elamer, Hurriter, Urartäer sowie die Hethiter und ihre altkleinasiatischen Verwandten haben die Keilschrift zu bestimmten Zeiten zur Darstellung ihrer Sprachen rezipiert. In der äußeren Form (Keile), nicht aber im inneren System (Wort- und Silbenschrift) hat die Keilschrift auch die Schriftsysteme von Ugarit und der achämenidischen Perser beeinflußt.

Die ältesten Schriftdenkmäler sind Tontafeln aus der Schicht IVa im südiraqischen Uruk (Warka) aus der Zeit der Wende vom 4. zum 3. Jt. Soweit erkennbar, handelt es sich um drei Textgattungen: a) Verwaltungsnotizen (vorwiegend Zahlen und Gezähltes), b) Listen von Schriftzeichen aus dem „Schulbetrieb" (älteste Vorläufer der „lexikalischen" Textserien der Sumerer und Akkader) und c) Rudimente literarischer Texte. Daß sumerische Sprache dargestellt sei, läßt sich bisher nur im Rückschluß aus den Texten der nächstjüngeren Hauptschicht III vermuten und auf Grund der historischen Wahrscheinlichkeit. Vorstufen der Schrift von Schicht IVa lassen sich bisher nicht nachweisen. Möglicherweise war es eine sehr rasch um sich greifende Erfindung und nicht das Ergebnis generationenlanger Entwicklung. [...]

Ein Teil der ältesten belegbaren Zeichen hat eine naturnahe Form; das Bild, sei es nun Gesamt- oder Teilbild (pars pro toto), läßt das Gemeinte ohne weiteres erkennen: Tierköpfe, Pflanzen (z.B. Getreidearten), bestimmte Gefäße (archäologisch bezeugten Typen entsprechend). Doch überwiegen die Zeichen, die sich entweder von der naturnahen Form weit entfernt haben oder die das Gemeinte anders ausdrücken: durch Symbole; durch (uns nicht immer leicht verständliche) Kombination von Einzelzeichen; vielleicht auch durch assoziationslos *ad hoc* geschaffene Siglen. Der

Terminus „Bilderschrift" läßt sich auf das älteste Stadium der „Keilschrift" nicht anwenden.

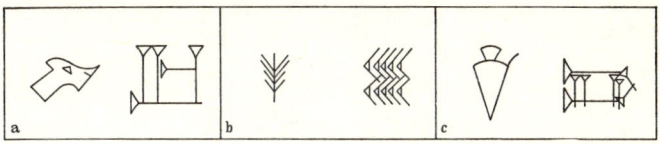

Abb. 4a: Älteste Zeichenformen für a) Hund *(ur)*, b) Gerste *(še)*, c) Gefäß *(dug)*. Rechts davon jeweils die um 2000 übliche Form.

Der weiche Ton als Schriftträger (Ritzung auf Stein war so selten, daß sie keinen Einfluß auf die Formentwicklung ausübte) hat sehr bald dazu beigetragen, daß man runde Linien vermied. Daher die Tendenz vom Linearen zum Eckigen, eine Tendenz, die zur weiteren Entfernung vom naturnahen Bild führte. Mit den archaischen Tafeln von Ur (ca. Anfang des 27. Jhs.) ist die Schrift auf Ton endgültig ins Stadium der *Keil*schrift eingetreten.

Formale Vereinfachung und Aussonderung von Zeichen trugen im Laufe der Zeit zur Verringerung des Zeicheninventars bei; die wichtigste Rolle spielt aber bei diesem Prozeß die Ausweitung der Silbenschrift. Was die Qualität der Schriftform betrifft (Sorgfalt, Gefälligkeit), so kann man mehrfache Auf- und Abwärtsentwicklung beobachten, in der sich bisweilen politische Zeitläufte widerspiegeln. Ruhige, sichere Zeiten gewährleisten einen geordneten und seine Formen von Generation zu Generation tradierenden Schulbetrieb. Stärkere Einschnitte in der Entwicklung der Schrift fallen, sowohl in der Form als auch im System, meist mit Einschnitten in der politischen Geschichte des Zweistromlandes zusammen.

Beim Vergleich von Kursive auf Ton und Monumentalschrift auf Stein sieht man, daß die zweite gewöhnlich konservativ ist. So stehen die Zeichenformen auf der Stele mit dem „Codex Hammurabi" (18. Jh.) der Schrift auf Ton, wie

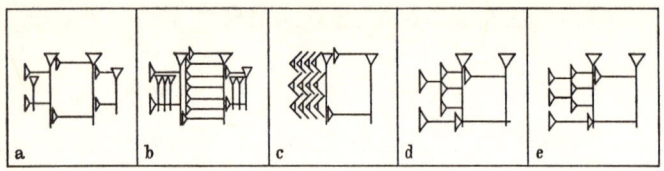

Abb. 4b: Entwicklung der Zeichenformen für a) Fest *(ezen)*, b) binden *(kešd-)* c) ritzen *(sar)* von etwa 2000 zu den in neuassyrischer Zeit üblichen Zeichenformen derselben Wörter (d, e).

sie in der Akkade-Zeit geläufig war (23.–22. Jh.), sehr nahe. Bezeichnend für die Auffassung der Form ist, daß man seit der Akkade-Zeit auch auf Stein jene Keilköpfe anbringt, die sich an sich nur auf Ton organisch erklären lassen.

Der Übersichtlichkeit halber wurden bei größeren Tafeln Zeichengruppen, die in einem Sinneszusammenhang stehen, von Anfang an in Fächer gesetzt. Zwang zu sinngemäßer Zeichenanordnung bestand zunächst innerhalb des Faches nicht; ästhetische Konvention scheint dabei merkwürdigerweise kaum eine Rolle gespielt zu haben. Doch spätestens um die Mitte des 25. Jhs. setzte sich die Regel immer mehr durch, die Zeichen entsprechend dem Ablauf der gesprochenen Sprache anzuordnen. Von der Akkade-Zeit an ging man dazu über, auf Ton statt in Fächern auf Zeilen zu schreiben.

Die Schrift war rechtsläufig; Schriftkolumnen waren auf der Tafelvorderseite von links nach rechts, auf der Rückseite aber umgekehrt angeordnet. Anhand von Zeichen, die aus naturnahen Bildern entstanden sind, erkennt man deutlich, daß die Schriftzeichen (auf Ton schon vor der Mitte des 3. Jts., auf Stein spätestens gegen Ende des 18. Jhs.) in einer Richtung erscheinen, die gegenüber der natürlichen bzw. ursprünglichen Form um 90° nach links gewandt ist. Diese Änderung ergab sich ungewollt, als die Schreiber ihre im Format anwachsenden Tafeln nicht mehr wie anfangs schräg vor sich hielten, sondern im rechten Winkel zum Körper. […]

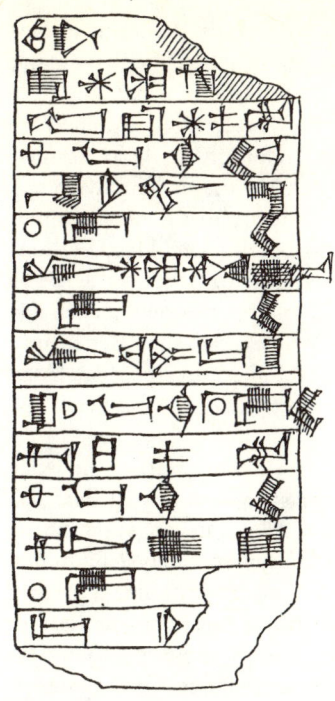

Abb. 5a: Tontafel der
altakkadischen Zeit

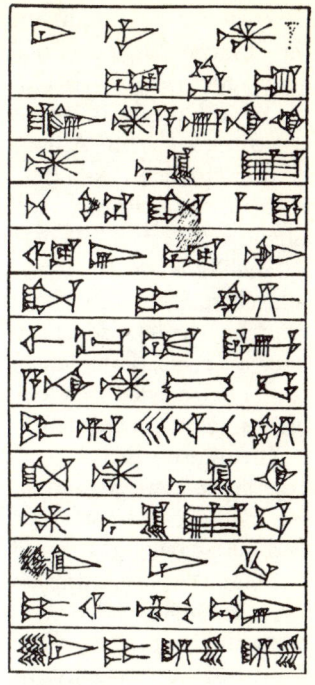

Abb. 5b: Ausschnitt
aus dem Codex Hammurabi

Zeichen drückten anfangs „Wörter" (nominale oder verbale Basen) aus, ohne deren Form im syntaktischen Zusammenhang (z. B. Kasus, Numerus, Person u. a.) festzulegen. Theoretisch läßt sich eine so verfahrende Schrift in mehreren Sprachen lesen; daher die Schwierigkeit, das älteste Schriftstadium mit absoluter Sicherheit einem bestimmten Volke zuzuweisen. In der Schrift der Schicht Uruk IIIb bzw. auf Tafeln aus gleichzeitigen Schichten an anderen Fundplätzen begegnen wir zum ersten Male dem Kunstgriff, daß man das für ein gemeintes X verwendete Zeichen für ein ähnlich lautendes Y schrieb: „Pfeil" für „leben". Das beweist, daß es sich um Sumerisch handelt; denn nur in dieser Sprache dürften „Pfeil" *(ti)* und „leben" *(til)* Anklang aneinander gehabt haben.

Dieser Kunstgriff, mit anderen Worten: die lautliche Abstraktion, steht am Anfang der *Silben*schrift. Jetzt können grammatische Affixe oder Wörter, für die es kein Wortzeichen gibt, geschrieben werden oder schließlich bestimmte Eigennamen, vor allem fremdsprachliche. Das Verbum „graben" *(bal)* wird stets mit den Silbenzeichen *ba* + *al* geschrieben. Ob ein Zeichen als Wort- oder Silbenzeichen gebraucht wurde, also ob als Träger lexikalischer Bedeutung oder als reines Lautelement, ergibt sich nur aus dem Kontext. Die so entstehende Mehrdeutigkeit vieler Zeichen ist nie überwunden worden.

Theoretisch ließ sich nach diesem Durchbruch in jeder Sprache *alles* recht und schlecht schreiben. Doch darf das Ausmaß des dazu erforderlichen Abstrahierungsvermögens und der Schwierigkeitsgrad der lautlichen Analyse nicht unterschätzt werden. Im übrigen haben sich die Schreiber auch im Sumerischen erst im Laufe mehrerer Jahrhunderte dazu durchgerungen, alles zu fixieren, was sie sprachen. Die Schrift stellte zunächst nur einen Teil des Gesprochenen dar; sie deutete an und war Gedächtnisstütze, wobei die nominalen und verbalen Basen zwar obligatorisch, die grammatischen Affixe oft fakultativ waren. Erst zu Beginn des 2. Jts. hat das System seine Vollendung erreicht.

Außer den Wort-, Zahl- und Silbenzeichen gibt es als vierten Zeichentypus die sog. Determinative, d.h. Zeichen, die vorangehende oder folgende Zeichen(gruppen) klassifizieren (Determinative für Holzgegenstände, Städte- und Götternamen, Fische u.a.m.). Sie waren graphisches Beiwerk und wurden nicht gesprochen. Näheres über Schreibgebräuche ist den einschlägigen Grammatiken zu entnehmen.

Schriftzeichen sind einfach, d.h. nicht in Einzelbestandteile zerlegbar, oder zusammengesetzt. Beispiele: ein auf das

Bild „Kopf" zurückgehendes Zeichen bedeutet sum. *sag* „Kopf"; durch Zusatz paralleler Striche entsteht ein Zeichen, das je nach Zusammenhang *ka* „Mund", *kiri* „Nase", *su* „Zahn" gelesen wurde oder Verben für „sprechen" darstellte. KA mit hineingeschriebenem ME heißt *eme* „Zunge"; das ME ist hier Lautanzeiger. KA mit daran- oder hineingeschriebenem Zeichen „Wasser" heißt *nag* „trinken". Manche Wörter werden durch Zusammenrückung mehrerer Zeichen dargestellt: „Frau" + „Berg" = *geme* „Sklavin" („Berg" = „Bergland, Fremdland"); „Gefäß" + „Hand" + „fassen" = *sagi* „Mundschenk" (akkadisches Lehnwort im Sum.). Häufig ist der Grund, weshalb bestimmte Zeichen kombiniert wurden, nicht mehr klar zu ersehen.

Der Zeichenbestand: als obere Grenze der zu Beginn schätzungsweise verwendeten Zeichen wird 2000 angesetzt. In den Fara-Texten (zwischen 2550 und 2500 v. Chr.) sind über 800 Zeichen belegt; zur Zeit der 3. Dynastie von Ur (ca. 2100–2000) waren um 900 Zeichen in Gebrauch. Diese Zahl hat sich nicht mehr beträchtlich verringert. Auf jeden Fall ist der ursprüngliche Bestand stark reduziert worden, woran auch gelegentliche Neuschöpfung von Zeichen nichts änderte. Welchen Prozentsatz an Zeichen der einzelne Schreiber parat hatte, ist schwer nachzuprüfen. Bei rein syllabischer Schreibung und Verzicht auf Wortzeichen genügte bereits ein Inventar von ca. 100–110 Silbenzeichen. Aber Sumerisch ließ sich so nur höchst unzulänglich darstellen.

Hellmut Brunner

Die Schrift der Ägypter

Die Zeichen der ägyptischen Schrift, die Hieroglyphen, sind zwar ihrer äußeren Form nach Bilder, doch ist die ägyptische Schrift trotzdem keine Bilderschrift. Während eine solche nur abbildbare Gedanken und diese nur ungefähr vermitteln kann, erlaubt es eine Lautschrift, im Leser genau die Wörter, die dem Schreibenden vorschwebten, zu erwecken – vorausgesetzt, daß beide dieselbe Sprache sprechen. Das aber bedeutet, daß die einzelnen Schriftzeichen für Phoneme der Sprache stehen. Bei der ägyptischen Schrift ist das von vornherein der Fall. Erst auf einer späteren Stufe der Entwicklung treten als Lesehilfen auch Zeichen hinzu, die nicht Lautsymbole sind (Determinative, s. u.).

Die ägyptische Schrift ist also eine Vollschrift, die allerdings nur die Konsonanten wiedergibt. Dieser Umstand, der für einen der Sprache Kundigen kaum ein Nachteil ist (auch das heutige Arabisch wird vokallos geschrieben), erklärt sich aus dem System, das der Schrifterfindung zugrunde liegt. Abbildbare Wörter werden zunächst mit ihrem Bild geschrieben: das Wort für eine Hacke besitzt die beiden Konsonanten *m* und *r*, es wird mit dem Zeichen einer Hacke geschrieben. Nun gibt es aber weitere Wörter mit denselben beiden Konsonanten, z. B. „lieben". Auf solche Homonyme wird nun das Bild der Hacke übertragen; da aber jede Sprache aus Gründen der Verständlichkeit nur eine sehr begrenzte Zahl echter Homonyme besitzen kann, sehen die ägyptischen Schrifterfinder von den Vokalen ab, verwenden also für Konsonanten-Homonyme die gleichen Schriftzeichen. Wenn in der Sprache zu viele Wörter zu einem Homonym zusammenfallen, so werden sie in der Schrift (entsprechend „Mohr" und „Moor" oder „Wagen", „wagen" und „Waagen") differenziert: die Wurzel *mr* „krank" wird mit einem anderen Zeichen, einem Meißel, geschrieben. – Im Prinzip hat jedes Hieroglyphenzeichen nur eine einzige Lesung, doch fallen schon früh ähnlich aussehende Zeichen (z. B. Ober- und Unterschenkelknochen, femur und tibia, eines Rindes) zusammen, so daß sekundär gelegentlich Mehrfachwerte vorkommen. Durch Lesehilfen schafft die Schrift aber auch in solchen Fällen meist völlige Klarheit.

So gewinnt die ägyptische Schrift Lautzeichen, die einen,

zwei oder drei Konsonanten wiedergeben. Da es nun eine Reihe von Wörtern in der ägyptischen Sprache gibt, die kein abbild-, also schreibbares Homonym besitzen, verwendet die Schrift so gewonnene Konsonantenzeichen, sie „buchstabierend" zusammenzusetzen. Beispielsweise wird das Schriftbild des Wortes *mrḥ* „verderben, untergehen" zusammengefügt aus der oben erwähnten Hacke mit den Konsonanten *mr* und einem Strick, der mit einem Wort bezeichnet wird, das als einzigen Konsonanten ein *ḥ* enthält: *mr + ḥ = mrḥ*. Um dem allgemeinen Bedürfnis nach Deutlichkeit entgegenzukommen, die schnelles Lesen ermöglicht, fügt eine spätere Entwicklungsstufe noch Determinative ein, das sind stumme Zeichen, die, am Ende eines Wortes stehend, die Begriffsklasse bezeichnen, zu der das Wort gehört: ein Beinpaar für jede Bewegung („laufen, springen, gehen, marschieren" usw.), ein Vogel für alles, was in der Luft ist, auch für die Heuschrecke oder den Schmetterling. Diese Determinative erfüllen zugleich weitgehend die Funktion der sonst in der äg. Schrift fehlenden Worttrenner. Es sei aber ausdrücklich betont, daß hier eine jüngere Entwicklung vorliegt, nicht etwa der Rest einer Bilderschrift.

Eine solche Vorstufe zur ägyptischen Schrift gibt es nicht. Gleich bei den ersten Schriftdenkmälern kurz vor 3000 v. Chr. liegt vielmehr das eben geschilderte System einer Lautschrift fertig vor – abgesehen von den Determinativen.

Michael Ventris

Die Entzifferung der minoischen Schrift

Durch die fast gleichzeitige Veröffentlichung der Knossos- und der Pylos-Tafeln ist nunmehr alles vorhandene Material der minoischen Linearschrift B der Forschung zugänglich, und der Wettlauf um ihre Entzifferung hat damit ernsthaft begonnen. Vielleicht ist es von Interesse zu erfahren, wie man an eine solche Aufgabe herangeht. Nach verbreiteter Meinung gilt die Entzifferung von Inschriften, bei denen sowohl Schrift als auch Sprache unbekannte Größen sind und für die die Hilfestellung einer Bilingue fehlt, als unmöglich. Steht aber genügend Material für die Arbeit zur Verfügung, so ist die Lage doch nicht ganz hoffnungslos. Es bedeutet vielmehr nur, daß statt einer mechanischen Dechiffrierungsarbeit ein wesentlich spitzfindigerer Weg der Ableitung einzuschlagen ist. Er entspricht etwa der Lösung eines Kreuzworträtsels, in dem die schwarzen Quadrate nicht eingedruckt sind.

Es gibt da vier Angriffswege: Zunächst gilt es, die bilderschriftlichen Zeichen auf den Tafeln genau zu studieren und möglichst festzustellen, welcher Art die da registrierten Objekte sind. Dabei hilft uns unsere Kenntnis der Frage, welche Dinge wohl die minoische Wirtschaft anzusammeln hatte, sowie die Analogie anderer Abrechnungen aus Ägypten, Syrien und Mesopotamien. Zweitens ist eine genaue statistische Analyse darüber zu führen, in welcher Art ein jedes der ursprünglichen phonetischen Zeichen gebraucht wird – in der Hoffnung, auf diesem Wege irgendeinen Hinweis auf die Art des Lautes, den es darstellt, zu erhalten. Findet man, daß ein spezielles Zeichen oder eine Zeichengruppe, sagen wir, sehr häufig am Anfang steht, so gewinnen wir vielleicht einen Hinweis aus dem Auftreten eröffnender Laute irgendeiner anderen Sprache der gleichen Zeit. Angenommen, die Sprache des Textes ist bekannt, so kann ein Code oft schon durch Statistiken dieser Art – so wie man zum Beispiel weiß, daß in jedem englischen Textstück der Buchstabe *e* stets der häufigste sein wird – voll entschlüsselt werden. Drittens kann man alle Fälle analysieren, in denen das gleiche Wort an verschiedenen Stellen mit einem Wechsel in der Schreibung des letzten Zeichens oder der letzten zwei Zeichen aufzutreten scheint. Hierbei mag es sich dann vielfach um grammatikalische Endungen handeln. Können wir nachweisen, daß eine spezielle Endung durchgängig in einem besonderen Text erscheint, sind wir vielleicht imstande, ihre Bedeutung zu bestimmen – etwa, daß es sich bei ihr um einen Genitiv, Lokativ, Nominativ-Plural oder die Zeitform eines Verbs handelt. Schließlich ist der Kontext, in dessen Zusammenhang jedes einzelne Wort steht, zu prüfen; man muß aus ihm festzustellen versuchen, ob ein Personen- oder Ortsname oder eine normale Vokabel zu erwarten ist. Haben wir eine Vermutung, was eines dieser Wörter bedeutet, kommt als nächster Schritt der Versuch, seine Zeichen mit den uns aus benachbarten Sprachen bekannten Worten derselben Bedeutung zu vergleichen. Dann mag sich ergeben, daß das Minoische eine genügend enge Verwandtschaft mit einer uns bereits bekannten Sprache hat und daß wir daraufhin auch andere, nach dem Kontext nicht klare minoische Wörter gewinnen können.

Wir standen dabei natürlich immer vor dem Risiko, daß es keine einzige dem Minoischen verwandte Sprache mehr gab – was unsere Aussichten auf eine vollständige Entzifferung sehr verringert hätte. Aber auch bei stärkstem Pessimismus durfte man einige Hilfe von den mehreren hundert Worten erwarten, die hauptsächlich unbekannte Einrichtungen ausdrücken oder aus einer unzivilisierten Lebensführung stammen und die die Griechen daher von den älteren Bewohnern der Ägäis übernommen hatten. Einige von ihnen mochten wohl auf den Tafeln erscheinen, ganz gleich, in welcher Sprache sie geschrieben waren; auch ließen sich in ihnen einige Namen kretischer Städte erwarten, die wir aus der klassischen Zeit kennen.

Das vollausgebildete kretische Schriftsystem besitzt ungefähr achtzig Zeichen. Da Alphabete meist nicht mehr als dreißig Werte haben, nehmen wir an, daß es sich in Kreta um eine Silbenschrift handeln muß; statt des einen Buchstaben *t* weist diese also wahrscheinlich fünf oder mehr Zeichen mit dem Silbenwert *ta, te, ti, to, tu* usw. auf. Eine Silbenschrift dieses Typs war in klassischer Zeit noch bei den Griechen auf Cypern in Gebrauch. In diesem System würde ein griechisches Wort wie κασίγνητος „Bruder" in Silbenschrift aufgelöst und *ka-si-ki-ne-to-se* geschrieben. Es besteht guter Grund für die Annahme, daß das kyprische Syllabar aus der minoischen Schrift abgeleitet ist; könnten wir die kyprischen Silbenwerte, die wir kennen, einfach auf die minoische Schrift übertragen, ließe sich das Problem lösen. Aber im Verlauf einer tausend Jahre währenden Entwicklung haben sich die Formen der kyprischen Zeichen offenbar sehr stark verändert; in der Frage, welche Zeichen übereinstimmen könnten, erreichten wir keine Einigung.

Der übliche Weg, die Werte einer Silbenliste in eine maßgebliche Ordnung zu bringen, ist – wenn man die Aussprache kennt – die Einrichtung einer syllabarischen Tabelle. Sie besteht in unserem Falle aus einem Gitternetz von etwa achtzig Quadraten, auf dem die fünf Vokale am Kopfende horizontal, die etwa sechzehn Konsonanten am Rande vertikal eingetragen sind. Das Zeichen *to* erscheint dann z. B. in dem Quadrat, an dem sich *t* und *o* schneiden. Die wichtigste Arbeit bei dem Versuch, eine Silbenschrift zu entziffern, besteht nun darin, die Zeichen provisorisch in ein Gitternetz dieser Art einzuordnen, noch bevor man an die Bestimmung der tatsächlichen Aussprache der einzelnen Vokale und Konsonanten herangehen kann. Findet man einen Beleg dafür, daß zwei Zeichen den gleichen Vokal haben, wie etwa *ta* und *ra*, setzt man sie in die gleiche vertikale Spalte ein; vermutet man, daß sie denselben Konsonanten enthalten, wie etwa *ta* und *ti*, kommen sie auf die gleiche horizontale Zeile. Läßt sich dann später feststellen, wie auch nur ein oder zwei Zeichen tatsächlich auszusprechen sind, kann man sofort Wesentliches über viele andere Zeichen, die sich in der gleichen Spalte der Tabelle finden, aussagen.

Ein gutes Hilfsmittel zum Herausfinden zusammengehöriger Zeichen ist die Erscheinung der Flexion. Hätte man das Lateinische in Silben geschrieben, fände man in einer Abfolge wie *dominus, domine, dominum, domini, domino* die dritte Silbe auf vier verschiedene Arten geschrieben, die alle den Konsonanten *n* enthalten: *nu, ne, ni, no.* Wir könnten diese vier Silben sämtlich ohne Bedenken auf die gleiche Zeile unserer Tabelle setzen, ohne daß wir bereits wissen, welches der gemeinsame Konsonant tatsächlich ist. Ebenso dürften wir annehmen, daß der gleiche Schlußvokal, den wir in dem Genitiv *domini* finden, auch in einer Anzahl anderer Genitive wieder erscheint, die mit ganz anderen Zeichen geschrieben werden, wie etwa *amici, pueri, belli, novi* usw. Minoisch war nicht Latein, seine Flexionen hatten aber die gleiche Folge. Geht man Hinweisen dieser Art nach, lassen sich nach und nach alle Glieder dieser simultanen Gleichung einsetzen, und es ist dann nur noch eine Frage der Zeit, bis wir auf die Lösungsformel stoßen.

Zahlreiche Auskünfte über die Grammatik der Sprache lassen sich aus der Art ableiten, in der wiederholt auftretende Wörter in den Tafeln verwendet werden, ohne daß bestimmte Mutmaßungen über die Art ihrer Aussprache notwendig sind. Man sollte annehmen, die Sprache, die diese Formen bietet, ließe sich von da aus selbst recht leicht identifizieren. Aber hier gehen nun die Meinungen bis heute sehr weit auseinander. Hrozný, Bossert und Sundwall halten das Minoische für eng verwandt mit einem der hethitischen Dialekte Kleinasiens. Nach Evans und Myres enthalten die Tafeln von Knossos irgendeine primitive anatolische Sprache, die wahrscheinlich völlig unbekannt ist und dadurch eine Entzifferung ausschließt. Kürzlich gab Ernst Sittig von der Universität Tübingen († 1955) bekannt, er habe die minoischen Tafeln entschlüsselt, und erklärte ihre Sprache als ein dem Etruskischen verwandtes „Pelasgisch". Auch ich glaubte lange, das Etruskische böte den Schlüssel, nach dem wir suchten. Während der letzten Wochen aber gelangte ich am Ende doch zu der Annahme, die Knossos- und Pylos-

Tafeln seien in Griechisch abgefaßt. Allerdings mußte es sich angesichts der Tatsache, daß diese Sprache 500 Jahre älter war und in recht abgekürzter Form geschrieben wurde, um eine schwierige und archaische Abwandlung, nichtsdestoweniger aber um Griechisch handeln.

Sobald ich zu dieser Auffassung gekommen war, schienen alle Eigenheiten der Sprache und Schrift, die mich bis dahin verwirrt hatten, eine logische Erklärung zu finden; und obwohl zahlreiche Tafeln genau so unverständlich blieben wie zuvor, begannen doch viele andere plötzlich einen Sinn zu ergeben. Wie erwartet, enthielten sie offenbar nichts von literarischem Wert, sondern boten lediglich alltägliche, oft simple Einzelheiten der Palastverwaltung. Da sind Listen von Männern und Frauen, die nach jedem Namen das Handwerk der betreffenden Person nennen; wir begegnen dabei geläufigen griechischen Bezeichnungen wie ποιμήν „Schafhirt", κεραηεύς „Töpfer", χαλκεύς „Bronzeschmied" oder χρυσοϝοργός „Goldschmied". Bei einigen Personen finden sich längere Beischriften, z. B. „N. N., Ziegenhirt, der die Tiere des N. N. weidet", „drei Aufwärterinnen, deren Mutter eine Sklavin und deren Vater ein Schmied war" oder „Stein-Maurer für Bauarbeiten". Andere Tafeln enthalten Verzeichnisse von Gebrauchsgegenständen, etwa von Rädern: so und so viele aus Ulmenholz, aus Metall, mit Metallbereifung, aus Weidenholz. Der längste Satz, den ich fand, bestand aus elf Worten; er findet sich auf einer Tafel aus Pylos, in der anscheinend Zahlungen festgelegt wurden. Er lautet ungefähr: „Die Priesterin hat folgende Felder Ackerland in Pacht von den Eigentümern und verpflichtet sich, sie auch weiterhin zu behalten."

Die Tafeln von Pylos wirken wie nach Zeit und Ort nicht anders zu erwarten, völlig griechisch. Aber auch wenn dies bei den Knossos-Tafeln nur für die vorherrschende Ausdrucksweise zutrifft und sie im übrigen mit Namen und Worten einer einheimischen Sprache durchsetzt sind, werden wir doch gezwungen sein, unsere Auffassung von der

Geschichte dieser Epoche zu revidieren. Der letzte Palast von Knossos gehört offensichtlich ganz der einheimischen Inselkultur an; indessen dürften, wenn mich nicht alles täuscht, die Griechen zur Zeit seiner Erbauung bereits in Kreta gewesen sein, sie können somit nicht als seine Zerstörer gelten. Sie müssen es auch gewesen sein, die die neue Linearschrift B für ihre Zwecke schufen. Trifft das zu, hätten wir berechtigen Anlaß, die von Myres und Bennett veröffentlichten Tafeln im strengen Sinne als mykenisch und nicht als minoisch zu bezeichnen.

Wie ich angedeutet habe, besteht nun bessere Aussicht als jene zuvor, Europas früheste Inschriften lesbar zu machen. Indes wird es gewiß noch viel Mühe kosten, bis die Lösung des Problems allgemeine Zustimmung findet.

Claude-François Baudez/Pierre Becquelin
Die Schrift der Maya

Die Hieroglyphen-Inschriften enthüllen eine Kenntnis der Astronomie und eine Kosmologie, die in der Neuen Welt einzigartig ist; die Schrift gilt als die höchstentwickelte in Mesoamerika.

Durch jahrelanges, geduldiges Beobachten der Gestirne und kalendarische Berechnungen erarbeiteten die Maya-Priester eine komplizierte Astrologie, die den Tagesablauf bestimmte. Sie hatten den Beginn des Kalenders in eine sehr frühe Vergangenheit gesetzt; dieses Datum, von dem aus sie die verflossene Zeit nach dem System der sogenannten Langen Zählung festlegten, entspricht dem Jahr 3113 v. Chr. Vielleicht war für sie zu dieser Zeit die heutige Welt entstanden, die, wie die vorhergehenden Welten, ihrerseits zerstört werden sollte. Diese Vorstellung kommt jedenfalls in den

Mythen der Maya und anderer mesoamerikanischer Völker zum Ausdruck.

Götter und Menschen wurden von einem Kalender regiert, der auf einer Kombination von Zyklen beruhte. Am wichtigsten waren der zeremonielle Zyklus von 260 Tagen, der hauptsächlich als Grundlage für die Weissagung diente, und der Sonnenzyklus von 365 Tagen.

Der 260tägige Zyklus ist ein heiliger Almanach ohne erkennbaren Bezug zu den Naturphänomenen. Er besteht aus 20 Tagesnamen, die mit den Zahlen 1 bis 13 kombiniert sind; das ergibt 260 verschiedene Paare. Die Namen der Tage wurden als Gottheiten betrachtet, und ihre Glyphen stellen sie oder ihre Attribute dar. Die mit den Tagesnamen verbundenen Zahlen galten ebenfalls als göttlich und wurden zuweilen als Köpfe der ihnen entsprechenden Götter verbildlicht. Zur Zeit der spanischen Eroberung bestimmten in Yucatán die Vorzeichen eines jeden Tages und einer jeden Zahl alle Entscheidungen, und so geschah es gewiß auch zuvor. Das Leben des einzelnen war vom Einfluß des Tages seiner Geburt vorherbestimmt.

Der 260tägige Kalender war mit allen anderen Maya-Zyklen verknüpft (Sonnen-, Mond- und Venus-Zyklus). Für die Lange Zählung wurde er mit dem Sonnenjahr von ungefähr 365 Tagen kombiniert. Dieses Jahr war in 18 „Monate" zu 20 Tagen unterteilt und umfaßte eine Endperiode von 5 Tagen, die als äußerst unheilvoll galten. Jede Periode von 20 Tagen stand wie die Tage des Zeremonialkalenders unter dem Patronat einer Gottheit. Jedes Datum war in beiden Systemen festgehalten, denn jedem Tag des 260tägigen Kalenders entsprach ein Monatstag des Sonnenkalenders. Beide Kalender folgten ihrem eigenen Zyklus, und man mußte 52 Jahre warten, bis die Daten wieder dieselbe Kombination aufwiesen (denn 52 x 365 = 73 x 260).

Die beiden Kalender und der 52jährige Zyklus waren in fast ganz Mesoamerika bekannt. Dieser Zyklus galt als die wichtigste Zählperiode in verschiedenen Gebieten, besonders bei den Azteken, die stets an seinem Ende alles Geschaffene zerstören mußten. Die Maya hingegen schienen diesem Zyklus keine große Bedeutung beigemessen zu haben. Die Besonderheit ihres Kalenders lag darin, daß in ihm die seit dem Ausgangsdatum verstrichenen Jahre verzeichnet und dabei die vergangenen Perioden mit festen Intervallen genau vermerkt waren. In den klassischen Inschriften wurden die Tage mit Hilfe verschiedener Einheiten gezählt: der Tag *(kin)*, der Monat zu 20 Tagen *(uinal)*, das Jahr zu 360 Tagen beziehungsweise 18 *uinal (tun)*, die Periode zu 20 *tun* oder 7200 Tagen *(katun)* und die Periode zu *20 katun* oder 144 000 Tagen *(baktun)*.

Für die Zahlenangaben verwendeten die Maya ein System von Strichen und Punkten. Der Strich bedeutete 5 und der Punkt 1; wenn man sie kombiniert, kann man die Zahlen von 1 bis 19 schreiben. Von 20 an benutzte man die Positionszählung: man setzte an die unterste Stelle ein dreiblättriges Zeichen, um damit anzugeben, daß 20 Einer gezählt worden sind, und darüber zum Beispiel einen Punkt, der bedeutete, daß man Zwanziger zählen muß. In dieser zweiten Position konnte man Zahlen bis 380 (19 x 20) notieren, dann mußte man in die dritte Position darüber gehen, um die Vierhunderter zu zählen. [...]

Die Hieroglyphenschrift war religiösen und politischen Zwecken vorbehalten. Schon auf den frühesten Inschriften sind die Schriftzeichen in einem quadratischen oder rechteckigen Feld angeordnet, dem sogenannten glyphischen Block, der sehr selten wie eine Kartusche umrahmt ist. Dieses Feld enthält das Hauptzeichen, eine oder mehrere Vor- oder Nachsilben und gegebenenfalls die Zahlenkoeffizienten. Thompson zählt in seinem Katalog 492 Hauptzeichen und 370 Vor- oder Nachsilben auf; man könnte aber seiner Meinung nach die Varianten ausscheiden und die Zahl aller Zeichen auf etwa 750 schätzen.

Die Zeichen sind vielgestaltige Zeichnungen, in denen Motive in geschwungenen Linien vorherrschen. Sie stellen häufig menschliche Gesichter, Hände in verschiedenen Positionen, Gesichter von Göttern mit Tierzügen, Tierköpfe und mythologische Gestalten dar. Die Vielzahl der Zeichen ist ein Hinweis darauf, daß man es nicht mit einer reinen Silbenschrift zu tun hat, denn für diese würde man eine viel geringere Anzahl benötigen. Wahrscheinlich haben wir ein Mischsystem vor uns, das Ideogramme – also Begriffszeichen, wie beispielsweise die Glyphen für verschiedene Zeitperioden – und Silben-Phonogramme miteinander verbindet. Außerdem erhalten die Ideogramme häufig eine Bedeutung über die Phonetik, wenn sogenannte Bilderrätsel zu lesen sind. Die Glyphe für Fisch oder Haifisch *xoc* zum Beispiel wird phonetisch *xoc* gelesen und bedeutet zählen.

Meistens sind die Texte durch Bilder ergänzt. Die bildlichen Darstellungen unterscheiden sich von der Schrift lediglich dadurch, daß sie nicht in Zeilen gegliedert sind und nicht mit der Syntax übereinstimmen. Man kann also Ikonographie und Inschriftenkunde nicht voneinander trennen. Die ganzfigurigen Glyphen sind das Ergebnis einer Verbildlichung der Schrift. Man muß wohl manche „Grotesken" wie Texte lesen, denn ihre Bestandteile spielen die gleiche Rolle wie die Glyphen und sind oft mit ihnen verschmolzen.

Diese Untrennbarkeit von Bild und Text kann man anhand der nicht baugebundenen Skulpturen belegen. Auf den Stelen ist meistens der Herrscher in seiner Majestät dargestellt, stehend oder sitzend, allein oder in Begleitung von Gefährten oder Gefangenen; Symbole aus Religion, Kosmologie oder dem Ahnenkult befinden sich in seinem Kopfputz, auf seinem Gewand oder an den Gegenständen, die ihm dargebracht werden. Die Altäre bei den Stelen sind entweder gar nicht oder nur mit einem Text oder einem Bild oder auch mit beidem verziert. Das Bild kann mythologische Ungeheuer, Gefangene oder auch Vorfahren zeigen. Es vervollständigt häufig die Ikonographie der Stele, denn es besteht aus Elementen, die den piktographischen und ideo-graphischen Glyphen nahekommen.

Die Entzifferung erfolgte in mehreren Etappen. In einer ersten Phase widmete man sich hauptsächlich den *Codices* (nachklassischen Manuskripten) und versuchte, die den Glyphen entsprechenden Maya-Wörter herauszufinden. Dann bemühte man sich um die Inschriften, die sich auf den Kalender beziehen. Eine weitere Phase, in der die verschiedenen Ergebnisse in Zusammenhang gebracht wurden, kennzeichneten die Forschungen von Thompson und seine Entdeckung von Vor- oder Nachsilben, die grammatikalische Elemente darstellen. Schließlich nahmen H. Berlin und T. Proskouriakoff eine historische Deutung der Inschriften vor, während I. Knorozov die phonetischen Elemente der Schrift hervorhob.

Eine unabdingbare Voraussetzung für die Entzifferung der Hieroglyphen wäre die Rekonstruktion der Sprache, in der die klassischen Inschriften verfaßt wurden. Wenn man sich vor Augen hält, wie die Hauptsprachengruppen der Maya im beginnenden 16. Jahrhundert verteilt waren, ist anzunehmen, daß ursprünglich im ganzen Mittelbereich des Maya-Gebiets die Sprachen der Chol, in Westhonduras das Chorti und in Tabasco das Chontal gesprochen wurden. Man müßte also den wahrscheinlichen Stand der Chol-Sprachen im Zentralgebiet zu Beginn des 4. Jahrhunderts n. Chr. wiederherstellen. Man darf aber nicht vergessen, daß einerseits klassische Inschriften in Yucatán existierten und andererseits die *Codices* vermutlich von dieser Halbinsel herstammen. Folglich könnte dieselbe Schrift den Chol-Maya und den yucatekischen Maya gleichzeitig gedient haben. Vielleicht sollte man sich auch eine gelehrte Sprache vorstellen, die die Priester verwendeten und die trotz der politischen und sprachlichen Zerstückelung des Maya-Gebiets in allen klassischen Städten verbreitet war.

Da die Schrift sehr kompliziert war und nur wenige Themen behandelt wurden, ist jedenfalls anzunehmen, daß lediglich die Aristokratie, und vielleicht auch nur die Priester, die Hieroglyphentexte verstanden. Wir verfügen selbst für die nachklassische Periode über keinerlei Hinweise darauf, daß Beamte oder Händler diese Schrift benutzt hätten.

Abb. 6: Babylonisch – Susa – Die Gesetzesstele des Hammurabi, 18. Jh. v. Chr. – Basalt, Höhe 2,25 m – Paris, Louvre.

Roman Herzog

Vom Charakter der Staaten

Läßt man die vier großen Aufgabenkomplexe früher Staatlichkeit am geistigen Auge vorüberziehen, so beginnt man zu ahnen, daß nicht jeder von ihnen in allen historischen Staaten die gleiche Rolle gespielt haben kann. Religionspflege und Rechtsprechung wird es – bei allen Unterschieden im einzelnen – zwar überall gegeben haben. Wasserwirtschaft und Verteidigungspolitik werden aber, abhängig von der geographischen Lage und vom Klima, nur sehr verschieden zur Geltung gekommen sein, und auch dann dürfte es noch einen Unterschied gemacht haben, gegen welchen Gegner sich die Verteidigung beispielsweise richtete.

Für die politische Ausrichtung des einzelnen Staates, für sein *Selbstverständnis* (wie man heute so schön sagt), war das möglicherweise entscheidend. Die Geschichte ist voll von Beispielen dafür, daß ein solches Selbstverständnis bestimmend für die innere Verfassung eines Staates, für seinen Umgang mit den Menschen, aber auch für sein internationales Auftreten sein kann. *Auch Staaten haben ihren Charakter,* und dieser hängt mehr von ihrer Lage und damit von ihren *konkreten* Aufgaben ab, als man auf den ersten Blick glauben möchte.

Wenn der äußere Eindruck nicht täuscht, waren die ältesten Staaten des *Zweistromlandes* weitgehend von den Tempeln her bestimmt, und zwar sowohl von ihren religiösen Funktionen als auch von ihrem wirtschaftlichen und zivilisatorischen Gewicht, so daß man fast versucht ist, sie mit der Rolle der mittelalterlichen Klöster zu vergleichen. Daß auch damit ein handfester Herrschaftsanspruch verbunden war, soll nicht geleugnet werden. Dennoch muß der sumerische „Tempelstaat" auf die Menschen, die er beherrschte, gänzlich anders gewirkt haben als ein Staat, der in Waffen starrte, weil seine Hauptfunktion die pausenlose Abwehr räuberischer Nomaden war. Vielleicht ist die heitere Menschlichkeit, die manche sumerischen Königsbilder ausstrahlen, doch nicht nur Propaganda oder Folge künstlerischen Unvermögens, sondern Ausdruck des damaligen monarchischen Selbstverständnisses.

Nicht zuletzt deshalb gilt es heute wieder als höchst zweifelhaft, ob man bei den frühen Sumerern „Staat" und „Tempel" der Organisation nach überhaupt unterscheiden kann. Zwar gibt es in ihrer Sprache zwei Amtsbezeichnungen, die man lange zwischen Staat und Tempel verteilt hat, nämlich „en", was meist mit „Priesterfürst" übersetzt wurde, und „lugal", was dann folgerichtig „König" heißen mußte. Heute glauben die Wissenschaftler eher, daß es sich um ein und dasselbe Amt handelte, das nur von Stadt zu Stadt verschieden bezeichnet wurde. Es wäre natürlich reizvoll zu wissen, welche von diesen beiden Meinungen die richtige ist. Für den Charakter des sumerischen Gemeinwesens im Ganzen spielt es aber eine untergeordnete Rolle, ob sich hinter den beiden Bezeichnungen zwei Ämter mit verschiedenen Aufgaben verbargen, deren Gewicht und Einfluß sich allmählich verschoben, oder ob es sich von vornherein nur um *ein* Amt handelte, das dann aber im Laufe der Jahrhunderte selbst einen tiefgreifenden Funktionswandel durchmachte.

Jedenfalls muß sich das Blatt grundlegend gewendet haben, als es in Mesopotamien zu den ewigen Kämpfen zwischen den rivalisierenden Stadtstaaten kam. Das Militärische muß nun allmählich in den Vordergrund getreten sein. Der König war plötzlich – auch auf den bildlichen Darstellungen – ein Übermensch, der Burgen brach, Städte eroberte und Menschen vernichtete. Das muß nicht nur sein Selbstverständnis, sondern auch sein Bild bei den Untertanen geändert haben. Das Bild des Staates wurde kälter, selbst wenn sich der einzelne Soldat (und das war jedermann) auf errungene Siege genausoviel einbildete wie jeder Soldat auf der ganzen Welt und seinen Anteil an der geraubten Beute ganz gern einsteckte.

Dabei waren diese Kriege nicht in einem unmittelbaren Sinne existenzbedrohend. Den Bauern der Durchzugsgebiete und den Einwohnern eroberter Städte erging es natürlich schlecht; sie hatten, wie man so sagt, auch damals die Zeche zu bezahlen. War der Krieg aber beendet, so standen sie schlimmstenfalls unter der Herrschaft eines neuen Königs, der ihnen nicht mehr Arbeitsleistungen und Steuern abverlangte als der alte und der ihnen wahrscheinlich auch nicht fremder war als er; denn schließlich sprach er die gleiche Sprache wie sie, opferte den gleichen Göttern und hatte die gleichen Anschauungen, kurz er gehörte dem gleichen Kulturkreis an. Diese Kriege gingen also nicht im buchstäblichen Sinne um Leben und Tod des ganzen Volkes, wie es bei Nomadeneinfällen an der bewußten Grenzlinie oft der Fall gewesen sein mag, und die Politik, die hinter ihnen stand, hatte mehr den Charakter einer bewaffneten Innenpolitik als den einer echten Außenpolitik.

Ähnlich mag es in den Staatenkämpfen der Arier in *Indien* gewesen sein, ehe die Maurya-Dynastie im späten 4. Jahrhundert v. Chr. dort das erste Großreich schuf, und ganz gewiß in den Auseinandersetzungen zwischen den „kämpfenden Staaten" *Chinas* (seit etwa 450 v. Chr.), ehe der König von Ch'in das erste Kaiserreich gründete (221 v. Chr.). Die Staaten, die in diesen jahrhundertelangen Kämpfen aufeinanderprallten, lebten fast alle auf dem Territorium der gemeinsamen chinesischen Kultur und da die Nomaden der asiatischen Steppe sich in dieser Zeit jedenfalls als nicht durchsetzungsfähig erwiesen, war die politische Situation und damit auch der *Charakter* der konkurrierenden Staaten wohl nicht sehr viel anders als 2000 Jahre vorher in Mesopotamien.

Gänzlich anders war die Entwicklung beispielsweise in Ägypten, das vor Nomadeneinfällen, ja überhaupt vor bewaffneten Angriffen durch seine geographische Lage fast lückenlos geschützt war. Natürlich muß es dort während der Jahrhunderte der Reichseinigung auch militärische Auseinandersetzungen gegeben haben wie in Mesopotamien, Indien und China. Nachdem die Einigung aber vollzogen war, folgte mehr als ein Jahrtausend, in dem es zwar gelegentlich Kämpfe mit nubischen, libyschen oder semitischen Feinden, nie aber ernstliche Gefährdungen der Sicherheit gab. Ägypten hatte in dieser unglaublich langen Periode infolgedessen auch kaum eine ernstzunehmende Armee. Seine Herrscher verstanden sich weder als Heerführer noch gar als Eroberer, und es gab in dieser Zeit offenbar auch keine Generalität, die es als ihre Aufgabe betrachtet hätte, in der Außenpolitik mitzumischen. Diese war vielmehr ganz überwiegend Handelspolitik; das haben wir am Beispiel der Stadt Byblos schon erfahren. Für einen Europäer des 20. Jahrhunderts ist es kaum vorstellbar, was eine solche Epoche für das Selbstverständnis des ägyptischen Staates bedeutet haben muß. Um das zu begreifen, müßte man sich ausmalen können, wie Europa aussähe und von welchen Ideen es beherrscht würde, wenn es seit der Zeit Ottos des Großen nur ein paar Dutzend Polizeiaktionen gegen störrische Wenden, Araber und Grönländer erlebt hätte.

Es muß nach diesem Jahrtausend des Friedens und des unangefochtenen Lebens für die Ägypter eine ungeheuere Erschütterung bedeutet haben, als es gegen Ende des 18. Jahrhunderts v. Chr. einem asiatischen Völkergemisch gelang, die Nordostgrenze zu überrennen, in Unterägypten die Macht zu übernehmen und Oberägypten auf den Status eines tributpflichtigen Vasallenstaates herabzudrücken.

Wer der Urheber dieser politischen Katastrophe war, ist bis heute umstritten. Deshalb wird für die Aggressoren nach wie vor die griechische Namensform Hyksos verwendet. Die einen vermuten, daß es sich bei ihnen um Semiten handelte (die aus Gründen der Stammesverwandtschaft u. a. die Vorfahren des späteren Volkes Israel in das Nilland einwandern ließen). Andere halten sie für Hurriter und konstruieren sogar einen gigantischen hurritischen „Staatenbund", der bis an das Zagrosgebirge gereicht haben und dessen südwestlicher Schwerpunkt das von den Hyksos regierte Ägypten gewesen sein soll. Wieder andere sprechen – realistischer – von einem semitisch-hurritischen Völkergemisch, das sich aus größeren Völkerverschiebungen entwickelt habe und von dem vielleicht auch noch andere Stammessplitter mitgerissen worden seien. Wie auch immer – die Hyksos ließen sich in Unterägypten nieder und beherrschten von ihren Militärlagern aus das ganze Land, fast 150 Jahre lang, bis es der oberägyptischen Dynastie um 1580 v. Chr. endlich gelang, sie zu vertreiben und das Nilland unter ihrer eigenen Herrschaft wieder zu vereinigen.

Die Erschütterung aller überkommenen Vorstellungen und Werte, die die Hyksos-Erfahrung mit sich brachte, äußerte sich nicht zuletzt darin, daß die ägyptischen Herrscher nunmehr die alte Außenpolitik der Genügsamkeit und Selbstbescheidung in ihr genaues Gegenteil verwandelten. Es begann eine Phase, in der die Pharaonen aus bitterer Erfahrung zu einer außerordentlich aggressiven Syrienpolitik und damit zu einer insgesamt imperialistischen Weltmachtpolitik übergingen, die sie mit Babyloniern, Hurritern und Hethitern in Konflikt brachte, die aber auch schwere innere Auseinandersetzungen hervorrief.

Schon Ahmose (1580–1550 v. Chr.), der eigentliche Begründer des neuen Gesamtstaates, begann mit energischen Strafexpeditionen gegen die syrischen und palästinensischen Reste des Hyksos-Reiches. Bald scheint man aber der Meinung gewesen zu sein, daß solche temporären Militärmissionen nicht ausreichten, um die Nordostgrenze auf Dauer zu schützen, und strebte nunmehr den vollen Besitz der Gebiete um Jordan und Orontes an. Es begann ein hundertjähriger erbitterter Kampf um diese Territorien, der von der Regierungszeit Amenophis' I. (1550–1528 v. Chr.) bis Amenophis II. (1448–1422 v. Chr.) in voller Härte andauerte und die ägyptischen Armeen bis an die Grenzen Kleinasiens und an den Euphrat führte. Daß die neue Politik damit aber noch lange kein Ende gefunden hatte, zeigt die

Schlacht bei Kadesch (1299 v. Chr.), in der Ramses II. (1304–1238 v. Chr.) auf den Hethiterkönig Muwatallis stieß.

Man kann sich leicht vorstellen, daß diese völlig neue Politik im Lande am Nil bald heftiger Kritik ausgesetzt war, zumal sie offensichtlich mit einer weitreichenden Depossedierung des Adels und mit der Einziehung großer Ländereien zugunsten der Krone verbunden war. Die zweifellos vorhandenen konservativen Kreise, die wohl an der Zeit vor der Hyksos-Herrschaft anknüpfen wollten, konnten sich darauf berufen, daß es sich um eine völlig irrationale Überreaktion auf den Hyksos-Schock handele, die nur ungeheuere Verluste an Geld und Menschen verursache und angesichts der geopolitischen Lage der umkämpften Gebiete niemals zu deren dauerhaftem Besitz führen könne. Vor allem aber dürfte eine Rolle gespielt haben, daß die ganze Nordostausrichtung der Außenpolitik falsch sei. Ägypten, so wird man gesagt haben, sei auf den Süden verwiesen, wo es mit viel geringeren Mitteln wesentlich mehr erreichen und wo ihm auch keine andere Großmacht etwas streitig machen könne.

Den opponierenden Kräften wird vor allem auch die mit der neuen Politik verbundene Umwertung aller Werte nicht ins Konzept gepaßt haben. Tatsächlich zeigten die Herrscher der 18. und 19. Dynastie ausgesprochen militaristische, ja cäsaristische Tendenzen, die zwangsläufig auch die innere Verfassung des Staates beeinflußten. Der Soldat verdrängte im allgemeinen Bewußtsein den gerechten und loyalen Beamten aus dem ersten Rang der Wertschätzung und der Krieg die Wirtschaftsbeziehungen aus dem ersten Rang des außenpolitischen Instrumentariums. Ägypten war ein Militärstaat geworden, und es läßt sich denken, daß das den Konservativen wenig behagte.

Reinhold Zippelius
Platons Idealstaat

Das Grundübel der vorhandenen Staaten liegt darin, daß in ihnen mehr oder minder die Ungerechtigkeit waltet. In diesen Staaten herrschen nicht die Einsichtigsten und Gerechtesten, sondern andere Leute.

Im Militärstaat, wie er in dem amusischen, harten Sparta ein Beispiel findet, geben die Ehrgeizigen und Kampflustigen den Ton an, Leute, die „mehr zum Kriege als zum Frieden geboren sind". Hier ist schon die Jugenderziehung nicht durch „wissenschaftlich belehrende Überzeugung, sondern durch äußeren Zwang" geprägt und „mehr auf die Übung des Körpers als des Geistes" gerichtet. Unter dieser Staatsverfassung gibt den Ton der ungebildete, aber eingebildete Junker an, der herrschsüchtig und ehrgeizig ist, seinen Vorgesetzten aber stramm pariert.

In der Oligarchie führen die Reichen, die vom Erwerbstrieb Beherrschten, das Ruder und machen das von ihnen regierte Volk „zum Affen ihrer Moden". „So geht's bei ihnen mit Geldschacher voran, und je höher sie diesen halten, desto weniger achten sie moralisch-geistige Tüchtigkeit". Denn Tugend und Reichtum liegen gleichsam auf verschiedenen Waagschalen, von denen die eine in eben dem Maße sinkt, wie die andere steigt. Aber wenn die Mitwirkung an staatlichen Funktionen sich nach dem Besitz richtet, ist das ebenso schlecht, wie wenn man den Steuermann eines Schiffes danach auswählen würde, wer unter den Passagieren ein Vermögen besitzt. Auch fehlt es einem solchen Gemeinwesen an der inneren Einheit; denn in ihm liegen gleichsam zwei Staaten, die Armen und die Besitzenden, fortwährend gegeneinander auf der Lauer.

Die hervorstechendste Eigenschaft der Demokratie schließlich sieht Platon darin, daß hier jeder seinem Belieben und seinem Begehr freien Lauf läßt. Unter dieser Verfassung finden alle möglichen Lebensweisen ihren Platz. Der Zwang ist verpönt; und man übt sich in Humanität, auch gegenüber so manchen, die nach dem Gesetz verurteilt worden sind. Liberal gibt man sich ferner in Unterricht und Ausbildung; auch den Grundsatz, daß die Regierenden einer gründlichen Bildung bedürfen, läßt man großzügig fahren „und kümmert sich nicht darum, was einer bisher getrieben hat, der sich jetzt an ein Staatsamt macht, und bringt jeden zu Ehren, wenn er nur versichert, ein guter Freund aller zu sein". So verteilt man „einerlei Gleichheit unter Gleiche und Ungleiche". – Nach der erstbesten Lust und Laune lebt also der Gleichheits- und Freiheitsmann. Der gehorsame Bürger gilt als Kriecher. Beifall hingegen erntet der Amtsträger, der sich wie ein Untergebener benimmt. Der Sohn verbrüdert sich mit dem Vater. Der Lehrer fürchtet und verwöhnt seine Schüler und diese fahren dem Lehrer über die Nase. Und wie allenthalben, so herrscht auch zwischen den Männern und Frauen die große Freiheit und Gleichheit. – An die Stelle echter Bildung, die auch besonnen zuzuhören weiß, setzt sich „die kecke Anmaßung, als sei man ohne weiteres zum Urteil befähigt", das rasche, ungenierte Mitredenwollen, „die Einbildung aller, alles zu verstehen".

Aber der Henker wartet schon. Die Unersättlichkeit in demjenigen Gute, das für die Demokratie das Höchste ist, die Unersättlichkeit in der Freiheit, richtet die Demokratie zugrunde. Das Ende der zuchtlosen Demokratie ist die Tyrannei. Für die Historie ist das ein altes Thema mit Variationen. Platon gibt ihm folgende Fassung: Es liegt auf der Hand, daß die Freiheit, wenn sie das Maß verliert, in eine ebenso maßlose Unfreiheit umschlägt, beim einzelnen und im Staate. Ist es durch Mißbrauch der Freiheit zu inneren Unruhen gekommen, dann bestellt man zu ihrer Beseitigung einen Volksbeauftragten. Hat dieser erst einmal das Heft in der Hand, dann wirft er „in den ersten Tagen und in den Flitterwochen aller Welt, wer ihm auch begegnen mag, lächelnde Mienen und Komplimente zu, versichert, er sei kein Tyrann, macht einzelnen wie dem ganzen Gemeinwesen Aussichten auf große Verbesserungen, mildert die Schuldenlast, verteilt Land unter das Volk und unter seine erklärten Anhänger und tut gegen alle huldvoll und sanftmütig". Hat er sich mit einem Teil seiner einheimischen Gegner ausgesöhnt, einen anderen Teil vernichtet, dann zettelt er einige Kriege an, um als Führer nötig zu bleiben. Hat er aber seine Macht gefestigt, dann muß er allen noch verbliebenen Männern von Mut oder Stolz oder Geist oder Geld, die ihm gefährlich werden könnten, den Kampf ansagen und Schlingen legen, bis er den Staat gesäubert hat.

Das Unbehagen an der staatlichen Wirklichkeit läßt die Frage nach der besseren Alternative entstehen, nach dem Idealbild des Staates, an dem sich die Wirklichkeit messen läßt und dem sie sich annähern sollte. [...]

Platon geht davon aus, daß der Staat das Zusammenleben der Menschen in der bestmöglichen Weise zu ordnen habe. Diese Ordnung ergebe sich aus der Natur des Menschen. Der einzelne hat vielfältige Bedürfnisse und schließt sich mit anderen zusammen, damit man diese Bedürfnisse in Arbeitsteilung erfülle, weil „ein einzelner unmöglich viele Künste gut ausüben" kann. Man braucht in einer solchen Gemeinschaft nicht nur Landwirte, Baumeister, Weber, Schuster, Schmiede, Kaufleute und andere Gewerbetreibende, sondern auch Hüter der Ordnung.

Die richtige Teilung dieser Funktionen hat wiederum eine anthropologische Grundlage: Es geht darum, daß jeder das Seine tut, nämlich das, was seiner Anlage entspricht. Im menschlichen Gemüt finden sich verschiedene solcher Anlagen: das sinnliche Begehren, die Streitbarkeit und die Vernunft. Bei dem einen herrscht dieser, bei dem anderen jener Antrieb vor. So gibt es Menschen von dreierlei Gepräge: die Erwerbshungrigen, die Streitbar-Ehrgeizigen und die Wissensdurstigen. In ähnlicher Weise hat noch in unseren Tagen Eduard Spranger die Menschen danach eingeteilt, welche

Vorzugstendenzen sie für unterschiedliche Werte haben; so hat er den ökonomischen Menschen, den Machtmenschen, den sozialen, den ästhetischen, den theoretischen und den religiösen Menschen unterschieden. Jede der platonischen Gruppen soll im Gemeinwesen die Funktion ausüben, die ihrer Natur entspricht: Die Erwerbsfreudigen treiben Handel und Gewerbe, die Streitbaren werden Krieger und die Wißbegierigen und Einsichtigsten lenken den Staat. Denn darin liegt die gerechte Ordnung, daß jeder die Aufgaben erfüllt, die seiner Anlage entsprechen, und daß diese Funktionen in das rechte Verhältnis zueinander gebracht werden – wie auch die seelische Gesundheit des einzelnen darin besteht, daß die Anlagen seiner Seele sich in der richtigen Ordnung zueinander entfalten.

Als Staatsideal finden wir also einen aristokratischen Dreiständestaat. Jeder der drei Stände ist gleichsam Repräsentant je einer der Anlagen der Seele: Vernunft, streitbarer Ehrgeiz und Begehrlichkeit. Gelenkt wird der Staat von Menschen, in denen das Erkenntnisstreben herrscht. Kann doch im Leben des Staates wie in seinem eigenen nur der vernünftig handeln, der das Wesen des Guten erkannt hat. So müssen also die Macht im Staate und die Erkenntnisliebe zusammenfallen; daher müssen „entweder die Philosophen Könige in den Staaten werden oder die, welche jetzt Könige und Herrscher heißen, echte und gründliche Philosophen werden". Unter ihnen steht der Stand der Krieger und Ordnungshüter. Die dritte Schicht bildet der Stand der Erwerbstätigen; er verlangt vom Staat Ruhe und Ordnung und erhält sie gewährleistet, ist aber selber von den Staatsgeschäften ausgeschlossen. Die Zugehörigkeit zu einer solchen Schicht könnte selbstverständlich nicht erblich sein; denn sie muß sich nach der Anlage jedes einzelnen richten und ist daher von Generation zu Generation zu überprüfen.

Gewarnt durch das Beispiel der von Begehrlichkeit verderbten attischen Demokratie will Platon durch ein Radikalmittel verhindern, daß seine Staatslenker und Wächter durch dieses Laster verderbt würden. Damit sie nicht durch Besitzinteressen und durch eine Familie abgelenkt werden, will er sie wie einen Orden halten.

Sie sollen nur das Notwendigste zu Eigentum haben. Der Lebensbedarf soll ihnen von den anderen Bürgern gestellt werden, so daß sie weder Mangel leiden noch Überfluß haben. Ihre Mahlzeiten sollen sie gemeinsam halten. Mit Gold und Silber sollen sie nichts zu schaffen haben.

Darüber hinaus soll in den beiden oberen Ständen Ehelosigkeit gelten. Dieser Gedanke wurde später in dem Zölibatsgebot für den katholischen Klerus Wirklichkeit, und zwar ebenfalls aus der Erwägung, daß die Träger des Amtes diesem die ganze Kraft und Sorge widmen sollten. Freilich will Platon keinen Zölibat, sondern eine Weibergemeinschaft einführen, nach dem Motto „Freundesgut gemeinsam Gut". Aber er ist weit davon entfernt, hier der freien Liebe das Wort zu reden; sondern nach strengen Regeln der Eugenik werden die Soldaten und Beamten mit wackeren Frauen gekreuzt. Davon ausgehend, daß sich körperliche und geistige Eigenschaften von den Eltern auf die Kinder vererben, verlangt er, daß „die besten Männer möglichst oft den besten Frauen beiwohnen, die schlechtesten Männer aber möglichst selten den schlechtesten Frauen; und die Kinder der einen muß man aufziehen, die der anderen aber nicht ... Das alles muß geschehen, ohne daß es jemand außer den Regierenden selbst bemerkt". Um das zu bewerkstelligen, soll man listig zusammengestellte Lose fertigen, um so die wackeren Männer mit den tüchtigen Weibern zusammenzubringen. Auch „denjenigen unter den jungen Männern, die im Kriege oder sonstwo sich tüchtig erweisen, muß man unter anderen Auszeichnungen und Preisen wohl auch die häufigere Erlaubnis, bei Weibern zu schlafen, erteilen, damit zugleich auch unter diesem Vorwand möglichst viele Kinder von ihnen gezeugt werden". Sobald aber die Kinder geboren sind, werden sie von den dafür eingerichteten Behörden übernommen. Die Kinder von tüchtigen Eltern werden in einer Staatsanstalt aufgezogen, die von schlechten Eltern aber und die gebrechlichen sollen an einem geheimen und unbekannten Ort verborgen werden. Für die vom Staat aufgezogenen Kinder soll jede Vorkehrung getroffen werden, daß die Väter und auch die Mütter ihre eigenen Kinder nicht kennen, damit auch in dieser Hinsicht der Unterschied von Mein und Dein verschwindet.

Eine zentrale Rolle spielt die Erziehung des Nachwuchses für den Staatsdienst. Sie hat letztlich das Ziel, den Blick von den Schattenbildern der Erscheinungswelt weg auf das Wesen der Dinge und das Wesen des Guten hinzulenken, wenn auch nur die Fähigsten dieses Ziel erreichen. Geistesbildung und Leibeserziehung sollen sich harmonisch ergänzen. Schon die Sagen, die man den Kindern erzählt, müssen sich in die Generallinie des Platonischen Erziehungsprogramms fügen: Sie werden ausgewählt und gesäubert; Hesiod, Homer und Aischylos finden sich unter den Opfern der eifrigen Zensur. Auch vor der Musik macht diese nicht halt: Alle klagenden und weichlichen Tonarten scheiden als Bildungsmittel aus, selbst die Flöten stehen auf Platons Index. – Im zwanzigsten Lebensjahr trennen sich die Bildungswege. Die Tapferen, aber weniger Begabten werden Soldaten. Die anderen werden weiter ausgebildet, und zwar so, daß sie einen Blick bekommen für die Bezüge zwischen den verschiedenen Wissenschaftsgebieten und für das Wesentliche. Im dreißigsten Lebensjahr folgt eine zweite Ausscheidung. Die Besten üben sich dann weitere fünf Jahre in Philosophie, verwalten anschließend bis zum fünfzigsten Lebensjahr Ämter und werden, wenn sie auch diese Probe bestanden haben, in den Herrscherstand aufgenommen, werden reihum mit höchsten Staatsämtern betraut und widmen sich in der Zwischenzeit ihren Studien.

Dem gemeinen Volk, der untersten, besitzenden Klasse, stehen die beiden staatslenkenden Stände gegenüber wie die Hirten der Herde, wie später der Klerus den Laien. Das Volk hat zu parieren. Es wird geleitet. Auch Lug und Betrug sind dafür recht. Es scheint uns, sagt Platon, „daß die Regierenden viel Lug und Betrug werden anwenden müssen zum Besten der Regierten"; denn als Medizin seien solche Dinge durchaus nützlich.

In Griechenland hatten Platons Lehren über den Staat nicht zu den gewünschten Reformen geführt. Als im Jahre 367 aus Syrakus der Ruf an Platon erging, als Berater des jüngeren Dionysius an den Hof zu kommen, folgte er dieser Einladung. Er vermochte sich aber nicht durchzusetzen und kehrte heim, ohne etwas ausgerichtet zu haben. Auch ein wiederholter Versuch, am Hofe zu Syrakus politische Wirksamkeit zu entfalten, endete mit einem Fehlschlag. Platon wurde in den Parteienzwist verstrickt und mußte abreisen.

Claudius C. Müller

China und die Fremden

Nach chinesischer Kosmologie ist die Erde als eine Reihe von konzentrischen Quadraten vorzustellen. Das innerste Quadrat ist der unmittelbare Herrschaftsbereich des Königs, dann folgen seine Domäne, die Lehensfürsten, die Befriedungszone, die Paktzone und als äußerstes Quadrat die Wildnis. Während im Hauptteil des Kapitels für fast jede einzelne Provinz auf die Existenz von barbarischen Stämmen hingewiesen wurde, werden diese im abschließenden Teil in einer Art Flurbereinigung in den äußersten beiden Zonen angesiedelt. Der Widerspruch zwischen beiden Betrachtungsweisen – zwischen Ideal und Realität – ist augenfällig. Dennoch drücken beide auf verschiedene Weise den gleichen Sachverhalt aus, nämlich die tatsächliche Überlegenheit der chinesischen über die barbarische Lebensweise, der seßhaften Ackerbauern über die jagenden und nomadisierenden nichtchinesischen Stämme. Wie die Barbaren im ersten Teil des *Yü-kung* als vorgefundener Teil der Natur erscheinen und in einem Katalog von seltsamen Dingen neben wertvollen Steinen und merkwürdigen Tieren genannt werden, so werden sie im zweiten Teil außerhalb der eigentlichen chinesischen Lebenssphäre angesiedelt, einmal die eher exotische, dann die eher belanglose Randerscheinung, die den Ruhm des chinesischen Herrschers und die Besonderheit des chinesischen Zentrums herausstreicht. [...]

Aus der grundlegenden Aufteilung der Welt, dessen, „was unter dem Himmel ist", in die *wu fang*, Fünf Richtungen (die Himmelsrichtungen und das Zentrum), folgt nach chinesischen Vorstellungen die hierarchische Überlegenheit des Innen über das Außen, der Chinesen über die Barbaren. Ausgehend von dieser alles bestimmenden Grundstruktur sind in den alten chinesischen Quellen zwei Varianten des spekulativen Weltbilds zu erkennen: ein offenkundig älteres Modell von konzentrischen Zonen und ein seit der Han-Zeit belegtes Modell von Sektoren.

Die früheste Erwähnung eines Modells von fünf Zonen findet sich im Kapitel *Yü-kung* des *Shang-shu* (ca. 5. Jh. v. Chr.) und mit kleinen Unterschieden im *Kuo-yü* (ca. 4. Jh. v. Chr.). Ein umfangreicheres Modell wird im *Chou-li* (Ritual der Chou, ca. 3. Jh. v. Chr.) vorgestellt. Dieser Text, der die administrative und rituelle Ordnung der Chou-Zeit idealtypisch abhandelt, zählt neun Territorien *(chiu fu, chiu ch'i)* auf, die sich um die Hauptstadt des Königs erstrecken. Die ersten fünf Zonen sind das innere Territorium, *nei ch'i*, das die neun chinesischen Provinzen umfaßt, während die restlichen vier Zonen – das äußere Territorium *(wai ch'i)* – von den Barbaren bewohnt werden. In den Ritualvorschriften der Chou-Zeit findet sich ein komplexes Netz von gegenseitigen Verpflichtungen zwischen Herrscher und Untertanen, das von der jeweiligen Zugehörigkeit zu diesen Zonen bestimmt wird: die Pflicht am Hofe zu erscheinen, die Menge und Auswahl von zu leistenden Steuern und Tributen, die Fristen, in denen der Zentralherrscher die Untertanen zu besuchen hat.

Während das Zonenmodell eine mechanistische Starre aufweist, spiegelt das Sektorenmodell, das in seiner ausgearbeiteten Version erst in der späteren Han-Zeit belegt ist, den Versuch wider, eine komplexere politische Entwicklung systematisch-spekulativ zu erfassen.

Die Neun Provinzen Chinas liegen im Zentrum, das von den Vier Meeren, den Vier Barbarenstämmen I, Ti, Jung und Man, umgeben ist. Die Barbaren gliedern sich in innere und äußere, wobei die inneren Barbaren gemäß dem Grad ihrer Bereitschaft, die chinesische Kultur anzunehmen, in *shu* („gekocht"), zivilisierte, oder *sheng* („roh"), unzivilisierte, unterteilt werden.

Dieses spätere Schema zeigt die mit der Einigung des Reiches errungene politische Konsolidierung: China wird als Einheit den Barbaren gegenübergestellt und die Bereitschaft (oder Absicht) zu erkennen gegeben, die Barbaren stufenweise in das Reich zu integrieren (die Begriffe „roh" und „gekocht" entsprechen der administrativen Trennung der Barbaren in innere und äußere während der Han-Zeit). In den spekulativen Weltbildern drücken die Chinesen die tatsächliche Überlegenheit ihrer Lebensweise über die Barbaren aus. Diese Modelle sind kein Wunschdenken, sondern Idealtypen.

Die Entstehung Chinas und die frühe Entwicklung seiner Kultur ist untrennbar von den militärischen Konflikten mit nichtchinesischen Gruppen und geprägt von den Auseinandersetzungen mit ihren unterschiedlichen Lebensweisen, Institutionen und Gebräuchen. Von einer in spezifischen Zügen chinesischen Kultur können wir seit Beginn des 2. Jahrtausends sprechen, als die Shang-Dynastie am Mittellauf des Huang-ho (heute Nordost-Honan) einen feudalistisch organisierten Staat errichtete. Diese Kultur gründete auf einer komplexen Wirtschaft, die zwar vornehmlich im Anbau von Getreide (Hirse) bestand, daneben aber auch

Viehzucht kannte und vor allem der Jagd große Bedeutung beimaß. Alle diese Elemente sind jedoch auch für Gesellschaften bezeugt, die nicht unter der Herrschaft der Shang standen. Mit dem Sieg des frühen Vasallenstammes der Chou über ihre Lehnsherren (um 1050 v. Chr.) wurde die Landwirtschaft intensiviert: Ausgehend vom zentralen Herrschaftsbereich am Huang-ho und Lo-Fluß (West-Honan, südliches Shensi) kolonisierten die Ackerbauern die chinesischen Tiefebenen. Von dort aus drangen sie längs der Flüsse in die ursprünglich von Jägern und Sammlern besiedelten Gebiete vor oder nahmen von sekundären Expansionszentren aus vom umliegenden Territorium Besitz. Die Viehzucht wird der Landwirtschaft untergeordnet, die Jagd verschwindet als eigenständiger Wirtschaftszweig und wird zum rituellen Privileg der Aristokratie. Die übermächtige Expansion der chinesischen Ackerbauern, die seit der Mitte des 1. Jahrtausends v. Chr. durch neue Anbaumethoden und den Einsatz von Eisengeräten intensiviert wird, stößt erst unter der Herrschaft der Han-Dynastie an ihre natürlichen, klimatischen Grenzen.

Die historischen Quellen lassen nur bedingt die eben geschilderte Entwicklung nachvollziehen. Gerade in der Beschreibung der Barbaren bringen die chinesischen Autoren zwar konkrete Informationen, doch verbinden sie damit gleichzeitig die Absicht, die Überlegenheit der chinesischen Gesellschaft zu demonstrieren.

In den ältesten erhaltenen chinesischen Inschriften, den Orakelknochen der Shang-Dynastie, ist häufig von kriegerischen Auseinandersetzungen mit verschiedenen Barbarenstämmen die Rede, deren Bezeichnungen aus späteren Quellen bestätigt werden: die Fang, die T'u-fang, Jen, Wei und Kuei. Zumeist sind es kleine Konflikte in Grenzregionen, wo Banden von Barbaren Shang-Siedlungen angreifen: „Eine Botschaft aus dem Norden: ... Zehn Leute der T'u-fang haben unsere Felder überfallen", oder: „Eine Botschaft aus dem Westen: ... Die T'u-fang haben unsere östlichen

Grenzen überfallen und zwei Dörfer geplündert." Während solche lokalen Auseinandersetzungen von kleinen Strafexpeditionen der Shang bewältigt wurden, scheinen die Kämpfe mit den Ch'iang im Westen (dem Bergland von Shensi) zu den gefährlichsten Bedrohungen der Shang-Herrschaft gehört zu haben. Zwischen ihnen bestand ein konstanter Kriegszustand, und zuzeiten hatten die Shang 13 000 Soldaten im Einsatz gegen sie. Auf die Ch'iang wurden regelrecht Jagden veranstaltet und die Gefangenen als Sklaven oder Opfer verwendet. Den Ch'iang werden zwei Merkmale zugeschrieben, die typisch für die Barbaren der Chou-Zeit werden sollten: zum einen werden sie als Pferdebesitzer genannt (Ma-Ch'iang, Pferde-Ch'iang, oder To-ma-Ch'iang, die Ch'iang der vielen Pferde), zum anderen als Alliierte von chinesischen Lehnsfürsten (den Chou).

In den chinesischen Quellen werden die Vorfahren der Chou häufig im Zusammenhang mit Barbaren genannt. Selbst der konfuzianische Philosoph Menzius (ca. 300 v. Chr.) spricht vom König Wen, dem Gründer der Chou-Dynastie, als einem Mann der Westbarbaren. Dies darf nicht als Pietätlosigkeit gegenüber der chinesischen Kultur mißverstanden werden. Denn aus allen Berichten wird deutlich, daß diese Ahnen so erhaben waren, daß sie sogar im Exil unter den Barbaren die chinesischen Werte aufrechterhielten und verteidigten: Der Anführer der Chou, Tan-fu, zog sich den Neid anderer Barbarenhäuptlinge zu und mußte in die Ebenen von Chou fliehen, wo er dann die Sitten der Jung- und Ti-Barbaren ablegte. Er ließ Wälle und Mauern errichten, Häuser und Paläste bauen und schuf die Stadt als eigenständige Siedlungsform. Seinen Enkel, den späteren König Wen, bestimmte er als Nachfolger, während seine beiden Söhne „sich tätowierten und die Haare schoren", also Barbaren blieben *(Shih-chi)*.

Daß die Chou im Vergleich mit den von ihnen gestürzten Shang „barbarischer" waren, ist aufgrund von Ausgrabungen vermutet worden. Die unter der Shang-Herrschaft entwickelte Bronzetechnologie und die Ornamentik der Gefäße verarmten plötzlich im 11. Jahrhundert.

In den ersten beiden Jahrhunderten der Chou-Herrschaft bildet sich nun die bäuerliche Gesellschaft Chinas heraus: Die Könige belehnen Angehörige ihrer Familie mit Gebieten, die sie ihnen zur Kolonisierung übergeben. Bei der feierlichen Einsetzung erhalten sie Untertanen (Bauern und Handwerker) und Geräte zur Rodung. Immer wieder werden im Buch der Lieder (ca. 800 und später) die Taten der frühen Chou-Könige gefeiert, die das Land erschlossen und den Ackerbau als die *chinesische* Lebensweise etabliert haben. In der gleichen Sammlung finden sich jedoch auch Lieder über die Bedrohung, denen sich die Bauern vor allem durch die Hsien-yün-Barbaren im Norden ausgesetzt sahen: Sie klagen über die Plünderungen und daß sie in die Armee des Königs gezwungen werden und sich nicht um ihre Saat kümmern können. 771 v. Chr. waren die Chou-Könige selbst das Opfer von Barbareneinfällen. Ihre Hauptstadt wurde niedergebrannt und ihre Macht ein für allemal gebrochen.

Dieser Vorstoß mitten ins Zentrum des Reiches diente in der Folgezeit immer wieder als Beweis für die Angriffslust der barbarischen Stämme. Schenkt man den expliziten Äußerungen dieser Quellen Glauben, so scheint die chinesische Bevölkerung ständig in der Defensive gegenüber den raubgierigen Horden von plündernden Barbaren gewesen zu sein. Aus den gleichen Quellen wird aber auch deutlich, daß die chinesischen Ackerbauern in weniger als 1000 Jahren Land in Besitz genommen haben, das um ein Vielfaches größer ist als die Kerngebiete am Ausgangspunkt ihrer Expansion. Die sogenannte Aggressivität der Barbaren ist nichts anderes als ihre Überlebensstrategie, mit der sie ihre Existenz gegenüber der kolonisatorischen Wucht der Chinesen verteidigen. [...]

Danièle Lavallée/Luis Guillermo Lumbreras

Die Macht der Inka

Die Inka verfügten über verschiedene Mittel, um dieses ungeheure Reich zusammenzuhalten. Sie zwangen alle unterworfenen Völker, ihre eigenen Dialekte aufzugeben, weil sie als minderwertig galten, und statt dessen (theoretisch) eine gemeinsame Sprache, das *runasimi*, anzunehmen, das nichts anderes als das Quechua der ältesten Stämme im Cuzco-Becken war und das heute noch über drei Millionen peruanische Bergbauern sprechen. Kaiserliche Beamte unterrichteten das Quechua in den verschiedenen eroberten Gebieten, während die Söhne der Provinzoberhäupter nach Cuzco geschickt wurden, um sich dort die „Inka-Kultur" anzueignen. Der Inka praktizierte außerdem eine systematische Umsiedelungspolitik, *mitmaj* genannt – eine Bevölkerungsgruppe, manchmal ein ganzer Stamm, wurde aus ihrem Heimatland in weite Entfernung verpflanzt; kam sie aus einem befriedeten Gebiet, übte sie eine beruhigende Wirkung aus auf eine noch aufständische Umgebung, und umgekehrt wurde eine Rebellengruppe in einem „inkaisierten" Gebiet gefügig gemacht. Auf diese Weise erzielten die Inka eine Amalgamierung dieses Kulturen- und Völkergemischs.

Ein riesiges Straßennetz – Hauptfaktor der Expansionsstrategie der Inka – überzog das Land, verband die einzelnen Völker untereinander und alle mit der Hauptstadt. Die „Straßen des Inka" waren stellenweise über 5 m breit und schnurgerade; Berge, über die sie führten, Terrassen – die Inka kannten das Rad nicht – und Flüsse, die Hängebrücken überquerten, waren kein Hindernis. Man pflasterte sie sorgfältig und hielt sie stets instand. *Tambos* säumten sie, Relaisstationen, Depots und Quartiere zugleich, wo man Waren lagerte und Garnisonen unterbrachte. Oft baute man solche Straßen, wenn wieder ein Feldzug geplant war, weil man so eine rasche Truppenbewegung ermöglichen konnte.

Schließlich führten die Inka seit Pachacútec in allen besetzten Gebieten den Kult des Sonnengotts Inti ein, der zur Staatsreligion erhoben wurde. Doch schaltete man darum die Verehrung der alten, präinkaischen Götter, vor allem des Schöpfers Viracocha oder der unzähligen Lokalgottheiten, nicht aus. So wurde in Pachacámac, dem großen, bereits sehr früh entstandenen Heiligtum, neben dem alten Tempel des göttlichen Schöpfers Pachacámac ein Tempel der Sonne geweiht. Da die Sonne von allen verehrt werden mußte, war der Inka selbst Sohn der Sonne. Er trug den Titel Sapan Inca, „einziger Inka", vermittelte zwischen den Göttern und der Erde und residierte in Cuzco, wo er eine absolute Herrschaft ausübte. Seine Untertanen durften sich ihm nur gesenkten Hauptes nähern oder mußten zum Zeichen der Demut eine Bürde auf dem Kopf tragen. Der lebende Gott hingegen demonstrierte Teilnahmslosigkeit. Er trug um den Kopf das königliche Band, die *mascapaicha,* die mit dem *llauto* geschmückt war, beachtete sein Gegenüber scheinbar überhaupt nicht und wandte sich nur über Mittelspersonen an ihn. Genauso empfing Atahualpa eine Abordnung von Pizarro, als für das Inka-Reich die letzten Tage seiner Glanzzeit angebrochen waren. Während der Unterredung umgaben ihn einige seiner Frauen und sammelten seinen Speichel. Wenn er sich an einen anderen Ort begab, trugen ihn Männer auf ihrem Rücken in einer prunkvollen Sänfte, während eine stattliche Eskorte Bewaffneter voranschritt. Er durfte nur seine Schwester heiraten, die ihm den Thronfolger gebar; doch standen ihm auch zahllose Konkubinen zu – Atahualpa soll über siebenhundert gehabt haben –, und auch sie schenkten ihm Kinder, die jedoch keinen Anspruch auf den Titel besaßen.

Nur selten verließen der Herrscher und seine Angehörigen die Hauptstadt, Sitz einer Macht, die viele zwischengeschaltete Funktionäre in zehn Kategorien ausübten. Von den Oberhäuptern, die alle vier Provinzen des Reichs befehligten und dem kaiserlichen Adel angehörten, bis zum kleinen Mann des Volkes, der jeweils für fünf Familien verantwortlich war, gehörten alle in ein Verwaltungssystem, dessen Fäden, einem ungeheuer großen Spinnennetz gleich, in Cuzco zusammenliefen. Jeder mußte von seiner Ebene aus die Fronarbeiten überwachen, die alle, außer den kaiserlichen Angehörigen und den höchsten Würdenträgern, zu leisten hatten, für die Unterhaltung der öffentlichen Gebäude sorgen, Recht sprechen und vor allen Dingen die Tribute in Form von Naturalien eintreiben. Es war eine straff organisierte Hierarchie, die zu jedem Zeitpunkt über die genaue Anzahl der Bevölkerung und der Güter informiert sein mußte. Aus diesem Grund hatten die *quipucamayoc,* denen die schwierige Aufgabe der Volkszählung und Bestandsaufnahme oblag, das ganze Reich zu bereisen, mit ihren *quipu,* Bündeln aus bunten, verschieden geknoteten Schnüren. Die *quipu* waren vielleicht nicht nur Buchführungsregister, denn die spanischen Chronisten berichten, daß die *quipucamayoc* auch „Geschichten" erzählten und sich dabei der *quipu* bedienten, als einer Art Annalen, die an verschiedenen Orten des Reichs deponiert waren.

Dieses offenbar äußerst strikte System, das der Herrscher und sein politischer und militärischer Apparat verkörperten, war, im Grunde genommen, einer viel älteren Organisation, dem *ayllu,* künstlich aufgesetzt worden. Der *ayllu* war die Basiszelle der Andengesellschaft, eine endogame Gemeinschaft auf dem Lande, die verwandtschaftliche oder mythische Bande zusammenhielten. Ihre Mitglieder besaßen gemeinsam ein begrenztes Stück Land und bewirtschafteten es. Ihre Beziehungen beruhten auf dem Prinzip der Gegenseitigkeit. Land und Herden wurden geteilt, in regelmäßigen Abständen wieder umverteilt, und bei den verschiedensten Arbeiten half man sich gegenseitig. Dieses Prinzip der Gegenseitigkeit übten auf einem höheren Niveau mehrere *ayllus* aus, die einem Lokaloberhaupt, oder *curaca,* unterstanden. […] Bis zum Aufstieg des Inkareichs waren die meisten Andengesellschaften in ein solches Organisationssystem eingebunden.

Die Zentralisierung der Macht war die Voraussetzung für die Leistungen der Inka, besonders im Bereich der Architektur und des Ingenieurwesens. Man hört oft, daß die Inka ihre Vorgänger in der Baukunst weit übertroffen hätten. Das ist sicher falsch, zumindest was die Ingenieurarbeiten angeht, da die Chimú und die Küstenvölker überhaupt hierin unübertroffene Meister waren. Richtig ist allerdings, daß die Inka viel gebaut haben, sogar enorm viel, wenn man bedenkt, wie kurz ihre Herrschaft dauerte. Sie benötigten Verwaltungszentren, um in den fernen Provinzen die Ordnung aufrechtzuerhalten, Festungen und Garnisonen, um den Frieden zu bewahren, Tempel, um den dynastischen Gott festlich ehren zu können, Straßen und Brücken für Truppenbewegungen, Warentransport und Botschaftsübermittlung, terrassierte Felder für den Anbau von Mais und für die Bildung von Staatsreserven, zahlreiche große Depots, um überall im Reich die Versorgung und den reibungslosen Ablauf des Verteilungssystems zu gewährleisten, und nicht zuletzt imposante Monumente und prächtige Paläste, um das Volk zu beeindrucken und die Macht der Inka zu stärken. So stellt alles, was wir heute den Inka zuschreiben, lediglich den offiziellen Teil einer Kultur, vor allem ihrer Architektur dar, während die Städte, Dörfer und Gegenstände für den täglichen Gebrauch – diejenigen ausgenommen, die in Cuzco selbst angefertigt wurden – bis zur Invasion der Europäer geblieben sind, wie sie seit Jahrhunderten bereits waren, und durch die Inka lediglich einige stilistische Veränderungen erfuhren.

Andererseits haben die Inka allen Materialien den Stein vorgezogen und damit erreicht, daß ihre Gebäude ungleich länger fortbestanden als beispielsweise Chan-Chan, um die größte und prächtigste Stadt in Altperu zu nennen, die Feuchtigkeit, Wind und zahllose Verwüstungen unwiederbringlich zerstörten. Selbst dort, wo der Stein selten vorkam, nämlich an der Küste, haben die Inka Bauten aus Quadersteinen hinterlassen; daneben verwendeten sie auch die seit über tausend Jahren gebräuchlichen *adobes* und oft den billigeren *tapial* – eine zwischen zwei Gitter gepreßte Erdmasse, aus der man ganze Mauerpartien in einem Block herstellte. Das schönste Beispiel hierfür ist der Mamaconas-Tempel in Pachacámac mit seinem Unterbau aus sorgfältig bearbeiteten Steinblöcken, die im reinsten Cuzco-Stil zusammengesetzt sind.

Abb. 7: Boğazköy-Ḫattuša – Stadttor, sog. Löwentor, südliche Löwenprotome 14.–13. Jh. v. Chr.

V. Symbole der Macht

André Parrot

Die Tempel von Uruk

In mehreren der ausgegrabenen Städte wurde eine Fülle von Zeugnissen zutage gefördert, aber keine ließ einen solchen Glanz und Reichtum erkennen wie Uruk, die Vaterstadt des Helden Gilgamesch. Ihre durch das Epos berühmt gewordenen Mauern umschlossen eine Sakralarchitektur, wie sie in solcher Fülle bis dahin unbekannt gewesen war. Man darf nicht vergessen, daß die stratigraphische Forschung in dieser Stadt allein für die Frühgeschichte achtzehn übereinanderliegende Schichten freilegte. Selbstverständlich muß die Architektur unter Berücksichtigung dieser Schichten betrachtet werden. Ohne hier auf Einzelheiten einzugehen, sei nur erwähnt, daß wirklich bedeutende Architekturzeugnisse erst in Schicht V vorkommen und daß man in diesem Lande ohne Steine dennoch Grundmauern, und zwar aus Kalkblöcken, errichtete. Mehrere Heiligtümer waren zu einem Viertel gruppiert, das spätere Inschriften mit dem Namen „E-Anna" (Haus des Anu?) bezeichneten. Dort wurde Inanna, die Göttin der Fruchtbarkeit, verehrt, und zusammen mit ihr sicher Dumuzi, den der ganze Orient unter dem Namen Tammuz oder Adonis kannte. In einem Land, in dem der Sommer mit seiner Hitze die Vegetation verdorren ließ, die Bebauung unterbrach, brachte man die Rückkehr einer milderen Jahreszeit mit dem Schicksal einer Gottheit in Zusammenhang, deren Auferstehung vom Tode sich regelmäßig wiederholte und dem bangenden Menschen so jede Furcht nahm. Niemals gab es eine gleichartige Verbindung, bei der ein Partner sich für das Wirken des anderen verbürgte und der erste nichts ausrichtete, wenn der zweite ihm nicht seinen Beistand gewährte.

Nichts schien hier groß und schön genug gewesen zu sein, um diese wohltätigen Wesen zu beherbergen. In dieser Hinsicht haben die Sumerer nur das wiederaufgegriffen, was sie bei ihren Vorgängern gefunden hatten, doch gaben sie ihm eine bis dahin nicht erreichte Größe. Begabte Architekten entwarfen Pläne, und die Bauleute führten diese mit einer Sorgfalt ohnegleichen aus. Diese Tempel, die von den Ausgräbern aus Mangel an Urkunden nicht näher identifiziert werden konnten, behielten ihre ursprünglichen Bezeichnungen bei: „Kalkstein"-Tempel, „Roter" Tempel, die Tempel A, B, C, D. Keiner kommt dem Tempel „D", dem bei weitem größten (80 m x 30 m lichte Weite) gleich. Vor allem das Mittelschiff (62 m x 11,30 m – das von Tepe Gaura XIII mißt dagegen nur 12,25 m x 8,65 m) konnte eine beträchtliche Zahl von Gläubigen aufnehmen. Sie kamen, um eine oder auch mehrere Gottheiten anzubeten, die am Ende des Bauwerks ihre Wohnstatt hatten; denn dort fand sich eine Anlage, die als Mittelkapelle mit je einer Sakristei zu beiden Seiten oder als drei zusammengehörige Kapellen zur Aufnahme einer göttlichen Dreiheit aufgefaßt werden kann. Eindrucksvoll dabei ist, daß der innere Grundriß dieses Bauwerks – genauso wie in Eridu – die Anlage des ersten christlichen Heiligtums mit Narthex, Schiff und Querschiff, mit Mittelapsis und den beiden Annexen, Diakonikon und Prothesis, um mehr als drei Jahrtausende vorwegnahm. Außen zeigte der Bau keine glatten Mauern; es waren Pfeiler vorgesetzt und Nischen ausgespart. Man versuchte, die Gleichförmigkeit einer Architektur, deren einziges Baumaterial eintönig graue, ungebrannte Lehmziegel waren, durch eine Gliederung zu beleben, die Licht und Schatten spielen ließ, und dank dieser Kontraste wurden die Fassaden lebendiger und anziehender. Das schien jedoch noch nicht zu genügen. Den als Verwitterungsschutz unentbehrlichen Lehmverputz der Mauern ließen die Architekten oft mit Kalk weißen, ein Anstrich, der häufig erneuert wurde und den so behandelten Bauten ein frisches Aussehen gab. Die eigentliche Erfindung der Sumerer war sicher das Stiftmosaik. Man spickte die Einfriedungsmauern oder die schwerfälligen Lehmsäulen, um sie zu schmücken, mit kegelförmigen Tonstiften, die mit der Spitze eingeschlagen wurden, so daß nur die kreisrunden, schwarz-, weiß- oder rotfarbigen Schnittflächen sichtbar blieben. Sie wurden zu mannigfachen Mustern – Zickzack, Diagonale, Winkel, Dreieck, Raute – zusammengesetzt und ergaben eine bunte Verkleidung, einen schönen Teppich, der nicht aus vielfarbigen Wollfäden gewebt, sondern aus Tonstiften hergestellt war. In Mesopotamien spielte der Ton eben eine maßgebende Rolle.

Die im E-Anna-Bezirk gelegene Gruppe von Heiligtümern war nicht die einzige in Uruk. Die Stadt besaß noch eine andere sakrale Anlage eines unterschiedlichen Typus. Sie sollte am Beginn einer langen architektonischen Überlieferung stehen: es war die Zikkurat, der Turm in Stockwerken, der offensichtlich das Vorbild des Turms zu Babel in den Büchern Mose gewesen war.

Abb. 8: Tempelplan von E-Anna/Uruk IVa (Gesamtplan)

  1 NW- und SW-Außenmauer
     von E-Anna
  2 Steinstifttempel
  3 Einschließung des Steinstift-
     tempels
  4 „Riemchengebäude"
  5 Gasse
  6 Tor in der SW-Einschließung
     von E-Anna
  7 von zwei Bänken umgebener
     Hof
  8 Zisterne
  9 Tempel C
 10 Tempel D
 11 „Tempel E"
 12 Halle mit Stiftmosaiken
 13 Toranlage an der SO-Be-
     grenzungvon E-Anna
 14 Ruine des sog. „Roten
     Tempels"
 15 großer „Hallenbau"
 16 Badeanlage
 17 Tor
 18 Terrasse
 19 Becken im „Tempel E"

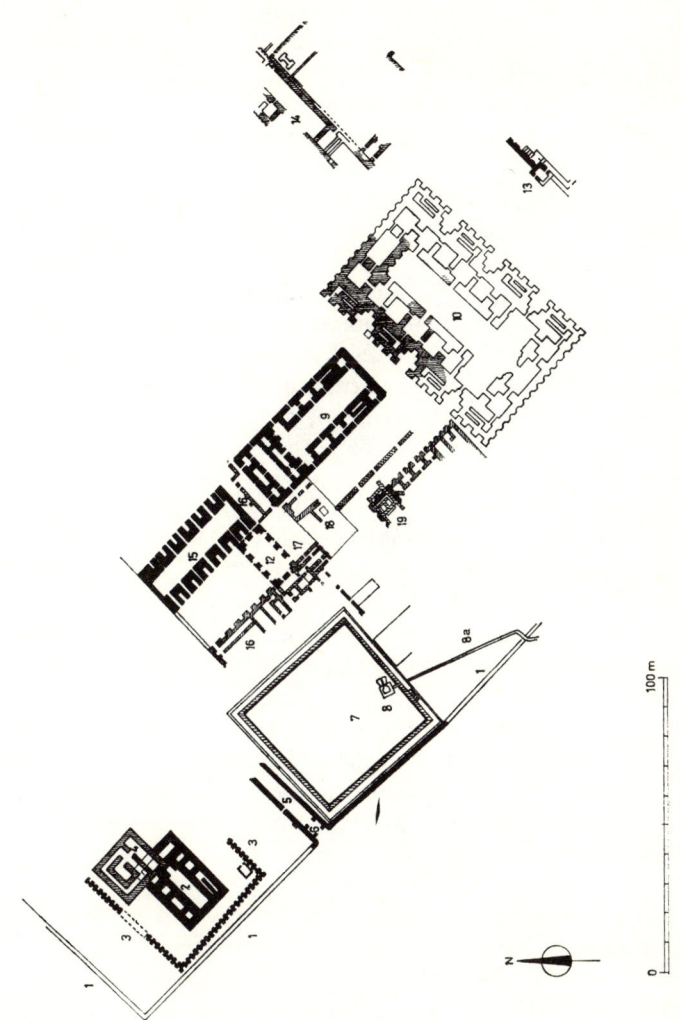

100 m

N

0

An einer Stelle, die dem Himmelsgott Anu geweiht war, hatte man auf einer künstlichen Erhebung von mehr als zwölf Metern Höhe und unebener Fläche einen kleinen Tempel errichtet, den die Archäologen nach der Anstrichfarbe im großen Innenraum (18,70 m x 4,85 m) als „Weißen Tempel" bezeichnen. Mit diesem Bau haben die Sumerer offensichtlich die Tradition von Eridu wiederaufgegriffen. Die Grundrisse sind einander erstaunlich ähnlich: ein großer Raum, kleine Nischen, Kultanlagen (Opfertisch, Altar) und mannigfache Öffnungen zum leichteren Ein- und Ausgehen. Ein erheblicher Gegensatz besteht zum früher kurz beschriebenen Tempel D. Schon die kleineren Maße lassen vermuten, daß er mehr für den Gott als für eine Versammlung von Gläubigen bestimmt war. Vor allem aber entspricht die Errichtung dieses Tempels auf einem so riesigen Sockel theologischen Erwägungen. Wir haben an anderer Stelle versucht, sie zu erläutern, nicht allein mit Hilfe der Ergebnisse von Uruk, sondern auch an Hand verwandter, zeitgleicher Bauwerke, die anderswo entdeckt wurden: in Eridu, aber auch in Uqair, nördlich des sumerischen Landes, und besonders unerwartet im äußersten Norden, in Tell Brak zwischen Euphrat und Tigris. Wir sahen in dieser hochaufragenden Architektur – und noch überzeugender wirken die fünf- oder siebenstöckigen Zikkurats – das Zeugnis eines glühenden Glaubens. Die Menschen wollten seit dem Ende des IV. Jahrtausends zwischen Himmel und Erde eine Treppe bauen, um sicher zu sein, daß ihre Götter herabsteigen würden. Deshalb errichteten sie diesen immer weiter in die Höhe getriebenen „Berg". Auf seinem Gipfel stand für die Gottheit ein Heiligtum besonderer Art, der sogenannte Hochtempel. Hier waren keine weitläufigen Anlagen vonnöten. Die Menge war hier nicht zugegen. Nur die Priester warteten darauf, daß sich die Himmlischen aus dem Empyreum nahen und zur Erde herabkommen würden. Man opferte ihnen. Nachdem die Gläubigen der Gottheit auf diese Weise Ehrfurcht erwiesen hatten, stieg diese zur

Stadt hinunter, um in die Residenz einzuziehen, die seit langem ihrer harrte, in den Tieftempel. Die Gottheit wohnte dann mitten unter den Menschen, offenbarte sich, das heißt sie spendete dem Land die lebenswichtigen Güter. Alles an diesem Kult bezog sich auf das Zwiegespräch zwischen Himmel und Erde.

Austen Layard

Die geflügelten Stiere von Nimrud

Hoch und breit, einem Kegel ähnlich, trat der Hügel Nimrud wie ein mächtiger Berg aus dem Morgendunst. Aber wie hatte sich das Bild seit meinem früheren Besuch geändert! Kein Pflanzenwuchs, kein vielfarbiger Blumenflor auf den Ruinen, kein Zeichen menschlicher Besiedlung; nicht einmal das schwarze Zelt eines Arabers war in der Ebene zu sehen. Das Auge glitt über eine dürre Wüste, über die gelegentlich ein Wirbelwind Wolken von Sand wehte. Gut 1½ km vor uns lag, wie Naifa nur noch ein Trümmerhaufen, das Dorf Nimrud.

Ein Marsch von zwanzig Minuten brachte uns zum Haupthügel. Durch das Fehlen jeder Vegetation war ich in der Lage, die Überbleibsel, mit denen er bedeckt war, genau zu untersuchen. Überall lagen Tonscherben und Ziegelbrokken, zuweilen mit keilartigen Zeichen beschrieben, verstreut. Die Araber beobachteten meine Bewegungen, wie ich da so auf und ab wanderte, und sahen überrascht auf die Dinge, die ich aufgelesen hatte. Dann aber beteiligten sie sich an der Suche und brachten mir Hände voll Schutt, unter dem ich zu meiner Freude das Bruchstück eines Basreliefs fand. Das Material, aus dem es geschnitten war, hatte im Feuer gelegen und erinnerte in jeder Weise an den gebrannten Gips von Chorsabad. Dieser Fund gab mir die

Gewißheit, daß in bestimmten Teilen des Hügels Skulptur-
reste vorhanden waren. Ich suchte nun nach einer Stelle, wo
man mit Hoffnung auf Erfolg Ausgrabungen beginnen
könnte. [...]

Am Morgen, der diesen Entdeckungen folgte, war ich
nach dem Lager des Scheichs Abdurrahman geritten und
kehrte gerade zum Trümmerhügel zurück, als ich zwei Araber seines Stammes ihre Pferde zu größter Schnelligkeit an-
treiben sah. Als sie bei mir waren, hielten sie an. „Schnell,
Bey", rief einer von ihnen, „schnell zu den Grabungsarbei-
tern! Sie haben Nimrod selbst gefunden! Wallah, es ist wunderbar, aber wahr! Wir haben ihn mit eigenen Augen gesehen! Es gibt nur einen Gott!" – und mit diesem gemeinsamen frommen Ausruf galoppierten beide, ohne noch ein
weiteres Wort zu verlieren, auf ihre Zelte zu.

Bei den Ruinen angekommen, stieg ich in den neuen Graben hinab. Ich fand die Arbeiter, die mein Herankommen
schon bemerkt hatten, bei einem Haufen von Körben und
Mänteln stehen. Während Awad vortrat und mich zur Feier
des Ereignisses um ein Geschenk bat, entfernten die Araber
eine Schutzwand, die sie in aller Eile aufgerichtet hatten,
und enthüllten ein riesiges, vollplastisch aus dem landesübli-
chen Alabaster gemeißeltes Menschenhaupt. Mit ihm hatten
sie den obersten Teil einer Figur entdeckt, deren übriger
Körper noch in der Erde begraben war. Sofort erkannte ich,
daß das Haupt zu einem geflügelten Löwen oder Stier nach
Art der in Chorsabad und Persepolis gefundenen gehören
mußte. Es war großartig erhalten, von ruhigem, majestäti-
schem Ausdruck, und die Konturen der Gesichtszüge zeigten eine Freiheit und Beherrschung der Kunst, wie man sie
bei Bildwerken einer so weit zurückliegenden Epoche kaum
erwartet hätte.

Es war kein Wunder, daß die Araber bei seinem Erscheinen überrascht und erschrocken waren. Denn angesichts
dieses gigantischen Hauptes bedurfte es keiner übertriebe-
nen Einbildungskraft, um die fremdartigsten Vorstellungen

Abb. 9: Transport des geflügelten Stieres von Nimrud.

heraufzubeschwören. Wie es da, gebleicht vom Alter, aus den Tiefen der Erde emporstieg, konnte es zu einem jener schrecklichen Wesen gehört haben, wie sie nach den Überlieferungen des Landes langsam aus den Regionen der Unterwelt heraufkamen und den Menschen erschienen. Einer der Arbeiter hatte, als er den ersten Schimmer der Schreckgestalt erblickt hatte, seinen Korb weggeworfen und war, so schnell ihn seine Füße trugen, nach Mossul gelaufen – was ich im Hinblick auf die Auswirkungen mit Sorge hörte.

Während ich die Entfernung des der Skulptur noch anhaftenden Erdreichs überwachte und Anweisungen für die Fortsetzung der Arbeit gab, hörte man Reiterlärm, und kurz darauf tauchte Abdurrahman, gefolgt von seinem halben Stamm, am Rand des Grabens auf. Sobald die beiden Araber ihre Zelte erreicht und das Wunder, das sie gesehen, berichtet hatten, war jeder auf sein Pferd gesprungen, um zum Hügel zu reiten und sich selbst von der Wahrheit dieser unfaßbaren Kunde zu überzeugen. Als sie das Haupt erblickten, schrien sie alle: „Es gibt keinen Gott denn Gott, und Mohammed ist sein Prophet!" Erst nach längerer Zeit ließ der Scheich sich dazu bereden, in den Schacht hinabzusteigen und sich mit eigenen Augen davon zu überzeugen, daß das Bildwerk, das er da sah, aus Stein war. „Das ist kein Werk von Menschenhand!" rief er aus, „sondern stammt von den ungläubigen Riesen, die nach den Worten des Propheten – Friede sei mit ihm! – größer waren als die höchsten Dattelpalmen! Das ist eines der Götzenbilder, die Noah – Friede sei mit ihm! – vor der Flut verfluchte!" Diesem Urteil, dem Ergebnis einer sorgsamen Untersuchung, schlossen sich alle Anwesenden an.

Ich ließ nun von dem Haupt aus genau südwärts einen Graben ausheben, da ich dort eine entsprechende Figur anzutreffen hoffte; gegen Abend fand ich tatsächlich in etwa 3,6 m Entfernung den Gegenstand meines Suchens. Nachdem ich zwei oder drei Mann dazu eingeteilt hatte, bei den Skulpturen zu nächtigen, kehrte ich ins Dorf zurück und ließ zur Feier der Entdeckung dieses Tages Hammel schlachten, von denen alle Araber ringsum etwas abbekamen. Da sich in Sulamije gerade Wandermusikanten aufhielten, ließ ich sie holen, und nun wurde die halbe Nacht hindurch getanzt. Am anderen Morgen strömten die Araber von der anderen Tigrisseite und die Bewohner der Dörfer in der Umgebung auf unserem Hügel zusammen. Sogar die Frauen konnten ihre Neugier nicht bezähmen und kamen samt ihren Kindern in Menge von weither. Den ganzen Tag über hielt mein Kawass im Graben Wache, denn ich wollte nicht, daß die vielen Leute hinunterstiegen.

Meiner Erwartung entsprechend, hatte die Nachricht von der Entdeckung des Riesenhauptes, die der erschrockene Araber nach Mossul gebracht hatte, die Stadt in Aufruhr versetzt. Er war fast ununterbrochen gelaufen, bis er die Brücke erreichte, stürzte atemlos in den Basar und erzählte jedem, den er traf, daß Nimrod erschienen sei. Schnell kam die Neuigkeit dem Kadi zu Ohren, der den Mufti und die Ulema zur Beratung über dieses unerwartete Ereignis zusammenrief. Das Ende ihrer Sitzung war eine Wallfahrt zum Gouverneur und im Namen der Moslems der Stadt ein förmlicher Protest gegen die Fortsetzung solcher den Korangesetzen zuwiderlaufender Unternehmungen. Der Kadi war sich nicht im klaren darüber, ob die Gebeine des gewaltigen Jägers oder nur sein Bild aufgedeckt worden seien, und auch über die Frage, ob Nimrod ein rechtgläubiger Prophet oder ein Heide gewesen sei, wußte er nicht recht Bescheid. Ich erhielt infolgedessen eine etwas unklare Weisung Seiner Exzellenz. Nach ihr sollten die Überreste mit Ehrfurcht behandelt und unter keinen Umständen fürderhin gestört werden; er wünsche die Einstellung der Grabungen und wolle sich mit mir über die Angelegenheit besprechen.

Ich stattete ihm daraufhin einen Besuch ab und hatte einige Schwierigkeiten, ihm die Art meiner Entdeckung klarzumachen. Da er mich ersuchte, die Arbeiten zu unterbrechen, bis sich die Aufregung in der Stadt etwas gelegt hätte, entließ ich bei Rückkehr nach Nimrud alle Arbeiter bis auf zwei, die langsam, und ohne Anlaß zu neuen Störungen zu geben, längs der Mauer weitergraben sollten. Bis Ende März ermittelte ich die Existenz eines zweiten Paares menschenhäuptiger Flügellöwen, deren Gestalt sich von den zuerst entdeckten unterschied. Sie besaßen bis zur Taille Menschengestalt und hatten sowohl menschliche Arme wie Löwenpranken. Beide Figuren trugen in dem einen Arm eine Ziege oder einen Hirsch, während die andere, seitlich herunterhängende Hand einen Zweig mit drei Blüten hielt. Sie bildeten den Nordeingang in den Raum, dessen Westportal die früher beschriebenen Löwen flankierten. Ich legte die letzteren völlig frei und stellte fest, daß sie gänzlich unversehrt waren. Ihre Höhe betrug etwa 3,6 m, ebenso ihre Länge. Körper und Glieder waren in wunderbarer Naturtreue nachgebildet. Die Muskeln und Knochen waren zwar überbetont, um die Kraft des Tierwesens zu unterstreichen, bewiesen aber zugleich eine einwandfreie Kenntnis ihrer Anatomie und Form. Aus den Schultern wuchsen Flügel hervor und entfalteten sich über dem Rücken. Ein Gürtel mit einem Knoten, der in Quasten endete, umschlang die Lenden. Halb vollplastisch, halb als Relief gestaltet, flankierten die Steinbilder ein Portal. Kopf und Vorderkörper, dem Raum zugewandt, traten vollplastisch hervor, während der übrige Körper nur auf der einen Seite der Steinplatte ausgearbeitet war und die Rückseite in die Wand aus sonnengetrockneten Ziegeln überging. Um dem Beschauer Vorder- und Seitenansicht vollständig zu bieten, wiesen die Figuren fünf Beine auf; zwei hatte man am Ende der Platte in Richtung auf den Raum zu ausgemeißelt, drei auf der Seite. Körper und Beine waren in Hochrelief ausgeführt und traten kräftig hervor. Wo die bildliche Darstellung Raum ließ, war die Steinplatte vollständig mit keilschriftlichen Texten bedeckt. An den Augen zeigten sich noch Farbspuren: Die Pupillen waren schwarz, das übrige mit einem durchsichtigen weißen Farbstoff ausgefüllt; an anderen Teilen der Skulptur waren solche Reste nicht mehr feststellbar. Diese prachtvollen Beispiele assyrischer Kunst hatten sich aufs beste konserviert; die feinsten Linien im Detail der Flügel und der sonstigen Ornamentierung boten sich wie jüngst erst geschaffen dar.

Volle vier Stunden verbrachte ich mit der Betrachtung dieser rätselhaften Sinnbilder und dachte über ihre Bestimmung und Geschichte nach. Wo gab es edlere Gestalten, das Volk in die Tempel seiner Götter zu geleiten? Wo hatten Menschen ohne die Erleuchtung der geoffenbarten Religion Bilder von größerer Majestät der Natur entlehnt, um ihre Vorstellung von Weisheit, Macht und Allgegenwart des höchsten Wesens auszudrücken? Es gab für sie keine bessere Verkörperung von Geist und Wissen als das Menschenhaupt, kein treffenderes Symbol der Kraft als den Körper des Löwen und kein angemesseneres Bild für Allgegenwart als die

Schwingen des Vogels. Die geflügelten, menschenköpfigen Löwen waren keine leeren, reiner Phantasie entsprungenen Schöpfungen; was sie bedeuteten, stand auf ihnen geschrieben. Völkern, die vor drei Jahrtausenden blühten, hatten sie Ehrfurcht und Belehrung vermittelt. Durch die Tore, die sie bewachten, hatten Könige, Priester und Krieger ihre Opfer zu den Altären gebracht – lange bevor die Weisheit des Orients Griechenland durchdrang und seine Mythologie um Symbole bereicherte, die die Gläubigen Assyriens seit alters kannten. Vielleicht waren sie schon verschüttet und vergessen, ehe die Heilige Stadt gegründet wurde. Durch fünfundzwanzig Jahrhunderte blieben sie dem menschlichen Auge verborgen, nun aber erschienen sie aufs neue in ihrer alten Majestät. Aber wie hatte sich der Schauplatz ringsum verändert! Reichtum und Kultur eines mächtigen Volkes waren der Armseligkeit und Unwissenheit einiger halbbarbarischer Stämme gewichen. Wo einst üppige Tempel und reiche Großstädte sich erhoben hatten, da waren nun nur noch Ruinen und formlose Erdhaufen. Über die weiten Hallen, deren Portale jene Bildwerke einst bewachten, war der Pflug hinweggegangen und wogte nun das Korn.

Pierre Demargne

Der Palast von Mykene

Wohlgemerkt ist es die Argolis, die, wie in der Ilias, stets das Zentrum jener aufsteigenden Macht bildet. Überall im Lauf des 14. Jahrhunderts entstehen in wachsender Anzahl die festungsartigen Paläste und tholosförmigen Fürstengräber in einem großartigen, monumentalen Stil, der etwas Neues darstellt. Nicht vor den Schachtgräbern soll man das Bild Agamemnons und der Atriden beschwören, sondern im „Schatzhaus des Atreus" oder im Palast von Tiryns.

Diese grandiose Nachbildung von Mykene, die in Wahrheit eine Neuschöpfung ist, könnte nach Wace von 1350 bis 1200 bestanden haben, also bis zur Wiederkehr der Herakliden, nach heutiger Ausdrucksweise bis zur dorischen Wanderung. Der Palast ist das Werk eines mächtigen Fürsten, dem man auch die berühmte, von der Überlieferung den Kyklopen zugeschriebene Mauer verdankt, einen Befestigungsgürtel von dreieckigem Grundriß (300 m Seiten- und 200 m Basislänge), der dicht oberhalb des Steilhangs entlangführt. Er umschloß auch den alten von Schliemann entdeckten Schachtgräberbezirk, über dem man eine Art von Agora anlegte. In diesem Befestigungswerk befindet sich das Löwentor; es riegelt einen engen Korridor zwischen zwei Bastionen ab, die über die Angreifer hinausragen. Das Tor selbst, von vier ungeheuren Blöcken gebildet, atmet Großartigkeit. Das Entlastungsdreieck über dem Türsturz enthält das berühmte 3 Meter hohe Motiv, das erste Beispiel einer Monumentalplastik in Griechenland: zwei Löwen flankieren eine Säule, die von einem Gebälkteil überdeckt ist. Ob die Säule nun stellvertretend für die Große Göttin steht oder nicht, das Motiv sichert in jedem Fall dem Palast einen Schutz zu, da es gewissermaßen das Hoheitszeichen von Mykene darstellt. Wenn auch das Thema noch kretisch ist, so doch nicht mehr seine Ausführung; sie ist größer und einfacher, und vermeidet alle unwesentlichen Einzelheiten. Vom Löwentor führte ein gepflasterter Weg durch Gebäudeviertel hindurch zur Oberburg und zum Palast hinauf. Dieser steht ungefähr auf dem Platz der früheren Zitadelle; er erhob sich über stufenförmig angelegten Terrassen, die durch Treppen verbunden waren; das Ganze ist durch hellenistische Anbauten leider in sehr verändertem Zustand auf uns gekommen. Der Palast umfaßt mehrere Gebäude, die einen Hof, insbesondere aber ein dreiteiliges Megaron umschließen, genau wie in Tiryns, wo es allerdings viel besser erhalten ist; es besteht aus einer Vorhalle mit zwei Säulen, einem Vorraum und einem großen Saal mit Stuckfußboden;

der Herd in der Mitte ist von vier Säulen umstanden. Von den Wandfresken sind Bruchstücke aufgefunden worden: Frauen vor einem Palast, Pferde und Krieger, ein Angriff auf eine Stadt. Die Fresken sind kretisches Erbe; beim heutigen Zustand der Ruinen ist es unmöglich, zu erkennen, was die Architektur selbst von den kretischen Palästen übernommen haben könnte. Der wohl endgültige Verlust der Archive von Mykene ist zweifellos eine Folge der Zerstörung, die das gesamte Gebiet betroffen hat; wir sind heute durch die Auffindung der Archive von Pylos glücklicherweise entschädigt.

Die Wasserversorgung dürfte lange Zeit durch mehrere Zisternen gewährleistet worden sein, die in den Boden der Burg eingelassen waren; aber durch gewaltige Erdarbeiten, die vielleicht erst unter der dorischen Bedrohung um 1200 vollendet wurden, schuf man eine unterirdische Verbindung zur etliche Fuß unterhalb der Umfassungsmauer entspringenden Quelle Perseia, was als eine außerordentliche Leistung anzusehen ist. Innerhalb der Burgmauer befanden sich einige größere Häuser, die eigentlichen, von Gräberzonen unterbrochenen Wohnviertel lagen jedoch außerhalb des Burggeländes. Noch jetzt werden Häuser freigelegt, von denen das sogenannte Ölhändlerhaus an die dreißig beschriftete Täfelchen und eine Reihe von Kannen mit Bügelhenkel barg, deren Verschlüsse noch versiegelt waren. Die Tholos, genannt „Schatzhaus des Atreus", ist der geglückteste Monumentalbau aus mykenischer Zeit (nach Wace um 1330 entstanden). Ein 36 Meter langer, 6 Meter breiter Dromos, dessen prachtvolle Wände mit horizontal geschichteten Quadern verkleidet sind, führt in den Hügel hinein und endet vor der imposanten Fassade des Grabes. Sie ist 10,50 Meter hoch und zeigt zum erstenmal eine Reliefverzierung. Die Türe selbst mit einer Höhe von 5,40 Metern und einer Breite von 2,70 Metern ist von zwei Halbsäulen aus grünem Stein flankiert, die auf dreistufigen Basen stehen; reliefierte Zickzack- und Spirallinien schmücken den Schaft, der in

einen Blätterkranz und ein Kapitell ausläuft. Es ist anzunehmen, daß die dorische Säule der Griechen ihren Ursprung in
der Argolis hat und sich von jenen mykenischen Säulen ableiten läßt, die sich erhalten hatten. Über der Türe ist der in
Höhe des Entlastungsdreiecks verlaufende Wandabschnitt
ebenfalls mit kleinen, der Mauer vorgelegten Halbsäulen
und einem mit minoischen Spiralen verzierten Bandgesims
geschmückt. Doch ist es der elegant gerundete und vollendet proportionierte Innenraum des Grabes mit einem
Durchmesser von 14,50 Metern und einer Höhe von 13,20
Metern, der als die bedeutendste architektonische Leistung
der Zeit, als der schönste Kuppelraum vor dem römischen
Pantheon zu gelten hat. Dreiunddreißig waagerechte Stein-
schichten, die jeweils nach innen vorspringen, sind ringför-
mig übereinander verlegt; da und dort stecken noch Bronze-
stifte in der Wand, an denen vermutlich zur Verzierung Rosetten angebracht waren. Das sogenannte Klytaimnestra-
Grab wies an seiner Fassade einen ähnlichen Dekor auf, und
die heute in London aufbewahrten Löwen- und Stierreliefs
werden ebenfalls diesem Grabe zugeschrieben.

Will man einen innerhalb seiner Umfassungsmauer erhaltenen mykenischen Palast sehen, muß man sich nach Tiryns
begeben. Nachdem an ihm in der Vergangenheit eine Reihe
von Umbauten vorgenommen worden war, zeigt er sich uns
nur mehr in seinem letzten Bauzustand, der aus dem
13. Jahrhundert stammt. Die auf einem 26 Meter hohen
Hügel befindliche Befestigungsanlage wurde immer wieder
verstärkt, wahrscheinlich im Hinblick auf die wachsende
Gefahr von seiten der dorischen Bedrohung. Damals wurde
vor dem Tor eine lange Rampe angelegt, die den Angreifer
zwang, dem Verteidiger die rechte Flanke darzubieten;
gleichzeitig wurden nach Süden und Südosten Bastionen mit
eingebauten Kasematten errichtet; der immer wieder verlän-
gerte Festungswall umschloß endlich den ganzen Hügel und
bot im Fall eines Angriffs eine Zuflucht. Das eigentliche Pa-
lastgebiet betritt man durch ein großes Propylon mit einer

inneren und äußeren Vorhalle, dessen Linienführung bereits griechisch zu sein scheint; man gelangt sodann in einen Hof, durchschreitet ein zweites Propylon und erreicht endlich den Haupthof, der an drei Seiten von Säulenhallen umgeben und funktionell mit dem Megaron verbunden ist, dessen Fassade die Mitte der vierten Seite einnimmt: eine Bauweise, die nichts Kretisches mehr hat, sondern ebenfalls absolut griechisch ist. Das Megaron, dessen Fundament gut erhalten ist – es mißt in der Länge 11,80 Meter und in der Breite 9,80 Meter – besteht wie gewöhnlich aus den beiden Vorhallen und dem großen Saal, die auf einer Achse liegen, und bildet im Gegensatz zum kretischen Megaron ein in sich geschlossenes Ganzes; der Herd in der Mitte ist von vier eine zentrale „Laterne" tragenden Säulen umstellt; der Thron scheint an einer der Längsseiten in Höhe des Herdes errichtet gewesen zu sein; der Estrich war mit Stuck überzogen, die Wand mit Fresken geschmückt. Erstaunlich ist der einfache Charakter der Planung, die wir beim griechischen Tempelbau wiederfinden werden (ein archaischer Tempel in eben diesem Tiryns wird einige noch vorhandene Mauern des mykenischen Megarons verwenden: der Zusammenhang ist klar); während die kretische Architektur alle phantastischen Einfälle verwertet, war die mykenische bereits einem logischen Denken verpflichtet. Das Megaron hatte weder in die Breite noch in die Höhe Entwicklungsmöglichkeiten (obgleich es zweifellos von Kreta das terrassenförmige Dach übernommen hat); man konnte nur neben dem ersten ein zweites Megaron errichten, und daß dies in der Tat geschehen ist, bezeugt der Grundriß der Akropolis von Tiryns.

Kurt Bittel

Das Löwentor von Ḫattuša

Mit der hethitischen Hauptstadt, Ḫattuša-Boğazköy, tritt ein neuer Siedlungstypus in Erscheinung: die Bergstadt. Gewiß hat es schon vorher Siedlungen in bergigem Gelände und wohl auch auf Bergeshöhe gegeben, Boğazköy selbst war ja im 19. und 18. Jahrhundert bereits ein Gemeinwesen respektabler Größe und zudem der Sitz eines Dynasten, aber daß im Laufe der Zeit auf solchem Gelände eine Groß-Stadt entstehen konnte, darf als Novum gelten. Einige andere Beispiele scheinen darauf hinzuweisen, daß sich die kleinasiatischen Hethiter überhaupt durch ein besonderes, höchstwahrscheinlich nicht allein aus praktischen, sondern aus metaphysischen Ursachen hervorgegangenes Verhältnis zu Stein, Fels, aus Berg und Fels bestehendem Grund bestimmen ließen. Wohl ursächlich damit verknüpft, obgleich wir die Anfänge noch nicht genau kennen, ist die Verwendung zwar nicht grundlegend neuen Baustoffes, denn der Stein für Fundamente und Sockel sowie der ungebrannte Ziegel in Kombination mit Holz bei den aufgehenden Wänden herrscht auch jetzt durchaus vor, aber von Steinmaterial anderer Dimensionen. Neben dem Bruchstein kommt der behauene Stein von der Mitte des 2. Jahrtausends an in steigendem Maße auf. Vor allem aber vollzieht sich im zentralen Anatolien die Entwicklung über große, oft sogar gewaltige Blöcke mit sauber geglätteter Außenfläche und polygonalen Fugen zum echten Quaderstein mit stark vorspringender Bosse und sorgfältigem Randschlag.

Trotz dieses sehr beträchtlichen Fortschritts in der Steinbearbeitung gelangte man jedoch im hethitischen Bereiche Kleinasiens nicht zur Ausbildung vollkommener Quadermauern aus gleichgroßen Steinen, die, als Läufer und Binder verlegt, über die ganze Mauerstärke hinweg durchgeschichtet sind. Auch jetzt noch sind die Mauern, unbeschadet allen

Fortschritts im einzelnen, nichts weiteres als Steinpackungen. Aber ihr Aussehen und ihre Formgestaltung haben sich entscheidend gewandelt und äußern sich vor allem in zwei Elementen, die jetzt bei der monumentalen hethitischen Architektur sehr stark in Erscheinung treten: erstens die Ausbildung eines zwischen Fundament und Lehmziegelaufbau, das heißt über dem Fußboden liegenden steinernen, oft aus monolithen Blöcken errichteten Sockels, der gern die Form von Orthostaten annimmt, und zweitens die Fähigkeit, große, aus Stein gefügte Terrassen zur Ebnung oder Erweiterung des natürlichen Baugrundes zu schaffen. Die zweite Neuerung äußerte sich natürlich am nachhaltigsten dort, wo sie ihre eigentliche Anregung erfahren hatte, nämlich in den Bergstädten, fehlt aber auch sonst nicht ganz.

Während unter anderen Beispielen, die wir hier außer Betracht lassen müssen, in der Zeit zwischen rund 1600 und 1200 vor allem Alaca Höyük und Tarsus den alten Typus der in fast ebenem Gelände liegenden Stadtanlage, die auf eine lange Vergangenheit zurückblickt, repräsentierten, verkörpert den neuen Typus keine andere in so eindrucksvoller Weise wie Boğazköy, die hethitische Hauptstadt Ḫattuša. Auch sie reicht freilich in vorhethitische Zeit zurück, aber zur Groß-Stadt wurde sie erst im 14. und 13. Jahrhundert. Mit ihrem Umfang und mit ihrem Terrain stellt sie ein Werk dar, das nur durch einen erstaunlichen Aufwand an Arbeitskraft und durch den rücksichtslosen Einsatz zwar primitiver, jedoch wirksamer technischer Hilfsmittel gemeistert werden konnte. Sie ist nicht in einem Zuge geschaffen, denn eine Altstadt, die schon vor 1400 v. Chr. bestand, hebt sich deutlich von einer Erweiterung ab, die erst innerhalb der Zeit des hethitischen Großreiches angelegt wurde und das Stadtgebiet mehr als verdoppelte. Von Anfang an jedoch waren in beiden Teilen die natürlichen Bedingungen des Baugrundes die gleichen: eine äußerst unruhige und bewegte Oberfläche, durchsetzt mit Mulden, Tälern, Schluchten und hochragenden Felsmassiven.

Die Führung der aus Wall und Mauer mit Türmen – auf lange Strecken eine Doppelmauer – bestehenden Befestigungswerke paßt sich in unübertrefflicher Weise den Vorteilen an, die das reich gegliederte Stadtgebiet den Erbauern bot. Sie folgen auf zwei Seiten der Steilkante tief eingeschnittener Täler, welche die Annäherung für jeden Gegner erschwerten, an manchen Partien nahezu unmöglich machten, und bedurften nur an der dritten Seite besonderer künstlicher Vorrichtungen, bestehend aus einem zu gewaltiger Höhe aufgeworfenen Erdwall, der die Mauer trägt, und einem davorliegenden, zum Teil in den Fels gearbeiteten Graben. In ihrem Verlauf aber überwindet die Stadtmauer alle natürlichen Hindernisse, die sich ihr in den Weg stellen, als ob sie gar nicht bestünden: Felsen werden in den Mauerkern einbezogen und ummantelt; Bettungen einzeln oder in ganzen Stufenfluchten werden in den Fels geschlagen, um als feste Auflager für die untersten Quader des Mauerzuges zu dienen; wo der vorliegende Hang zu nieder oder nicht steil genug ist, wird der die Mauer tragende Erdwall besonders hoch aufgeworfen, seine Außenböschung mit einem Plattenpflaster versehen, das dem angreifenden Gegner den Aufstieg nicht nur schwer macht, sondern ihn auch schutzlos den Geschossen der Verteidiger exponiert; an zwei Stellen der Ostseite setzt die Stadtbefestigung sogar mittels Galerien und Brücken über eine enge, aber rund 90 m tief eingeschnittene Schlucht. Das ist eine Architekturleistung ganz eigener Art, bei der die Bindung an Stein und Fels, vielleicht eine geradezu magische Bindung, kaum zu verkennen ist. […]

Im Palast der Zeit zwischen rund 1250 und 1200 v. Chr., von dem die wesentlichsten Teile bei den Ausgrabungen wiedergewonnen werden konnten, liegen dagegen die charakteristischen Bauelemente klar ausgebildet vor. Mit seiner Lage auf einem an drei Seiten steilen Felsberg, heute Büyükkale genannt, und mit seinen hohen, weit vorgeschobenen künstlichen Terrassen, die das Bauareal im erforderlichen Umfang erweiterten, stellt er zwar gewiß keinen Regelfall dar, aber die Abschließung der königlichen Hofhaltung durch starke, mit Türmen versehene Mauern von der Stadt und damit von der Bevölkerung sowie die Gliederung des Innern durch Höfe mit Pfeilerhallen und Einzelbauten darf man als typisch ansehen.

Zwei Tore vermitteln, außer einer kleinen Pforte im Westen, den Zugang ins Innere, das eine zunächst in den Torhof, dann durch eine Halle in den unteren, das andere unmittelbar in den oberen Burghof und damit in den intimen Teil der Hofhaltung. Der untere, mittlere und obere Hof, diese durch Tore gegenseitig abgeschlossenen, aufeinanderfolgenden Höfe, gliedern den Palast in drei gewiß ihrem Rang und ihrer Bedeutung entsprechend gestaffelte Partien, die durch einzelne den Höfen zugewendete Gebäude und Palais gekennzeichnet sind. Da vielfach nur die Fundamente erhalten geblieben sind, ist die Bestimmung im einzelnen oft nicht möglich, um so mehr als Treppenhäuser und die Terrassenlage die Rekonstruktion von mehrgeschossigen Bauten unabweisbar machen, wobei die Räume in den einzelnen Stockwerken keineswegs dem gleichen Zweck gedient haben müssen. [...]

Die Löwen am westlichen, die Sphingen am südlichen und der Gott am östlichen Tor der Oberstadt von Ḫattuša gehören zu den größten Leistungen, die hethitische Künstler in der Zeit des Großreiches vollbracht haben. Die Skulpturen sind nicht selbständig, nicht in die Tore eingebaut, sondern bilden einen integrierenden Bestandteil der Architektur, indem alle aus den mächtigen Torpfeilern, die den Durchgang flankieren, gemeißelt sind: die Löwen nur als Protome, die Sphingen auch mit ihrem auf die Türlaibung übergreifenden Leib und Flügel, der Gott, indem er die Innenseite des Pfeilers zum Träger hat. Das heute Yerkape genannte Sphinxtor vermittelte nur indirekt einen Zugang von der Stadt zur Außenwelt, diente mehr den Anforderungen der Verteidigung, barg vielleicht, der Idee nach mit diesem Zweck verbunden, sogar in seiner Kammer ein kleines Heiligtum. Aber das Löwentor und das sogenannte Königstor mit dem Relief des Gottes unterbrachen den gleichförmigen, nur durch die vorspringenden Türme gegliederten Mauerzug, der sich infolge der gepflasterten Böschung auf seiner Außenseite wie ein gepanzerter Verteidigungsgürtel ausnahm, und markierten die Stellen, an denen sich der Verkehr zwischen Außen und Innen zusammendrängte, wo reges pulsierendes Leben herrschte und die großen Fernstraßen nach Südwesten und in die Westländer einerseits, nach Südosten und weiterhin zu den Tauruspässen andererseits ihren Ausgang nahmen. Die enge Verbindung von Skulpturen und Toren setzt voraus, daß beide ziemlich gleichzeitig entstanden sind. [...]

Es ist nicht unbegründet darauf aufmerksam gemacht worden, daß diese hauptstädtischen Bildwerke mit ihrem hohen Relief eine Eigenschaft aufweisen, die in Mesopotamien zurück bis in die späte altbabylonische Periode eine lange Tradition hatte. Es liegt nahe, sich dabei dann jene oft zitierte Stelle eines Briefes ins Gedächtnis zu rufen, den Ḫattušili III. an Kâdašman-Enlil II. von Babylon geschrieben und in dem er ihn um die Entsendung eines Bildhauers gebeten hat, denn „Bilder will ich herstellen und im Familienhause aufstellen". Daß es nicht immer bei der Bitte allein geblieben ist, geht aus demselben Brief hervor, in dem Ḫattušili sagt, daß er einen anderen Bildhauer früher prompt wieder zum babylonischen König zurückgesandt habe. Künstler aus Babylon waren also gelegentlich am hethitischen Hof gegen die Mitte des 13. Jahrhunderts tätig. [...]

Pierre Demargne

Minoische Paläste

Der Palast von Mallia bildet ein großes Rechteck von etwa 100 x 80 Metern, das einen ebenfalls rechteckigen Mittelhof von 50 x 22 Metern umschließt und bei dem der West- und der Nordflügel viel weitläufiger angelegt sind als die beiden anderen. Der Innenhof ist nicht toter Raum, wie er das bei anderen Arten von Palästen sein kann, sondern lebendiges Zentrum, wo sich das Volk versammelte, und zwar entweder um den Altar, der im geometrischen Mittelpunkt lag, oder vor der Westfassade, hinter der sich die königlichen Gemächer befanden. In diesen Hof münden auch drei Palastzugänge: die von den Pforten im Süden und Südosten ausgehenden beiden Vorhallen sowie eine dritte, die den Nordflügel mit dem Mittelhof verbindet. Die vier Fassaden des Hofes sind nach einem Dekorentwurf behandelt, der, Großartigkeit und Schlichtheit verbindend, sehr wohl aus mittelminoischer Zeit stammen könnte oder nur kaum verändert worden ist. Die Südfassade besteht aus einer Folge leicht vortretender und zurückweichender Mauerabschnitte; über einen niedrigen Sockel fiel durch eine Reihe großer Fenster Licht in einen Werkstättentrakt. Die als mächtige Portikus mit alternierenden Säulen und Pfeilern gestaltete Ostfassade verbirgt eine Flucht von Magazinen, die zweifellos auf die älteste Zeit zurückgehen. Hinter der Nordfassade, die ebenfalls als Portikus, jedoch in reiner Säulenordnung, angelegt ist, erstreckt sich ein tiefgestaffelter Gebäudekomplex, wobei ein an den Hof angrenzender „Hypostylossaal", die naive Nachbildung irgendeiner ägyptischen Halle, besonders merkwürdig ist. Die Westfassade, deren Gegenstück in Knossos zur spätminoischen Zeit gänzlich erneuert werden wird, scheint hier die ehemalige Gliederung beibehalten zu haben, selbst wenn man annimmt, daß einige Abänderungen vorgenommen wurden.

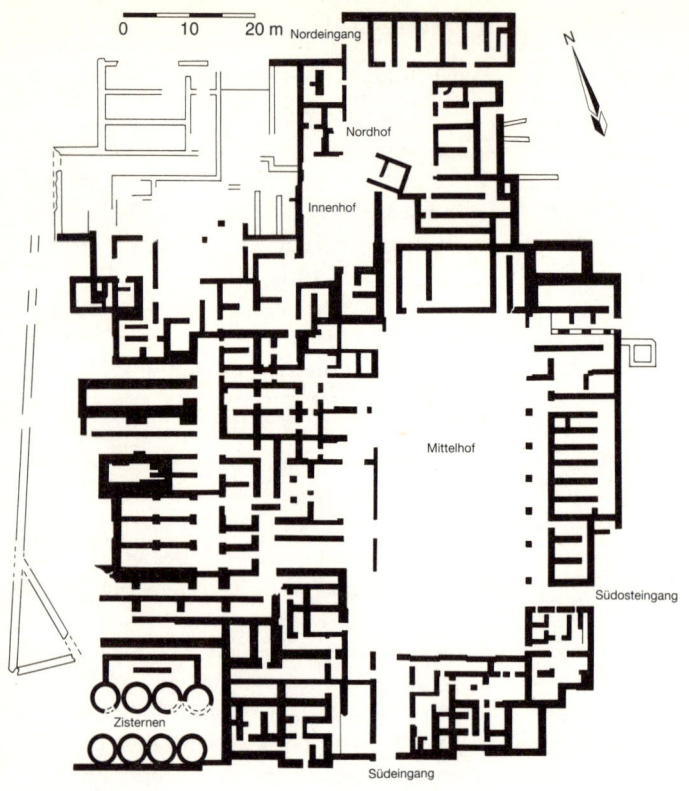

Abb. 10: Mallia – Grundriß des Palastes (17.–15. Jh. v. Chr.).

Im geometrischen Zentrum dieser Fassade, genau senkrecht auf die „Opfergrube" in der Mitte des Hofes weisend, haben zwei hintereinanderliegende Säle wohl das politische und kultische Herzstück des Palastes gebildet: der eine, ein mehrschiffiger Raum, gegen den Hof zu gelegen, von dem ihn eine fensterlose Mauer trennt und der nur von den Seiten aus erreichbar ist, könnte ein Thronsaal sein; an ihn grenzt eine von Pfeilern getragene Halle, deren kultische

Bedeutung unbestreitbar ist. Beide Säle gehören zu einem mit besonderer Sorgfalt angelegten Palastbereich, dessen Mauern aus „Ammuda", einem gelben Kalkstein, errichtet sind. Dieser Bereich wird von zwei gleichermaßen bedeutenden Anlagen eingefaßt: im Norden, ausgehend von einer Art „Loggia", einer überhöhten, von einem Baldachin überdachten Terrasse, wo der Herrscher vor versammeltem Volk erscheinen konnte, führt eine einläufige Treppe zu jenem Stockwerk empor, in dem man im Begriff ist, die Privatgemächer zu rekonstruieren; im Süden, im Anschluß an einen Verbindungsgang zwischen dem Hof und den weitläufigen Magazinen des Westflügels, befindet sich eine zweite Treppe, die breiter als jene ist und ein anderer Zugang zum selben Stockwerk gewesen sein mag, falls es sich nicht um terrassenförmig aufsteigende Sitzreihen handelt, die bei irgendwelchen Feiern oder Versammlungen für hochgestellte Zuschauer bestimmt waren, wie es das berühmte Fresko von Knossos zeigt: Das Vorhandensein eines gewaltigen Opferaltars, der an der Südwestecke des Hofes am Fuß jener Treppe in den Boden eingelassen ist, deutet auf den religiösen Charakter solcher Feste. Die Westfassade des Hofes aber ist so beschaffen, daß der zwingende Eindruck entsteht, die Gesamtanlage des Palastes sei bewußt auf sie ausgerichtet worden, und es drängt sich die Frage auf, ob jene Anlage, insonderheit die Beziehung zwischen Hof und Westfassade, nicht auf die Zeit der ersten Paläste zurückgeht.

Der bedeutende, aber teilweise zerstörte Nordflügel ist durch einen gepflasterten Flur mit dem Mittelhof verbunden: Der Gang führt einfach über einen mit einer rechtwinkligen Portikus ausgestatteten Binnenhof und mündet ins Freie über einen gewundenen Durchschlupf, in dem man die Grundform eines mittelminoischen Ausgangs zu erblicken geneigt ist. Der weitläufige Westflügel, in dem zwischen Mittelhof und Westhof der *piano nobile* liegt, weist nach Westen hin eine lange, durch Vor- und Rücksprünge gegliederte Mauerfläche auf; angrenzend an die Prunksäle enthält dieser Flügel eine Reihe langgestreckter Magazine, die wie jene im Ostteil in der Tradition des Mittelminoischen stehen. [...]

Das bedeutende Knossos, das Knossos Homers und Evans', entstand in einer leicht hügeligen, nicht besonders großartigen Gegend, vier Kilometer vom Meer entfernt. Die Innenstadt, die den Palast und die hauptsächlichsten Gebäude umfaßt, war dicht besiedelt und bedeckte ein Gebiet von 1000 x 600 Metern, doch war die bebaute Fläche, nach den Spuren zu schließen, sehr viel größer, nämlich 1800 x 1500 Meter. Evans schreibt dieser Stadt 80 000 Einwohner zu, etwa 12 000 dem reichen Stadtkern, also jenem Teil, der das mit dem Palast durch Straßen verbundene Bürger- und Adelsviertel umfaßte, und 70 000 den Außenvierteln. Mit dem Hafen, dem heutigen Heraklion, mochte Knossos insgesamt an die 100 000 Einwohner haben, womit es im Mittelmeerbereich ohne Zweifel nicht seinesgleichen hatte. Ein solcher Aufschwung, selbst wenn die vorstehenden Zahlen nur Annäherungswert haben und übertrieben hoch angesetzt sind, entspricht durchaus den Vorstellungen, die man mit der Hauptstadt einer Seemacht verknüpft. Die besonders großartigen Nekropolen erstreckten sich über die Hügel gegen das Meer zu, doch auch in östlicher und südlicher Richtung. Die Erforschung dieser sehr großen Fundstätte ist noch nicht abgeschlossen, immerhin ist sie weit genug gediehen, um hochbedeutende Funde zu erbringen.

Auf einem Plan oder einer Luftaufnahme stellt sich der Palast von Knossos als ein sehr großes Rechteck dar, das vom Westen nach Osten ungefähr 150, von Norden nach Süden 100 Meter mißt (Mallia 80 x 100 Meter); der Mittelhof ist 50 Meter lang und 25 Meter breit. Während der Hof das Aussehen beibehält, das er zur Zeit des ersten Palastes hatte, und sich auch an den Nordsüd-Dimensionen nichts geändert hat, sind durch die Weitläufigkeit des Westflügels und die beträchtliche Ausgestaltung des Ostflügels die Ostwest-Ausmaße um vieles größer geworden. Entsprechend ist die Zunahme an Höhe: zwei Stockwerke lagen an der Westseite über dem Erdgeschoß übereinander, mindestens vier am großen Einschnitt der östlichen Hofseite, wo sich der Wohnflügel befand. Der Unterschied zwischen dem ersten und zweiten Palast zeigt sich nicht nur an den Ausmaßen, er besteht auch in einer großartigeren Konzeption, in einer höherentwickelten Architektur. Im Mittelminoischen hatte man sich, wie es scheint, damit begnügt, die Palastflügel rund um den Mittelhof in einem losen Nebeneinander von kleinen Gebäuden anzulegen, die weder unter sich einen Zusammenhang hatten, noch mit dem Hof in Verbindung standen. Wenn auch das System der isolierten oder nur durch schmale Gänge verbundenen Blöcke im Erdgeschoß und in minder wichtigen Palastgebieten beibehalten – möglicherweise aus der älteren Anlage übernommen – wurde, so sind dagegen die bedeutenden Flügel, in denen sich die Wohn- und Prunkräume befanden, mit großer Kunst wiederaufgebaut worden, zum Beispiel der Wohntrakt auf der Ostseite. Ein weiterer Unterschied liegt in der Verwendung von Lichtschächten und Binnenhöfen, die die Stockwerke miteinander verbinden, ferner in der Mannigfaltigkeit und Ausgeklügeltheit der Gesamtanlage, die auf der vermehrten Verwendung von Stützen, Säulen, Pfeilern und Sockeln beruhen. Es scheint, daß diese in der dritten mittelminoischen Epoche aufgekommene und gegen Ende der Palastzeit auf die Spitze getriebene Bauweise aus einer selbständig in Kreta entwickelten Architektur hervorgegangen ist. An eine abermalige orientalische Einflußwelle wie zur Zeit der ersten Paläste ist um so weniger zu denken, als es nunmehr der kretische Palastbau gewesen sein dürfte, der denjenigen Ägyptens und Syriens befruchtet hat.

Verfolgen wir beispielsweise den berühmten Prozessionskorridor, der vom westlichen Palasteingang aus sowohl zum Mittelhof wie zu den Prunkräumen des westlichen Obergeschosses führt und dabei eine Verbindung mit den Wohngebäuden schafft. Man überquert den außerhalb des Palastes gelegenen Westhof und hält sich längs der mehrfach abgesetzten, den Magazintrakt säumenden großen Mauer, die eine im Erdgeschoß fensterlose, im ersten – und, wenn vorhanden gewesen, zweiten – Stock mit Fensterdurchbrüchen versehene Fassade bildete und zweifellos von einer Terrasse überdacht war. So gelangt man zum mehr geschickt als großartig angelegten Westtor: Hier, unterhalb der beiden übereinanderlaufenden Friese, auf denen Priesterinnen und Opferträger zu sehen sind, beginnt der schmale Prozessionskorridor, steigt über eine Rampe oder Treppe empor und erreicht, rechtwinklig abbiegend, endlich das Niveau des Mittelhofes. Er läuft in eine Art Veranda aus, die sich nach Süden öffnet und von der aus man das Tal, den heiligen Berg Juktas und die aus der Mesara heranführende Straße erblickt. Die Paläste sind gegen die sie umgebende Landschaft zu offen, von ihr vielleicht nur durch Gärten getrennt: dies ergibt sich aus der neuen Einstellung der Architekten, die dem künstlerischen Sinn der Minoer entspricht. Vom Ende der Veranda hat wohl ein wiederum rechtwinklig abbiegender Gang, der des „Prinzen mit der Federkrone", einen direkten Zutritt zum Hof gebildet. Ein anderer, vorher abzweigender Gang führt zu den Empfangsräumen des westlichen Stockwerks: dieser Gang, der ebenfalls eine Biegung macht und an einem Lichtschacht vorbeiführt, endet vor einer monumentalen Toranlage bereits griechischen Typs; von hier aus dürfte eine große Treppe – auf welche Weise, ist, wie wir zugeben müssen, ziemlich ungewiß – zu einem höher gelegenen Tor und zur Mittelhalle des Stockwerks geführt haben. Evans hat den Grundriß dieser Halle wiederhergestellt, doch konnte das nur annäherungsweise gelingen. Das Fresko der Prozessionsgänger begleitete den Besucher auf seinem gesamten Weg bis zu dem Augenblick, wo er die königlichen Gemächer betrat. Unterhalb dieses Stockwerks, das man sich nach der neuen Art gebaut vorstellt, behielt das Erdgeschoß des Palastes von Knossos seine frühere Anlage bei: es enthielt langgestreckte, zellenförmige Magazine und kleine, nebeneinanderliegende Räume.

Der Wohntrakt des Ostflügels läßt eine wahrhaft einmalige, geradezu revolutionäre Planung erkennen: vier oder fünf Stockwerke schmiegen sich an den Hügel, dort wo sich in früherer Zeit drei gegen die Talsohle abfallende Terrassen befanden. Der erste Grabungsbericht läßt den Augenblick der Entdeckung wieder vor unseren Augen erstehen: Vom Hof her legte man gleichzeitig mit einer emporführenden Treppe eine andere frei, die in die Tiefe des Bodens hinabführte; Reste verkohlter Säulen, deren Formen sich noch im Erdreich abbilden, wurden noch während der Grabung sofort durch hölzerne Stützpfeiler ersetzt, an deren Stelle inzwischen Zementsäulen getreten sind. Allzu voreilig hatte man dem minoischen Kreta jegliche bedeutende architektonische Schöpfung abgesprochen. Was wir hier sehen, ist in seiner Gesamtheit, sowohl dem Aufriß wie dem Grundriß nach, von einer Großartigkeit, wie sie weder der Orient noch Griechenland jemals gekannt haben. Eine je Stockwerk doppelläufige Treppe verbindet wenigstens vier solcher Stockwerke miteinander, von denen sich eines auf demselben Niveau mit dem Mittelhof, ein anderes, wenn nicht zwei, oberhalb, zwei unterhalb davon befanden. Die Treppe schwingt sich majestätisch um ein als Lichthof dienendes Treppenhaus. Auf jedem Stockwerk führt ein Flur zu einer großen Halle, der sogenannten „Halle der Doppeläxte", einem Audienz- und Empfangssaal, der für minoische Baurisse charakteristisch ist und den wir als „kretisches Megaron" bezeichnen können. Der Lichtschacht ist ins Innere verlegt; zwei hintereinanderliegende Säle stehen miteinander in Verbindung durch mehrere Türen, die durch einige Träger an Stelle einer massiven Wand voneinander getrennt sind; am äußersten Ende gibt eine rechtwinklige, zweiteilige Säulenhalle den Blick auf den Hof und über diesen hinweg auf die nach der Kairatosschlucht abfallenden Gärten frei. Die architektonische Anlage entfaltet sich diagonal; die vermehrte Verwendung von Lichtschächten, die Auflösung des geschlossenen Mauerwerks und die Öffnung des großen Saales nach mehreren Richtungen geben der kretischen Architektur ihr eigenes Gepräge und stellen sie in einen Gegensatz zum kontinentalen Megaron, das nur von einer Seite aus Zugang hat. Einer statischen Architektur steht eine Architektur der Bewegung und des Lichts gegenüber.

Claude-François Baudez/Pierre Becquelin
Die höchsten Maya-Tempel

In Tikal stehen die höchsten Maya-Tempel des ganzen Maya-Gebiets; der größte ist Tempel IV mit einer Höhe von 70 m von der Pyramidenbasis bis zur Spitze des Dachkamms. Diese Tempel tragen riesige, mit modelliertem Stuck verzierte Dachkämme, und in mehreren von ihnen befinden sich skulptierte Türstürze aus Holz. Zahlreiche Stelen und Altäre sind vor der Nördlichen Akropolis aufgereiht, die mit kleineren Tempeln bestanden ist. Ein an zwei Seiten von den großen Tempeln I und II begrenzter Platz liegt zwischen dieser Nördlichen Akropolis und einer umfangreichen Palastanlage, der Mittleren Akropolis. Weitere Tempel- und Palastgruppen bilden angrenzende Viertel. Vier breite Straßen stellen die Hauptverkehrsachsen dar. Zehn tief ausgehobene Sammelbecken gewährleisten die Wasserversorgung während der gesamten Trockenheit.

Man schätzt, daß die Bevölkerung von Tikal in dem Gebiet, das vom Zentrum aus in 30 Minuten zu erreichen war, sich also über eine Fläche von 16 km² erstreckte, etwa 10 000 Personen gezählt hat. Die Grenzen von Tikal waren deutlich markiert. Im Osten und Westen lagen die Sumpfgebiete, die *bajos,* und im Norden und Süden verwehrte ein 8 km langer Wallgraben den Zugang. Dieser Gesamtkomplex von etwa 160 km² könnte von etwa 45 000 Einwohnern besiedelt gewesen sein.

Es hat häufig verwundert, daß das größte Maya-Zentrum inmitten eines augenscheinlich so unzugänglichen Gebiets lag. Man darf jedoch nicht übersehen, daß in der Regenzeit der Verkehr zwischen den Küsten von Campeche und Belize über Flüsse und Überschwemmungsgebiete leicht möglich war. Tikal lag also an einer der beiden Hauptverkehrsachsen zwischen Osten und Westen im südlichen Mesoamerika, während sich die andere im pazifischen Küstengebiet befand.

In diesem bedeutenden Zentrum erfolgten umfangreiche Grabungen und Rekonstruktionen, im Lauf eines elfjährigen Forschungsprogramms, das 1956 begann und weitere Untersuchungen nach sich zog. Es ist also der bekannteste Maya-Ort. Zahlreiche spätklassische Gebäude hat man dort rekonstruiert. Die Bautätigkeit in dieser Periode fand im wesentlichen unter drei aufeinanderfolgenden Herrschern statt, dem Herrscher A, der 682 an die Macht kam, dem Herrscher B, der ihn 734 ablöste, und dem Herrscher C, der 768 folgte. Man hat im Lauf dieser Regierungszeiten weitere Tempel vor der Nördlichen Akropolis errichtet, die seit der vorklassischen Periode immer wieder erneuert wurde. Doch die beeindruckendsten Bauten sind die großen Tempel I, II, III und IV.

Tempel I ist durch die Horizontallinien der neun Stufen seiner Pyramide vertikal gegliedert. Er hat eine Höhe von 45 m. Der hohe Dachkamm auf dem Tempel setzt die Linien des pyramidenförmigen Unterbaus fort, an dessen Fassade eine Treppe vorgelagert ist. Die Schrägflächen der Pyramidenstufen weisen oben und unten einfache Gesimse auf und haben an den Ecken je zwei Rücksprünge; dadurch entsteht ein Licht- und Schatten-Spiel, das den Gesamtkomplex belebt. Die Treppe hat nur einen Lauf und kein Geländer. Auf der obersten Pyramidenstufe erhebt sich über einer niedrigen Plattform ein Tempel, zu dem einige Stufen führen. Er umfaßt drei enge, hoch überwölbte Räume. Über den Türöffnungen befanden sich Stürze aus Zapote-Holz, mit Schnitzereien bei der zweiten und dritten Tür; das war der ganze Innendekor. Über den kahlen Tempelmauern erhebt sich der Dachkamm, der über den beiden unzugänglichen, überwölbten Hinterräumen errichtet wurde, um die Schubkraft zu mindern. Er war mit modelliertem und bemaltem Stuck verziert – Spuren einer roten Bemalung wurden festgestellt –, der heute stark beschädigt ist. Man hat das Hauptmotiv ausmachen können, einen sitzenden Herrscher von monumentaler Größe.

Auf den Türstürzen ist ein thronender Herrscher wiedergegeben, den eine riesige mythologische Gestalt hinter seinem Rücken beschützt. Auf Türsturz 2 ist es eine gefiederte Schlange, die eine Stilisierung zeigt, wie sie für Teotihuacán typisch war, und der Herrscher hält einen runden Schild und Wurfspieße in den Händen. Auf Türsturz 3 ist es ein Jaguar, und der Fürst trägt ein Zepter mit dem Abbild von Gott K. Diese Szenen sind durch lange Inschriften ergänzt, die den Regierungsantritt des Herrschers A erwähnen. Man hat sein Grab in einer überwölbten Kammer entdeckt, die kurz vor der Errichtung der Pyramide in die Erde gegraben worden war und prächtige Opfergaben, wie Gefäße, Jadestücke, Muscheln und Knochen mit Ritzzeichnungen, enthielt.

Gegenüber von Tempel I liegt an der anderen Stelle des zentralen Platzes Tempel II, dessen zweistufige Pyramide eine geringere Höhe aufweist. Auch er hat drei Räume und einen hohen, stark beschädigten Dachkamm. Einige noch sichtbare Details auf dem Sturz der zweiten Tür, der als einziger Skulpturenschmuck zeigt, geben zur Vermutung Anlaß, daß der Tempel einer Frau gewidmet war, vielleicht der Gattin von Herrscher A.

Tempel IV ist der höchste von allen; sein Dachkamm liegt im Westen des zentralen Platzes und überragt die ganze Anlage. Man hat seinen gewaltigen Unterbau noch nicht untersucht, aber das Gebäude selbst bereits restauriert. [...]

Türsturz 2 zeigt ebenfalls einen sitzenden Herrscher mit einem Figurenzepter und einem kleinen, runden Schild. Hinter ihm steht eine riesenhafte Schutzgottheit, deren Gesicht zum Zeichen ihres Sonnencharakters mit einem gewundenen Ornament über der Nase verziert ist, während die Ziffer 7, die den Jaguar der Unterwelt bezeichnet, auf der Wange steht. Türsturz 3 ist der besterhaltene aus Tikal. Der Herrscher sitzt auf einem Thron, zu dem man über mehrere Stufen gelangt; er ist in Frontalansicht dargestellt, nur das Gesicht im Profil gegeben. Sein Haupt schmückt der Kopf eines Schlangenungeheuers. Er hält einen Schild und eine Lanze. Eine zweiköpfige Himmelsschlange rahmt ihn ein; rechts befindet sich der Totenkopf und links der lebende Kopf, aus dem der Gott mit der langen Nase schaut. Auf der Mittelpartie des gewundenen Schlangenkörpers über dem Herrscher hockt der Schlangenvogel mit ausgebreiteten Flügeln. Die lange Inschrift neben der Szene enthält Hieroglyphen, die sich auf die Regierungszeit des Herrschers B beziehen. Vermutlich hat er den Tempel errichtet.

Tempel III ist nach demselben Muster gebaut, hat aber kleinere Maße. Er weist einen skulptierten Türsturz mit einem fettleibigen Herrscher auf, der in ein Jaguarfell gekleidet ist und Herrscher C oder dessen Nachfolger sein könnte.

Wahrscheinlich residierten die Herrscher und ihr Gefolge in den großen Palastanlagen, deren Hauptgebäude, die sogenannte Mittlere Akropolis, der Nördlichen Akropolis genau gegenüberliegt und nicht weniger als sechs Haupthöfe umschließt.

Danièle Lavallée/Luis Guillermo Lumbreras

Cuzco – Zentrum und Angelpunkt der Welt

Die Reichshauptstadt lag seit Beginn der Inkaherrschaft in Cuzco, inmitten von bebauten Feldern, die ein weitläufiges Amphitheater bildeten. Cuzco bestand ursprünglich aus einfachen Hütten und wurde unter Pachacútecs Regierung zu einer Stadt mit regelmäßigem Grundriß, mit Steinbauten, gepflasterten Straßen, einem Wasserversorgungsnetz und einem, teils unterirdischen, Entsorgungssystem. „Cuzco, die Stadt der Herren dieses Landes, ist so groß und so schön, daß sie auch in Spanien liegen könnte. Sie ist voller Paläste, und arme Leute sind dort unbekannt." Dieser Ausruf stammte nur ein halbes Jahrhundert später von Francisco Pizarros Sekretär, Pedro Sancho de la Hoz, der seinen Herrn im Jahre 1534 begleitete. Der Ursprung des Namens Cuzco verliert sich in der Legende. Nach einer ungefähr entsprechenden Bedeutung im Quechua soll dieses Wort „Nabel" meinen, da sich die Stadt in der Reichsmitte befand. Andere Chronisten deuteten es nüchterner als „Zerkleinerung von Steinen" oder „die Erde ebnen" was an die umfangreichen Bauarbeiten denken läßt, die dort durchgeführt wurden.

Wie kam es auf einmal zu dieser Veränderung, die zwanzig Jahre in Anspruch nahm? Die Inka haben sicherlich bei ihren ersten Eroberungszügen die alten, nach einem Plan angelegten Städte von Huari kennengelernt, die eindrucksvollen Ruinen von Tiahuanaco und später die riesengroße Hauptstadt Chan-Chan gesehen. Alle diese Eindrücke verwertete Pachacútec für den Neubau einer Stadt, wobei er sich angeblich kleiner Tonmodelle bediente; die beiden Flüsse Huatanay und Tullumayo bestimmten den Grundriß der Stadt, der die Form eines Puma wiedergibt.

Den Kopf des Puma bildet die Festung von Sacsayhuamán, die wahrscheinlich auf vorinkaischen Fundamenten errichtet wurde und deren drei zyklopische Mauerwälle, mit Vorsprüngen wie Sägezähne, die Stadt beherrschen. War es denn überhaupt eine Festung? Auf dem Gipfel dreier übereinandergelagerter Terrassen, die eine Höhe von 18 m einnehmen, Vorsprünge aus riesigen Blöcken – wovon einer höher als 8 m ist und ungefähr 360 Tonnen wiegen dürfte – und nur wenige Schikaneneingänge haben, folglich wohl eine Verteidigungsfunktion erfüllten, befinden sich die Reste dreier rätselhafter Bauten mit rundem oder rechteckigem Grundriß. Nach Luis Valcarcel, der 1934 dort Grabungen durchführte, handelt es sich um Gebäude, die mehreren Zwecken gleichzeitig dienten, militärischen und religiösen, was vielleicht den Berichten einiger Chronisten nahekommt, die nicht von einer Festung, sondern von einem der Sonne geweihten Tempel sprechen. Die Hügelflanke neben der Stadt wirkt seltsam schutzlos, es sei denn, die Steinbrucharbeiten hätten im Laufe der Jahrhunderte ihr Aussehen gänzlich verändert.

Ein weiter Platz liegt vor der „Festung" und trennte sie von dem „Thron des Inka". Dieser war sicherlich einer dieser *ushnu,* heilige Stätten, die die Inka zu Hunderten im ganzen Reich einrichteten. Es sind häufig einfache Felsen, die durch ihre Größe oder auch, wie der Kenko-Felsen bei Cuzco, durch ihre Form beeindrucken und in die manchmal Treppen oder Nischen eingehauen sind. Diese heiligen Steine dienten den spanischen Chronisten zufolge als Thron und Opferaltar gleichzeitig.

Doch wir wollen über einen steilen, schmalen Weg zur Stadt hinuntersteigen und zum Hauptplatz Huacaypata gehen, einem mächtigen Viereck, dessen Seiten je 150 m messen. Hier begannen symbolisch vier mit Steinplatten gepflasterte Straßen und führten zu den vier Provinzen des Reichs. In der näheren Umgebung erhoben sich die Paläste des herrschenden Inka und seiner Vorgänger – denn es war Sitte, daß jeder Inka sich einen neuen Palast baute –, Miniaturstädte, die das Gebäude des Herrschers und seiner Angehörigen in der Mitte und außen herum Unterkünfte für die Konkubinen, Wachen, Kultdiener sowie Empfangsgebäude und Geschäfte umfaßten. Pachacútecs Haus soll am prächtigsten gewesen sein, doch stehen heute nur noch einige Mauerflächen von der Rückwand des Speisesaals. In der Nähe des Zentrums befinden sich auch der Viracocha-Tempel und verschiedene öffentliche Gebäude: *Yachayhuasi,* das „Haus des Wissens", wo die Buchführer und die offiziellen Chronisten unterrichtet wurden, und *Acllahuasi,* das „Haus der ausgewählten Frauen", wo über 1500 junge Mädchen eingeschlossen lebten; man hatte sie aus den Provinzen hierher geschickt, damit sie der Sonne und dem Inka dienten, aber auch den Würdenträgern, die der Herrscher belohnen wollte. Hinter diesen riesigen Mauern aus ebenmäßig horizontal gelegten Quadersteinen, deren nach oben hin abnehmende Stärke die Perspektive betonte, spannen und webten die „ausgewählten Frauen" Wolle für den Inka und seine Familie, brauten Bier und buken Maiskuchen, die bei Festen verzehrt oder geopfert wurden; niemand außer dem Inka selbst durfte in diese Umfriedung eindringen. In diesem Stadtteil bestanden alle Gebäude aus Quadersteinen und stellten, ob rechteckig oder polygonal, die schönsten Beispiele für die berühmten Außenwände mit der lebendigen Fugenwirkung dar, die die Inka-Maurer als Meister auszeichneten. Das gewaltigste Gebäude ist der *Coricancha,* der „Goldene Garten", wo man die Sonne Inti, den Mond Quilla und die Sterne Quoyllu verehrte.

Außen- und Innenmauern, Türen und Nischen verkleidete dickes Blattgold, während im Hauptheiligtum eine große, glänzende Scheibe inmitten von Mumien der verstorbenen Inka die Gottheit symbolisierte. In der Mitte des Tempels hatte man einen Garten angelegt, in dem alles, Bäume, Blumen, Tiere und Menschen, lebensgroß aus Gold nachgebildet war. Damit nicht genug, hatte man diese Wiedergaben in Gold mit Inkrustationen aus Silber, purpurfarbener Muschel, Türkisen und anderen Halbedelsteinen versehen.

Diese unschätzbaren Reichtümer sollten einige Jahrzehnte später dem letzten Inka-Herrscher Atahualpa als Lösegeld dienen, als er in Cajamarca den Spaniern in die Hände fiel.

Ignacio Bernal y García Pimentel
„Baby-face" – Olmekische Kolossalköpfe

Der Architektur der Olmeken kommt insofern eine gewisse Bedeutung zu, als sie die älteste und folglich Vorläuferin jeder späteren Baukunst in Mesoamerika war. Doch hat vor allem ihre hochentwickelte Plastik, die in diesem Gebiet unerreicht blieb, zu ihrer wahren Größe beigetragen. Hier sind einige Meisterwerke von Weltrang entstanden und machen dieses Volk unvergeßlich, das riesenhafte Monolithe bearbeitete und zarte Jadeskulpturen anfertigte, in einem Land, wo es diese Rohstoffe nicht gab.

Obwohl in dieser Kunst Tiere dargestellt wurden, allein oder in Verbindung mit Menschen, stand doch der Mensch im Mittelpunkt – noch beherrschte er alles und nicht die Götter oder vergöttlichte Tiere.

Der heutige Stand unserer Kenntnisse über die Kunst der Olmeken erinnert an das, was man vor etwa hundert Jahren das „griechische Wunder" nannte. Da die Vorstufen der griechischen Kunst nur unzureichend bekannt waren, schien sie wie Athene in der Mythologie in vollem Glanz aus dem Nichts aufzutauchen; doch als man später das östliche Mittelmeergebiet eingehender erforschte, stieß man auf die Ursprünge der griechischen Welt und stellte fest, daß es sich keineswegs um ein Wunder handelte. Genauso wird es sich mit der Kunst der Olmeken verhalten, deren Vorgeschichte und Vorbedingungen wir bis heute nicht herausfinden konnten, so daß sie plötzlich, in voller Reife und höchster Vollendung aufzutauchen scheint. „Sie tritt in ihrer ganzen Fülle auf der leeren Bühne der frühen mexikanischen Kulturen auf", hat Beatriz de la Fuente gesagt. Noch müssen wir es dabei bewenden lassen, obwohl kein Volk der Erde seinen Weg mit so großartigen Skulpturen begonnen hat, wie die Kolossalköpfe von San Lorenzo es sind. Man hat davor sicherlich schöne Lehmfigurinen, mehr oder weniger im Olmekenstil, modelliert, doch können wir sie nicht als den wirklichen Beginn dieser Kunst betrachten, da der Weg von den Terrakottaköpfchen zu den Steinkolossen ohne Zwischenstufen unvorstellbar ist. Wenn diese Kunst auch eine ungeheure Schaffenskraft bewiesen hat, bedurfte sie gewiß, sowohl in künstlerischer als auch in technischer Hinsicht, einer langen Entwicklungszeit. [...]

Die lange Geschichte der olmekischen Plastik kann in zwei Epochen unterteilt werden, die mit zwei bereits erwähnten Hauptzentren verknüpft sind: San Lorenzo und La Venta. Danach blieben deutliche Nachklänge dieses Stils bis zum Beginn der christlichen Zeitrechnung erhalten, obwohl die Olmekenkultur selbst bereits untergegangen war. Zu diesen Spuren gehört ihr hervorstechendstes Kulturmerkmal, nämlich die ersten kalendarischen Aufzeichnungen nach dem System, das uns unter dem Begriff „Lange Zählung" von den Maya her bekannt ist. Wenn wir auch davon ausgehen, daß es zwei große Epochen und deren Ausläufer gegeben hat, möchten wir mit unserer Betrachtung der olmekischen Plastik erst bei den bedeutenderen Beispielen einsetzen, die allerdings in epochenübergreifenden Zusammenhängen standen.

Bezeichnend für die San-Lorenzo-Phase, die von 1200 bis 900 v. Chr. reichte und mit der darauffolgenden La-Venta-Phase viel gemeinsam hatte, war in künstlerischer Hinsicht eine Überfülle großer, meist rundplastischer Steinskulpturen und eine prachtvolle Keramik mit einer Reihe von Gefäßen, in die typisch olmekische Motive eingeritzt oder eingeschnitten sind, wie beispielsweise die besonders charakteristische Flügelkralle des Jaguars. Auch hohle Figurinen gehören dazu, mit sogenannten Kindergesichtern *(„baby face")*, die pausbäckige Kinder, manchmal mit einem Jaguarmaul, darstellen.

In dieser ersten Epoche standen die Monumentalfiguren

Abb. 11: San Lorenzo Tenochtitlán (Veracruz) – Kolossalkopf – Olmekische Kultur (1200–900 v. Chr.) – Basalt, Höhe 2,85 m – Jalapa, Museo de la Universidad e Veracruz.

jeweils für sich, während sie in der zweiten szenisch gruppiert wurden.

Diese Plastik war dreidimensional; in der Folgezeit jedoch herrschten, zum Beispiel auf Stelen und Altären, eher das Hoch- und das Flachrelief vor, selbst wenn die vollplastische Form daneben weiterbestand. Viele Charakteristika verschwanden, das rechtwinkelige Auge, die gekreuzten Bänder – vielleicht eine Hieroglyphe –, die Vogelschwinge oder Raubkatzenklaue, wie auch die Flügelkralle, die ebenfalls wie eine Hieroglyphe wirkt. Dafür traten nun die früher unbekannten Voluten und Spiralen auf. Manche Gesichter zeigten neue Züge, wie auf Stele 3 aus La Venta zu erkennen ist. Es gab zahllose schlangenförmige Gestalten und auch stereotype, wenig individuelle Gesichter, manche mit geschlossenen Augen, die vielleicht Tote verkörpern sollten – was bei den Kolossalköpfen nur ein einziges Mal vorkommt. Dennoch blieb die typische Physiognomie mit den Mandelaugen, der großen platten Nase über einem fleischigen Mund mit umrandeten Lippen gang und gäbe. Zwar sind bereits früher verschiedene Merkmale mit großer Sorgfalt herausgearbeitet worden, doch hat Beatriz de la Fuente die hervorragendste Analyse und Beschreibung durchgeführt.

Die Kolossalköpfe tragen noch zu dem außerordentlich hohen Niveau der olmekischen Plastik bei. Alle ähneln sich und sind doch so verschieden, daß keine Verwechslung möglich ist. Jeder besitzt eine Ausdruckskraft, wie sie in der Kunst der ganzen Welt selten und für die der Eingeborenen außergewöhnlich ist. Die riesenhaften Ausmaße und die stets ähnlichen Formen erhalten ihre Individualität durch die belebten, feinen Gesichtszüge. Doch sind sie deshalb nicht schon Porträts wirklicher Individuen, sondern vielmehr Idealgesichter. Höchstwahrscheinlich stellen sie keine Götter dar, denn nichts an ihnen läßt erkennen, um welche Gottheit es sich handeln könnte. Es sind eher Urbilder von Oberhäuptern, Kriegern, Helden. Beatriz de la Fuente hält sie, gewiß zu Recht, für allegorische Porträts, vielleicht einer herrschenden Dynastie, wie sie später bei den Maya vorkommen sollten. Sie geben das menschliche Gesicht unleugbar naturgetreu nach dem Schönheitskanon des Volkes wieder, das diese einzigartigen Monumente geschaffen hat. Und gerade darin besteht ihre Qualität. Zu welchem Zweck sie auch bestimmt waren, sie beweisen einen Entwicklungsstand und ein Schönheitsempfinden, wie sie für ein Volk am Anfang der mesoamerikanischen Kultur einmalig sind.

Ein Grundmerkmal dieser olmekischen Kolossalköpfe besteht in ihren symmetrischen Proportionen, die so exakt berechnet sind, daß man Unterschiede sogleich feststellen kann. Die Höhe der Köpfe variiert – bei einer Breite und Tiefe von je 3 m – zwischen 3,40 m und 1,47 m. Es sei darauf hingewiesen, daß sie nie einen Körper besessen haben. Als erstes olmekisches Stück wurde vor kurzem einer jener Köpfe veröffentlicht; man hatte ihn schon 1862 in Tres Zapotes entdeckt und 1868 in einer Zeitschrift der Öffentlichkeit vorgestellt, die noch im 19. Jahrhundert immer wieder nachgedruckt wurde; aber das war nur ein einziges Stück (J. M. Melgar y Serrano führte den Kopf im Jahre 1869 auf ein äthiopisches Vorbild zurück …).

Diese Köpfe mit ihrer geschlossenen Form sind die großartigsten Beispiele der olmekischen Kunst. Möglicherweise waren ihnen Holzskulpturen vorausgegangen, von denen uns jedoch wegen der leichten Vergänglichkeit des Materials nichts erhalten ist. Wir kennen fünfzehn Kolossalköpfe: acht in San Lorenzo, vier in La Venta und drei in Tres Zapotes und Umgebung.

Abb 12: Tempeltänzerinnen und Harfner beim Empfang der Fest-
prozession des Opet-Festes in Luksor. Reliefblock aus der „Roten
Kapelle" der Hatschepsut, Quarzit. Neues Reich, 18. Dynastie,
um 1460 v. Chr.

Jan Assmann
Ritus und Fest als kulturelles Gedächtnis

Ohne die Möglichkeit schriftlicher Speicherung hat das identitätssichernde Wissen der Gruppe keinen anderen Ort als das menschliche Gedächtnis. Drei Funktionen müssen erfüllt sein, um seine einheitsstiftenden und handlungsorientierenden – normativen und formativen – Impulse zur Geltung bringen zu können: Speicherung, Abrufung, Mitteilung, oder: poetische Form, rituelle Inszenierung und kollektive Partizipation. Daß poetische Formung vor allem den mnemotechnischen Zweck hat, identitätssicherndes Wissen in haltbare Form zu bringen, darf als bekannt gelten. Ebenso vertraut ist uns inzwischen die Tatsache, daß dieses Wissen in der Form einer multimedialen Inszenierung aufgeführt zu werden pflegt, die den sprachlichen Text unablösbar einbettet in Stimme, Körper, Mimik, Gestik, Tanz, Rhythmus und rituelle Handlung. Worauf es mir hier vor allem ankommt, ist der dritte Punkt: die Partizipationsform. Wie gewinnt die Gruppe Anteil am kulturellen Gedächtnis, dessen Pflege ja auch auf dieser Stufe bereits Sache einzelner Spezialisten (Barden, Schamanen, Griots) ist? Die Antwort lautet: durch Zusammenkunft und persönliche Anwesenheit. Anders als durch Dabeisein ist in schriftlosen Kulturen am kulturellen Gedächtnis kein Anteil zu gewinnen. Für solche Zusammenkünfte müssen Anlässe geschaffen werden: die Feste. Feste und Riten sorgen im Regelmaß ihrer Wiederkehr für die Vermittlung und Weitergabe des identitätssichernden Wissens und damit für die Reproduktion der kulturellen Identität. Rituelle Wiederholung sichert die Kohärenz der Gruppe in Raum und Zeit. Durch das Fest als primäre Organisationsform des kulturellen Gedächtnisses gliedert sich die Zeitform schriftloser Gesellschaften in Alltagszeit und Festzeit. In der Festzeit oder „Traumzeit" der großen Zusammenkünfte weitet sich der

Horizont ins Kosmische, in die Zeit der Schöpfung, der Ursprünge und großen Umschwünge, die die Welt in der Urzeit hervorgebracht haben. Die Riten und Mythen umschreiben den Sinn der Wirklichkeit. Ihre sorgfältige Beachtung, Bewahrung und Weitergabe hält – zugleich mit der Identität der Gruppe – die Welt in Gang.

Das kulturelle Gedächtnis erweitert oder ergänzt die Alltagswelt um die andere Dimension der Negationen und Potentialitäten und heilt auf diese Weise die Verkürzungen, die dem Dasein durch den Alltag widerfahren. Durch das kulturelle Gedächtnis gewinnt das menschliche Leben eine Zweidimensionalität oder Zweizeitigkeit, die sich durch alle Stadien der kulturellen Evolution erhält. In schriftlosen Gesellschaften prägt sich die kulturelle Zweizeitigkeit am klarsten aus: im Unterschied zwischen Alltag und Festtag, alltäglicher und zeremonieller Kommunikation. So hat die Antike die Funktion des Festes und der Musen als eine Heilung vom Alltag gedeutet. Platon beschreibt in den *Gesetzen,* wie die kindliche und jugendliche Bildung im späteren Leben wieder zugrunde geht, durch die Mühsal der Alltagsgeschäfte: „Aber da haben nun die Götter aus Mitleid mit dem mühegeplagten Menschengeschlecht uns Pausen zur Erholung von den Mühen eingesetzt. Dies ist die wechselnde Folge der religiösen Feste. Und dazu haben sie den Menschen die Musen und ihren Chorführer Apollon samt Dionysos noch als Festgäste gegeben, damit sie ihre alten angestammten Sitten wieder in Ordnung bringen."

Das Fest beleuchtet den im Alltag ausgeblendeten Hintergrund unseres Daseins, und die Götter selbst frischen die zur Selbstverständlichkeit abgesunkenen und vergessenen Ordnungen wieder auf. Diese Platon-Stelle macht aber auch klar, daß es nicht zwei Ordnungen gibt, die Ordnung des Festes und die Ordnung des Alltags, die Ordnung des Heiligen und die Ordnung des Profanen, die beziehungslos nebeneinanderstehen. Es gibt vielmehr ursprünglich nur eine einzige Ordnung, die als solche festlich und heilig ist und die orientierend in den Alltag hineinwirkt. Die ursprüngliche Funktion der Feste besteht darin, die Zeit überhaupt zu gliedern, nicht etwa eine der „Alltagszeit" entgegengesetzte andere, „Heilige Zeit" zu stiften. Indem die Feste den Zeitfluß strukturieren und rhythmisieren, stiften sie die allgemeine Zeitordnung, in der auch der Alltag erst seinen Platz bekommt. Bestes Beispiel dieser ursprünglichen Nichtunterscheidung von heiliger und profaner Ordnung ist die australische Vorstellung der Ahnengeister, deren Wanderungen und Tätigkeiten auf Erden die Modelle liefern für *alle* regelgebundenen menschlichen Tätigkeiten, vom Festritus bis zum Zubinden der Schuhe. Erst auf einer entwickelteren Kulturstufe, wenn sich die Alltagsroutinen zu einer Ordnung eigener Prägung ausdifferenziert haben, wird das Fest zum Ort einer spezifisch anderen Ordnung, Zeit und Erinnerung.

Wir haben gesehen, daß die Unterscheidung zwischen dem kommunikativen und dem kulturellen Gedächtnis zusammenhängt mit der zwischen Alltag und Fest, dem Profanen und dem Heiligen, dem Ephemären und dem Bleibend-Fundierenden, dem Partikularen und dem Allgemeinen, und daß diese Unterscheidung selbst eine Geschichte hat. Das kulturelle Gedächtnis ist ein Organ außeralltäglicher Erinnerung. Der Hauptunterschied gegenüber dem kommunikativen Gedächtnis ist seine Geformtheit und die Zeremonialität seiner Anlässe. Wir wollen nun nach solchen *Formen* kultureller Erinnerung fragen. Das kulturelle Gedächtnis heftet sich an Objektivationen, in denen der Sinn in feste Formen gebannt ist. Wir können uns die polare Struktur des Kollektivgedächtnisses am besten mit Hilfe der Metaphorik des Flüssigen und des Festen vor Augen führen. Das kulturelle Gedächtnis haftet am Festen. Es ist nicht so sehr ein Strom, der von außen das Einzelwesen durchdringt, als vielmehr eine Dingwelt, die der Mensch aus sich heraus setzt.

Es liegt nahe, in diese Polarität zwischen dem Flüssigen

und dem Festen, dem kommunikativen und dem kulturellen Gedächtnis auch den Unterschied zwischen Mündlichkeit und Schriftlichkeit einzustellen. Das wäre jedoch ein grobes Mißverständnis, das wir zunächst ausräumen wollen. Eine mündliche Überlieferung gliedert sich genau so nach kommunikativer und kultureller, alltäglicher und feierlicher Erinnerung wie die Erinnerung einer Schriftkultur. Die Methode der Oral History hat es in schriftlosen Kulturen schwerer, weil sie erst lernen muß, aus der mündlichen Überlieferung das auszusondern, was auf die Seite der kulturellen und nicht der alltagsbezogenen Erinnerung gehört. In Schriftkulturen ist das klarer sortiert, denn – das verkennen wir nicht – das kulturelle Gedächtnis hat eine Affinität zur Schriftlichkeit. In schriftlosen Kulturen haftet das kulturelle Gedächtnis nicht so einseitig an Texten. Hier gehören Tänze, Spiele, Riten, Masken, Bilder, Rhythmen, Melodien, Essen und Trinken, Räume und Plätze, Trachten, Tätowierungen, Schmuck, Waffen usw. in sehr viel intensiverer Weise zu den Formen feierlicher Selbstvergegenwärtigung und Selbstvergewisserung der Gruppe.

Dietrich Wildung

Das Opet-Fest in Altägypten

„Amun ist erschienen, in seiner Barke wie der Sonnengott Rê am Himmel. Das ganze Land insgesamt jubelt, wenn es seine Strahlen sieht in seiner Wasserbarke, gleichwie die des Rê in der Abendbarke.
Das ganze Land jubelt, bis man gelangt nach dem herrlichen Opet, seiner Stätte des Uranfangs. Er verleihe Leben und Wohlergehen seinem Sohn Haremhab, einem Sohn, der nützlich ist seinem Erzeuger, indem er seinen Vater Amun rudert ...“

Gott kommt auf Erden, Amun erscheint im Fest, Ägypten bricht in Jubel aus. Es ist ein außergewöhnlicher, seltener Anlaß, der dem Volk die Präsenz Gottes auf Erden vor Augen führt, eines der großen religiösen Feste des Landes, das Opet-Fest. Seinen Namen trägt es nach der Bezeichnung des Tempels von Luksor, der heute inmitten der modernen Stadt am Nilufer liegt, einst umgeben vom „hunderttorigen Theben" wie Homer die oberägyptische Hauptstadt des Pharaonenreiches charakterisierte. Im Altägyptischen bedeutet Opet „Frauenhaus, *Harim*", bezeichnet also einen Teil des königlichen Palastes oder des Hauses der Vornehmen. Im Tempelbereich ist Opet der Ort, an dem sich der Hauptgott des Tempels mit seiner göttlichen Gemahlin vereinigt, die Heilige Hochzeit feiert. […]

Einmal im Jahr, am 15. Tag des 2. Monats der Überschwemmung, also im September, nachdem die Nilflut ihren Höchststand erreicht und die Felder mit fruchtbarem Nilschlamm bedeckt hatte, wurde das Opet-Fest ausgerufen. Im Festkalender Tuthmosis' III., der um 1450 aufgeschrieben wurde, ist die Festdauer mit elf Tagen angegeben; 300 Jahre später, unter Ramses III., dauert das Opet-Fest bereits 24–27 Tage, fast einen ganzen Monat. Der Bedeutung des Opet-Festes trägt der Name des 2. Monats des altägyptischen Jahres Rechnung, pa-en-ipet – „der von Opet", der noch im Koptischen, der spätesten Stufe ägyptischer Sprache nach Christi Geburt, als „Paopi" weiterlebt und griechisch als „paophi" überliefert ist.

Das Festgeschehen ist u. a. in zwei ausführlichen Bildzyklen überliefert. Der ältere von beiden wurde im Auftrag der Königin Hatschepsut im Jahr 1462 v. Chr. auf den Innen- und Außenwänden einer aus braunrotem Quarzit errichteten Kapelle im Tempelbezirk von Karnak aufgezeichnet. […]

Die Vorbereitung zum eigentlichen Fest bilden Opfer im Tempel von Karnak, wo Amun, der König der Götter, im Allerheiligsten in einer Kultstatue auf Erden wohnt, umgeben von seiner Heiligen Familie, der Göttin Mut und dem göttlichen Sohn Chons. Der König bringt ihnen Opferspeisen und Räucherwerk dar, aber sie bleiben unsichtbar in den von weißen Tüchern verhangenen Kapellen ihrer Prozessionsbarken. Barken sind die Fahrzeuge, in denen ägyptische Götter auf Reisen gehen, denn der Nil ist die Hauptverkehrsader des Landes. Auf langen Tragstangen nehmen kahlköpfige Priester die Götterbarken auf und tragen sie, vom König begleitet, in feierlicher Prozession durch den Eingangspylon des Tempels, vor dem auf acht Flaggenmasten bunte Wimpel aufgezogen sind. Nur kurz ist der Weg bis zur Anlegestelle, wo die Götterbarken ins Wasser gesetzt werden. Aber trotzdem nimmt dieser Weg der Götterbarken vom Allerheiligsten bis zum Fluß Tage in Anspruch. Die Reliefs auf der „Roten Kapelle" der Hatschepsut schildern in großer Ausführlichkeit die zahlreichen Rituale, die wieder und wieder vollzogen werden, bevor die Götter bereit sind, ihr Haus zu verlassen und über Land zu reisen. Der König selbst – denn nur er ist legitimiert, mit den Göttern in unmittelbaren Kontakt zu treten – bringt Rauch-, Trank- und Speiseopfer dar, reinigt und bekleidet die Götterstatuen und betet vor ihnen. Hunderte von Rindern werden geopfert, mit denen anschließend das in die Tausende gehende Tempelpersonal versorgt werden wird.

Erst nach diesen tagelangen vorbereitenden Riten verlassen die Götterbarken das Heiligtum, schweben auf den Schultern der Priester hinaus und kommen zur Anlegestelle am Ende eines Kanals, der vom Nil direkt zum Tempel führt. Prächtig geschmückte königliche Schiffe liegen dort bereits vor Anker, um die Prozession zu begleiten. Am Ufer sind Einheiten des Militärs aufgezogen, Musikkapellen mit Trommeln, Trompeten und Kastagnetten haben ihr Spiel aufgenommen. Eine vielköpfige Mannschaft schickt sich an, vom Ufer aus mit dicken Tauen die mächtigen Götterbarken zu schleppen, die im Gegensatz zu den Königsschiffen keine Segel besitzen. Die Fahrt geht also flußaufwärts von Karnak nach Süden. Während die Bootsprozession ihren

Weg nimmt, herrscht, sie begleitend, am Ufer lebendigster Betrieb. Priesterinnen mit Sistren, Stockfechter mit Trommelbegleitung, die im Laufschritt eilende Schar der Zugmannschaft, in deren Mitte zwei Männer zu Boden gegangen sind und mit flehender Geste ihre Kameraden anflehen, sie nicht zu zertrampeln. Heereseinheiten in strenger Marschordnung halten den immer schneller werdenden Zug im Zaum und bringen ihn an seinem Zielort, nach einer Fahrt über eine Entfernung von etwa drei Kilometern, an der Anlegestelle des Luksor-Tempels zum Stehen. Priester begrüßen die Prozession am Fluß und stimmen ein hymnisches Lied an:

> „Du glänzest schön, Amun-Rê, wenn du in der Götterbarke bist. Die beiden Länder insgesamt preisen dich, das ganze Land ist in Feststimmung, denn dein ältester Sohn, der deinen Leib geöffnet hat, rudert dich nach Opet. Er hat deinen Tempel festlich gemacht, er verdoppelt dir dein Opfer, das an seiner richtigen Stelle bleibt, wie es früher gewesen ist.
> Freut euch, das Land ist im Fest, denn Amun läßt sich nieder in seinem Harim, um zu tun, was ihn befriedigt."

Das Ende dieses Preisliedes auf Amun-Rê läßt trotz seiner zurückhaltenden Formulierung keinen Zweifel am Sinn der Reise Amuns von Karnak nach Luksor in den Opet-Tempel, in seinen *Harim*. „Zu tun, was ihn befriedigt" ist die eindeutige Umschreibung der Heiligen Hochzeit. Doch noch hat der Festzug sein Ziel nicht erreicht. Priester nehmen die Götterbarken wiederum auf ihre Schultern und tragen sie zum Tempel von Luksor. In den Tempelküchen und Kellern, in den Schlachthöfen und Vorratskammern herrscht währenddessen noch hektische Aktivität. In kleinformatigen Bildern erzählen die Künstler der Luksor-Reliefs vom aufgeregten Getriebe. Rinder werden geschlachtet und zerlegt, Weinkrüge stehen in großer Zahl bereit, Brot,

Obst, Gemüse liegt bereits auf langen Reihen von Opfertischen; Hunderte von Dienern sind an der Arbeit.

Am Zielpunkt des Zuges, vor dem Tempeltor, steht eine Musikkapelle und begleitet mit Trommelwirbel und rasselnden Sistren den akrobatischen Tanz von zwölf jungen Tänzerinnen. Jenseits des Tempeltors aber herrscht plötzlich feierliche Ruhe. In den Reliefbildern steht unvermittelt neben der quirligen Vielfalt der Bilder mit dem nervösen Geschehen der letzten Festvorbereitungen in großflächigen, würdigen Reliefs ein gewaltiger Opfertisch vor den Götterbarken. Wo eben noch eine bunte Menge von Bediensteten die Räume, Höfe und Straßen füllte, herrscht nun völlige Stille. Kein Mensch mehr ist zu sehen, die Götter haben sich zurückgezogen. Im feierlichen Dunkel und in der Abgeschiedenheit der inneren Tempelräume vollzieht Amun die Heilige Hochzeit mit Mut, seiner göttlichen Gemahlin. Bilder und Texte geben keinen direkten Hinweis auf dieses heilige Geschehen, aber es fehlt nicht an indirekten Informationen, die das Wesen dieses Mysteriums enthüllen. Der Name des Luksor-Tempels, Opet „der *Harim*", bezeichnet schon hinreichend genau die Funktion dieses Tempels. Östlich des Sanktuars befindet sich ein Raum, dessen Reliefs und Inschriften von der übernatürlichen Abstammung, von der göttlichen Geburt des ägyptischen Königs berichten. Amun-Rê, der Götterkönig, beruft eine Götterversammlung ein und teilt ihr mit, daß er mit der irdischen Königin, deren Gemahl noch ein Kind sei und die also noch Jungfrau sei, ein Kind zeugen wolle, den künftigen Thronfolger. Amun-Rê naht sich der Königin:

„... nachdem er seine Gestalt zu der dieses ihres Gatten, des Königs von Ägypten gemacht hatte. Er fand sie, wie sie ruhte im Innersten ihres Palastes. Sie erwachte wegen des Gottesduftes, sie lachte seiner Majestät entgegen. Er ging sogleich zu ihr, er entbrannte in Liebe zu ihr; er gab sein Herz zu ihr hin, er ließ sie ihn sehen in seiner Gottesgestalt, nachdem er vor sie gekommen war, so daß sie jubelte beim Anblick seiner Vollkommenheit. Seine Liebe, sie ging in ihren Leib. Der Palast war überflutet mit Gottesduft, und alle seine Wohlgerüche waren solche aus Punt."

Die Königin, die das eheliche Lager mit dem König der Götter teilt, spricht zu ihm:

„Du hast meine Majestät mit deinem Glanz umfangen, dein Duft ist in allen meinen Gliedern".

Und der Chronist fügt hinzu:

„... nachdem die Majestät dieses Gottes alles, was er wollte, mit ihr getan hatte."

Die Zeugung des Thronfolgers durch einen göttlichen Vater ist eine alte dogmatische Grundlage des ägyptischen Königtums. Schon im Alten Reich, um 2400 v. Chr., werden die ersten Könige der 5. Dynastie nach Aussage eines literarischen Textes, des Papyrus „Westcar", vom Sonnengott Rê mit einer Priesterin des Rê gezeugt. Der Text wurde zwar erst 800 Jahre später niedergeschrieben, aber zahlreiche Anspielungen auf diese göttliche Herkunft Pharaos lassen keinen Zweifel daran, daß der Königstitel Sa-Rê – „Sohn des Rê" – recht wörtlich aufgefaßt werden konnte. Letztlich aber ist diese Geburtslegende Pharaos nicht ein Legitimationsversuch, sondern eine Glaubensaussage, die Menschwerdung Gottes, die auf menschliches Maß gebrachte Heilige Hochzeit, die sich ursprünglich nur unter göttlichen Partnern ereignen konnte. Im Luksor-Tempel gehen beide Versionen eine enge Verbindung ein. Im Opet-Fest sind Amun und Mut das göttliche Elternpaar des Götterkindes Chons; in den Szenen der Geburtshalle geht aus der ehelichen Verbindung eines göttlichen Vaters und einer jungfräulichen irdischen Mutter, der Königin, der Thronfolger hervor. In seltsamer, bedeutungsvoller Vermischung beider Vorstellungskreise werden der Göttin Mut in den hieroglyphischen Beischriften zu den Reliefs des Opet-Festes in der Kolonnade in Luksor folgende an den König gerichteten Worte in den Mund gelegt:

„Mein leiblicher geliebter Sohn, Herr der beiden Länder, ich bin deine Mutter, die deine Vollkommenheit geschaffen hat. Ich habe dich aufgezogen, als du noch ein Kind warst. Ich setze die Furcht vor dir in die Fremdländer, die Achtung vor dir in die Wüstenbewohner Nubiens als Belohnung für dieses schöne Denkmal, das du mir gemacht hast. Du hast mir gezimmert eine neue Prozessionsbarke, geschmückt mit allen kostbaren Steinen, wie ein Sohn tut mit liebendem Herzen für seine Mutter."

Amun und Mut sind im Opet-Fest die göttlichen Eltern des irdischen Königs geworden und haben damit selbst einen menschlichen Zug angenommen. Opet, der Luksor-Tempel, ist der Ort, wo Gott auf Erden gekommen ist, um im König Mensch zu werden. Dieses Mysterium bleibt nicht in den Tempel eingeschlossen und auf den König beschränkt, sondern dringt ins Bewußtsein der Gläubigen. Auf der Außenwand der Geburtshalle im Luksor-Tempel haben Tempelbesucher, Wallfahrer flüchtig gezeichnete Votivbilder angebracht, die keinen Zweifel daran lassen, worin man das heilige Geschehen im Dunkeln des Tempels sah: Zahlreiche Ritzzeichnungen und kleine Reliefs zeigen Amun als Fruchtbarkeitsgott mit erigiertem Phallus. Über das eigentliche Festgeschehen im Tempel berichten die Bilder und Texte aber nur wenig. Aus einer Bemerkung im großen Feldzugsbericht des Königs Pi-je ergibt sich, daß die Prozession nachmittags stattfand, so daß die Heilige Hochzeit im Dunkel der Nacht vollzogen wurde. Der Aufenthalt Amuns in seinem *Harim* zog sich über mindestens zehn Tage hin, und ohne Zweifel wohnte der König diesem Fest persönlich bei. Würdenträger aus allen Teilen des Landes waren eingeladen, und sicherlich wurde der Anlaß genutzt, um politische Gespräche zu führen und Dienstbesprechungen mit den Provinzbehörden abzuhalten.

Die Anwesenheit der politischen Prominenz, hoher Militärs, machte dieses große Fest zu einem geeigneten Anlaß politischer Proklamationen, zur Selbstdarstellung des Königs. [...]

> „Der Himmel jubelt, das Land ist im Fest, die beiden Ufer sind in Jauchzen und Jubel, wenn sie sehen die Göttin Mut, die Erste unter den Göttern. Die Götter preisen sie, alle Menschen verehren sie, wenn sie im Gefolge des Herrn der Götter ist an seinem schönen Feste von Opet."

Die Reliefbilder zeigen in einer für die ägyptische Kunst ungewöhnlichen Lebendigkeit die bewegten Volksmassen, sie lassen in der Abbildung der zahlreichen Musikantengruppen sogar den akustischen Hintergrund ahnen, der im Text mit „Jauchzen und Jubel" beschrieben wird. Wenn sich hier fast zwangsläufig ein Vergleich mit Festen unserer Tage, mit Volksfeststimmung aufdrängt, dann wird das bestätigt durch all die Randerscheinungen des Festes, die sich den Bildern in Luksor entnehmen lassen. Die zahlreichen Festteilnehmer wollen nicht nur versorgt sein – nein: Essen und Trinken sind ein fester Teil des religiösen Festes, und das gleiche gilt für Musik und Tanz. Festmahl und ein kultischer Tanz, an dem sich der König beteiligt, sind die Form des intensiven Kontakts zu Gott. Im Mahl vollzieht sich die Gemeinschaft von Mensch und Gott, die *Communio,* im Rausch wird die Grenze des Irdischen durchbrochen, im ekstatischen Tanz tritt der Mensch aus sich heraus und erlebt die Vision des Göttlichen. Den detailreich und bewegt gestalteten Reliefbildern gelingt es, die Realität des Festverlaufs über mehr als 3300 Jahre authentisch zu überliefern und den modernen Betrachter mit hineinzunehmen in das Erlebnis der Gottesnähe.

Die Rückkehr der Barkenprozession von Luksor nach Karnak ist auf der Ostwand der Kolonnade des Luksor-Tempels in der gleichen Ausführlichkeit geschildert wie der Festzug von Karnak nach Luksor auf der Westwand. Die Beteiligung des Volkes ist nicht weniger lebhaft als Wochen zuvor beim Festbeginn, denn es wird ein Jahr dauern, bis sich Amun, Mut und Chons, die Heilige Familie, wieder im Fest zeigen werden. Der König persönlich geleitet die Götterbarken zurück nach Karnak. Er nutzt die Gelegenheit zur Demonstration seiner Macht und läßt am Ufer Gruppen von Nubiern, Libyern und Asiaten neben der Prozession herlaufen und sie ausrufen:

> „Der König rudert seinen Erzeuger, der ihm das Königtum überweist als Schicksal und die Lebenszeit des Rê im Himmel. Er wird belohnt mit Stärke und Sieg über jedes Fremdland, das ihn angreift. Möge Amun dem König den Sieg geben. Denn Amun, der Gott, ist es, der ihn gibt.“

Der König und mit ihm die ganze Welt haben im Opet-Fest von neuem die göttliche Gnade erfahren, gehen gestärkt in ein neues Jahr, der göttlichen Hilfe sicher. Das Jubellied des Volkes spricht dies aus:

> „Wie jung ist der gute Herrscher, wenn er vor Amun ist, um ihn nach Karnak zu rudern an seinem alljährlichen Feste, wenn er für Amun tut, womit dieser zufrieden ist im heiligen Opet. Amun hat sein großes Opfer angenommen und hat ihm gegeben die Lebenszeit des Rê und die Jahre des Atum. Er beschenkt ihn mit Hunderttausenden von Jahren und Millionen von Jubiläen.“

Der Festzug ist nach Karnak zurückgekehrt. Die Barken legen am Tempelkai an, Tempelmusikanten begrüßen die Barken bei ihrer Heimkehr. Wieder sind die Fahnen aufgezogen, der Tempel ist festlich geschmückt, denn es werden noch festliche Tage mit Opfern, Tänzen und Gesängen vergehen, bevor die Götterbilder an ihren Platz im Allerheiligsten zurückgekehrt sind. Auf das abschließende Opfer des Königs antwortet Amun in der Textbeischrift der Schlußszene der Luksor-Reliefs dem König:

> „Mein leiblicher geliebter Sohn, Herr der beiden Länder! Ich bin froh wegen dessen, was du für mich getan hast. Ich habe dein großes Opfer angenommen. Ich gebe, daß dein Denkmal dauernd ist wie der Himmel und deine Lebenszeit wie die der Sonnenscheibe an ihm als Belohnung für dieses feste, treffliche, reine Denkmal, das du gemacht hast dem Amun, dem Herrn von Karnak, Herr des Himmels."

Ludwig Pauli

Das große Fest

Während die [...] Bräuche nur indirekt über die Überreste der Opferhandlungen oder die aufgefundenen Objekte der Weihung selbst erschlossen werden können, bietet eine besondere Denkmälergattung des 6. und 5. Jahrhunderts v. Chr. Einblick in vielfältige Zeremonien, deren Kombination auf ein großes Fest weist. Große Eimer aus Bronzeblech – sogenannte „Situlen" nach dem lateinischen Wort dafür –, nur selten andere Gegenstände, zeigen in Treibtechnik Szenen einer festlichen Männerwelt, in der Frauen nur als Dienerinnen Platz haben. Zu dem Fest gehörten feierliche Umzüge von Kriegern oder Männern in langen Gewändern, Pferderennen, Wettfahrten der Gespanne mit zweirädrigen Wagen und Wettkämpfe im Boxen, wobei die Männer Handschützer (?) tragen und der Kampfpreis (ein Helm oder ein Bronzegefäß) zwischen ihnen dargestellt ist. Schiedsrichter achten auf die Einhaltung der Regeln. Auf einer Situla aus Bologna findet sich ein langer Zug von Männern und Frauen, die zum Opfer schreiten. Sie führen ein Rind und ein Schaf mit sich, tragen Eimer und sonstige Gefäße in der Hand oder auf dem Kopf und bringen auch einige andere Gegenstände mit, die zum Opfer nötig sind: Bratspieße, eine Truhe, gebündeltes Holz. Eine wichtige Rolle spielte bei diesen Festen das Trinken. Aus großen Kesseln schöpften Diener mit gehenkelten Kellen das Getränk und reichten es statuarisch auf Sesseln sitzenden Männern, aber auch Musikanten, die auf der Panflöte oder der Harfe spielten. Wir wissen nicht, welcher Personenkreis an diesem Fest teilnehmen durfte, aber eines scheint doch sicher zu sein: dargestellt ist nicht ein beliebiges Gelage eines Fürsten im Kreise seiner wohlhabenden Nachbarn und Günstlinge, sondern ein Fest, das als Gemeinschaftshandlung offiziellen Charakter trug und vielleicht noch einen religiösen Hintergrund besaß. Anders wäre es nicht zu erklären, daß unter dem doch recht beschränkten Motivschatz sechsmal auch die geschlechtliche Vereinigung von Mann und Frau auftaucht, liebevoll und detailreich geschildert. Ihre Einbindung in den Rahmen der Festszenen läßt daran denken, daß vielleicht eine Art Fruchtbarkeitskult an der Ausgestaltung der Zeremonien Anteil hatte. In diesen Zusammenhang könnten mehrere Darstellungen von pflügenden Bauern und Jägern passen, weil man diese Tätigkeiten – und es sind die einzigen „alltäglichen" innerhalb des Bildprogramms – ebenfalls als notwendig für die Sicherung der Existenz einer Gemeinschaft klassifizieren könnte. […]

Gegen 400 v. Chr. sind die letzten Werke dieser Kunst geschaffen worden. Sie geben zwar die alten Motive wieder, fallen jedoch in Stil und künstlerischem Vermögen gegen die früheren Meisterwerke ab. Die Zeit der Feste war vorbei, die Unruhen der Keltenwanderungen setzten auch im zunächst nicht direkt betroffenen ostalpinen und venetischen Raum der heilen Welt und den sinnenfrohen Festen

Abb. 13: Die wichtigsten Themen des „Großen Festes" sind auf de[
zeigt Umzüge von Reitern und Wagen, Wettkämpfe, Trinkszenen m
Tierfries, ganz links ein Raubtier, das ein menschliches Bein verschling

ein Ende. Nichts verdeutlicht dies mehr als die Schwert-
scheide von Hallstatt Grab 944, geschaffen am Nordrand
der Alpen im späten 5. Jahrhundert v. Chr. von einem
Künstler, der mit der Situlenkunst vertraut war. Aus dem
festlichen Umzug der Krieger ist bitterer Ernst geworden:
Einer der Reiter tötet mit der Lanze einen schon niederge-
stürzten Gegner, und zwei Männer wälzen sich ringend am
Boden, ganz anders als jene Boxer, die nach strengen Regeln
und in gravitätischer Haltung um einen kostbaren Sieges-
preis kämpften.

ronzeeimer von Vace (Slowenien) dargestellt. Die Abrollung der Wandung
usik auf der Panflöte, dazu nach mittelmeerischer Tradition einen
Jahrhundert v. Chr. – Höhe 23,8 cm – Ljubljana, Narodni muzej.

Roman Ghirshman

Das Neujahrsfest in Persepolis

Am Neujahrstag schritten die hohen Würdenträger, der persische und medische Adel, die breite Treppe empor, die zu
der Terrasse hinaufführte, vorbei an den Wächtertieren,
menschen- oder tierköpfigen Flügelstieren, die das große
Tor des Xerxes bewachten. Diese ehrfurchtgebietenden Wesen, Nachfahren der assyrischen Ungetüme, waren hier

161

nicht mehr wie in Assyrien dazu bestimmt, „die Aufständischen zu vernichten" oder „die Untertanen des Königs in ständiger Furcht zu halten, um sein Herz zu erfreuen". Sie waren Symbole der Macht und Herrlichkeit des Reiches.

Nach Durchquerung der „Propyläen" des Xerxes schritten die Würdenträger durch den Vorhof, auf den sich das Apadana, eine getreue Nachbildung des Apadana von Susa, öffnete.

An zwei Stellen des Bauwerks ließ Dareios je einen steinernen Kasten in die Fundamente ein. Jeder von ihnen enthielt neben verschiedenen Münzen zwei Tafeln – eine aus Gold und eine aus Silber – mit Gründungsinschriften. Der in drei Sprachen – auf altpersisch, elamisch und babylonisch – eingravierte Text lautet: „Dareios, der Großkönig, König der Könige, König der Länder, Sohn des Hystaspes, der Achämenide. Der König Dareios sagt: ‚Dies ist das Reich, das ich besitze, vom Land der Saken, jenseits der Sogdiana, bis nach Kusch, von Indien bis nach Sardes. Dies hat Ahuramazda mir überantwortet, er, der der höchste ist unter den Göttern. Ahuramazda möge mich und mein Haus beschützen.'"

Auf der Nord- und Ostseite führen zwei große Treppen in das Innere. Der Reliefschmuck der Treppen gliedert sich in drei Teile. An der Fassade des Treppenbaus befindet sich in der Mitte, umrahmt von acht Wächtern, eine Königsinschrift. Links und rechts davon, in den Zwickeln, wird der Sieg der guten über die bösen Mächte symbolisch durch je einen Löwen dargestellt, der einen Stier anfällt. Auf der Außenseite der Treppenrampe deuten Bäume die Landschaft an, durch die der Zug hindurchführt. An der Innenseite der Rampe bildet die Persergarde auf den Stufen ein doppeltes Spalier, durch das der König und seine Großen hindurchschreiten. Schließlich sehen wir auf der Wand im Hintergrund, die den Sockel des Apadana selbst bildet, die Prozession der dreiundzwanzig untergebenen Nationen und des medischen und persischen Hofstaats, der von Pferden, Königswagen und der Susianergarde eskortiert ist.

Dieser Reliefschmuck kündigte den Gästen das Schauspiel an, das sie erwartete. Denn es stiegen keineswegs alle auf die Terrasse hinauf. Die Reliefs wandten sich also an den Zuschauer, und deshalb kann man ihnen eine gewisse erzählerische Bedeutung nicht absprechen, wie groß auch ihr dekorativer Wert sein mag.

König und Gefolge sahen der Parade von der „Königsloge" aus zu, die vor der westlichen Vorhalle des Säulensaals einen Vorsprung der Terrasse bildete. Die Baudenkmäler, die Dareios der Nachwelt überliefert hat, wirken auch auf uns noch wie eine Einladung zur Teilnahme an dem Schauspiel. Die Leute von Susa bringen Waffen und Löwen, die Armenier Gefäße aus Edelmetall und Pferde. Die Geschenke der Babylonier bestehen aus Schalen, bestickten Stoffen und Buckelrindern, die der Lyder aus Erzeugnissen ihrer berühmten Goldschmiedewerkstätten und ebenfalls aus Pferden. Die Sogdier führen Schafe und Stoffe mit sich, die Kappadokier beziehungsweise Phryger Pferde und bestickte Gewänder, die *Saka tigrachauda,* das sind die „Saken mit den Spitzkappen", wiederum Pferde, Schmuck und Gewänder. Die Inder schließlich kommen mit Waffen und Maultieren. Bei den Bäumen, die die einzelnen Abordnungen voneinander trennen, und den Bäumen an der Außenseite der Treppenrampe handelt es sich um eine Art Kiefer *(Pinus prutia).* Es sind dies Bäume derselben Gattung, die Dareios auf einem breiten Vorplatz am Fuß der Terrasse hatte anpflanzen lassen. Nach der Form der Zweige zu schließen, scheinen sie zehn bis fünfzehn Jahre alt zu sein. Alle Reliefs waren bemalt. In der Farbskala sind verschiedene Arten Blau, dann Rot, Mandelgrün, Gelb und Purpurrot vertreten.

Nach dem Vorbeimarsch begaben sich der König und seine Granden zum Tripylon, einem kleinen Torbau mit drei Durchgängen, das die gleiche Funktion erfüllt haben muß wie das Monumentaltor des Xerxes. Über eine breite Treppe gelangte der König dann in den kleinen Viersäulensaal, den er auf dem Weg zum Palast des Dareios durchschritt. Ihn begleiteten Diener mit Sonnenschirm und Fliegenwedel, so wie Darstellungen an der Nord- und Südtür es zeigen. Von seinem Gefolge hielten sich die persischen Adeligen an der einen, die medischen an der andern Seite der Brüstung. Bemerkenswert ist, wie der Künstler das seit Jahrhunderten im Orient herrschende Gesetz der Isokephalie beachtet, wenn er einen Zwerg und einen Riesen auf die gleiche Treppenstufe stellt. Ihre Köpfe mußten dabei mit denen der nachfolgenden oder voranschreitenden Personen in einer Linie bleiben. Ein griechischer Künstler hätte sich um größere Naturtreue bemüht.

Das Festmahl wurde im Dareiospalast aufgetragen. An den Treppen ziehen sich Reliefs mit Dienern hin, die die Stufen hinansteigen und dabei Speisen und Schlachttiere heranbringen. Die persischen Gardisten und die Diener, die auf den Stufen der kleinen Südtreppe des Tripylon stehen, deuten das Ziel an, das der Zug anstrebte, während er sich auf den Palast zubewegte.

Möglicherweise ist der Palast des Dareios, als er zu klein geworden war, unter Xerxes durch einen größeren Bau ersetzt worden. Jedenfalls weist der Treppendekor des Gebäudes, das wir im Auge haben, darauf hin, daß es eine ähnliche Bestimmung gehabt haben muß. Auf keinen Fall waren die beiden Paläste Privatresidenzen, sondern der König empfing hier seine Gäste und veranstaltete offizielle Bankette.

Nach Beendigung des Mahls kehrten der König und seine Gäste wieder zum Tripylon zurück, diesmal aber durchschritten sie das Osttor. Weiterhin deutet der Reliefschmuck an, wozu das Gebäude bestimmt war. Wir sehen Dareios auf seinem Thron, der von den achtundzwanzig „Nationen" getragen wird. Hinter ihm steht Xerxes, der Kronprinz. Über den Thron spannt sich ein reichverzierter Baldachin, und darüber schwebt der große Gott Ahuramazda. Die in der Darstellung liegende Herrschersymbolik erhellt das Verhältnis des Königs zu seinen unterworfenen Völkern.

Immer wieder zählt Dareios diese Völker in seinen Inschriften auf, so etwa an der Südfassade der Terrasse von
Persepolis, auf den goldenen und silbernen Gründungs-
tafeln des Apadana von Persepolis und auf seinem Grab in
Naqsch-i-Rustam, wobei er in jede Inschrift die dem Reich
neueinverleibten Länder aufnimmt.

Immer noch mit dem König an der Spitze gelangte der
Zug durch die Südtore in den Hundertsäulensaal, den
„Thronsaal". An den Toren finden wir das gleiche ikonogra-
phische Thema wie am Osttor des Tripylon. Nur handelt es
sich hier nicht um Dareios, sondern um dessen Enkel Ar-
taxerxes I., der mehr als ein Vierteljahrhundert nach dem
Tode seines Großvaters diesen Bau, den prächtigsten auf der
Terrasse, vollendete. Es ist der Ort, wo der Großkönig die
Abgesandten der „Länder" empfing, die ihm ihre Ge-
schenke darboten.

Schon geraume Zeit, bevor der König im Thronsaal ankam und auf dem Throne Platz nahm, brachen die Anführer
der Abordnungen auf und begaben sich in den Thronsaal.
Sie waren umgeben von Gefolgsleuten, die die kostbarsten
Gaben trugen. Zu beiden Seiten von den „Unsterblichen"
eingerahmt, stiegen sie die große Treppe zur Terrasse empor
und durchschritten die Propyläen des Xerxes, denen eine
Inschrift die Bezeichnung „Tor aller Länder" gibt. Hinter
dem Osttor ordneten sie sich zu einer langen Prozession,
die sich längs der nördlichen Umfassungsmauer des Apadana hinzog. Nachdem sie ein weiteres – unvollendet geblie-
benes – Monumentaltor passiert hatten, gelangten sie
schließlich auf einen großen Platz, der sich bis zum nördlichen Portikus des Thronsaals erstreckte. Dort warteten die
Gesandtschaften auf Einlaß, möglicherweise in Gegenwart
der obersten Heerführer, die sich im Säulensaal, einem der
Besatzung der Residenz gehörenden Gebäude, versammelt
hatten.

Nacheinander traten die Führer der Abordnungen dann
in den Thronsaal ein und legten die Geschenke zu Füßen

des Thrones nieder. Dabei konnten sie die gigantischen Reliefs am Ost- und Westtor betrachten und ihre inhaltsschwere Symbolik auf sich wirken lassen. Der „königliche Held", der ein Raubtier oder auch ein Mischwesen zu Boden streckt, verkörpert die Kraft, mit der das Reich feindlichen Kräften vernichtend entgegenzutreten verstand. Nachdem sie ihre Sendung erfüllt hatten, zogen sich die Abordnungen in langer Prozession auf dem gleichen Weg zurück und verließen durch das Monumentaltor des Xerxes die Terrasse.

Die Reliefs an den Nordtoren des Thronsaals schildern die letzte Phase der Neujahrszeremonien in Persepolis. Das Thema des thronenden Königs ist in aller Breite dargestellt. Angesichts zweier Feueraltäre, die ihn von dem Zeremonienmeister und seinem Gehilfen trennen, sieht der Herrscher der Überreichung der Gaben aus den Reichsprovinzen entgegen. Er ist umgeben von Dienern mit Fliegenwedeln und Prunkwaffen, außerdem von seiner Garde, die auf den unteren fünf Reliefstreifen dargestellt ist. Die Wertgegenstände, die der Herrscher entgegennahm, wurden in das Schatzhaus gebracht.

Claude-François Baudez/Pierre Becquelin

Ballspiele auf Leben und Tod

Die Städte weisen in ihrem Kern ein oder mehrere Hauptviertel auf, die oft als Stadtburgen gestaltet sind und von Tempeln auf hohen Stufenpyramiden mit frontaler Treppe überragt werden. Die wenigen und engen Tempelräume waren nicht für einen öffentlichen Kult bestimmt, sondern den Priestern vorbehalten. Die Paläste stehen auf niedrigeren Unterbauten und sind entweder den Tempeln angegliedert oder zu einzelnen Gruppen zusammengefaßt. Sie haben viele Räume und umschließen häufig kleine Höfe. Manche bestehen aus mehreren Stockwerken, meistens zwei oder drei. Die Räume unterscheiden sich stark nach Größe, Zahl und Anordnung und lassen daher auf eine Vielzahl von Funktionen schließen. Paläste, in denen sich Bänke befinden – die vielleicht als Betten verwendet wurden – sowie Vorrichtungen an den Türöffnungen für Vorhänge und Nischen in den Wänden, dienten gewiß als Wohnsitz für die Führungsschicht. Andere sind nach außen hin offener gestaltet, haben zuweilen eine Bank gegenüber dem Haupteingang – oder sogar einen richtigen Thron, wie in Piedras Negras – und waren vielleicht Verwaltungsgebäude. In manchen Palästen befinden sich sehr dunkle Innenräume, die vielleicht als Speicher benutzt wurden.

Ein oder mehrere Ballspielplätze vervollständigen den städtischen Gesamtkomplex. Obwohl spanische Chronisten das Spiel in der Aztekenzeit beschrieben haben und es in manchen Formen noch im heutigen Mexiko existiert, wissen wir nicht genau, wie es die Vornehmen der Maya in der klassischen Periode spielten. Manche Skulpturen und Tonfigürchen geben Aufschluß über die Positionen der Spieler und ihre Ausrüstung. Sie trugen einen dicken Gürtel um die Taille, mit dem allein sie den Ball berühren durften – also weder mit den Füßen noch mit den Händen –, einen schützenden Lendenschurz und Knieschoner. Zwei Mannschaften begegneten sich in der Allee, während die Endzonen zu beiden Seiten vermutlich für die Abseitsstellung bestimmt waren. Man kann einige Ritualfunktionen des Ballspiels erraten, das beispielsweise die Bewegung der Gestirne und die Konfrontation von Gottheiten simulierte; mehr aber weiß man nicht. [...]

In Chichén Itzá gibt es neun Ballspielplätze, und der größte mit einer Länge von 168 m ist zugleich der größte in ganz Mesoamerika. Auch da hatten sich die Maya-Tolteken an Tula orientiert und ihre Plätze in Form eines doppelten T angelegt. Sie bestehen aus einem länglichen Spielplatz und zwei Endzonen und werden seitlich von aufragenden Mauerkonstruktionen begrenzt, an denen eine gemauerte Bank mit abgeschrägter Blendsteinverkleidung verläuft. Über große Treppen an der Außenfassade gelangte man zum oberen Absatz der Anlagen. An beiden Enden des Spielfelds erhob sich eine Plattform mit je einem Tempel. Wie in Zentralmexiko und besonders bei den Azteken galt es, den Ball durch einen der beiden Ringe zu werfen, die auf halber Höhe des Platzes oben an den Mauerkonstruktionen angebracht waren. In die Verblendung der Bänke hatte man zwei Mannschaften zu je sieben Spielern im Flachrelief eingemeißelt und dann bemalt; sie befinden sich einander gegenüber zu beiden Seiten des Balls, über dem ein Schädel abgebildet ist. Der Führer der linken Mannschaft hat soeben einen der Spieler der Gegenpartei enthauptet und hält ein Messer und den abgetrennten Kopf in der Hand; aus dem Hals seines vor ihm knienden Opfers schießt ein Baum mit Blumen, Früchten und sechs Schlangen empor. Die Spieler haben einen bügeleisenförmigen Gegenstand mit einem Tierkopf an der Spitze in ihrer Hand; um die Taille tragen sie einen dicken Gürtel, von dem ein anderer Gegenstand *(palma?)* mit einem Menschenschädel oder einem Schlangen- oder Affenkopf herabhängt.

Man hat in den beiden Mannschaften Vertreter zweier verschiedener Völkerstämme vermutet, da sie unterschiedlich gekleidet sind: Die rechten Spieler zum Beispiel haben keinen Federbusch am Rücken, und viele tragen die Quetzalcoatl-Muschel an einer Halskette, während große Voluten aus ihrem Mund kommen. In Wirklichkeit handelt es sich bei allen um Maya-Tolteken, und die Enthauptungsszene läßt erkennen, daß, wie das *Popol Vuh* berichtet, der Sieger den Besiegten opferte.

Enthauptung war nicht die einzige Methode, Menschen zu opfern. Seit den Berichten von Diego de Landa weiß man – und die Unterwasserarchäologie hat das eindeutig bestätigt –, daß Opfer aller Art, auch Menschen, in den großen *cenote,* den sogenannten Opferbrunnen, geworfen wurden. In Sensationsschriften wird gern herausgestellt, welche Qualen eine angeblich beeindruckende Zahl von Jungfrauen in Chichén Itzá erleiden mußte. Die Untersuchung von Menschenknochen aus dem *cenote* – neben Tausenden von Gegenständen aus Metall, Holz, Keramik, Jade, Baumwolle, zu denen man viele Kopal- und Kautschukstücke zählen muß, die als Weihrauch verbrannt wurden – hat ergeben, daß die Opfer in Wirklichkeit aus allen Altersstufen kamen und beiderlei Geschlechts waren. Auf mehreren Scheiben aus getriebenem Gold sind Opferszenen bis ins Detail geschildert, bei denen das Herz herausgeschnitten wurde, eine dritte Tötungsmethode der Maya-Tolteken; man fand solche Scheiben in einem *cenote* zusammen mit einem Opfermesser, dessen Heft erhalten ist. Mehrere Jahrhunderte vor den Azteken war in Chichén Itzá der *tzompantli* üblich, wie das Gebäude, das diesen Namen trägt, belegt. Er bezeichnet einen Ständer mit Schädeln, eine Art Zaun, auf dem die Azteken die Schädel ihrer Opfer zur Schau stellten.

Um die Plattform in Chichén Itzá verläuft ein Fries mit drei Reihen von Schädeln, die auf Pfähle gespießt sind. Die Reliefs am Tempel, der den großen Ballspielplatz im Norden begrenzt, zeigen Gestalten, wie sie abgeschlagene Köpfe präparieren (vernichten?); andere vollziehen die rituelle Selbstverwundung, indem sie ihren Penis verstümmeln.

Abb. 14: Tutenchamun, 18. Dynastie, 1350 v. Chr., Goldmaske aus dem Grabschatz, – Kairo, Ägyptisches Museum.

Leonard Woolley

Die Königsgräber von Ur

Nicht lange nach unserer Enttäuschung mit dem ausgeraub-
ten Steingrab fanden wir während der Kampagne 1927/28 in
einem anderen Abschnitt in einem flach abfallenden Graben
nebeneinander fünf Leichen. Von den Kupferdolchen an
ihren Gürteln und einem oder zwei kleinen Tonbechern abgesehen, hatten sie nichts von der üblichen Grabausrüstung,
und nur die Tatsache fiel auf, daß sie in solcher Zahl beieinander lagen. Dann erschien unter ihnen eine Lage Matten.
Wir folgten ihr und stießen auf eine weitere Gruppe von
Leichen. Es handelte sich um zehn Frauen, die genau in
zwei Reihen lagen. Sie hatten einen Kopfschmuck aus Gold,
Lapislazuli und Karneol und trugen feingearbeitete Halsketten aus Perlen; auch sie aber besaßen nicht die reguläre
Grabausstattung. Am Ende der Reihe fanden sich die Überbleibsel einer wunderbaren Harfe, deren Holzteile zwar
zerfallen, deren Verzierungen aber erhalten geblieben waren, was bei sorgfältiger Arbeit eine Rekonstruktion ermöglichte. Das hölzerne Querjoch hatte einen goldenen Über-
zug, und in ihm saßen Nägel mit Goldköpfen, die einst die
Saiten gehalten hatten. Der Schallkasten zeigte einen Mosa-
ikrand aus rotem Stein, Lapislazuli und weißer Muschel
und, an der Vorderseite vorspringend, einen wundervollen,
goldgetriebenen Stierkopf mit Augen und Bart aus Lapislazuli. Quer über den Resten des Instrumentes lagen die Gebeine des Harfenisten, dessen Haupt einst ein Goldschmuck
geziert hatte.

Nachdem wir die Erdwände des Schachtes mit den Frau-
enleichen wiedergefunden hatten, erkannten wir, daß die
Körper der fünf Männer sich auf der zum Schacht hinunter-
führenden Rampe befanden. Als wir dem Schacht nachgin-
gen, trafen wir weitere Knochen an. Sie gaben uns zunächst
Rätsel auf, da sie nicht von Menschen zu stammen schienen,

ließen sich aber bald erklären. Nur wenig vom Eingang entfernt stand nämlich im Schacht ein schlittenartiger Wagen, dessen Gestellränder mit rotem, weißem und blauem Mosaik geschmückt waren und dessen Seitenbekleidung goldene Löwenköpfe mit Mähnen aus Lapislazuli und Muschel zeigte. Längs des oberen Querbretts befanden sich Löwen- und Stierköpfe aus Gold, und silberne Köpfe von Löwinnen schmückten die Vorderseite. Die Lage des nicht mehr erhaltenen Schwengels wurde durch ein Band aus blauer und weißer Einlegearbeit sowie durch zwei kleinere Silberköpfe von Löwinnen angezeigt. Vor dem Wagen lagen die zusammengedrückten Skelette zweier Rinder, an ihren Köpfen die Leichen der Stallknechte. Vorn an den Knochen der Tiere befand sich der einst auf der Deichsel befestigte Doppelring zur Zügelführung; er bestand aus Silber und hatte als Aufsatz das „Maskottchen" eines sehr schön und naturecht nachgebildeten Esels in Gold.

Nahe beim Wagen befanden sich ein eingelegtes Spielbrett und eine Sammlung von Werkzeugen und Waffen, unter anderem ein Satz Meißel und eine Säge aus Gold, große Schalen aus grauem Speckstein, Gefäße aus Kupfer und ein langes Rohr aus Gold und Lapislazuli – eine Trinkröhre, um Flüssigkeiten aus den Schalen aufzusaugen. Da waren ferner mehrere menschliche Leichen und die Trümmer eines großen Holzkastens, der eine Verzierung in Form eines Figurenmosaiks aus Lapislazuli und Muschel aufwies. Diese Truhe war leer, mochte aber vergängliche Dinge, etwa Kleidungsstücke, enthalten haben. Hinter ihr lagen andere Opfergaben, wie z. B. zahlreiche Gefäße aus Kupfer, Silber, Stein – darunter hervorragende Stücke aus vulkanischem Glas, Lapislazuli, Alabaster und Marmor – sowie aus Gold. Ein Satz silberner Gefäße wirkte wie ein Kommunionservice; er bestand nämlich aus einem flachen Tablett oder Teller, einem Krug mit hohem Hals und langem Ausguß, den wir von Steinreliefs her als bei Kulthandlungen gebräuchlich kennen, und hohen, schlanken Silberbechern, die ineinandergesteckt waren. Ein ähnlicher Becher aus Gold mit Riefelung war mit einem ebenfalls geriefelten Saugnapf, einem Kelch und einer glatten Goldschale von ovaler Form zusammengelegt; unter den Schätzen des aufgefüllten Schachtes befanden sich ferner zwei prachtvolle silberne Löwenköpfe, die vielleicht zur Verzierung eines Throns gehört hatten. In der ganzen Fülle dieser Funde verwirrte uns nur eine Tatsache: es fehlte eine vor den übrigen Körpern ausgezeichnete Leiche, der all dies geweiht gewesen sein könnte. So großartig unsere Entdeckung also auch war – sie blieb damit unvollständig.

Nach Entfernung der anderen Fundstücke bargen wir die Überbleibsel der Holztruhe – eines Kastens von etwa 1,80 m Länge und 0,90 m Breite – und stießen unter ihnen auf gebrannte Ziegel. Sie lagen durcheinander und hatten nur auf der einen Seite ihren ursprünglichen Platz behalten. Hier bildeten sie die Wölbung einer Steinkammer. Natürlich vermuteten wir nun, daß wir hier die – unberührte – Gruft gefunden hätten, zu der die ganzen Opfergaben gehörten. Die weitere Untersuchung ergab jedoch, daß man auch dieses Grab beraubt hatte. Das Dach war nicht von selbst eingestürzt, sondern gewaltsam durchbrochen worden, und die Truhe hatte man dann vielleicht über die Öffnung gesetzt, um diese zu verbergen. Als wir um die Außenmauer der Kammer herumgruben, fanden wir einen anderen Schacht, der dem 1,80 m höher liegenden vollkommen glich. Am Rampenfuß lagen, in zwei Reihen geordnet, sechs Krieger, die kupfernen Speere an der Seite und flachgepreßte Kupferhelme auf den geborstenen Schädeln. Unmittelbar am Eingang fanden sich zwei hölzerne Wagen mit vier Rädern, die man den geneigten Gang offenbar rückwärts hinuntergelassen hatte; vor jeden waren drei Ochsen gespannt gewesen, und einer war so gut erhalten, daß wir sein Skelett ganz bergen konnten. Während die Wagen selbst keine Verzierung aufwiesen, waren die Zügel mit länglichen Lapislazuli- und Silberperlen geschmückt und durch silberne Ringe mit

Aufsätzen in Stierform gezogen. Die Stallknechte lagen bei den Köpfen der Ochsen, die Fahrer über den Wagenkästen. Von den Wagen selbst fanden sich nur noch die Abdrücke des restlos vergangenen Holzes im Erdboden, diese aber so klar, daß eine Photographie den Holzstrich des massiven Rades und den grauweißen Kreis zeigte, der von dem ledernen Radreifen geblieben war.

An der Seitenmauer der Grabkammer lagen die Leichen von neun Frauen. Auch sie trugen einen Gala-Kopfschmuck aus Lapislazuli- und Karneolperlen, von denen Goldanhänger in Form von Buchenblättern herabhingen, ferner große, halbmondförmige Ohrringe aus Gold und silberne „Kämme". Letztere sahen wie eine Handfläche mit drei Fingern aus, an deren Spitzen Blumen mit Blütenblättern saßen; diese waren mit Lapislazuli, Gold und Muschel eingelegt. Auch Halsketten aus Lapislazuli und Gold fanden sich. Die Köpfe der Frauen waren an die Mauer gelehnt, die Körper auf dem Schachtboden ausgestreckt. Der gesamte Raum zwischen ihnen und den Wagen war mit den Resten anderer – männlicher und weiblicher – Toter bedeckt; den an der vorderen Seite der Kammer zu ihrer überwölbten Tür führenden Gang säumten dolchtragende Krieger und Frauen. Von den Soldaten in der Raummitte trug einer ein Bündel aus vier Speeren, bei einem anderen lag ein auffallendes Kupferrelief, das vielleicht seinen Schild geschmückt hatte; es stellte zwei Löwen dar, die auf den Körpern zweier Gefallener stehen.

Oberhalb der Leichen der „Hofdamen" hatte man eine hölzerne Harfe an die Wand gelehnt, von der nur ein Stierkopf aus Kupfer und die Muschelplättchen der Schallkasten-Verzierung erhalten waren. An der Seitenwand des Schachtes, und gleichfalls über den Leichen, fand sich eine zweite Harfe. Auch sie hatte einen schönen Stierkopf, diesmal aus Gold, dessen Augen, Bart und Hornspitzen aus Lapislazuli bestanden, und eine nicht weniger wunderbare Einlage aus Muschelplättchen mit Ritzzeichnungen. Vier von ihnen zeigen seltsame Szenen, in denen die Tiere die Rolle von Menschen spielen und deren auffälligster Zug ein in der alten Kunst so seltener Sinn für Humor ist. Die ausgeglichene Komposition des Entwurfs und die Feinheit der Ausführung machen diese Plättchen zu den gewichtigsten Belegen für das Kunstverständnis Alt-Sumers, die wir besitzen.

Innerhalb der eigentlichen Gruft hatten die Räuber noch genug zurückgelassen, so daß man erkennen konnte, daß sie außer den Leichen einiger Menschen geringeren Ranges auch die der Hauptperson beherbergt hatte. Der Name der letzteren war – soweit wir das aus der Inschrift eines Siegelzylinders erschließen dürfen – Abargi. An der Mauer fanden wir zwei offenbar übersehene Bootsmodelle. Das eine, aus Kupfer, war fast restlos zerfallen, das andere aber bestand aus Silber und hatte sich aufs beste erhalten. Es war 60 cm lang, an Bug und Heck erhöht, hatte fünf Querbänke und mittschiffs ein gebogenes Gestell für das Sonnensegel zum Schutz des Reisenden. Ruder in Blattform saßen noch in den Duchten. Es darf als Beweis für die konservative Haltung des Morgenlandes gelten, daß Kähne des gleichen Typs noch heute in den südlichen Euphratmarschen, 80 km von Ur, benutzt werden.

Die Grabkammer des Königs nimmt das eine Ende des offenen Schachtes ein. Als wir ihr nachforschten, stellten wir hinter ihr eine zweite Steinkammer fest, die zur gleichen Zeit oder eher etwas später an sie angebaut worden war. Wie jene mit einem Ringgewölbe aus Brandziegeln überdacht, war sie das Grab der Königin, zu dem der obere Schacht mit seinen Wagen und Beigaben gehörte. Ein schöner Siegelzylinder aus Lapislazuli, der sich in der Schachtfüllung etwas über dem Dach der Kammer fand und den man wohl in dem Augenblick in die Grube geworfen hatte, als diese mit Erde aufgefüllt wurde, bewahrte uns den Namen der Bestatteten, Schubad. Das Kammergewölbe war eingestürzt – diesmal aber zum Glück nicht infolge räuberischen Eingriffs, sondern durch das Gewicht der über ihm lagernden Erde. Die Gruft selbst war unberührt.

An dem eine Ende lag auf den Resten einer Holzbahre die Leiche der Königin, neben ihrer Hand ein goldener Becher. Ihr Oberkörper war gänzlich unter einer Menge Perlen aus Gold, Silber, Lapislazuli, Karneol, Achat und Chalzedon verborgen. Von einem Kollier hingen lange Schnüre dieser Perlen herunter; sie hatten einst einen Überwurf gebildet, der bis zur Taille reichte und unten durch ein breites Band aus röhrenförmigen Lapislazuli-, Karneol- und Goldperlen abgeschlossen wurde. Am rechten Arm fanden sich drei lange Goldnadeln mit Köpfen aus Lapislazuli sowie drei fischförmige Amulette, zwei aus Gold und eins aus Lapislazuli; ein viertes, wieder aus Gold, stellte zwei liegende Gazellen dar.

Über dem eingedrückten Schädel lagen die Reste eines Kopfputzes, der ein sorgfältiger gearbeitetes Gegenstück zu dem der Hofdamen war. Als Unterlage diente ihm ein Goldband, das mehrfach um das Haar geschlungen war. Die Abmessungen dieser Windungen zeigten, daß es sich nicht nur um das natürliche Haar, sondern um eine zu fast grotesker Größe aufgepolsterte Perücke gehandelt haben mußte. Darüber lagen drei Kränze; der unterste hing über die Stirn herab und hatte einfache goldene Anhänger in Ringform, der zweite bestand aus Buchenblättern, der dritte schließlich aus langen, zu dritt zusammengefaßten Weidenblättern mit goldenen Blumen, deren Blütenblätter weiß und blau eingelegt waren. Alles war auf dreifachen Perlenketten aus Lapislazuli und Karneol aufgezogen. Ein goldener „spanischer Kamm" war hinten ins Haar gesteckt; seine fünf Spitzen endeten in Goldblumen mit Lapislazuli-Kelch. In die Seitenlocken der Perücke waren schwere goldene Spiralringe eingeflochten, und auf die Schultern hingen übergroße, halbmondförmige Ohrringe aus Gold herunter. Offenbar fiel auch noch an beiden Seiten des Haares eine Schnur aus breiten, viereckigen Steinperlen herab, die mit einem Lapislazuli-Amulett endete; das eine dieser beiden Amulette war als liegender Stier, das andere als Kalb gestaltet. Wie man sieht, war dies ein äußerst komplizierter Kopfputz, doch befanden sich seine verschiedenen Teile in so guter Ordnung, daß er völlig wiederhergestellt werden konnte. So ließ sich das Bild der Königin in all ihrem Schmuck nach der ursprünglichen Anordnung darstellen. […]

Der Leiche zur Seite lag ein zweiter Kopfputz von anderer Art. Auf ein Stirnband, das anscheinend aus einem Streifen weichen, weißen Leders hergestellt worden war, hatte man Tausende winziger Lapislazuliperlen geheftet. Sie bildeten einen kräftigen blauen Hintergrund für eine Reihe außerordentlich fein gearbeiteter goldener Figürchen, die Hirsche, Gazellen, Stiere und Ziegen darstellten. Zwischen ihnen befanden sich Büschel von Granatäpfeln, immer drei Früchte zusammen und von ihren Blättern bedeckt, und wiederum in den Lücken waren Zweige von einigen anderen Bäumen mit goldenen Stielen und Früchten sowie mit Schoten aus Gold oder Karneol befestigt, zwischen denen sich goldene Rosetten zeigten. Dazu hingen noch Palmetten aus geflochtenem Golddraht vom unteren Rand des Diadems herab.

Die Leichen zweier dienender Frauen lagen zusammengekauert am Kopf- und Fußende der Bahre, und rings in der Kammer waren Beigaben aller Art verstreut. Wir fanden weitere goldene Schüsseln, Gefäße aus Silber und Kupfer, Steinschalen und Tonkrüge für Speisen, einen silbernen Rinderkopf, Lampen und zwei Opfertische aus Silber und eine Anzahl großer Herzmuscheln, die grüne Farbe enthielten. Muscheln dieser Art finden sich fast immer in den Gräbern von Frauen. Die in ihnen aufbewahrte Farbe, bei der es sich wahrscheinlich um Schminke handelt, ist manchmal weiß, schwarz oder rot, im Durchschnitt aber grün. Die Muscheln der Königin Schubad waren übernormal groß; bei ihnen fanden sich auch zwei Paar Muschelnachbildungen aus Silber und aus Gold, die alle grünen Farbstoff enthielten.

Die Entdeckung war damit abgeschlossen, und unsere früheren Schwierigkeiten hatten ihre Aufklärung gefunden. [...]

Wir sind oft gefragt worden, auf welche Weise die Opfer in den Königsgräbern wohl den Tod fanden. Es ist unmöglich, eine endgültige Antwort zu geben. Die Gebeine sind zu zerdrückt und zerfallen, um etwas über die Todesursache zu verraten, falls man Gewaltanwendung unterstellt. Doch ist in der Gesamtsituation der Leichen ein bedeutsames Argument enthalten. Sehr viele Frauen trugen einen äußerst empfindlichen Haarputz, der nur zu leicht durcheinandergeraten konnte. Er wurde aber stets in bester Ordnung angetroffen und war nur durch den Druck der Erde gestört. Das wäre unmöglich, wenn die also Geschmückten einen Schlag auf den Kopf erhalten hätten, und unwahrscheinlich, wenn man sie erstochen hätte und sie dann zu Boden gestürzt wären. Ebenso ist es undenkbar, daß man sie – ohne daß ihr Putz in Unordnung geriet – außerhalb des Grabes getötet, dann die Rampe hintergetragen und an ihren Platz gelegt hätte. Genauso mußten die Tiere beim Herunterziehen der Wagen noch am Leben sein, und das gilt in gleicher Weise für die sie führenden Stallknechte und die Fahrer auf den Fahrzeugen. Es steht fest, daß das gesamte Totengeleit lebendig in den Schacht hinabzog.

Aber ebenso ist gewiß, daß sie tot oder zum mindesten ohne Bewußtsein waren, als die Erde eingeschaufelt und über ihnen festgestampft wurde. Denn andernfalls hätte ein Todeskampf einsetzen müssen, dessen Spuren an den Leichen zu bemerken wären. Sie lagen aber alle friedlich beieinander; ihre Anordnung und Ausrichtung ist so einwandfrei, daß folgender Schluß sich aufdrängt: Nachdem diese Menschen das Bewußtsein verloren hatten, muß jemand den Schacht betreten und letzte Hand angelegt haben. Die Feststellung, daß im Grab des Abargi die Harfen den Leichen zu Häupten lagen, beweist einwandfrei, daß eine Person noch einmal hinabstieg. Am wahrscheinlichsten ist die Annahme, daß das Totengefolge selbst zu seinen Plätzen schritt, dort eine Droge (etwa Opium oder Haschisch) einnahm und sich geordnet zur Ruhe legte. Wenn dann das Mittel seine Wirkung – Schlaf oder Tod – getan hatte, wurde letzte Hand an die Körper gelegt und schließlich die Grube zugeschüttet. Aus der Art, wie diese Menschen starben, ist irgendwelche Brutalität nicht abzulesen.

Howard Carter

Das Grab des Tutenchamun

Das war der Stand der Dinge am Abend des 24. November. Für den nächsten Tag stand die Entfernung der versiegelten Tür auf dem Plan, für deren Ersatz Callender von den Zimmerleuten ein schweres hölzernes Gitter anfertigen ließ. Am Nachmittag machte uns Mr. Engelbach, der Generalinspektor der Altertümerverwaltung, seinen Besuch und war zugegen, als ein letzter Teil des Schutts vom Eingang weggeräumt wurde.

Am Morgen des 25. November wurden die Siegelabdrücke des Eingangs sorgfältig kopiert und photographiert, worauf wir die wirkliche Türfüllung entfernten. Sie bestand aus rohen, sorgsam von der Schwelle bis zum Oberbalken aufgetürmten Steinen und war an der Außenseite dick mit Mörtel überzogen, um die Siegel aufnehmen zu können.

Damit wurde der Blick auf einen abwärts geneigten Gang – keine Treppe - frei, der etwa 2 m hoch und so breit wie die Eingangstreppe war. Wie ich bereits durch das Loch in der Tür festgestellt hatte, war er ganz mit Steinen und Geröll gefüllt, das wahrscheinlich von seiner eigenen Ausschachtung stammte. Dieser Füllschutt zeigte ebenso wie der Eingang deutlich an, daß das Grab mehrfach geöffnet und wieder geschlossen worden war: Sein intakt gebliebener Teil setzte sich nämlich aus ganz weißen, mit Staub vermischten Stücken zusammen, während der aufgerührte Teil hauptsächlich aus dunklem Feuerstein bestand. Es ließ sich deutlich erkennen, daß durch die ursprüngliche Füllmasse oben auf der linken Seite ein unregelmäßiger Tunnel gewühlt worden war, dessen Lage dem Loch im Eingang entsprach. Als wir den Gang ausräumten, fanden wir, vermischt mit dem Schutt der unteren Schicht, Scherben, Königssiegel, heile oder zerbrochene Alabasterkrüge und bemalte Gefäße, viele Fragmente von kleineren Objekten sowie von Wasserschläuchen; in letzteren hatte man offenbar das nötige Wasser heruntergebracht, um die Türen wieder vermörteln zu können. Alle diese Dinge waren eindeutige Zeugen einer Plünderung, die wir voller Mißtrauen betrachteten. Am Abend hatten wir gangabwärts ein beträchtliches Stück ausgeräumt; noch aber ließ sich keine Spur einer zweiten Tür oder einer Kammer erkennen.

Der nächste Tag – es war der 26. November – wurde zum „Tag der Tage", wie ich ihn schöner niemals erlebt habe und gewiß auch nie wieder erleben werde. Der Morgen verging im weiteren Ausräumen, das wegen der mit dem Schutt vermischten, empfindlichen Fundstücke gezwungenermaßen langsam durchgeführt werden mußte. Dann, mitten am Nachmittag, gelangten wir, fast 10 m von der äußeren Tür entfernt, zu einem zweiten versiegelten Eingang, der fast genau dem ersten entsprach. Hier waren die Siegeleindrücke weniger scharf, ließen sich aber noch als solche Tutenchamuns und der Königsnekropole erkennen, und wiederum waren auch Anzeichen der Wiedereröffnung und des Neuverschließens sichtbar. In dieser Stunde waren wir fest davon überzeugt, daß wir kein Grab, sondern ein Versteck vorfinden würden. Treppe, Gang und Türen erinnerten uns nach ihrer Anlage sehr stark an das in unmittelbarer Nachbarschaft unserer gegenwärtigen Ausgrabung von Davis entdeckte Versteck des Echnaton und der Teje. Daß auch dort Tutenchamun-Siegel aufgetreten waren, schien unsere

Annahme fast mit Sicherheit als richtig zu erweisen. Bald würden wir Gewißheit haben: dort war die versiegelte Tür und hinter ihr die Antwort auf unsere Frage.

Es brachte uns, als wir so warteten, fast zur Verzweiflung, wie langsam der restliche Schutt des Ganges, der den unteren Teil der Tür versperrte, weggeräumt wurde. Endlich aber hatten wir die ganze Tür frei vor uns. Der Augenblick der Entscheidung war da. Meine Hände zitterten, als ich in die obere linke Türecke eine kleine Öffnung machte. Drin war es dunkel und, soweit eine eingeführte Eisenstange reichte, leer: also war der dahinter liegende Raum, welcher Art er auch sein mochte, nicht wie der eben ausgeräumte Gang ausgefüllt. Wir machten wegen der möglicherweise vorhandenen giftigen Gase die Probe mit einer brennenden Kerze, dann erweiterte ich das Loch etwas, führte die Kerze ein und spähte hindurch, während Lady Evelyn, Lord Carnarvon und Callender voller Spannung neben mir standen und auf meinen Urteilsspruch warteten.

Zuerst konnte ich nichts erkennen, da die der Kammer entströmende heiße Luft die Kerzenflamme flackern machte. Dann aber, als sich meine Augen allmählich an das Licht gewöhnten, tauchten langsam Einzelheiten des Raumes da drinnen aus dem Dämmer hervor – fremdartige Tiere, Statuen und Gold, überall schimmerndes Gold! Im ersten Augenblick – der für die neben mir Stehenden eine Ewigkeit gedauert haben mag – war ich starr und stumm vor Staunen. Dann konnte Lord Carnarvon die Ungewißheit nicht mehr ertragen und fragte ängstlich: „Können Sie etwas sehen?" Alles, was ich zu antworten vermochte, war: „Ja, wunderbare Dinge!" Dann erweiterten wir das Loch noch ein wenig mehr, so daß wir beide hindurchsehen konnten, und führten eine elektrische Taschenlampe ein.

Wohl fast jeder Ausgräber wird zugeben, daß ihn beim Eindringen in eine von frommer Hand vor so vielen Jahrhunderten verschlossene und versiegelte Kammer Scheu, ja, fast Scham ergreift. In einem solchen Augenblick scheint die Zeit, jener entscheidende Faktor des Menschenlebens, ihre Bedeutung verloren zu haben. Drei- oder viertausend Jahre mögen dahingegangen sein, seit eines Menschen Fuß den Boden betrat, auf dem man steht – und dennoch vermeint man, es sei erst gestern gewesen, wenn man die noch frischen Spuren des Lebens ringsum sieht: vor der Tür den noch halb gefüllten Eimer mit Mörtel, eine berußte Lampe, den Abdruck von Fingern auf der frisch gemalten Wand oder ein als letzter Gruß auf die Schwelle gelegtes Blumengewinde. Sogar die Luft, die man einatmet, blieb durch all die Jahrhunderte die gleiche; man hat sie mit denen gemein, die einst die Mumie zu ihrer letzten Ruhe bestatteten. Derlei kleine, intime Einzelheiten schalten den Begriff der Zeit aus und zwingen uns das Gefühl auf, Eindringlinge zu sein.

Dies ist wohl der erste und beherrschende Eindruck, dem aber alsbald viele andere folgen – die triumphale Freude an der Entdeckung, die fieberhafte Erwartung, der fast nicht bezähmbare, von Neugier gestachelte Drang, Siegel aufzubrechen und Deckel von Kästen zu heben, die mit reinster Forscherfreude verbundene Gewißheit, der Geschichte in diesem Augenblick ein neues Blatt hinzuzufügen oder ein historisches Problem zu lösen, und schließlich – warum es verschweigen? – die gespannte Erwartung des Schatzsuchers. Schoß mir all das damals tatsächlich durch den Kopf, oder bilde ich es mir nachträglich ein? Ich kann es nicht sagen. Die Tatsache der Entdeckung ließ mein Gedächtnis aussetzen, so daß nicht der Wunsch nach einem dramatischen Abschluß Grund zu dieser Abschweifung war.

Denn ganz gewiß hat es niemals in der Entdeckungsgeschichte einen so wunderbaren Anblick gegeben wie den, den uns das Licht der Taschenlampe enthüllte … Es ist kaum vorstellbar, was da vor uns auftauchte, als wir durch unser Guckloch in der vermauerten Tür blickten. Der Strahl der Lampe – das erste Licht, das nach dreitausend Jahren die Dunkelheit der Kammer durchdrang – wanderte von einer Gruppe von Gegenständen zur anderen, und vergeblich trachteten wir, den Schatz zu begreifen, der sich da vor uns ausbreitete. Der Anblick verwirrte und überwältigte uns ganz und gar. Wir hatten uns wohl nie genau klargemacht, was wir zu finden hofften. Gewiß aber war uns nicht einmal im Traum jemals Derartiges erschienen, wie es da vor uns stand: ein ganzer Raum – wie es schien, ein vollständiges Museum – angefüllt mit Dingen, die zu einem Teil vertraut, aber auch von einer Art waren, wie wir sie noch niemals gesehen hatten. In einem Überfluß ohne Ende schienen sie hier übereinandergetürmt.

Allmählich wurde das Bild deutlicher, und wir vermochten einzelne Gegenstände zu unterscheiden. Zuerst standen da, genau uns gegenüber – schon die ganze Zeit hatten wir sie in unserem Bewußtsein registriert, konnten aber nicht daran glauben – drei große vergoldete Bahren, deren Seiten in der Form von Tiermonstren geschnitzt waren; wie es ihre Verwendung verlangte, waren ihre Körper merkwürdig langgezogen, während die Köpfe erstaunlich realistisch wirkten. Zu jeder Zeit hätte der Anblick dieser Tiere unheimlich gewirkt; so aber, wie wir sie sahen – als die Taschenlampe blitzlichtartig ihre goldglänzenden Umrisse aus der Finsternis hervorholte und ihre Häupter grotesk verzerrte Schattenbilder auf die Wand hinter ihnen warfen –, jagten sie Schrecken ein. Als nächstes erregten und fesselten zwei Statuen weiter rechts unsere Aufmerksamkeit, lebensgroße Figuren eines Königs in schwarz, die wie Schildwachen einander gegenüberstanden, mit goldenem Hüftschurz und goldenen Sandalen, bewaffnet mit Schlachtkeule und Stab und mit der schützenden heiligen Kobra über ihrer Stirn.

Das waren die wichtigsten Gegenstände, die zuerst unseren Blick einfingen. Ungezählte andere lagen zwischen ihnen, um sie herum, über sie gestapelt: eingelegte Kästen mit wunderbarer Bemalung; Alabastervasen, schön geschnitten und zum Teil mit durchbrochenen Mustern;

merkwürdige schwarze Schreine, bei deren einem aus der offenen Tür eine große vergoldete Schlange herausschaute; Blumen- und Blättersträuße; Betten; herrlich geschnitzte Sessel; ein mit Gold eingelegter Thron; ein Haufen seltsamer weißer Schachteln in Eiform; Stäbe aller Art und in verschiedenen Mustern; dicht vor unseren Augen, unmittelbar auf der Kammerschwelle, ein schöner lotosförmiger Becher aus durchscheinendem Alabaster; auf der linken Seite ein wirres Durcheinander umgestürzter Streitwagen, von Gold und Einlagen glitzernd, und, über sie weg herschauend, ein anderes Bildnis des Königs.

Walter Andrae

Die Königsgrüfte von Assur

Bislang sind die in Assur gefundenen Ruhestätten assyrischer Herrscher die ersten und einzigen geblieben. Sie verdienen daher genaue Beschreibung. Wie alle Grüfte liegen sie unter dem Fußboden, der sonst niemals unterkellert ist. Hier jedoch führen überwölbte Rampenkorridore und Treppenstufen vom Palastfußboden hinab in die gewölbten Räume, die ziemlich dicht beieinander und ineinander verschränkt an der Südostseite des Alten Palastes und noch innerhalb seiner Grenzmauer angeordnet sind. Durch zahlreiche Inschriften identifizierbar ist Assurnasirpals II. Gruft, durch Ziegellegenden diejenige Schamschi-Adads V. (824–811). Erstere enthält eine lichte Grundfläche von 3,75 zu 7,30 m, letztere von 3,05 zu 8,75 m. Im Vergleich mit denen der privaten Grüfte sind das erheblich größere Maße, eben königliche Maße; auch im Vergleich mit den Königsgräbern der I. Dynastie von Ur. Hingegen halten sie einen Vergleich mit denen der III. Dynastie nicht aus, geschweige denn den mit ägyptischen Königsgräbern der großen Zeiten. Immerhin sind die Erdgruben, in denen sie eingebettet waren, sorgfältig mit Ziegeln ausgemauert, die Gewölbe in sorgfältigen, radial gestellten Ziegelgewölbeschichten ausgeführt, d. h. es sind Tonnen von 3,65 m bzw. 2,95 m Spannweite. Die Inneneinrichtung ist denkbar nüchtern und einfach, wiederum verglichen mit den ägyptischen: Ein steinerner Sarg ist in den Fußboden der Gruft eingelassen, in den Stirnwänden gibt es kleine Lampennischen, die Grufttür war sorgfältig zu verschließen. Assurnasirpals Gruft bietet nun allerdings noch weitere Einzelheiten nicht eben künstlerischer, sondern vielmehr handwerklicher Art: Der Fußboden besteht aus Doleritplatten, auf deren *Unter*seite die jeweils über mehrere Platten verteilte Palastinschrift des Herrschers läuft. Die Wände stehen auf drei Schichten von Doleritplatten, die nach dem Gruftraum zu die gleiche kurze Bauinschrift des Königs in achtzehnfacher Ausfertigung eingemeißelt erhalten haben. Diese Inschriften beginnen dreimal an der Leibung der Grufttür und setzen nur hinter dem Sarkophag aus. Dieser ist eine ungeheure Doleritkiste von 3,95 (bzw. 3,87) m Länge, 1,85 (bzw. 1,88) m Breite, 1,82 m Höhe, die etwa 80 cm in den Fußboden versenkt war. Sie trug die zweizeilige Königsinschrift an der nie sichtbaren Unterfläche (!) und an den drei sichtbaren Seitenflächen, die vierte, unbeschriftete Seitenfläche stand dicht an der Nordostwand der Gruft. Ein genau aufpassender Doleritdeckel verschloß den Sargraum, der 8,4 cbm faßte. Der 15 cm dicke Deckel hat wiederum die Palastinschrift an den drei sichtbaren Seitenflächen und eine vierte an der Oberfläche. An den Schmalseiten des Sarges entsprechen Knäufe solchen auf der Deckeloberfläche. Sie dienten wohl zu einer Verschnürung und Versiegelung des Deckels am Sarg. Drei Paare kräftiger Bügelhenkel sind auf der Deckeloberfläche angearbeitet (Deckel wie Knäufe und Henkel also aus dem Ganzen!). Die Henkel dienten wohl dem Lenken des Deckels beim Transport und beim Aufbringen. Man muß bedenken, daß Dolerit erst etwa 300 km stromauf in der Nähe des Tigris gebrochen und von da herabgeflößt werden konnte, wenn er nicht aus noch fernerer Gegend herbeigeschleppt ist. Eine noch größere Leistung war schließlich die Aushöhlung der ungeheuren Sargkiste, die vermutlich noch mit Steinschlägeln ausgeführt worden ist. Die Sargwände sind nur 16–17 cm dick, der Sargboden allerdings 26 cm. – Eigenartig ist ein rundes Loch im Deckel, das etwa 5 cm Durchmesser hat. Ferner ist an der Gruftwand, vor der der Sarg stand, eine Reihe von Zapflochsteinen, ebenfalls Dolerit, eingelassen. In die Löcher passen Basaltzapfen, deren einige gefunden wurden. Man konnte sie, nachdem der Deckel auf den Sarkophag gelegt war, einstecken und damit den Deckel von außen (!) etwa zehnfach verriegeln gegen die Wirkung des eingesperrten Toten, für den nur das kleine runde Loch ein „Entweichen" zuließ. Eine andere Deutung haben wir für diese Vorkehrung nicht finden können. […]

Man muß sich Gedanken darüber machen, wie der große Basaltsarg mit seinen 20 t Gewicht in die Gruft kam und wie sein schwerer Deckel in der Schwebe gehalten wurde, bis die Beisetzung des Königs erfolgte. Angenommen, der König ließ seine Ruhestätte schon zu seinen Lebzeiten bereiten – und dafür spricht mancherlei –, so gab er selbst die Größe an, in der Gruft und Sarg ausgeführt werden sollten, befahl das Anbringen der Inschriften, mittels derer er verewigt bleiben wollte, und war möglicherweise persönlich anwesend, als der schwere Transport des Sarges vom Tigris hinauf in den Alten Palast stattfand und seine Einfügung in die Enge der tiefliegenden, doch zweifellos eben erst in den Anfängen ihres Baues steckenden Gruft bewerkstelligt wurde. Dies ist der dargestellte Augenblick. Eine tiefe Baugrube, deren Wände vielleicht zum Teil schon ausgemauert sein mußten, damit die benachbarten Palastmauern nicht zu sehr gefährdet würden, war geschachtet, darin eine weitere Vertiefung von mehr als einem halben Meter, in welche der Sarg versenkt wurde, so daß er nur noch zu drei Viertel seiner Höhe über den Gruftboden herausragte. Auf schweren Holzbalken hatte man eine Gleitfläche für ihn geschaffen, auf der er langsam an seinen Ort geleitet worden war. Nun hatte man schon einen Teil des Basaltplattenpflasters gelegt und den Sarg gegen die fertige Gruftwand versteift. Andere Balken waren waagerecht auf seinen oberen Rand gelegt, auf denen der Deckel herübergezogen werden sollte. Dieser bot genügend Seilhenkel – sechs im ganzen –, und man konnte ihn von vorn und von den Seiten lenken, hinten mit Hebeln anlüften. Ein strenges Kommando war nötig, das vom Munde eines einzigen Beamten ausging, der die Verantwortung und Vollmacht trug. Den Deckel wird man auf dem Sarge schräg oder waagerecht vorläufig aufgeklotzt haben, so, daß er nur auf die vier Ecken gestützt allseitig Raum gab, Leiche und Beigabe in den Sarg zu betten.

Dann vollendete man die Gruftwände und wölbte sie über einem Lehrgerüst oder über Sandfüllung ein, die nachher wieder herausgeschafft wurde. Nun konnte auch die Basalttür eingehängt, der Rampenkorridor nach dem Palastfußboden hinauf fertiggestellt und die Tür versiegelt werden.

Trat der Tod des Königs ein, war der Alte Palast das Totenhaus. Hierhin schaffte man die Leiche, hier werden die Totenzeremonien abgehalten worden sein. Beim Schein von vier großen Öllampen gelangte der tote Herrscher dann hinab in die Gruft, wurde in den Sarg gelegt und wohl mit Tüchern verdeckt. Denn jetzt mußten sachkundige Handwerker unter strenger Aufsicht den schweren Basaltdeckel langsam auf den Sargrand herablassen. Das erforderte wegen der großen Enge der Gruft erhebliche Geschicklichkeit im Ansetzen der Hebel. Im Augenblick, wo dies geschehen, erfüllte man die letzten Riten, vielleicht in Anwesenheit des jungen Königs Salmanassar III. Der Sarg wurde an den beiden Schmalseiten versiegelt. Hier befinden sich am Deckel oben und an der Seite des Sarges große Knäufe mit eingezogenen Hälsen, die man mit der Siegelschnur umschlang. Das

Rollsiegel des jungen Königs wird die Versiegelung bewirkt haben. Dann stiegen noch Männer hinauf auf den Sarg und „verriegelten" ihn mittels basaltener Riegelpflöcke in Riegellochsteinen, die in die eine Gruftwand dicht am Sarg fest eingebaut waren. Diese Verriegelung liegt *außen* am Sarg, verhindert also ein Öffnen des Deckels von innen. Zweifellos eine symbolische Vorkehrung, die wohl auf der Vorstellung beruht, daß dem Toten Kräfte zu eigen sein können, die ihm ein solches Öffnen ermöglichen, und daß es gut ist, ein solches Wirken nach dem Tode zu verhindern. Übrigens befindet sich im Deckel nahe bei der einen Schmalseite, vermutlich an der Stelle, unter der das Haupt des Toten lag, ein kleines, rundes, wohlausgearbeitetes Loch, das ebenfalls symbolischer Ausdruck eines Seelenvorganges im Tode sein mag.

Nach dem Versiegeln und Verriegeln wird dann die Gruft mit königlichen Gaben angefüllt worden sein, deren Fülle und Reichtum gewiß nach dem persönlichen Verhältnis zwischen dem königlichen Vater und Sohn größer oder kleiner gewesen ist. Was in den Sarg gelegt wird, gehörte dem Toten zu eigen, was außerhalb des Sarges niedergelegt wird, ist Gabe der Hinterbliebenen. Nichts von alledem ist auf uns gekommen, ausgenommen das kleine Bruchstück einer steinernen Lampe, der Griff, der die Gestalt eines Falkenkopfes von wahrhaft königlicher Schönheit hat, aus Gruft I. So bleibt uns nichts übrig, als die reichsten Grüfte der Bewohner von Assur zum Vergleich heranzuziehen und ihren Reichtum an Schmuck und Beigaben vervielfältigt zu denken in dem Maßstabe, wie sich schon Sarg und Gruftmaße königlich gesteigert haben. Dann verstehen wir die ingrimmigen Versuche der Grabräuber und -schänder, die sich in den Besitz dieser Schätze gesetzt haben. Sie werden verhältnismäßig leicht in die Gruft eingedrungen sein; die Basalttür war kein wesentliches Hindernis. Was sie in der Gruft fanden, war leichte Beute. Anders der Sarg, der dem Zerschlagen trotzte. Aber man half sich. Naphtha aus der Gayaraquelle, 30 km nördlich von Assur, wurde herbeigeschafft, über den Sarg gegossen und angezündet, wohl nachdem man in den Gewölbescheitel ein Loch geschlagen. Über den erhitzten Sarg goß man Wasser und brachte ihn so zum Splittern. Spuren des Brandes sind in der Rötung der Sargaußenfläche zu sehen, die am Fußboden aufhört. Spuren des Naphthaübergusses finden sich bis etwa 30 cm unter dem Fußboden an der Sargfläche. Tiefer drang das Naphtha nicht ein, ganz unten blieb die natürliche graue Basaltfarbe der Fläche erhalten. [...]

An den Grüften wie insbesondere an den Basaltsärgen sind die Spuren des Feindwütens deutlich genug. Man hat die Gewölbe zerschlagen, die Särge mit Naphtha begossen und angezündet, dann durch Begießen mit Wasser gesprengt und gründlich beraubt. Der Vorgang ist am Sarge Assurnasirpals II. im Berliner Museum noch ganz klar abzulesen: Man sieht, wie tief Naphtha an den Sargwänden hinabgesickert ist, an der Schwärzung und, daß die Brandwirkung bis zum Fußboden reicht, an der Rötung des Steins. Scharfe Bruchflächen kennzeichnen die Sprengung.

Ranuccio Bianchi Bandinelli/Antonio Giuliano

Etruskische Nekropolen

Die gewaltige Nekropole von Caere zeigt, daß sie sich sehr bald, zumindest vom 6. Jahrhundert an, nach urbanistischen Prinzipien entwickelt hat. Die Mannigfaltigkeit von Gräbertypen ist groß; neben Hügelgräbern säumten die sich im rechten Winkel kreuzenden Straßen der Nekropole auch ausgeschachtete und in den Tuffstein gebrochene oder auch aus Blöcken von Tuffgestein gebaute Grabkammern. Die bedeutenderen Gräber sind im Innern wie Häuser angelegt, mit Türen, Totenbetten und Ruhebänken. In einem dieser

Gräber gab es acht solcher Sitzgelegenheiten; auf fünfen
thronten Terrakottastatuetten männlicher und weiblicher
Figuren, die zwischen 600 und 570 zu datieren sind und damit zu den ältesten Zeugnissen der etruskischen Plastik gehören. Vom ethnographischen Standpunkt aus gesehen, stehen sie auf dem technischen Niveau der präkolumbiani-
schen Terrakotten der Maya-Kultur zwischen dem 9. und
dem 11. Jahrhundert n. Chr. Aber bezogen auf ihre historische Zeit und Umwelt, dokumentieren sie die Übernahme
griechisch-ionischer Formen, die aber hier aufgegangen sind
in einem entsprechenden, doch in den Maßen und im lokalen Requisit von den Vorlagen unterschiedenen Bild. In den
Proportionen und in den gespannten, wie von innen her
aufgeblasenen, typisch keramischen Formen weisen diese
Statuetten eine strukturelle Verwandtschaft mit der Keramik der Frühgeschichte auf. Andere Gräber zeigten in der
inneren Kammer einen Fries, der aus bemalten Terrakottaplatten gebildet war: eine Technik, die der der Freskomale-
rei vorausgeht, bei der das Bild unmittelbar auf die mit einer
dünnen Schicht aus Ton und Kalk präparierte Tuffwand gemalt wird. Plinius der Ältere berichtet, daß noch zu seiner
Zeit in Caere Bilder existierten, von denen man glaubte, sie
seien vor der Gründung Roms entstanden („*Naturalis Historia*" XXXV, 18).

Die Wandmalerei in den Grabkammern sollte in Tarquinia von der zweiten Hälfte des 6. Jahrhunderts an bis zum
Ende des 2. Jahrhunderts eine großartige Entwicklung nehmen. Die führende Stellung, die Tarquinia ohne Unterbre-
chung von der Villanova-Kultur bis zur Periode des orientalisierenden Stils innehat, schwächt sich in der ersten Hälfte
des 7. Jahrhunderts ab, als die große Entwicklung von Caere beginnt; später wird Tarquinia, was die Intensität des
Handels und des künstlerischen Schaffens betrifft, auch von
Vulci übertroffen. Verglichen mit diesen großen Zentren, erlebt der Handel in Veii, dem Rom am nächsten gelegenen
Zentrum, keine so bedeutende Entwicklung. Einige griechi-

sche Autoren (vgl. Dionysios von Halikarnassos, II, 55,5, und Plutarch, „*Romulus*" XXV) geben an, daß Veii die Salinen an der Tibermündung besaß, die später den Reichtum Roms mitbegründen sollten und von wo aus das Salz über die *Via Salaria* in das gebirgige Innere gebracht wurde. Veii erweist sich nach den topographischen Untersuchungen der letzten Jahre (die vor allem der British School at Rome zu danken sind) als ein bedeutender Verkehrsknotenpunkt im Zentrum eines landwirtschaftlich intensiv erschlossenen und nutzbar gemachten Gebiets. Auf der Höhe der *Piazza d' Armi* muß der größte Tempel jener Göttin gestanden haben, die die Römer mit Juno Regina identifizierten und deren Statue nach der Einnahme und Zerstörung der Stadt nach Rom gebracht wurde (Livius, V, 22). Von einem kleinen Tempel (mit einer Grundfläche von 15,35 x 8,07 Metern) sind einige Reste erhalten geblieben, die zu den ältesten architektonischen Terrakottaarbeiten gehören (Mitte des 6. Jahrhunderts). Die aus Tuffblöcken und aufgeschütteter Erde errichteten Stadtmauern scheinen aus späterer Zeit zu sein; offenbar hat man sie erst unter dem Druck der Bedrohung durch Rom gebaut (Ende des 5. bis Anfang des 4. Jahrhunderts).

Terrakottaplatten mit Reliefs, die mit Hohlformen geprägt und dann bemalt wurden, bildeten einen Fries in der Dachregion von Gebäuden, unterhalb der Traufe, die ihrerseits mit Köpfen und Rosetten geschmückt war. Die ältesten dieser Platten zeigen deutlich den Einfluß der korinthischen Kunst; sie dürften im zweiten und dritten Viertel des 6. Jahrhunderts entstanden sein (Velletri, Poggio Buco, Acquarossa). Bei einer solchen Reihe von Platten aus Poggio Civitate (Murlo) hat man es vielleicht mit der Darstellung von Gottheiten zu tun, die der capitolinischen Triade und der vom Aventin entsprechen, was den engen Zusammenhang zwischen Rom und Etrurien auf kultischem Gebiet unterstreichen würde, sollte die vorgeschlagene Interpretation gültig sein.

Ausgemalte Grabkammern aus sehr früher Zeit *(Tomba Campana, Tomba delle Anatre)* zeigen auch in Veii eine Beziehung zu den etruskisch-korinthischen Keramiken; aber sie sind nicht zu vergleichen mit dem Reichtum von Caere und Vulci. Aus Veii jedoch (Hügelgrab von Monte Aguzzo) kommt die bedeutendste korinthische Vase der ältesten Periode (640–630), die Chigi-Kanne. In der Geschichte der Kunst ist Veii berühmt wegen der Terrakotten aus dem – vielleicht der orakelspendenden Minerva geweihten – Tempel in Portonaccio, außerhalb der Stadt, die in römischer Zeit entfernt und vergraben worden waren. Diese Terrakotten bestätigen nicht nur die Angaben antiker Quellen über die Wirksamkeit einer Schule, die vor allem gegen Ende des 6. Jahrhunderts blühte; sie brachten auch zum erstenmal (zu Beginn der zwanziger Jahre dieses Jahrhunderts) den Nachweis für eine großformatige etruskische Bildhauerkunst. Es handelte sich hier nämlich nicht nur um die gewohnten Antefixe oder Platten, mit denen die hölzernen Bauteile des Tempels verkleidet wurden, sondern um lebensgroße Standbilder, die ursprünglich auf dem First des Daches aufgestellt waren. Die Diskussion über ihre genaue Anordnung ist noch nicht abgeschlossen, doch hat man festgestellt, daß die Basen der Statuen den Vertiefungen auf der Oberseite der Terrakottaglieder entsprechen, mit denen die Dachziegel seitlich verbunden waren. Nach dieser überraschenden Feststellung (die übrigens jetzt auch durch weitere Tempelfunde aus archaischer Zeit bestätigt wird) gelangte ein ganz neues – und in Griechenland unbekanntes – Element in die etruskische Architektur. [...]

Die ausgemalten Gräber bilden eine etruskische Eigenart, die an die Vorstellung vom Grab als der Wohnung des Verstorbenen gebunden ist. Die großen Familiengräber bestehen aus einem korridorartigen Zugang, durch den man in eine unterirdische Kammer hinabsteigt, die Vorhalle, von der aus man durch eine Tür in einen Raum, die eigentliche Grabkammer, tritt. Hier ruhten auf zwei längs der Wände angebrachten Bänken in Stein-, Holz- oder zuweilen auch Terrakottasärgen die Leichen der Ehegatten, die dieses Grab gebaut hatten. Durch die Seitenwände gelangte man in weitere Grabkammern, und nur bei äußerstem Platzmangel wurde auch der Vorraum zur Aufnahme Verstorbener benutzt. Oft sind die Kammern ohne jeden Schmuck, während in der Vorhalle, dem Atrium, für gewöhnlich alle Wände rundum ausgemalt sind. Natürlich erfährt dieses Grundschema manche Abwandlung, aber das Konzept des Grabhauses bleibt das gleiche. Es setzt voraus, daß das Grab auch außer zu Zeiten einer Beisetzung zugänglich war, und es zeigt die große Bedeutung, die man den Bestattungsriten beimaß.

Georg Kossack

Prunkgräber

Trotz der Vielfalt der Gebräuche bei der Errichtung des Grabes (Topographie, Architektur) und bei der Behandlung und Ausstattung des Toten, trotz ihrer weiten Verbreitung und trotz ihrer Anwendung in den verschiedenartigsten Kulturzonen über Jahrtausende hinweg bieten die Prunkbestattungen so viele gemeinsame Züge, daß sie im Gegensatz zum lokalen und zeitbedingten Brauchtum als Einheit wirken: Selbst wenn man auf monumentalen Grabbau verzichtete, richtete man dennoch den Grabraum in besonderer Weise her (Behang oder Bemalung der Wände, Kammer als Totenwohnung) und bettete den Toten ungewöhnlich (Lade, Sarkophag, Wagen, Schiff). Wo sonst Verbrennung üblich war, legte man Wert auf die Unversehrtheit des Körpers; ihn zu erhalten, wurde bisweilen Mumifizierung angewandt, bezeichnenderweise auch dann, wenn die dazu notwendige Technik erst kurze Zeit bekannt war. Durchgängig sind es jedoch die Requisiten gehobenen Lebensstandards, die das Prachtgrab kennzeichnen, meist Ergebnisse kunstgewerblich hervorragender Leistungen und Einfuhrgut aus fremden Ländern. Bewaffnung wurde zwar nicht immer mitgegeben, aber wo dies der Fall war, wählte man Prunkstücke aus. Öfters begegnet Reitzeug. Dazu kommen mitunter Pferde, und zwar keineswegs überall unter dem Einfluß reiternomadischer Lebensweise. Auffallend häufig hatte man dem Toten ein Brettspiel zugedacht, bisweilen auch ein Musikinstrument. Wichtig schien ferner die Art der Kleidung; denn erhielt sie sich, finden wir immer wieder kostbare Stoffe (Seide, Brokat u. a.). Trachtzubehör und Schmuck fehlen in Frauengräbern fast nie, auch Reinigungsgerät spielte eine gewisse Rolle (Besteck, Waschschüssel, Kanne, Kamm). Schließlich beobachtet man Fleischstücke und Getränke und dementsprechend Eß- und Trinkgeschirr, das öfters, in ganzen Sätzen mitgegeben, ewigem Gelage dienen konnte. Gegenstände zu magischen Zwecken und Herrschaftszeichen sind zwar vergleichsweise selten, aber sie erhöhen den Rang auch derjenigen Inventare, die bis auf diese Wertspeicher gleichartig ausgestattet sind. [...]

Das trifft in hohem Maße auf jene Prunkgräber zu, in denen Könige bestattet worden sind. Da sie fast immer in einer Herrscherfolge standen und anzunehmen ist, daß sich dynastisches Bewußtsein auch auf die Gestaltung der Nekropole ausgewirkt hat, sollte sich diese Kette in einer kontinuierlichen Belegung des Bestattungsplatzes wiederfinden lassen. Bekanntlich gibt es solche Fälle in Staatsbildungen mit monarchischer Verfassung und ortsfester Zentralgewalt, in Großreichen wie Stadtstaaten vornehmlich des Vorderen Orients, am frühesten belegt in Ägypten während der ersten Dynastien des Alten Reichs und in Mesopotamien vor der Akkadzeit, beide Male zwar nicht gleichartig ausgeprägt, aber doch in gewissen Zügen übereinstimmend: Dem König, als Gott auf Erden geltend, geht das Gefolge nach, ausgestattet mit jenen Gütern, welche das Diesseits in das andere Dasein transponiert vorzustellen halfen. Nach diesem Muster richteten sich in Ägypten die Mitglieder der politischen Führungsspitze, wie aus dem Verhalten der Gaufürsten hervorgeht, die seit der fünften Dynastie begannen, sich in ihren eigenen Verwaltungsbezirken prunkvoll beerdigen zu lassen, oft weitab vom zentralen Königsfriedhof.

Noch viel stärker auf das Herrscherhaus bezogen, stellen sich die Mausoleen dar, freilich in späterer Zeit einsetzend und fast allein in der Architektur des Grabes oder im reliefierten Bildprogramm des Sarkophages monumental, kaum noch in Umfang und Güte des Totenzubehörs. Man denkt dabei zunächst an die über 300 Jahre lang benutzte Alexandrinische Ptolemäernekropole, mit der seit der Translatio der Mumie Alexanders der Kult des Königs als eines Gottes bis in die römische Kaiserzeit hinein verbunden war. Man hat dann ferner wegen der Meisterwerke in der Reliefkunst die phönikische Königsnekropole von Ayaa ostwärts Sidon im Auge zu behalten. Es handelt sich um jene neun unterirdischen Nischenkammern, die auf Tabnit zurückgehen (Ende 6. Jahrhundert v.Chr.), der Priester der Aštart war wie schon sein Vater, den er in einer Inschrift nennt, verbunden mit dem Fluch auf Störenfriede (er trage „kein Silber, kein Gold, keine Schätze" bei sich). Die Belegung der Grüfte reicht bis Abdalonymos, der von Alexander als Herrscher eingesetzt worden war und als Grabherr des berühmten Alexandersarkophages in Betracht kommt (um 300). Über die späteren Mausoleen im eigentlichen Sinne, wie eines der namengebende Maussolos als monumentales Denkmal der Hekatomnidendynastie in Halikarnassos errichtet hat, muß hier nicht mehr die Rede sein; Verbreitung und Überlieferung des Baugedankens bis in die römische Kaiserzeit sind bekannt. Aber ich frage mich, ob Prunkgräber, die an ein und derselben Örtlichkeit eine länger andauernde und lückenlose Reihe bilden, nicht vergleichsweise selten, ja Ausnahmen gewesen sind. Kann man ferner die Deutung der bisher behandelten Befunde auf diejenigen

Fälle übertragen, bei denen zwar über längere Zeit hin reichende Grabanlagen kontinuierliche Belegung und fortdauerndes Brauchtum vermuten lassen, eine vollständige Herrscherreihe dagegen nicht überliefert ist?

In Wirklichkeit ist eine Herrscherreihe ja nicht einmal für die Königsgräber von Ur sicher zu belegen. Der Friedhof setzte hier am Beginn der dritten frühdynastischen Periode ein, wurde auch in der Akkadzeit noch benutzt und endete während der dritten Dynastie von Ur. Die vielzitierten Prachtbegräbnisse gehören keiner der drei Dynastien an. Sie stammen aus einer Zeit, die, noch vor der ersten gelegen und von ihr durch die Herrschaft eines Dynasten aus Lagaš getrennt, nur durch drei oder vier Königsnamen repräsentiert wird. Mir scheint es bei einer solchen freilich nicht ganz unbestrittenen Chronologie schwierig, Belegungsfolge und Dauer einer ältesten „Dynastie" von Ur einigermaßen zur Deckung bringen zu wollen. Koinzidenz ist auch in Sidon bezweifelt worden, wo inschriftliche Zeugnisse tatsächlich so selten sind, daß von einer lückenlosen Belegung allein durch das Herrscherhaus ohne weitere Anhaltspunkte nicht gut die Rede sein konnte. Man verglich das Erzählgut der Reliefs mit Ereignissen im Leben der Könige, bemerkte Störungen in den Lageverhältnissen der Sarkophage und kam zu der Überzeugung, die Nekropole sei in den Besitz einer reichen Kaufmannsfamilie übergegangen, die sich die kostbaren Prunksärge beschaffen konnte. Erst in neueren Studien wird wieder eine kontinuierliche Benutzung innerhalb der Dynastie vertreten.

Noch unsicherer stellen sich die meisten anderen Befunde aus dem chronologisch wie geographisch weit gespannten Kreis der Königsfriedhöfe dar. In Mykenai schienen die Gräber auf eine starke Befestigung mit Palastanlage bezogen zu sein. Aber wir wissen heute, daß dies noch nicht für die frühen Prunkbestattungen gelten kann, weder für die Schachtgräber (A und B) noch für die ältesten Felskammergräber, und daß während der Spätzeit der Befestigung und der größten Ausdehnung des Palastes keine Prachtgräber mehr errichtet wurden, ausgenommen die nach Atreus und Klytämnestra genannten Tholoi, deren Datierung jedoch umstritten ist. Lückenlose Belegung ist zwar bei den Schachtgräbern anzunehmen, auch bei den Kammergräbern zu vermuten, die reiche Materialien aller drei späthelladischen Stufen lieferten, bei den Tholoi aber gar nicht nachprüfbar. Ob eine Dynastie in Mykenai über längere Zeit bestand, läßt sich bestenfalls aus späterer Überlieferung erschließen. Im phrygischen Gordion besteht zwar ähnlich wie in Mykenai ein enger Zusammenhang zwischen „Königsgräbern" und befestigtem Palast, aber man kann nicht einmal vermutungsweise sagen, daß sie allein für die Angehörigen der Dynastie, deren Geschichte freilich legendäre Züge trägt, erbaut worden sind und daß sie deren Regierungszeit ausfüllen. Selbst in Sardes, wo die viel besser bezeugte Memnadendynastie, die Lydien zum Range einer Großmacht befördert hat, über 150 Jahre die Herrschaft besaß, bietet das zugehörige Gräberfeld Bintepe in unserem Zusammenhang bisher noch keine befriedigenden Daten. Die Königsgräber der Achämeniden, auf mehrere benachbarte Plätze verteilt (Pasargadai, Naqsh-i Rustam und Persepolis), bilden bekanntlich erst recht keine geschlossene Reihe, obwohl man wenigstens bei einigen weiß, wer in ihnen begraben worden ist. Mit der wechselnden Wahl der Örtlichkeit für die Hofhaltung kann die Verlegung der Grabplätze nicht zusammenhängen, weil sie sich um Persepolis zu konzentrieren scheinen, Persepolis aber niemals die Rolle der politischen Zentrale zufiel, vielmehr Ekbatana und Susa als Metropolen galten und die Residenz der Könige selbst an keinen bestimmten Ort gebunden war. [...]

Welche Schlüsselstellung Prunkgräbern zufällt, wenn man Ursachen und Verlauf des Kulturwandels kennenlernen will, zeigt die Nekropole von Salamis auf Cypern, jener Stadt an der Ostküste der Insel, die während des 11. Jahrhunderts v. Chr. an die Stelle des nahen Enkomi getreten war. Gräber aus so früher Zeit bleiben dort vereinzelt, die Belegung setzte, soweit wir heute wissen, erst Mitte des 8. Jahrhunderts ein und läßt sich dann bis an das Ende des 4. Jahrhunderts verfolgen. Allerdings handelt es sich nicht um das Gräberfeld der Stadtbevölkerung in ihrer Gesamtheit, sondern offensichtlich um das der Oberschicht, wie man der Aufwendigkeit des Grabbaus entnehmen kann (unterirdische Kammergräber in Quaderbauweise mit Dromos, Felskatakomben). Bisher hat man weit über hundert Bestattungsplätze modern untersuchen können. Aber obwohl sehr viele bereits in alter Zeit oder durch sorglose Ausbeute früherer Archäologen geplündert waren, ergeben sich doch schon jetzt vorzügliche Einblicke in die Anordnung der ganzen Anlage. Sie spiegelt die historisch bedeutsamen Geschicke der Insel wider, die in ein Netz von Beziehungen zwischen Griechenland und der vorderasiatischen Staatenwelt verflochten war und im Güteraustausch, den damals Phöniker und Griechen in Händen hatten, eine wichtige Rolle spielte.

Die zentrale Nekropole fand sich südwestlich der Stadt an jener Stelle, die man nach den Felskammern Cellarka nennt. Diese setzten in der Zeit um 700 ein, man legte sie unter äußerster Raumnutzung in dichter Folge an und bestattete in ihnen jeweils mehrfach und über längere Zeit, verwendete sie also vermutlich als Familiengrüfte. Dagegen trifft man etwas entfernt auf eine Reihe von Einzelgräbern verschiedener Zeitstellung, insgesamt zehn, zwei davon mit einem Tumulus bedeckt, das eine (3, 1964) am Ende des 7., das andere als bedeutender Kenotaph im letzten Viertel des 4. Jahrhunderts errichtet, aber beide ohne inneren chronologischen Zusammenhang mit der Grabgruppe. Von den restlichen acht Gräbern enthält eines (1, 1954) noch spätgeometrische Keramik euböischer Herkunft und eine kostbare Halskette aus Bergkristall- und Goldblechperlen, im Dromos zwei Pferde und Reste eines Wagens. Die Art der Totenbehandlung, Leichenverbrennung, ist auf Cypern fremd und wird

Einwanderern aus Griechenland zugeschrieben. Eine Nach-
bestattung, diesmal Körperbeerdigung, aber wieder von
Pferd und Wagen begleitet, datiert in das frühe 7. Jahrhundert. Nach diesem Muster sind alle übrigen Gräber her-
gerichtet, das nächstjüngere stammt aus dem fortgeschritte-
nen 8., keines ist jünger als das 7. Jahrhundert. Unter den
Funden der am reichsten ausgestatteten Kammer (79, 1966)
tritt wertvoller Import hervor, phönikische Elfenbeinarbeiten, blattvergoldet und mit blauen Glasplättchen belegt, und
syrisch-urartäische Bronzekessel mit Greifen-, Sphingen-
und Stierprotomen. Im Ornament dominieren assyrische
und ägyptisierende Motive. Sie begegnen auch auf Pferdege-
schirr, das man bei den Pferdeskeletten in den Dromoi reichlich fand und das auf den bekannten Palastreliefs Assyriens
überzeugende Parallelen hat. Tatsächlich sind die Beziehungen dorthin bemerkenswert eng gewesen. Denn was auf den
Reliefs als Bildfolge erscheint, sieht man in den Grabinven-
taren von Salamis ins Gegenständliche umgesetzt: der feierliche Aufzug aus Pferd und Wagen, in den mitunter mehrfach vor den Grabtüren aufgestellten Gespannen versinn-
bildlicht; die Thronszene, durch die Beigabe von prächtig
verzierten Stühlen repräsentiert; das Symposion, dessen
dingliches Zubehör durch ein Ruhebett aus Elfenbein, man-
nigfaltiges Metall- und Tongeschirr, selbst Küchengerät
(Bratroste) vertreten ist. Bildprogramm und Inventargestal-
tung ähneln sich trotz verschiedenartiger Ausdrucksmittel
in ihrem gedanklichen Gehalt derart, daß man Unabhängigkeit in den zugrundeliegenden Vorstellungen schwerlich
wird vertreten wollen. Wie weit sie verbreitet waren, zeigen
etruskische Beispiele aus Gräbern der gleichen Zeit, was ja
seit langem bekannt ist und mit Recht geltend gemacht wird,
wenn man das Werden der orientalisierenden Periode nicht
allein mit der Einfuhr von Gegenständen und der Übertra-
gung von Ornamentsystemen, sondern auch mit der Ausbreitung von Ideengut aus Urartu, Assyrien und den Rand-
staaten des östlichen Mittelmeerraumes erklären will.

Während in Etrurien die Prachtgräber mit Beigaben des orientalisierenden Stils zwar Veränderungen am Ende der spätgeometrischen Epoche widerspiegeln, aber keineswegs als markanten Wechsel, fixieren auf Cypern die älteren Prunkinventare mit Ausstattungsstücken vorderasiatischen Charakters tatsächlich den Beginn des archaischen Zeitalters, wenngleich aufwendiger Grabbau in Salamis selbst schon früher einsetzte (3, 1964). Den Grund für diesen Umschlag sieht man überzeugend in der besonderen Art der Beziehungen, die Cypern seit der Regierungszeit Sargons II. (721–705) zu Assyrien unterhielt. Wie inschriftlichen Zeugnissen im Palast von Chorsabad und auf einem Siegesdenkmal des Königs in Kition auf Cypern selbst zu entnehmen ist, huldigte eine Reihe cyprischer Stadtkönige dem Herrscher, sandte ihm kostbaren Tribut und erkannte auf diese Weise seine Oberhoheit an (709 v. Chr.). Das wiederholte sich während der Regierung Asarhaddons (680–669), der auf einer Inschrift im Palast von Niniveh (673/72) Städte wie Könige der Insel namentlich bezeichnete, seine Suprematie also erneut zum Ausdruck brachte. Unter seinem Nachfolger Aššurbanipal (668–626), der 667 für Cypern die gleichen Namen abschreiben ließ, während er die Liste für Syrien und Palästina den veränderten politischen Gegebenheiten anpaßte, scheint die Oberherrschaft erloschen zu sein. Man hat daraus geschlossen, daß sich die Insel zwischen dem Ende des 8. und der späten ersten Hälfte des 7. Jahrhunderts Assyrien unterworfen hatte und dieses Joch erst unter Aššurbanipal abschütteln konnte, während dessen Regierungszeit die Großmacht bekanntlich ihrer Auflösung entgegenging.

Lebhafteste Beziehungen der Insel zu Assyrien während der in Rede stehenden Periode sind unbestreitbar. Waren sie tatsächlich derart, wie sie die inschriftlichen Zeugnisse schildern, versteht man, warum sich die herrschende Schicht einer so bedeutenden Hafenstadt wie Salamis in ihren Lebensgewohnheiten nach dem stärkeren, politisch

entscheidenden Partner richtete und sich selbst noch im Be-
stattungsritual mit ihm so weit identifizierte, daß man in
den Palästen der Lebenden eine Imitation des Zeremoniells
von Chorsabad oder Niniveh erwartet. Es wäre ferner be-
greiflich, weshalb sich die Prunkgrabsitte ungefähr auf eben
die Zeitspanne beschränkte, in der Assyrien für Cypern ein
Machtfaktor ersten Ranges war und jene Veränderungen
eintraten, mit denen das archaische Zeitalter hier begann.

Abb. 15: Gisa – Chephren-Pyramide, 4. Dynastie, frühes drittes
Jahrtausend.

VIII. Pyramiden

Jean-Philippe Lauer

Die größten Bauherren des Alten Reiches

Snofru, der Begründer der 4. Dynastie, war sicher der größte Bauherr des Alten Reiches. Mit seiner Thronbesteigung
zeichnen sich deutlich neue Entwicklungen in der monumentalen Grabarchitektur ab. Imhotep hatte der aufsteigenden Kraft machtvollen Ausdruck verliehen, damit sich Pharao zu den unsterblichen Göttern erheben konnte. Nun ver-
stärkte man den Ausdruck: Die Riesenleiter der Stufenpyramide wurde zur wirklichen, direkt zum Himmel weisenden
Pyramide mit dreieckigen Seiten. [...]
    Snofru erbaute seinen Grabbezirk zunächst in Dahschur
Süd; dort entstand die erste regelrechte Pyramide. Bisher
hatten sich die Architekten bemüht, das Profil der Stufenpyramiden in den Umriß eines Dreiecks einzufügen. Dadurch konnte bei der Planung der Snofru-Pyramide die Idee
aufkommen, die Dreiecksform in der Pyramide selbst zu
verwirklichen. Diese einfachere, reine Form zeigt direkt
zum Himmel. Die Theologen konnten diese Schöpfung der
Architekten billigen; ihre Form erinnerte an den Benben-
Stein, den heiligen Stein von Heliopolis, in dem man spezifische Sonneneigenschaften sah. Mit Imhoteps Idee vom Aufstieg des Königs verbanden sie die Vorstellung vom auf das
Königsgrab herabkommenden Schutz des Sonnengottes Re:
Die Pyramide erinnert an das dreieckige Strahlenbündel,
das die Wolken durchdringt, sobald sich das Gestirn auf den
Horizont senkt.
    Diese erste Pyramide von Dahschur hätte bei ihrem Nei-
gungswinkel der Seiten von 54° 28' an der Basis 128 m hoch
werden sollen. Da während des Bauens im Mauerwerk der
hohen Räume mit Kraggewölbe Unregelmäßigkeiten auftraten, verminderten die Architekten den Neigungswinkel von
der schon erreichten Höhe an um 11°; damit beschleunigten
sie die Fertigstellung, und das Bauwerk erhielt seine be-

rühmte Knickform. Auf derselben Achse, etwa 50 m südlich, wurde außerdem eine Nebenpyramide von 100 Ellen
Seitenlänge errichtet. Doch Snofru gab sich nicht zufrieden;
nachdem er die Stufenpyramide von Meidum in eine echte
verwandelt hatte, ließ er 2 km weiter nördlich noch eine
größere Pyramide bauen.

Allein der Rauminhalt der beiden Pyramiden in Dahschur Nord und in Dahschur Süd überschreitet 3 000 000 m³;
damit liegt er um 400 000 m³ über dem beträchtlichen Volumen der Cheops-Pyramide in Gisa. So große Bautätigkeit
könnte folgenden Grund gehabt haben: Nach dem Fehlschlag beim Bau der Knickpyramide versuchten die Architekten zunächst, die sicher unbenutzte Pyramide von Meidum durch Veränderung der äußeren Form für Snofru
brauchbar zu machen. Dann mußten sie sich entschließen,
die Pyramide nördlich von Dahschur zu bauen; ihre technische Vollkommenheit erweist sich an der Ausführung der
Kraggewölbe: 12 und 15 m hoch überdecken sie etwa 4 m
breite Räume – und mehr als viertausendsechshundert Jahre
lang sind sie absolut intakt geblieben. Es sind architektonische Meisterwerke. Jeder dieser beiden Räume sieht aus, als
wäre er die Grabkammer gewesen, die aber höher liegt; sie
ist nur durch einen kleinen Gang erreichbar, der vom zweiten Raum in halber Höhe des Gewölbes ausgeht. Diese Zugangspassage war nach dem Begräbnis sorgfältig kaschiert
worden.

Für so große Bauten war es natürlich angezeigt, mit noch
umfangreicheren Steinblöcken zu arbeiten. Die Stufenpyramide von Meidum und die Knickpyramide bestehen aus
sehr unterschiedlichen Blöcken; bei der Knickpyramide
sind einige Lagen im unteren Drittel weit über 1 m hoch,
die übrigen Maße erreichen ein Mittel von 1,50 m. Die Neigung der Steinlagen nach dem Inneren der Pyramide beträgt
bis zur Knickhöhe noch 5 bis 10°; nach dem Knick wurde
sie als nutzlos angesehen und aufgegeben. Bei den später gebauten Pyramiden und sogar bei der letzten Außenschicht

von Meidum – und das beweist, daß sie jünger ist als die Knickpyramide – sind keine geneigten Lagen mehr festzustellen.

Unter Cheops, der auf Snofru folgte und die große Pyramide in Gisa erbaute, wurden noch erhebliche Fortschritte im Pyramidenmauerwerk erzielt. Die Cheops-Pyramide erreichte bei einer Seitenlänge von 440 Ellen (etwa 230,50 m) eine Höhe von 146,60 m. Hauptsächlich die Blöcke der unteren Lagen sind sehr groß; bewundernswert sind ihre untadelige Verfugung und letzte Glättung in der ersten, 1,50 m hohen Schicht, die an der Nordseite in schöner Reihe erhalten ist. Aber die Hauptsorge der Erbauer galt der Sicherung des Zugangs zur Grabkammer und ihrem Überdeckungssystem. Zum Schutz benutzte man Assuan-Granit; so sind die Zugangspassagen und einige Gänge zumindest teilweise mit Fallsteinen aus Granit versperrt. Für die Grabkammer hat man offenbar nacheinander drei verschiedene Stellen vorgesehen. Nach dem ersten Plan sollte sie unterirdisch etwa 30 m unter der Basis am Ende der geneigten Zugangspassage liegen, die von der Nordseite der Pyramide ausgeht; aber noch bevor der Boden des dort ausgehöhlten Raums geebnet war, wurde der Plan geändert.

Nach dem zweiten Plan baute man die Grabkammer 21 m über der Basis im Pyramidenmassiv. Sie ist 10 Ellen (5,25 m) breit und hat ein Überdeckungssystem, das hier zum erstenmal vorkommt: zwei Reihen von gegeneinandergestemmten dicken Platten bilden eine Art Giebeldach. Zu diesem Raum führt ein von der geneigten Zugangspassage abzweigender, erst aufsteigender, dann horizontaler Gang. Um die Granitblöcke, mit denen man ihn nach dem Begräbnis versperren wollte, vorläufig unterzubringen, erfand man die herrliche „Große Halle". Das Gewölbe ist ein Kraggewölbe wie in den Pyramiden Snofrus, aber genauso geneigt wie die Halle selbst. Eine solche Halle erscheint in keiner anderen Pyramide – sie ist ein architektonisches Meisterwerk.

Im letzten Plan wurde die zweite Grabkammer zugunsten der dritten aufgegeben; diese liegt in Höhe des oberen Endes der „Großen Halle", die zum einzigen Weg zu dieser endgültigen Grabkammer wurde. Wie der kurze, von der „Großen Halle" horizontal wegführende und mit drei Fallsteinen versperrte Zugang wurde sie vollständig mit Granit ausgekleidet. Doch die riesigen Deckenplatten von 5 m Spannweite spalteten sich kurz nach dem Aufsetzen. Darum baute man fünf Entlastungskammern darüber und versah jede mit einer Decke aus Granitplatten – wieder spalteten sich einige –, schließlich wurde das Ganze durch eine entlastende Giebeldachkonstruktion wie bei der zweiten Kammer geschützt.

Djedefre, der nach seinem Vater Cheops regierte, baute seine Pyramide weiter im Norden, in Abu Roasch. Sie ist fast zerstört; in ihrer Mitte hat sie eine tiefe Grube, in die hinein die Grabkammer gebaut war; aber da der Grund des Schachtes nicht freigelegt werden konnte, sind Grundriß und Aufbau unbekannt.

Danach übernahm Chephren, ein anderer Sohn des Cheops, die Herrschaft. In seiner Pyramide ist die Grabkammer bis zur Höhe, wo das Gewölbe beginnt, aus dem gewachsenen Felsen gehöhlt. Es besteht wieder aus einem Giebeldach wie bei der zweiten Grabkammer des Cheops; von da an kommt es in allen Pyramiden des Alten Reiches vor. Bei Mykerinos jedoch, genau wie in der „Mastabat Faraun", dem Grab seines Sohnes Schepseskaf, ließen die Architekten die Innenseite des Gewölbes leicht aushöhlen und gaben ihr so ein Bogen-Profil.

Nach Cheops bemerkt man an den Pyramiden der 4. Dynastie eine zunehmende Verwendung von Granit. Bei Chephren bestand zumindest die Grundschicht der Außenhaut daraus, und im Inneren ist der ganze obere Zugang damit ausgekleidet. In der eindrucksvollen Ausschachtung von Zawijet el-Arijan, der wahrscheinlich von einem Sohn Djedefres begonnenen Pyramidenanlage, besteht ein wesentlicher Teil des Schachtbodens aus mehreren Lagen großer Granitblöcke.

Bei der Mykerinos-Pyramide wurde die Verkleidung bis zu einem Drittel der Höhe in Granit ausgeführt; auch Zugang und Grabkammer bestehen daraus. In der „Mastabat Faraun" sind die ganze Grabwohnung – Zugang, Gang mit Fallsteinen, Haupträume und Magazine – und die unterste Schicht der äußeren Verkleidung aus Granit gebaut.

Andererseits wurden kurz nach dem Tod Chephrens und nach der Einstellung des Baus von Zawijet el-Arijan, wo die kaum begonnene Pyramide noch eine Seitenlänge von ungefähr 200 m hätte erhalten sollen, plötzlich erheblich geringere Steinmassen verbaut. Mykerinos begnügte sich dann mit einer kleineren Pyramide, deren Seitenlänge um die Hälfte auf 200 Ellen, das sind 104,80 m, reduziert ist. Das Monument erreichte nur eine Höhe von 66 m, der Rauminhalt beträgt 250 000 m³, also annähernd neunmal weniger als bei der Chephren-Pyramide.

Der Neigungswinkel bestimmt die Proportionen und damit die Form der Pyramide; er wechselte innerhalb der Dynastie deutlich von einem Gebäude zum anderen. Unter Snofru wurde der Neigungswinkel, der im unteren Teil der Knickpyramide ziemlich hoch ist, oben um mehr als 11° gesenkt, und so niedrig bleibt er auch bei seiner zweiten Pyramide. Cheops ging auf einen Zwischenwert, eine Neigung von 14 bis 11° zurück, die schon in Meidum verwendet worden war, wo sie sich aus dem Stufenprofil des vorhergehenden Bauzustandes ergeben hatte. Chephren leitete die von ihm benutzte Neigung von 4 bis 3° von dem „heiligen Dreieck" 3 zu 4 zu 5 ab, und die Neigung der Mykerinos-Pyramide von 5 bis 4° war durch das sogenannte „ägyptische Dreieck" vorgegeben.

H. Schmid
Der Turm zu Babel

Robert Koldewey hat mit seinem Rekonstruktionsvorschlag für den „Babylonischen Turm" eine der großen Kontroversen in der Geschichte der Archäologie eingeleitet. Nun macht es der legendenbefrachtete Koloß in der Tat ungemein schwer, ihn als konkrete Architektur nachzuentwerfen. Mit ihm verbinden sich die großen Visionen von der baugewordenen menschlichen Überheblichkeit, die ihm im Laufe der Zeit geradezu kosmische Dimensionen verliehen haben. Im Vergleich dazu wird jede Rekonstruktionszeichnung, die sich an den archäologischen Fakten orientieren muß, ernüchternd und letzten Endes enttäuschend wirken. Davon macht allenfalls Koldeweys Rekonstruktion eine Ausnahme, obwohl – oder gerade weil – sie wissenschaftlich nicht zu halten ist. Wenn aber siebzig Jahre nach der Grabung an der Zikkurrat die Zahl der Gegenvorschläge das Dutzend übertrifft, dann ist das allein auch schon für diese selbst ein Zeichen mangelnder Evidenz und um so peinlicher, als sich gerade zur Zeit die Frage der baulichen Form der Zikkurrat im Zusammenhang mit der Präsentation der Ruine erneut stellt, nachdem Babylon jetzt für die Öffentlichkeit besser erschlossen werden soll. Es ist daher dringend geboten, den unbefriedigenden Stand der Forschung zu revidieren.

Nun ist der Forschungsverlauf unlösbar mit den Rekonstruktionsversuchen verknüpft, weil diese trotz ihrer gelegentlichen Fragwürdigkeit immer wieder die Denkanstöße lieferten, nach denen das Material interpretiert wurde. Aber die Ausgangslage war ungünstig: Eine zu große Diskrepanz klafft zwischen baulichen und schriftlichen Informationen. Baureste der Zikkurrat, die als eine Art Negativ fast ganz unter Wasser liegen und bei der Grabung nur abgetastet wurden, mußten mit einem verhältnismäßig reichen, aber nicht leicht verständlichen Korpus schriftlicher Quellen zur Deckung gebracht werden. So etwas erschwert fundierte Aussagen und öffnet ein weites Feld für kühne Ideen, die sich am baulichen Befund kaum kontrollieren lassen. Deshalb ist es zunächst erforderlich, diese Aussagen auf ihre interne Konsistenz zu überprüfen, um Tragfähiges von Willkürannahmen zu trennen und bestimmte Fixierungen aufzulösen. [...]

Abb. 16: Tempelrekonstruktion nach K. G. Siegler (1978).

Die Ruine ist der Rest von drei nacheinander gebauten Tempeltürmen. Ihr Lehmziegelkern ist, wie die Ausgräber von 1913 vermuteten, eine ältere Zikkurrat. Höchstwahrscheinlich gehören zu dieser Zikkurrat auch die tiefliegenden Teile, die man seinerzeit als Massiv aus Stampflehm ansprach. Dann hatte dieser Bau eine Kantenlänge von ungefähr 65 m. Jede siebte Lehmziegelschicht enthielt eine Lage von Schilf, die sich heute als schwarze Lagerfuge zeigt. Solche Schilflagen sind von anderen Zikkurrat-Bauten aus dem südlichen Mesopotamien seit der Zeit der III. Dynastie von Ur wohlbekannt. Das Kernmassiv in Babylon ist demnach nicht der Rest einer archaischen Hochterrasse, sondern eines Stufenturms aus historischer Zeit.

Dieser Bau wurde – vor der Errichtung des Backstein-mantels – einmal mit einem Mantel aus Lehmziegeln umgeben, der mittels Holzbalken in horizontalen und vertikalen Abständen von 3,1 m mit dem Kernmassiv verbunden wurde. Für die Stärke dieses Lehmziegelmantels gibt es keinen unmittelbaren Hinweis. Aber es ist möglich, daß das von Wetzel beobachtete, unter dem Backsteinmantel liegende „Tonbett" von ihm stammt. Dies würde dieser Zikkurrat eine Kantenlänge von etwa 73 m verleihen.

Zum Bau des Backsteinmantels, mit dem die Zikkurrat die Kantenlänge von durchschnittlich 91,55 m erhielt, muß dieser Lehmziegelmantel wieder entfernt worden sein. Jedenfalls sind die Holzanker nur auf der Südseite und teilweise auf der Westseite des Kernmassivs erhalten geblieben – wenigstens über dem heutigen Wasserstand. Die wenigen Lehmziegel, die von ihm übriggeblieben sind, sah man 1913 nicht, wohl aber zwei Anker aus Palmholz.

Der Befund an der Ruine widerlegt Weißbachs These von der Identität des Kernmassivs mit der „Füllung" des Nebukadnezar. Diese kann demzufolge nur in höherliegende Teile eingebracht worden sein. Wer nun davon überzeugt ist, die übereinstimmende Höhenangabe setze auch einen gemeinsamen Bauhorizont fest, der muß diesen auf jeden Fall über den erhaltenen Bauteilen der Zikkurrat suchen. Dann aber wäre zu erklären, wieso Nabupolassar eine Fundamentgrube ausheben und den Grundriß neu abspannen ließ. Beides war unnötig, wenn er sein Backsteinmauerwerk auf vorhandenes älteres aufsetzen konnte. Es liegt also viel näher, die Idee vom gemeinsamen Bauhorizont für die beiden Vorgänge aufzugeben und den Backsteinmantel auf einer niedrigeren, die Füllung auf einer höheren Ebene anzunehmen. Die letztere dürfte dort sein, wo das Umrißprofil der Zikkurrat den auffallenden Rücksprung zeigt, nämlich über der zweiten Terrassenstufe. Der „Unterbau" in der Urkunde des Nebukadnezar bezieht sich dann auf den Hochtempel, und die Füllung hatte die Funktion, diesen in traditioneller Art auf Lehmziegel zu gründen. Dies wird vollends verständlich, wenn wir annehmen, daß darunter die alte Lehmziegel-Zikkurrat noch anstand, die Nabupolassar mit seinen „vier Wänden" umgeben hatte. Man kann nun die Höhe der Füllung in Klein- oder in Großmaß rechnen. Großmaß und die Annahme von vier oberen Terrassenstufen ergeben eine bessere Übereinstimmung mit dem Umrißprofil, so daß ich diese Rechnung bevorzuge.

Die Ruine läßt nun aber auch die Zerstörungsgeschichte der Zikkurrat ablesen. Das ganze Massiv war schon in der Antike bis auf etwa 4 m über dem damaligen Benützungsniveau abgetragen. Dabei war im Bereich des Anschlusses der Mitteltreppe im Mantel und im Kernmassiv eine noch tieferreichende Mulde entstanden, die sich später ohne menschliches Zutun wieder füllte. Darüber entstand später ein großes Gebäude aus Lehmziegeln, das zumindest im Bereich der Treppenanlage über die Fläche der Zikkurrat hinausreichte. Seine Datierung ist nicht klar, die Funde gehören der parthischen bis frühislamischen Zeit an. Der Benützungs- und Verfallschutt dieses Gebäudes überlagert die Ruine der Zikkurrat in einer Stärke von etwa 2 m. Dies erklärt, weshalb die jahrhundertelange Suche nach den Resten des Turms von Babel vergeblich war.

Das Abräumen der Zikkurrat muß, wie Koldewey bei seiner Beschreibung der Schutthügel von Hómera dargelegt hat, auf die von Strabo überlieferte Aktivität Alexanders zurückgehen. Da dieser indessen die Heiligtümer wiederherstellen wollte, muß die Zikkurrat zu seiner Zeit bereits tiefgreifend zerstört gewesen sein. Die oben erwähnte Mulde muß Alexander zwar mit ausgeräumt haben, aber er folgte dabei nur der älteren, hier besonders tiefreichenden Zerstörung. Sie zeigt an, daß die Mitteltreppe bis zum Erdboden herab abgebrochen war, ehe Alexander kam. Herodots Besuch in Babylon, bei dem er diese Treppe schon nicht mehr sah, liefert uns den Hinweis auf den Zeitpunkt dieser Zerstörung: Es war sicher ein Teil des Strafgerichtes, das Xerxes

482 v. Chr. über die aufständische Stadt verhängte. Er entweihte ja auch Esagila und strich den Namen Babylons aus seiner Königstitulatur. Die von Ktesias und anderen überlieferte Zerstörung des Grabes des Belos in Babylon hat also hier ihren wahren Kern.

Die Aussagen der spätbabylonischen Könige in ihren Gründungsurkunden und die Überlieferung der antiken Geschichtsschreibung lassen sich also gut mit dem Grabungsbefund zur Deckung bringen. Unklar ist indessen noch das Verhältnis des in der Esagila-Tafel kopierten Textes zu der in Babylon gefundenen Ruine. Zwar stimmen die für den Grundriß genannten Maße der Esagila-Tafel insoweit überein, als die Ruine ohne ihre Treppenanlage genau quadratisch angelegt ist und die erwartete Kantenlänge zeigt, nämlich 180 Ellen im Kleinmaß bzw. 120 Ellen im Großmaß. Aber die Treppenanlage hat sich bis jetzt nicht überzeugend mit dem Aufriß der Zikkurrat verbinden lassen, wie er sich aus den Angaben der Tafel zu den Höhen der einzelnen Terrassenstufen ergibt. Sämtliche Rekonstruktionsversuche, die sich streng an die beobachtete Treppenneigung halten, haben zu Aufgangsformen geführt, die entweder geringere Höhen für die beiden unteren Terrassenstufen nahelegen oder aber gänzlich unabhängig von einem bestimmten Stufenaufbau sind. Martinys Mitteltreppe erreicht die Oberfläche der zweiten Terrasse nur, wenn sie einschneidet. Damit könnte er aber genau wie mit seinen umbiegenden Seitentreppen auch ganz andere Höhenlagen erreichen. Busink und Siegler könnten ihr gemeinsames Podest für die drei Treppen auch tiefer annehmen. Und die durchlaufende Mitteltreppe bei Krischen nimmt überhaupt keine Rücksicht auf die einzelnen Terrassenebenen. Bei keinem dieser Vorschläge besteht demzufolge eine innere Notwendigkeit, gerade den von der Tafel überlieferten Stufenaufbau der Zikkurrat vorauszusetzen. Wird einer dieser Vorschläge akzeptiert, so ist implizit zugegeben, daß der Grabungsbefund eher einen anderen Stufenaufbau anzeigt, als ihn die Tafel überliefert. Es wäre dann nur konsequent, die Tafel überhaupt nicht mehr für eine Rekonstruktion der Zikkurrat heranzuziehen, deren Reste in Babylon gefunden sind, sondern anzunehmen, daß eine andere ältere oder jüngere Zikkurrat beschrieben ist.

Nun fällt auf, daß sämtliche Rekonstruktionen die Höhe der Fundamentsohle des Backsteinmantels der Benützungshöhe der Zikkurrat gleichsetzen, obwohl die Treppen deutlich höher gegründet sind, also auch höher angetreten wurden. Die Vernachlässigung derart elementarer Fakten läßt vermuten, daß die baulichen Informationen noch keineswegs ausgeschöpft sind. Obwohl dies Wetzels Befundvorlage von 1938 nicht gerade leicht macht und offensichtlich auch Fehlmessungen vorgekommen sind, ist die Rekonstruktion der Daten einigermaßen möglich.

In Wetzels Beschreibung der Freitreppenanlage fehlt eine genaue Angabe über das Steigungsverhältnis der Treppen, d.h. Höhe und Tiefe der einzelnen Trittstufe. Für letztere sind seine Aussagen widersprüchlich und stimmen auch mit dem Wert nicht überein, der sich aus dem Vortreten der ersten sieben Stufen vor die Flanken des Mantels um 1,8 m ergibt, nämlich 25,7 cm. Im Plan erscheint dieses Maß eher etwas höher. Die Höhe der Trittstufe ist im Schnitt durch die westliche Treppe mit 19 cm eingetragen, der genaue Durchschnittswert ist nach den einnivellierten Höhen 19,12 cm. Wahrscheinlich stehen hinter diesen Werten bestimmte Festlegungsverfahren, um mit der vorhandenen Lauflänge eine erforderliche Höhe genau zu erreichen. Zwei Möglichkeiten liegen nahe: 1. Ein Verhältnis 8:11 ergibt bei 19,12 cm Steigung den Auftritt von 26,29 cm; 2. Die Laufneigung von 36 Grad ergibt bei dieser Steigung 26,32 cm Auftritt. Beide Verfahren sind auf der Baustelle problemlos durchzuführen und lassen das Steigungsverhältnis auf 19,1 cm zu 26,3 cm abrunden.

Die Berechnung der Lauflänge ist bei der Mitteltreppe verhältnismäßig einfach. Sie war vom Antritt bis zur Außenkante der Seitentreppen 51,61 m lang. Wenn sie über die Seitentreppen und den Umgang auf der ersten Terrasse hinweggeführt war, müssen wir allerdings die Gültigkeit der Maße aus der Esagila-Tafel als Arbeitshypothese einsetzen. Die gesamte Lauflänge lag dann zwischen 65,85 m und 65,91 m. Das ergibt 250 oder 251 Trittstufen.

Bei den Seitentreppen haben wir insofern eine gewisse Unsicherheit, als sich hier die Summe der Einzelmaße ihrer Wangengliederung vom Durchmaß der Kantenlänge der Südseite unterscheidet. Nach der Wangengliederung kommen wir bis zu den Kanten der Mitteltreppe auf 43,27 m bzw. 43,22 m. Zuzüglich der Mitteltreppenbreite und abzüglich des Vortrittsmaßes vor die Mantelkanten müßte die Südseite 92,1 m bis 92,2 m lang sein – die Ausgräber geben dafür aber nur 91,1 m an, bezeichnen allerdings das Maß als unsicher. Ich vermute, daß hier ein Beobachtungsfehler vorliegt, ein Meterfehler, wie er nicht selten vorkommt, und halte mich an das Maß der Wangengliederung für die Seitentreppen. Sie hatten dann 164 Trittstufen, wenn sie an den Kanten der Mitteltreppe bzw. auf einem Podest unter dieser endeten.

Die Seitentreppen konnten damit die Höhe von 31,32 m erreichen. Zur aus der Tafel errechneten Höhe der ersten Terrassenstufe mit 33,57 m fehlen also 2,25 m. Die Mitteltreppe erreichte, mit 250 Stufen gerechnet, die Höhe von 47,75 m, wurde aber ziemlich genau 2 m höher angetreten als die Seitentreppen. Ihr Austritt lag danach bei 49,75 m Höhe. Die beiden unteren Terrassen zusammen aber haben nach der Tafel 51,88 m Höhe, also 2,13 m mehr. Die Fehlbeträge sind demnach fast gleich – und dies bei unterschiedlichen Höhenlagen der Antritte wie der Austritte. Dies kann kein Zufall sein, sondern spricht für eine wohlbedachte Ausführung.

Einen noch klareren Hinweis für eine im Detail durchgeplante Treppenanlage erhalten wir aber aus dem Vortreten der Seitentreppen vor die Seitenkanten des Backsteinmantels. Bautechnisch wäre es einfacher und besser, die Treppen von Anfang an mit dem Mauerwerk des Mantels zu verbinden, um ungleiches Absetzen zu verhindern. Wenn man die Treppen vortreten ließ, dann mußte man offenbar die Lauflänge vergrößern, um eine ganz bestimmte Höhe zu erreichen. Andererseits genügte dazu der Betrag von 1,8 m, sonst hätte man dieses Maß erhöht. Dasselbe gilt für die Mitteltreppe, deren Lauflänge unabhängig vom Massiv bestimmt werden konnte. Daraus ist zwingend zu schließen, daß die Treppen auf die einfachste Weise, d. h. mit einem einzigen durchgehenden Lauf, die in Betracht kommenden Höhenlagen erreichten. Zu fragen ist nur noch, wie es zu dem errechneten Fehlbetrag kommt.

Die Lösung ist sehr einfach, wenn wir von der Fundamentsohle des Mantels aus rechnen. Diese dürfte nach der untersten, noch eingemessenen Ziegelschicht mit Oberkanthöhe 4,03 m unter dem Wasserspiegel etwa ein bis zwei Ziegelschichten tiefer liegen, also etwa bei 4,2 m unter dem Wasserspiegel. Die Antritte der Seitentreppen sind bei 3,10 m bzw. 3,13 m unter dem Wasser beobachtet, liegen also um mehr als Meterhöhe höher. Weitere 2 m höher wurde die Mitteltreppe angetreten, und ihre Antrittshöhe muß dem Benützungsniveau der Zikkurrat entsprechen. Bezieht man nun das Höhenmaß der ersten Terrassenstufe auf die Höhenlage der Fundamentsohle, so reduziert sich der Fehlbetrag auf 1,16 m bzw. 1,06 m. Dies aber dürfte die Höhe der Brüstungsmauer sein, die auf den Terrassenstufen anzunehmen ist. Sie entspricht in Art und Höhe den hochgezogenen Wangenmauern der Treppen, die Wetzel beobachtet hat.

Demnach haben die Seitentreppen in einem durchgehenden Lauf auf ein gemeinsames Podest unter der Mitteltreppe geführt, das auf Umgangshöhe der ersten Terrasse lag. Die Mitteltreppe war über dieses Podest weggeführt bis zur Umgangshöhe der zweiten Terrasse. Die Höhenmaße der Tafel schließen also sowohl die nicht sichtbaren Fundamentteile als auch die Brüstungsmauern mit ein. Sie wurden also nicht am fertigen Bauwerk über dem Erdboden gemessen, sondern geben die Höhen ohne Rücksicht auf die Ausführungseinzelheiten. Dies bedeutet, daß es sich um Planmaße handelt. Die Esagila-Tafel ist demzufolge keine Baubeschreibung, sondern die Beschreibung des Entwurfs für die letzte Zikkurrat in Babylon.

Interessanterweise kommt M. A. Powell zu dem Ergebnis, daß die Vorlage, nach welcher Anubelschunu den Text kopierte, in spätbabylonischer Zeit entstanden sein müsse. Denn dazu paßt jene Passage in der Bauurkunde Nabupolassars, wo der König schreibt: „Die Orakel des Šamaš, Adad's und Marduk's holte ich ein, und im Herzen überlegte ich, bewahrte die Maße, (die) die großen Götter bei der Einholung der Orakel bestimmt hatten." Bei seinem Bauvorhaben mußte der König eine lange Bauzeit einkalkulieren, aber dennoch die wichtigsten Dimensionen bei Baubeginn verbindlich festlegen. Mit dem Anlegen des Grundrisses wurde auch die Lauflänge der Treppen fixiert und damit die Höhe der Terrassenstufen, die mit diesen Treppen erreicht werden sollten. Diese Höhen waren also später einzuhalten und wurden deswegen „bewahrt". Es ist zu vermuten, daß dies nicht nur beschreibend, sondern auch in Form eines Bauplans geschah.

Wie einfach ein solcher Bauplan aussehen konnte, belegen drei Urkunden. Wir kennen die Zeichnung eines Stufenkörpers, der sicher eine Zikkurrat darstellt, aus einer Tontafel des Britischen Museums in London, die D. J. Wiseman veröffentlicht hat. Es ist ein abgestufter Umriß oder Aufriß mit Maßangaben für die einzelnen Stufen. Eine andere Form der Darstellung einer Zikkurrat hat Liane Jakob-Rost erst kürzlich im Archiv des Vorderasiatischen Museums in Berlin entdeckt. Die auf einem Tontafelfragment eingeritzte Zeichnung ist durch die allerdings stark beschädigte Inschrift als wahrscheinlich dem Marduk geweihte Zikkurrat ausgewiesen. Gezeichnet ist der Stufenkörper aber in der

Aufsicht, zwar ohne Maßeinträge, jedoch offensichtlich in einem bestimmten Maßstab. Diese ungewöhnliche Art der Darstellung hat nun Joachim Oelsner veranlaßt, eine ähnliche Zeichnung auf einer Tontafel der Hilprechtsammlung in Jena als Zikkurrat-Grundriß mit Tempel zu identifizieren.

Die Erkenntnis, daß die Esagila-Tafel wahrscheinlich einen derartigen Bauplan ergänzend beschreibt, wirft ein neues Licht auf diejenigen ihrer Teile, die sich bis jetzt einer Deutung entzogen haben. Wir können also hoffen, auf die immer noch offenen Fragen einmal antworten zu können. Die Leistung der Ausgräber von 1913 wird dann ihren rechten Stellenwert erhalten

Alberto Ruz Lhuillier

Das Pyramidengrab von Palenque

Als mich im Frühjahr 1949 das mexikanische National-institut für Anthropologie und Geschichte zum Forschungsleiter in Palenque [im mexikanischen Staat Chiapas gelegen, eine der westlichsten Mayastätten, die Hrsg.] ernannte, war mir durchaus bewußt, daß dies das bedeutendste Ereignis meines Berufslebens darstellte.

Ich wußte, daß meine Vorgänger Forscher, Künstler, Gelehrte und verdiente Männer gewesen waren und daß man in einem Zeitraum von 150 Jahren dort wunderbare Bildwerke entdeckt hatte, aber ich war auch überzeugt, daß noch viele andere archäologische Kostbarkeiten unter dem Schutt der Paläste, Tempel und Pyramiden und in dem dichten und geheimnisvollen Dschungel von Chiapas verborgen lagen, der sie eifersüchtig hütete. [...]

Sehr bald, nachdem wir mit der Beseitigung des Schutts begonnen hatten, bemerkte ich, daß die Tempelmauern nicht mit dem Boden abschlossen, sondern sich nach unten fortsetzten – ein sicheres Zeichen dafür, daß dort unten etwas zu finden war. Von dieser Aussicht angefeuert, begann ich zu graben, und am nächsten Tag – dem 20. Mai 1949 – trat jener Stein zutage, der in Mayabauten stets als Abschluß eines Gewölbes verwendet wird. Die Maya bauten keine echten Gewölbe; sie näherten vielmehr die Mauern durch vorkragende abgeschrägte Profilsteine einander so weit an, bis nur noch eine kleine Lücke übrigblieb, die dann mit einem einzigen flachen Stein geschlossen werden konnte. Wenige Tage darauf fand ich eine Stufe, und dann immer mehr Stufen. Ich war auf eine Innentreppe gestoßen, die in die Pyramide hinabführte und aus einem uns damals nicht bekannten Grunde dadurch unbenutzbar gemacht worden war, daß man sie mit großen Steinen und Lehm ausgefüllt hatte.

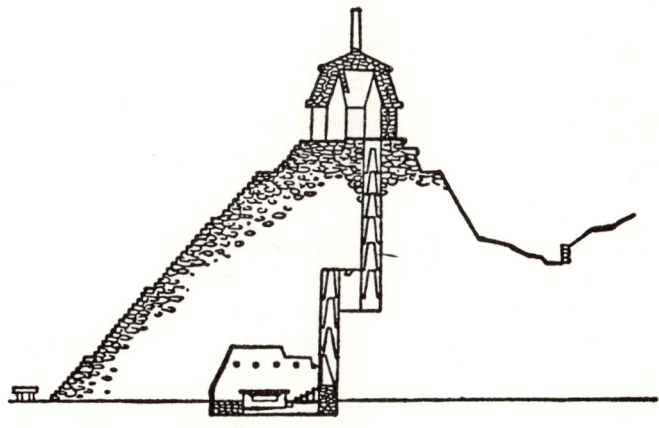

Abb. 17: Tempel der Inschriften (Querschnitt).

Vier Arbeitsphasen von jeweils zweieinhalb Monaten waren notwendig, um das Füllmaterial aus dieser geheimnisvollen Treppe herauszuschaffen. Nach 45 Stufen erreichten wir einen Treppenabsatz, der eine U-förmige Wendung machte. Daran schloß sich eine weitere Treppe mit 21 Stufen, die – ungefähr 22 Meter unter dem Tempelboden und etwa in Höhe des Pyramidenfußes – in einen Korridor auslief. In die Wölbung des Treppenabsatzes öffnen sich zwei schmale Galerien, die Luft und ein wenig Licht aus einem nahegelegenen Hof einlassen.

Über einer der ersten von uns erreichten Stufen fanden wir ein kastenförmiges Gebilde aus Mauerwerk, das eine bescheidene Opfergabe enthielt: zwei Ohrenpflöcke aus Jade auf einem rotbemalten Flußstein. Am Ende der Treppe stießen wir auf einen weiteren Behälter mit Gaben vor einer Mauer, die den Durchgang versperrte. Diesmal waren es reichere Gaben: drei tönerne Schüsseln, zwei Muschelschalen voll Zinnober, sieben Jadeperlen, ein Paar runde Ohrpflökke, ebenfalls aus Jade, in Form einer Blüte, und eine sehr schöne tränenförmige Perle mit recht gut erhaltenem Glanz. Solche Opfergaben ließen zumal in dieser Tiefe keinen Zweifel daran, daß wir uns dem Ziel unserer Suche näherten.

Tatsächlich zeigte sich am 13. Juli 1952, nachdem wir ein massives, mehrere Meter dickes Hindernis aus Stein und Kalk zerschlagen hatten – eine schwere Arbeit, bei der sich die Arbeiter an dem feuchten Kalk die Hände verbrannten –, auf der einen Seite des Ganges eine dreieckige, zwei Meter hohe Platte, die senkrecht aufgestellt war und den Zugang versperren sollte. Am Fuße dieser Platte lagen in einer zerbrochenen Steintruhe durcheinander die weitgehend zerfallenen Skelette von sechs jungen Menschen, von denen zumindest eines weiblich war.

Am 15. Juli mittags öffneten wir den Eingang, indem wir den Stein so weit verrückten, daß ein Mann seitlich hindurchgelangen konnte. Es war ein unbeschreiblich erregender Augenblick, als ich hinter den Stein schlüpfte und mich in einem gewaltigen Gruftgewölbe befand, das aus dem Felsen gehauen zu sein schien – oder eher aus dem Eis, denn ich stand vor einem Vorhang aus Stalaktiten, und das jahrhundertelang einsickernde Wasser hatte die Wände mit einem Kalküberzug versehen. Der wunderbare Eindruck der ganzen Szene wurde dadurch noch verstärkt – man fühlte sich wie in einem Märchenland. Großartige, etwas über lebensgroße aus Stuck modellierte Priestergestalten bildeten längs der Wände eine eindrucksvolle Prozession. Das hohe Gewölbe war durch große Stein-Querbalken verstärkt, die – dunkel mit gelblichen Adern – wie poliertes Holz wirkten.

Fast die ganze Kammer war von einem kolossalen Monument ausgefüllt, das wir damals für einen Zeremonienaltar hielten; es bestand aus einem über 8 Quadratmeter großen Stein, der auf einem mächtigen Monolithen von 6 Kubikmetern ruhte, den wiederum sechs große mit dem Meißel bearbeitete Steinblöcke stützten. Alle diese Teile waren mit wunderschönen Reliefs verziert.

Am schönsten von allen war dank der unübertrefflichen Ausführung und dem ausgezeichneten Erhaltungszustand der große Stein, der das Ganze überdeckte; er trägt auf seinen vier Seiten hieroglyphische Inschriften mit dreizehn abgekürzten Zeitangaben, die in unserer Chronologie dem Anfang des siebenten Jahrhunderts n. Chr. entsprechen, während seine Oberfläche eine von astronomischen Zeichen umgebene symbolische Szene zeigt.

Ich glaubte ein Zeremonialgewölbe gefunden zu haben, wollte aber nichts Endgültiges behaupten, ehe ich die Kammer untersucht, und vor allem, ehe ich festgestellt hatte, ob die Basis des „Altars" massiv war oder nicht. Weil die Regenzeit begonnen hatte und weil die für diese Erkundungsphase verfügbaren Mittel erschöpft waren, mußten wir bis November warten, ehe wir nach Palenque zurückkehren konnten. Ich ließ dann den Sockel an zwei Ecken horizontal anbohren, und es dauerte nicht lange, bis ein Bohrer einen Hohlraum erreichte. Ich führte durch die enge Öffnung einen Draht ein, und als ich ihn wieder herauszog, sah ich, daß etwas rote Farbe an ihm haftete.

Das Vorhandensein dieses Farbstoffes innerhalb des Monoliths war höchst bedeutsam. Bei den am Anfang und am Ende der Geheimtreppe aufgefundenen Opfergaben hatte rote Farbe eine Rolle gespielt, und die Seiten des großen Steines zeigten Spuren einer durchgehenden roten Bemalung. In der Kosmogonie der Maya und der Azteken war diese Farbe dem Osten zugeordnet, aber sie findet sich auch fast immer in Gräbern auf den Wänden oder an Gegenständen, die den Toten mitgegeben wurden, oder auch auf seinen Knochen. Die Verwendung roter Farbe in Gräbern sollte wohl auf Auferstehung und erhoffte Unsterblichkeit hindeuten. Die Zinnoberpartikelchen, die dem bis in die Mitte des gewaltigen Steinblocks eingeführten Draht anhafteten, wiesen also fraglos auf ein Grab hin: Unser scheinbarer Zeremonialaltar mußte demnach eine Grabstätte ungewöhnlicher Art sein.

Um das zu beweisen, war es notwendig, den skulptierten Stein zu heben, der 3,80 mal 2,20 Meter maß, über 5 Tonnen wog und eines der wertvollsten amerikanischen Meisterwerke der vor der spanischen Eroberung entstandenen Plastik darstellte. Zwei Tage erforderten die unter fieberhafter Spannung getroffenen Vorbereitungen. Im Wald mußte ein Hartholzbaum von jener Art, die man in dieser Gegend „bari" nennt, gefällt und in verschieden lange Stücke geschnitten werden, die man dann auf einem glitschigen Pfad zum Lastwagen beförderte; dieser wiederum brachte sie zur Pyramide, wo sie von Arbeitern zum Tempel getragen, mit Seilen die Innentreppe hinabgelassen und durch die schmale Öffnung in die Grabkammer geschoben wurden.

Die vier größeren Stücke des Stammes wurden senkrecht unter die Ecken des Steins plaziert, und auf jedem wurde ein Lastwagenheber aufgestellt. Am 27. November fand nach einem zwölfstündigen Arbeitstag in der Abenddämmerung das aufregende Manöver statt. Wir hatten alle Vorsichtsmaßnahmen getroffen, um den Stein am Kippen oder Rutschen zu hindern und vor allem, um jede Beschädigung zu vermeiden. Gleichzeitig und ohne jedes Rucken bedient, hoben die Heber den Stein Millimeter um Millimeter an, wobei wir Steinplatten unterlegten, um ihn abzustützen. Als die Heber ihre Grenze erreicht hatten, wurden weitere Baumstücke untergeschoben, und der ganze Vorgang begann von neuem. Kurz vor Mitternacht ruhte der Stein unbeschädigt 0,60 Meter über seiner ursprünglichen Höhe auf sechs stabilen Balken aus „bari", und wenige Tage später hoben wir ihn bis auf 1,12 Meter an.

Sowie der Stein sich von der Stelle bewegte und hob, sah man, daß aus dem ungeheuren Block, der ihm als Fundament diente, eine Höhlung ausgehauen war. Diese Höhlung hatte eine überraschende Form, länglich und geschwungen, etwa wie die Silhouette eines stilisierten Fisches oder wie ein großes ... unten geschlossenes Omega. Die Höhlung war mit einer glänzend polierten Platte verschlossen, die genau hineinpaßte und vier jeweils mit einem Steinzapfen versehene Bohrlöcher aufwies. Als wir die Verschlußplatte hochhoben, sahen wir das Totenbehältnis.

Es war nicht das erstemal in meiner Archäologenlaufbahn, daß ich bei der Entdeckung eines Grabes zugegen war, aber noch nie hatte ich einen derart tiefen Eindruck empfangen. Der Anblick der fast überall mit Jadeschmuck bedeckten menschlichen Reste – mit vollzähligen, wenn auch beschädigten Knochen – innerhalb der zinnoberroten Aushöhlung, die als Sarg diente, war von stärkster Wirkung. Man konnte die Umrisse des Körpers erkennen, der in diesem „maßgeschneiderten" Sarkophag bestattet worden war, und die Schmuckstücke verliehen ihm gewissermaßen Leben, teils infolge ihres Jadeglanzes und ihrer vorteilhaften Plazierung, teils weil ihre Form Volumen und Kontur des Fleisches andeuteten, das ursprünglich das Skelett bedeckte. Man konnte sich auch leicht vorstellen, daß es eine hochgestellte Persönlichkeit gewesen sein mußte, die auf ein Mausoleum von so eindrucksvoller Pracht Anspruch erheben konnte.

Wir waren erstaunt über die Körpergröße des Toten – er war höher gewachsen als der Durchschnittsmaya von heute – wie auch darüber, daß seine Zähne weder zugefeilt waren, noch eingelegte Verzierungen aus Pyrit oder Jade zeigten, obwohl das doch (ebenso wie die künstliche Verformung des Schädels) bei Angehörigen höherer Gesellschaftsschichten üblich war. Der schlechte Erhaltungszustand des Schädels erlaubte uns nicht, genau festzustellen, ob er deformiert gewesen war oder nicht. Schließlich einigten wir uns darauf, daß es sich bei dem Toten wohl nicht um einen Maya handelte, obwohl er offensichtlich als einer der Könige von Palenque gestorben war. Die Reliefs, die an den Seiten des Sarkophags noch freigelegt werden müssen und die jetzt unter seitlichen Widerlagern verborgen liegen, werden uns möglicherweise bald etwas über die Persönlichkeit und Identität des ruhmreichen Toten verraten.

Auch wenn er nicht in dem außergewöhnlichsten Grab bestattet wäre, das man bisher in diesem Teil Amerikas entdeckt hat, könnte man die Bedeutung dieses Mannes ohne weiteres aus den Schmuckstücken erschließen, die er trug und die wir vielfach aus Basreliefs der Maya schon kennen. Wie es auf manchen Reliefs zu sehen ist, trug auch er ein Diadem aus winzigen Jadescheiben, und sein Haar war mittels entsprechend geformter Jaderöhrchen in einzelne Strähnen abgeteilt; wir fanden auch eine kleine Jadeplatte von hervorragender Qualität in Form des Kopfes des unterweltlichen Vampirgottes Zotz, die vielleicht den Abschluß des Diadems bildete. Um den Hals sah man mehrere Schnüre eines Halsbands, das aus verschieden geformten Jadeperlen bestand – aus Kugeln, Zylindern, dreilappigen Perlen, Blütenknopsen, aufgeblühten Blumen, Kürbissen, Melonen und einem Schlangenkopf. Die Ohrenpflöcke waren aus verschiedenen Teilen zusammengesetzt, die miteinander eine seltsame Blume bildeten. Auf einer viereckigen Jadeplatte mit eingeritzten Blütenblättern erhob sich eine Jaderöhre, die wiederum in einer blütenförmigen Perle endete, während auf der Rückseite der Platte (auf der sich eine Hieroglypheninschrift befindet) ein kreisförmiger Pflock eingepaßt war. Alle diese Teile waren wohl mit einem Faden zusammengehalten gewesen, und wahrscheinlich hing als Gegengewicht hinter der breiten Ohrpartie eine wunderbare künstliche Perle, zusammengesetzt aus zwei meisterhaft geschnittenen Perlmutterstücken, die man poliert und aneinandergepaßt hatte, daß sie wie eine echte Perle von unwahrscheinlicher Größe (36 mm) wirkten. Auf der Brust lag ein Pektorale aus neun konzentrischen Ringen, von denen sich jeder aus einundzwanzig röhrenförmigen Perlen zusammensetzte. An jedem Handgelenk befand sich ein Armband aus 200 Jadeperlen, und an jedem Finger ein großer Jadering. Diese Ringe steckten wirklich noch an den Fingergliedern, und einer war in Form eines kauernden Mannes geschnitten und zeigte einen feinen Kopf mit reinem Mayaprofil. In der rechten Hand hielt der Tote eine große würfelförmige Jadeperle und in der linken eine zweite, kugelförmige. Sie mochten Zeichen seines Ranges sein oder auch Zauberattribute für seine Reise in eine andere Welt. Neben seinen Füßen fanden wir zwei weitere große Jadeperlen, von denen die eine hohl und mit zwei blütenförmigen Pflöcken versehen war. Ein hervorragend gearbeitetes Jade-Idol stand neben dem linken Fuß; es stellt vermutlich den Sonnengott dar. Eine weitere kleine Figur aus demselben Material muß oben am Lendenschurz aufgenäht gewesen sein. Aus der Mundhöhle holten wir eine wunderschöne dunkle Jadeperle, die gemäß den Begräbnisriten der Maya dort hineingesteckt worden war, damit der Tote im Leben jenseits des Grabes Mittel für seinen Unterhalt hätte. Als er begraben wurde, trug der Tote eine prächtige Maske aus Jademosaik über dem Gesicht, deren Augen aus Perlmutter waren. Die Iris bestand aus Obsidian und die Pupille war schwarz hinterlegt. Von den Hunderten von Fragmenten hafteten einige noch am Gesicht, hingen an den Zähnen und an der Stirn, aber der größere Teil lag links vom Kopf, offenbar, weil die Maske beim Begräbnis heruntergerutscht war. Der Leichnam muß, als er in den Sarkophag gelegt wurde, vollkommen in ein rotgefärbtes Leichentuch eingehüllt gewesen sein, und diese Farbe setzte sich an den Knochen, den Schmuckstücken und dem Boden des Sarkophags fest, als Stoff und Fleisch verwesten. Die Maske war unmittelbar dem Gesicht des Toten angepaßt worden, wobei die Mosaikteilchen in eine dünne Stuckschicht eingesetzt waren; die Überbleibsel dieser Stuckschicht entsprachen der Form des menschlichen Gesichts. Trotzdem mußte die Maske schon vorher angefertigt worden sein; man hatte sie vielleicht auf einem Gipskopf aufbewahrt. Es ist durchaus möglich, daß sie in ihren – sehr realistischen – Hauptzügen tatsächlich so etwas wie ein Porträt des Toten darstellt. Nach dem Begräbnis wurde der Sarkophag mit seinem Deckel verschlossen und mit dem mächtigen skulptierten Stein bedeckt. Auf diesen warf man ein paar Schmuckstücke – ein Halsband mit Anhängern aus Schiefer sowie einen Gegenstand aus Jademosaik, wahrscheinlich eine Ritualmaske, und unterhalb des Sarges stellte man mehrere Tongeschirre auf, die wohl Speise und Trank enthielten, wie auch zwei wunderschöne, aus Gips geformte Menschenköpfe, die von Statuen abgebrochen worden waren. Beim Verschließen des Gewölbes wurden sechs junge Menschen, vielleicht Söhne und Töchter wichtiger Persönlichkeiten am Hofe, geopfert, die den Toten in die andere Welt begleiten und ihm dienen sollten. Am besterhaltenen Schädel ließ sich die Schädeldeformierung und die Zahnverstümmelung feststellen, die nur bei den Vornehmen üblich waren. Eine aus Kalkmörtel geformte Schlange scheint geradewegs aus dem Sarkophag herauszukommen und die Stufen zu erklimmen, die zur Schwelle des Raumes führen. Hier verwandelt sie sich in eine Röhre, die den Fußboden des Korridors entlangläuft und dann weiter in den Tempel hinaufführt, und zwar in Form eines gestaffelten Simses, der hohl ist und den Stufen folgt. Das bedeutet eine magische Vereinigung, eine Art Leitung für den Geist des Toten, durch die er in den Tempel aufsteigt, damit die Priester weiterhin mit seinem vergöttlichten Wesen in Verbindung bleiben und seine Befehle erläutern können. Unsere Suche nach einem älteren Gebäude unter dem Tempel der Inschriften führte also nicht zu dem erwarteten Erfolg, enthüllte aber dafür ein Grab, dessen Entdeckung bestimmte feststehende Vorstellungen von der Funktion der amerikanischen Pyramide beträchtlich modifizierte. Man glaubte früher, sie sei nichts als ein festes Fundament für einen Tempel und unterscheide sich dadurch von den ägyptischen Pyramiden, die gewaltige Mausoleen darstellen. Das „Königsgrab" von Palenque – so wird es jetzt aus einem richtigen Gefühl heraus allgemein genannt – bringt uns der ägyptischen Vorstellung bedeutend näher, wenn wir erst einmal einräumen, daß die Pyramide, die dieses Grab in sich barg, zwar einen Tempel trug, zugleich aber errichtet worden war, um als ein großartiges Grabmonument zu dienen. Die Monumentalität dieser Gruft, die von Tausenden von Händen erbaut wurde, um den Jahrhunderten zu trotzen, und mit herrlichen Reliefs geschmückt war; die prachtvolle Ausstattung des eigentlichen Grabes, eines kolossalen Denkmals, das zwanzig Tonnen wiegt und über und über mit Reliefs von bewundernswerter Qualität bedeckt ist; der reiche Jadeschmuck der bestatteten Persönlichkeit – all dieser Aufwand an Mühe und all die Pracht lassen vermuten, daß es in Palenque ein theokratisches System gegeben hat, das dem ägyptischen ähnelte, und in dem der allmächtige Priesterkönig zu Lebzeiten oder auch erst nach seinem Tode als ein echter Gott angesehen wurde. Dieses Königsgrab von Palenque läßt darauf schließen, daß die Haltung, die der „halach uinic" (geistliches und weltliches Oberhaupt) der Maya gegenüber dem Tod einnahm, derjenigen der Pharaonen sehr nahekam.

Ignacio Bernal y García Pimentel
Die Sonnenpyramide von Teotihuacán

Teotihuacán, im gleichnamigen Tal gelegen, das wiederum zum großen Tal von Mexiko gehört, ist bei weitem die bedeutendste Fundstätte aus dieser Zeit. In künstlerischer Hinsicht überrascht besonders die großartige Planung der Stadt.

Bis zur Mitte des 1. Jahrtausends v. Chr. lagen einige kleine Bauerndörfer über das Gebiet verstreut, das später die Stadt einnahm. Sie hatten höchstens 1000 Einwohner und unterschieden sich überhaupt nicht von den übrigen Dörfern des Tals, deren Gesamtbevölkerung höchstens 6000 Einwohner umfaßte. Drei Jahrhunderte später erreichte ein etwas größeres Dorf im westlichen Teil von Teotihuacán eine Ausdehnung von 6 km² mit ungefähr 7000 Einwohnern. Damals setzte eine Veränderung ein, im Zuge derer man bescheidene öffentliche Bauten mit Steinmauern und Böden aus gestampfter Erde errichtete. Wir wissen darüber sehr wenig, weil die Bauten später zerstört und durch größere ersetzt wurden. Obwohl diese Bauten unbedeutend waren, wiesen sie auf die zukünftige Bestimmung von Teotihuacán voraus, das nicht nur zu einer großen Metropole, sondern sogar zu einer heiligen Stadt wurde. Zu Beginn der christlichen Zeit umfaßte diese Ortschaft fast 20 km² mit etwa 30 000 ungleichmäßig verteilten Einwohnern. Allein an der Straße der Toten, der Hauptverkehrsader des Orts, kennen wir dreiundzwanzig Bauanlagen und können daraus schließen, daß sie nach Plänen angelegt worden war und als Achse der Stadt zum Stolz ihrer Planer gereichte. Sie besaß eine Länge von 5 km. Hinzu kommt, daß die in ost-westlicher Richtung verlaufende Straße bereits geplant oder sogar begonnen war; diese bildete mit der Straße der Toten ein großes Kreuz, das die Stadt in Viertel teilte. Der gleiche

Grundriß sollte über tausend Jahre später in Tenochtitlán übernommen werden.

Damals entstanden die Sonnenpyramide und die erste Mondpyramide mit ihrem großartigen Platz. Ein Volk, das noch keine urbane Struktur kannte, wäre nicht in der Lage gewesen, solche ungeheuren Baumassen zu errichten, da es weder über die erforderlichen Kenntnisse noch die notwendige Anzahl von Einwohnern verfügte. Alles deutet darauf hin, daß es seit dieser Zeit verschiedene Mannschaften von Facharbeitern mit einer ausreichenden Wirtschaftsgrundlage und einer zentralen Führung zur Steuerung ihrer Arbeit gegeben hat. Außerdem mußten die Einwohner dazu gebracht werden, immense Anstrengungen in die Errichtung so vieler, rein sakraler Bauten zu setzen. Es muß also bereits eine fortgeschrittene Gesellschaftsorganisation existiert haben, die jedoch im Vergleich zur Entwicklung im 2. Jahrhundert n. Chr. sehr einfach war. Es fand dann ein großer Sprung nach vorn statt; die Ausdehnung der Stadt blieb unverändert, während sich die Bevölkerung verdoppelte und die Freiräume zwischen den ursprünglichen Bauerndörfern füllte.

Die Ummantelung der Sonnenpyramide schloß mit einem angrenzenden Gebäudeteil ab, und die Mondpyramide wurde zum vorletzten Mal überbaut. Der ungewöhnlichste Bau von all denen, die damals so zahlreich entstanden, ist sicherlich der Tempel des Quetzalcoatl, mit dem die lokale Baukunst einer ihrer größten Triumphe feierte. Alle Gebäude bestanden selbstverständlich aus Stein. Die Innenwände überzog man mit einer Kalkschicht, auf die man Malereien auftragen konnte; manchmal wurden auch die Außenwände bemalt, so daß man den Stein überhaupt nicht mehr sah und die heute von uns so bewunderten ockerfarbenen Ruinen einmal in kräftigen Farben erstrahlten. Diese Malereien nahmen in den folgenden Jahrhunderten in großem Umfang zu. In der gleichen Zeit führte man Monumentalskulpturen aus, die zwar hochinteressant sind, aber einem Vergleich mit der olmekischen Kunst nicht standhalten. [...]

Der Höhepunkt fiel in Phase III, die vom 4. bis zur Mitte des 7. Jahrhunderts dauerte. Damals erreichte die Stadt ihre größte Ausdehnung mit einer Bevölkerungszahl von vermutlich 180 000 Einwohnern; nun war die große Anlage vollendet und umfaßte sowohl den renovierten Tempel des Quetzalcoatl mit den umliegenden Gebäuden und Plätzen als auch eine Reihe neuer Gebäude mit dem Verwaltungs- und Kultzentrum sowie den Markt. Das war der Beginn eines Städtebautypus, der in Städten wie Mexiko, Oaxaca heute noch fortbesteht. Sieht man von den Straßen und Zeremonialplätzen ab, war die ganze Fläche bereits verbaut. Engste Gäßchen durchzogen die Wohnviertel.

In der folgenden Phase setzte der unvermeidliche Niedergang ein, obwohl Teotihuacán noch in voller Blüte stand. Einige Tempel waren bereits zweckentfremdet, andere zerstört und nicht wiederaufgebaut worden; die Stadt starb langsam, bis sie im ausgehenden 7. Jahrhundert die Herrschaft über das Tal von Puebla verlor. Kurz darauf wurde sie überfallen, geplündert und in Brand gesteckt. Wir haben Spuren von diesem Brand und der gewaltsamen Zerstörung vieler Gebäude gefunden. Sogar die kostbaren Opfergaben von Jaden und anderen Edelsteinen, die man stets am Fuß der Tempel deponierte, wurden geschändet, und nur die leeren Kästen blieben übrig. Diese Katastrophen schadeten der großen Stadt noch viel mehr als die dreizehn folgenden Jahrhunderte, in denen sie der Natur und den Raubzügen der Menschen ausgeliefert war.

Obwohl in Teotihuacán alle *artes maiores* und einige der *artes minores* ausgeübt wurden, entstanden die großartigsten Werke in der Baukunst. Sie beeindrucken nicht nur ihrer Größe, sondern auch der Konzeption und Anordnung der Gebäude wegen; damals begann ein Baustil, der lange bestehenblieb. Hier nämlich scheint jene besondere Bauweise *(talud-tablero)* entstanden oder zumindest entwickelt worden zu sein, die darin bestand, einen schräg ansteigenden Unterbau *(talud)* mit einem vertikal angebrachten Mauerband *(tablero)* abzuschließen. Diese waren in Teotihuacán meistens sehr einfach gestaltet oder auch mit schmalen Gesimsen oder Reliefs verziert. Die Sonnenpyramide besteht aus vier stufenartig übereinandergesetzten Hauptkörpern aus Lehm und Stein mit einer Verblendung aus Stein; alle steigen schräg von vorn nach hinten an und sind voneinander jeweils durch einen begehbaren Absatz getrennt. Ein winziger fünfter Baukörper ist auch mit einem senkrechten Mauerband versehen. Die Treppe mit je einer Rampe zu beiden Seiten führt nicht, wie sonst üblich, in einem Stück hinauf, sondern ist, vielleicht ihrer riesigen Ausmaße wegen, auf jedem Absatz unterbrochen. Außerdem ist an der Vorderfront des untersten Baukörpers ein Gebäude angebaut, um das die Treppe zu beiden Seiten in zwei Läufen vorbeiführt. Der Grundriß bildet ein fast regelmäßiges Viereck; die Gesamthöhe der Pyramide hat einmal – ohne den heute nicht mehr vorhandenen Tempel auf dem Gipfel – 65 m betragen. Sie hat beinahe das gleiche Volumen wie die Cheopspyramide, die die größte in Ägypten ist, jedoch mit 144 m diese an Höhe noch übertrifft. Die Mondpyramide ist mit 46 m zwar niedriger, doch liegt sie im Verhältnis zur durchschnittlichen Höhe des Tals genauso hoch, weil sie auf einer Erhöhung steht. Das kann man übrigens dann erkennen, wenn man sie von weitem sieht. Beide Pyramiden stehen an weiträumigen Plätzen. Auf dem Platz vor der Sonnenpyramide befinden sich acht kleine, symmetrisch angeordnete Gebäude. Die Pyramide ist an drei Seiten von einer Plattform umgeben, während ihre Fassade nach Westen hin freisteht. Die Mondpyramide hingegen schließt die Flucht der großen Mittelstraße und des Mondplatzes ab. Dieser ist ein städtebauliches Meisterwerk in Teotihuacáns Kultbereich, denn mit seinen wunderbar ausgewogenen Proportionen, der klugen Anordnung der umliegenden Gebäude, die ihn zu einem würdigen Abschluß der Straße machen, übertrifft er an Schönheit alle Plätze der Welt. Die heilige Straße säumen zu beiden Seiten viele unterschiedlich große Gebäude, die baulich den Pyramiden ähneln und dadurch eine nicht nur optische, sondern auch soziale und religiöse Einheit herstellen.

Nicht weit vom Südende der Straße liegt das große Geviert mit einer Seitenlänge von fast 400 m, das „Zitadelle" genannt wird – ganz zu Unrecht, da es nie einem militärischen Zweck diente. Seine Westseite grenzt gegen die Straße eine 3 m hohe Plattform ab, auf der sich vier kleine pyramidenförmige Unterbauten erheben, die man von derselben Straße aus über einläufige Treppen erreicht. An den drei anderen Seiten ist die Plattform doppelt so breit und hoch und trägt ebenfalls vier Gebäude an der Nord- und Südseite und drei an der Ostseite dem Eingang gegenüber. Die letzteren ähneln den Gebäuden oder kleinen Tempeln an der Westseite, an den beiden anderen Seiten jedoch bilden sie einfache Rampen, die zum oberen Bereich hinaufführten.

Die zentrale Pyramide wurde in der III. Phase mit der klassischen *talud-tablero*-Kombination ausgestattet. Doch haben Grabungen erbracht, daß sie ein älteres, viel bedeutenderes Gebäude aus der II. Phase überdeckt. Dieses bestand aus sechs stufenförmig übereinander angeordneten Baukörpern mit einer großen Treppe, die zum Tempel hinaufführte. Das Außergewöhnliche an diesem Gebäude ist der Dekor an den kleinen Schrägflächen und den senkrechten Mauerbändern, die vollständig mit Skulpturen bedeckt sind. Die Steine verraten eine besonders gute Bearbeitung und fügen sich perfekt ineinander. An den Schrägflächen sieht man Schlangen in großen Windungen, deren Köpfe zur Mitteltreppe hin schauen. Die gefiederten Schlangen stellen den Gott Quetzalcoatl dar, doch kommen noch Meerestiere wie Muscheln und Seeschnecken hinzu, die die Körperwindungen umspielen und darauf zu verweisen scheinen, daß der Gott hier mehr mit dem Wasser als mit dem Wind verbunden ist. Auf den großen, senkrechten Mauerbändern bilden ebenfalls Schlangen und Meerestiere den Hintergrund, vor dem jedoch zwei erhabene Figuren sich in regelmäßigen Abständen wiederholen. Die eine ist ein Schlangenkopf, der aus einer Blume mit elf fast vollplastischen Blütenblättern herauskommt; die Köpfe werden von tief im Mauerwerk verankerten Zapfen gehalten. Aus ihren Mäulern ragen furchterregende, weiß bemalte Zähne heraus, und Einlagen aus Obsidian verleihen den Augen einen eindrucksvollen Glanz. Die andere reliefierte Göttergestalt hat man zunächst für den Regengott Tlaloc gehalten; sie könnte jedoch auch eine andere Gottheit im Tal von Oaxaca darstellen. Alle Tafeln sind von großartigen Gesimssteinen begrenzt, die man mit einer Reihe von grünen Scheiben auf rotem Grund bemalt hatte – dem Symbol für den Edelstein Jade.

Die große Treppe führt in einem Lauf zur obersten Plattform hinauf und ist an beiden Seiten von je einer Rampe begrenzt, die in Höhe eines jeden senkrechten Mauerbands einen vollplastischen Schlangenkopf trägt. Die vier Seiten des Gebäudes waren auf ähnliche Weise verziert; heute existiert nur noch ein Teil der Westfassade, die glücklicherweise dadurch erhalten blieb, daß man sie, wie schon erwähnt, überbaute. Das Ganze war stuckiert und bunt bemalt. An allen vier Ecken des Unterbaus hat man Kindergräber gefunden und vor der untersten Stufe eine Opfergabe aus Obsidianmessern, kleinen Keramiken und einer Reihe von Jadefigurinen, in deren Schultern eine Rille zum Einlegen eines abnehmbaren Jadestücks eingeschnitten ist. Wir wissen nicht, was dieses bedeutete. Der obere Tempel ist ganz verschwunden; nur spärliche Reste weisen auf seine Existenz hin, doch hat man auch an seiner Basis Opfergaben entdeckt, einer Sitte entsprechend, die keineswegs auf Teotihuacán beschränkt, sondern im Gegenteil stark verbreitet war.

Abb. 18: Gudea, Sumerischer Fürst der babylonischen Stadt Lagasch, Sitzstatuette, 22. Jahrhundert – Diorit – Paris, Louvre.

André Parrot

Gilgamesch und Hammurabi

Das Gilgamesch-Epos ist eine der berühmtesten Schöpfungen der mesopotamischen Literatur, der Weltliteratur überhaupt. Dieses unsterbliche Gedicht ist im wesentlichen in assyrischen und babylonischen Versionen erhalten. Heute weiß man, daß es eine sumerische Vorlage und hethitische und hurritische Versionen gab. Der Text ist auf zwölf Tafeln verzeichnet, die elfte berichtet von der Sintflut. Das Epos erörtert die Grundfragen des menschlichen Daseins: Leben und Tod, Freundschaft und ihre Konflikte und vor allem das Problem der Unsterblichkeit.

Gilgamesch, der König von Uruk, versteht sich nicht mit seinen Untertanen. Diese flehen die Göttin Aruru an, ihm einen Gefährten zu geben. Es sollte Enkidu sein, der Wilde, der bei den Tieren lebt und sie so gut zu schützen weiß, daß die Jäger darüber erzürnt sind. Von einer Tempeldienerin wird Enkidu nach Uruk geführt und mit der Kultur der Städte vertraut gemacht. Bei einer ersten Begegnung zwischen Gilgamesch und Enkidu kommt es zum Zweikampf. Doch nach beendetem Streit werden beide zu Freunden für immer. Die zwei Männer verlassen einander nicht mehr.

Sie brechen gemeinsam zu dem Zedernwald auf, der von dem Riesen Humbaba (oder Huwawa) bewacht wird. Sicher ist er es, den die Terrakotta-Reliefs darstellen, nackt, mit verzerrtem Gesicht und drohend erhobener Faust. Den beiden Helden gelingt es, Humbaba zu töten. Sie schneiden ihm den Kopf ab und kehren als Sieger nach Uruk zurück, wo ihre Heldentaten mit Festen gefeiert werden. Dabei weist Gilgamesch die Gunst Ischtars zurück. Die erzürnte Göttin bittet ihren Vater Anu, den Himmelsstier auf die Erde zu entsenden. Das Tier wird von Enkidu zerrissen, dieser selbst stirbt kurze Zeit darauf. Gilgamesch ist untröstlich über den Tod des Freundes, und der Gedanke, daß ihn das gleiche Schicksal erwartet, stürzt ihn in Verzweiflung. Auf einer Ausfahrt, die er unternimmt, um Unsterblichkeit zu suchen, hört er aus dem Munde Ut-Napischtims den Bericht über die Sintflut, der jener glücklich entronnen ist. Enkidu, der für wenige Augenblicke noch einmal auf die Erde zurückkehrt, beschreibt seinem Gefährten das traurige Geschick der Toten im Jenseits, besonders jener, deren niemand auf Erden mehr gedenkt. Mit diesem pessimistischen Ton endet das Gedicht.

Die Götter waren aber den Menschen nicht nur feindlich gesinnt. Zwar war die Sintflut ihr Werk, doch waren sie bald selbst darüber entsetzt, und sie besannen sich darauf, daß sie auch Beschützer und Helfer der Menschen sein sollten. Die Glyptik zeigte sie immer wieder in dieser wohlwollenden Funktion. Der Gouverneur Idi-Ilum von Mari zum Beispiel nähert sich, gestützt auf seinen Stock, vertrauensvoll der Göttin, wobei er von einer fürbittenden Gottheit begleitet wird. Zuweilen waren die Götter auch streitbar gestimmt. Stammte nicht gerade der Bericht, der die Versammlung der Götter schildert, in der sie das Menschengeschlecht durch eine Sintflut zu vernichten beschlossen, aus der hier betrachteten Epoche? Es bedurfte jedoch keiner Naturkatastrophen, damit den Menschen Leid widerfuhr. Zu keiner Zeit hatte die kriegerische Göttin Ischtar mehr Anhänger und Verehrer. Sie glich in nichts mehr jener mit Armbändern und Halsketten geschmückten Göttin von Mari, die ganz darin aufzugehen schien, den Duft einer Blume zu genießen. Statt sich gleich den großen Göttinnen auf dem Investitur-Gemälde mit dem Amt einer Fürsprecherin zu begnügen, statt waffenlos zu wirken und die Umarmungen der Liebenden zu schützen, widmete sie sich immer mehr dem Waffenhandwerk. Doch die Menschen hätten selbst dieses Vorbilds nicht bedurft, um einander leidenschaftlich zu bekriegen.

Hammurabi war vom Streben nach Vorherrschaft um jeden Preis erfüllt. Man hätte es lieber gesehen, wenn er bis an sein Lebensende der Schöpfer des Kodex geblieben wäre. Zwar weiß man heute, daß er nicht als erster auf den Gedanken kam, Gesetze systematisch zu formulieren und die geltenden Vorschriften zu sammeln. Doch ist sein Werk deshalb nicht weniger eindrucksvoll. Hammurabi ging in kühner Weise weit über alle seine Vorgänger wie Ur-Nammu aus Ur, Bilalama aus Eschnunna und Lipit-Ischtar aus Isin hinaus, die schon vor ihm Ordnung in das Rechtssystem ihrer Staaten hatten bringen wollen.

Auf der Spitze eines Blocks aus schwarzem Basalt, der wie mit einem feinen Netz mit den zweihundertundzweiundachtzig Gesetzen überzogen ist, die sorgfältig und elegant eingraviert sind, hat sich der königliche Gesetzgeber selbst abbilden lassen. Stehend, in ehrerbietiger Haltung wartet er mit erhobener Rechte, daß Schamasch, der Gott der Gerechtigkeit – aus seinen Schultern steigen Flammen auf und er hält die Attribute der Macht, Stab und Ring, in der Hand –, ihm die Gesetze diktiere. Unbeweglich und majestätisch sieht die Gottheit dem Mann ins Auge, der ihr Statthalter bei den Menschen ist und ihr gehorchen muß, so wie dem König selbst so viele Menschen gehorchen. Die Szene spielt sich nicht in der Ebene, sondern im Bergland ab; das deuten die drei Reihen von Schuppen an, auf denen die Füße des Gottes ruhen. Kein Bildhauer hätte die Atmosphäre dieser erhabenen, bedeutungsschweren Unterredung besser wiedergeben können. Sollte man angesichts dieser Szene nicht an Moses denken, der auf dem Berge Sinai von Jahwe die Gesetzestafeln empfängt? Und wenn es heißt, daß „der Herr mit Moses redete von Angesicht zu Angesicht, wie ein Mann mit seinem Freunde redet" (2. Mose XXXIII, II), warum sollte man dabei nicht auch an Hammurabi denken, der Schamasch von Angesicht zu Angesicht gegenübersteht und seinen Worten lauscht?

Das Britische Museum besitzt ein Relief, auf dem die Gestalt des Königs in der gleichen Weise dargestellt ist, wenn auch weniger kraftvoll; daran ist offensichtlich die schlechtere Qualität des Steins schuld. Ähnlichkeiten lassen jedoch erkennen, daß sich Bildhauer zumindest bemühten, dem Modell treu zu bleiben, das sie geschickt kopierten, wie man an zahlreichen Stelen des Louvre erkennen kann.

Hammurabi verstand es, die Künstler an seinen Hof zu ziehen, und einem von ihnen ist ein Kopf zu verdanken, der mit größter Wahrscheinlichkeit ihn, den König von Babylon, darstellt. Er hatte nacheinander alle Nachbarstaaten vernichtet: Elam, Larsa, Eschnunna und schließlich Mari. Er war der Herr der Welt geworden. Der Bildhauer hat in einem Block aus blaugrünem Steatit die müden, abgemagerten, durch Krankheit ausgezehrten Züge eines gealterten Hammurabi festgehalten (dreiundvierzig Jahre hatte er den Thron inne). Die Lippen sind krampfhaft aufeinandergepreßt, die Wangen eingefallen, die Augen nur wenig geöffnet. Dieses Gesicht enthält nichts Konventionelles und ist in keiner Weise idealisiert, sondern so wiedergegeben, wie Hammurabi zu diesem Zeitpunkt ausgesehen haben muß. Es ist gewiß ein Porträt, eines der erregendsten der orientalischen Kunst. Mit Hammurabi, dem berühmtesten König des Landes, endete ein weiteres Kapitel früher Geschichte; denn mit seinem Hinscheiden begann in der Tat der Untergang einer Dynastie, die sich zwar noch eineinhalb Jahrhunderte an der Macht hielt, die aber keine bemerkenswerten Leistungen mehr aufzuweisen hatte.

André Parrot

Gudea von Lagasch

Die an Architekten reiche neusumerische Epoche hatte aber auch ebenso viele Bildhauer aufzuweisen. In der Skulptur übertraf Lagasch das ganze Gebiet, sogar das gesamte Jahrhundert, durch eine Produktion, die sowohl ihrer Quantität als auch ihrer Qualität nach erstaunlich war. Wir verdanken sie fast ganz einer einzigen Person, jenem rätselhaften Gudea. Mindestens fünfzehn Jahre hindurch, vielleicht aber auch noch länger, begnügte sich jener Mann, der den Titel König weder hat tragen wollen noch können, mit dem eines Ensi, worunter man eine Persönlichkeit von hohem Rang verstand, die zwar in ihren Händen politische und religiöse Funktionen vereinigte, in der Hierarchie ihrer Zeit jedoch auf niedrigerer Stufe stand. Er machte aus seiner Stadt ein unvergleichliches Kulturzentrum. Paläste, Tempel und öffentliche Gebäude wurden mit Kunstgegenständen und vor allem mit Statuen seiner Person ausgeschmückt. Mit ihnen sind uns bildhauerische Leistungen erhalten geblieben, wie man sie sich nicht eindrucksvoller denken kann, Schöpfungen, die auf den Willen eines einzigen Mannes zurückzuführen sind und aus einer einzigen Stadt stammen.

Bis zum heutigen Tage sind mehr als dreißig Statuen bekannt. Von Ernest de Sarzec und Gaston Cros entdeckt oder auch durch illegale Ausgrabungen zutage gebracht, werden sie in verschiedenen Museen oder in Privatsammlungen aufbewahrt.

Der Louvre ist mit Recht stolz auf die Serie, die er besitzt und die er erst kürzlich durch eine weitere Erwerbung bereichern konnte. Diese Blöcke aus Diorit oder Dolerit vermitteln einen Eindruck von erhabener Größe und religiöser Glut, wie er selten mit gleicher Kraft erreicht worden ist.

Gudea wollte immer, daß man ihn mit gefalteten Händen darstellte. Manchmal sitzend, meist aber stehend, präsentierte er sich der Gottheit, demütig wie der bescheidenste seiner Untertanen, aber voll Vertrauen in die Gerechtigkeit seiner Sache. Selbst wo sich zerstörerische Kräfte im Altertum wütend an diesen Statuen vergriffen haben, konnten sie ihnen diese Wirkung nicht rauben. Der schwarze oder blaugrünliche Stein hat seine außerordentliche, sofort ins Auge springende „Dichte" bewahrt. Nichts lenkt ab. Die Kleidung ist von mönchischer Einfachheit: ein Gewand, das senkrecht herabfällt, die rechte Schulter und den rechten Arm frei lassend, ein paar Falten an der Achsel, andere am linken Unterarm, ein schmaler Fransensaum, das ist alles; keine Verzierung, keine Stickerei, nur ein einfaches, glattes Gewebe. Die Füße sind schwer, doch die Hände sind von außerordentlicher Feinheit, die Nägel an den schmalen Fingern mit großer Sorgfalt modelliert.

Zahlreichen Statuen wurde der Kopf abgeschlagen. Andere aber blieben unbeschädigt, oder der dazugehörige Kopf konnte gefunden werden. Zweifellos ist jener, den man zunächst als Kopf „mit Turban" bezeichnete – man wußte noch nicht, wen er darstellte –, ein Porträt. Trotz seiner Verstümmelung, vielleicht aber gerade deshalb, ist er besonders überzeugend. Mit dem festen Blick, den hervortretenden Backenknochen, dem vorspringenden Kinn und dem feingezeichneten Mund hat er die Züge eines energischen, in der Blüte seiner Jahre stehenden Gudea bewahrt, der gewiß nicht zuließ, daß man seine Befehle mißachtete. An diese erinnern Inschriften, die oft über die Kartuschen hinausgehen und sich zuweilen bis auf die Vorderseite des Gewandes oder auch rings um dieses herum hinziehen; so bei den beiden sitzenden Gudea-Figuren, von denen die eine auf ihren Knien eine Tafel mit dem Plan eines Bauwerks hält und die andere nach einem Stilett und einem Lineal, den Werkzeugen eines Baumeisters, greift. Nur auf einer einzigen Statue hat Gudea seine Hände nicht gefaltet, sondern hält ein Gefäß vor seiner Brust, aus dem das Wasser der Fruchtbarkeit strömt. Er nimmt damit Bezug darauf, was er für sein Land leistet, und zwar immer dank den von ihm angerufenen Gottheiten, besonders dank Ningirsu, dem Stadtgott von Lagasch, Ningizzida, seinem Schutzgott, und den beiden weiblichen Gottheiten Bau und Gatumdug.

Obwohl der aus Raubgrabungen stammende „Gudea mit wasserspendendem Gefäß" schon seit 1924 bekannt ist, verdient er es doch, daß man noch einmal auf ihn zurückkommt. Er ist jetzt in die französischen Nationalsammlungen übergegangen, und so kann man ihn besser untersuchen. Dieser Ensi von Lagasch, der sich gut dreißigmal in allen Altersstufen seines Lebens hat porträtieren lassen, ist hier mit einem Fruchtbarkeitsgefäß dargestellt, das er mit beiden Händen hält. Zwei vierfach unterteilte Wasserströme quellen in einer Wellenbewegung heraus, die eine Vorstellung von Lebendigkeit geben soll. Es ist Lebenswasser, das sich in Gefäße am Boden ergießt. Dort verteilen sich weitere Ströme zur Bewässerung, also Fruchtbarmachung der Erde. An den beiden Außenrändern der Wasserströme schwimmen Fische aufwärts gegen den Strom. Das Gewand des Ensi mit seinem fransenbesetzten Saum wirkt durch diese Ornamentierung weniger streng; es wird dadurch auf eigenartige Weise belebt. Was aber noch wichtiger ist: der Fürst, der dieses Gewand trägt, hatte sich nicht gescheut, sich einem Gotte gleichzustellen. Denn nur den Göttern kam es zu, Fruchtbarkeit ins Land zu bringen, und Gudea hat sich dadurch, daß er das symbolische Gefäß in die Hand nahm, dieses Vorrecht angeeignet. Alles an seiner Haltung deutet auf die Entschlossenheit hierzu hin – eine wahrhaft aufsehenerregende und später nie wiederholte Geste. Nach ihm haben sich die Ensis nur noch in der Haltung des Gläubigen darstellen lassen, mit ineinandergelegten Händen, die von den Bildhauern sehr fein modelliert worden sind. Letzteres gilt auch für die – immer unbeschuht dargestellten – Füße. Die technische Perfektion ist bewunderungswürdig, sowohl die Behauung wie die Politur. Unter dem Stoff errät man einen untersetzten Körper. Die rechte Schulter, nackt, wie es sich gehört, zeigt, beziehungsweise suggeriert eine genau gebildete Muskulatur, freilich ohne die Übertreibung, wie man sie an assyrischen Statuen oder Reliefs findet. Die Inschrift auf der Vorderseite des Gewandes wirkt wie eine Stickerei, die in ihrer ganzen Länge ihr Muster oder gewissermaßen ihre Geheimnisse entfaltet; denn zur Zeit Gudeas gab es nur wenige, die lesen konnten.

Gudea ließ sich wohl ohne jede Idealisierung so darstellen, wie er wirklich war: von kleiner Statur, mit kräftigem, kurzem Hals. Bei näherer Betrachtung und beim Vergleich der beiden vorhandenen Köpfe erkennt man, daß die Bildhauer dem Alter ihres Modells sehr wohl Rechnung getragen haben. Ein Mann zwischen fünfundzwanzig und vierzig Jahren wird da jeweils in einer bestimmten Phase seines Lebens abgebildet. Gudea war ein tüchtiger Organisator, der sich ganz den Arbeiten des Friedens widmete – nur ein einziger Feldzug wird aus seiner Zeit erwähnt, und dieser scheint nicht besonders kriegerisch verlaufen zu sein – und der es verstand, seinem Ehrgeiz Grenzen zu setzen. Seine Regierung war die eines Freundes der Künste.

Egon Friedell

Echnaton

Das Ziel, das Echnaton sich gesteckt hatte, war nicht mehr und nicht weniger als: Abschaffung der ägyptischen Religion mit allen ihren Göttergestalten, Personifikationen und Kulten und alleinige Verehrung des Aton, der Sonnenscheibe. Ihr Symbol ist ein goldener Kreis, dessen Strahlen in Hände auslaufen, zum Zeichen, daß sie es ist, die alles Leben spendet. Von der Gottheit selbst aber kann kein Bild hergestellt werden, denn sie ist gestaltlos, unfaßbar, bloße Kraft: „die Glut, die in der Sonne ist". Leichte Spuren eines gewissen Atonkults finden sich schon unter Amenophis dem Dritten. Dieser hatte in fürstlicher Laune innerhalb von vierzehn Tagen zur Überraschung für seine Gattin einen zwei Kilometer langen See aus der Erde zaubern lassen und nannte die Prunkbarke, mit der er ihn bei der Einweihung befuhr, „Schönheit des Aton"; andererseits hat dieser König dem Amon nicht minder großartige Tempel errichtet als seine Vorfahren. Es ist auch nicht unwahrscheinlich, daß in Heliopolis, der alten Sonnenstadt, deren Priester längst auf Amon von Theben eifersüchtig waren, schon vor Echnaton der Kult der Sonnenscheibe favorisiert wurde. Anfangs errichtete der junge König seiner Gottheit nur ein Spezialheiligtum in einem neuen Stadtteil Thebens, den er „Glanz des Aton" taufte, und ließ die anderen Götter unangefochten. Sich selbst nannte er nicht mehr „Amon ist zufrieden", sondern „es gefällt dem Aton": echen-Aton. Die Amonpriesterschaft leistete natürlich erbitterten Widerstand, und so kam es zum Bruch: Der König verließ Theben und erbaute sich an der Stelle des heutigen Tell el Amarna, fast genau in der Mitte zwischen Theben und Memphis, an der Grenze zwischen Mittelägypten und Oberägypten, eine neue Residenz: Achetaton, „Horizont des Aton". Zwei andere Atonstädte gründete er in Syrien und Nubien, damit jeder der drei „Weltteile" eine neue Metropole habe. Bruchstücke des Edikts über die Gründung von Achetaton, die sich erhalten haben, lassen vermuten, daß es dabei zu bedenklichen Aufständen der Bevölkerung gekommen ist, die mit Waffengewalt unterdrückt werden mußten. Eine neue Stadt zu errichten, war im alten Ägypten keine so sensationelle Unternehmung wie heutzutage, um so mehr, als in Achetaton nicht nur die Häuser, sondern auch die Tempel aus Holz und ungebrannten Lehmziegeln mit Stukkaturverkleidung bestanden, also nicht viel mehr technischen Aufwand erforderten als etwa ein Ausstellungspalast oder eine große Strandanlage.

Indem Echnaton nach allen Seiten gegen gehässige Resistenz zu kämpfen hatte und zugleich sein eigenes System nach allen Richtungen ausbaute, wurde er immer mehr in eine zelotische Unduldsamkeit hineingedrängt, die schließlich von Monomanie kaum mehr zu unterscheiden war. Aller Dienst anderer Götter sollte verschwinden. Amons Namenszug wurde ausgetilgt, wo man ihn fand: an Wänden und Bildsäulen, in Schulbüchern und Zaubertexten, auf den Felsen in Nubien und den Klippen im Nil, auf den Särgen der Totenkammern und den Amuletten der Lebedamen. Die Säuberung war so gründlich, daß ein unversehrter „Amon" aus der Zeit vor Echnaton zu den größten Seltenheiten gehört. [...]

Am schönsten kommt der Glaube Echnatons in dem berühmten Sonnenhymnus zum Ausdruck, den er selbst gedichtet hat: „Herrlich ist Dein Strahlen am Horizonte, lebendige Sonne, Ursprung des Lebens! Wenn Du aufsteigst im Osten, füllst Du die ganze Welt mit Deinem Glanze; wenn Du Dich zur Ruhe neigst im Westen, sinkt die Erde in Dunkel wie der Tote, der in seinem Grabe liegt. Die Menschen schlafen in ihren Kammern, die Häupter verhüllt. Ihre Habe wird gestohlen, jeder Löwe kommt aus seiner Höhle, alle Schlangen stechen. Aber wenn Du aufgehst am Himmelsrand, erwacht alles voll Anbetung, und ein jedes tut seine Arbeit. Die Vögel flattern über den Sümpfen, und ihre Flügel erheben sich im Gebet zu Dir, die Schiffe fahren den Nil auf und nieder, Dein Licht lockt die Fische. Das Küchlein in der Schale, es lebt von Deinem Atem, bald ist es fertig, zerbricht die Schale und kommt heraus aus dem Ei, um zu piepen, so viel es kann; es läuft herum auf seinen Füßen, wenn es aus dem Ei herauskommt. Du bist im sprießenden Mohn, in dem sanften Wind, der die Segel füllt, Du läßt die Lämmer tanzen. Du schufst die Erde nach Deinem Begehren: die Länder Syrien und Nubien und das Land Ägypten." Dieser Passus ist besonders beachtenswert, denn hier werden die Fremdländer nicht nur als ebenbürtige Werke der Güte Atons gewertet, sondern sogar aus Courtoisie dem Nilland vorangestellt, und noch an einer zweiten Stelle heißt es: „Der Nil am Himmel (gemeint ist der Regen) ist für die Fremdländer, unser Nil aber quillt aus der Unterwelt hervor für Ägypten." Das ist eine völlig andere Gesinnung als die den früheren Ägyptern geläufige, die von Nubien immer als dem „elenden Kusch" redeten, auch die Asiaten für minderwertig hielten und sich selbst schlechtweg *romet*, die Menschen, nannten. Daß aber auch Echnaton von Dün-

245

kel nicht gänzlich frei war, zeigt der Schluß seines Sonnenliedes: „Kein anderer ist, der Dich kennt, außer Deinem Sohne Echnaton. Die Erde, die Du gründetest, hast Du aufgerichtet für Deinen Sohn, den König, der von der Wahrheit lebt." Dieses „der von der Wahrheit lebt", das als Selbstbezeichnung bei offiziellen Anlässen sehr oft wiederkehrt, hat man, im Hinblick auf den Naturalismus der gesamten Amarnabewegung, als ein spezielles Bekenntnis zur Wahrheitsliebe aufgefaßt; der Sinn ist aber offenbar: „der die wahre Lehre besitzt". So hat also Echnaton sogleich wieder eine neue Orthodoxie aufgerichtet. Dies ist übrigens eine Eigenschaft fast aller „Ketzer": Niemand war so starrgläubig wie die Marcioniten, die Albigenser, die Wiedertäufer, die Puritaner, die Monisten. Man kann aber Echnaton keineswegs unter die Religionsstifter zählen, wie es vielfach geschehen ist. Er war dies ebensowenig wie etwa Empedokles oder der Kaiser Julian. Er war ein feinnerviger Grübler, ein warmherziger Poet, ein geistreiches Original; aber sein Atonglaube hätte auch keinen Bestand gehabt, wenn er Ägypten wirklich erobert und nicht bloß auf den Lippen der Höflinge, sondern im Herzen des Volkes gelebt hätte, denn er war eben gar keine Religion, sondern eine Weltauslegung, eine gefühlvolle Naturphilosophie; wenn man will, der erste Versuch einer Metaphysik. Ja, selbst die Behauptung, Echnaton sei ein früher Verkünder des reinen Monotheismus gewesen, ist wahrscheinlich ein Mißverständnis, denn Aton sieht einer vergeistigten Naturkraft viel ähnlicher als einer Gottheit: Er ist allmächtig und wohltätig, besitzt aber keinerlei sittliche Eigenschaften, und er ist zwar der Eine und Einzige, aber zugleich das ganze All und jedes Geschöpf ein Teil seines Lebens: man könnte daher viel eher von Pantheismus reden, auf den ja mehr oder weniger jede naturalistische Weltansicht hinausläuft. Etwas Abschließendes läßt sich nicht sagen, dazu sind die Quellen nicht vollständig genug; aber auch wenn sie es wären, würden sie uns nicht viel klüger machen, denn um die Atonlehre wirklich zu verstehen, müßten wir imstande sein, ägyptisch zu denken.

Im Hofleben äußerte sich der neue Naturalismus in einer Freiheit und Ungezwungenheit der Sitten, über die uns die Bilder beredte Auskunft geben. Man sieht, wie die königliche Familie in einem eleganten Pavillon Siesta hält: Nackte Mädchen spielen Laute, Flöte und Harfe; der König liegt müde im Lehnstuhl, seine Linke spielt zerstreut mit einigen Blumen, seine Rechte streckt lässig eine Schale aus, in die die Königin durch ein Seihtuch Wein füllt; drei kleine Prinzessinnen stehen daneben: die eine ist mit Buketts beladen, die andere plaudert mit ihrem Vater, die dritte bietet ihm Süßigkeiten an. Oder: die Herrschaften sind beim Mittagessen, von einem Aufwärter bedient, der König hält eine geröstete Taube zwischen den Fingern, die Königin trinkt aus einem zierlich geformten Becher. Sie ist entgegen der ägyptischen Tradition immer im gleichen Maßstab gehalten wie ihr Gatte, die Kinder aber sind unverhältnismäßig klein dargestellt; oder sie müssen sehr degeneriert gewesen sein. Ein anderes Bild, auf dem die Königin Echnaton an einer prächtigen Blume riechen läßt, zeigt diesen mit Spielbein, flatternden Bändern und lässig auf einen Stab gestützt, der in die Achsel gestemmt ist: drei völlig unägyptische Details, zumal bei einem König. Manchmal kommt auch Mama zu Besuch (Teje war allem Anschein nach in Theben geblieben), sehr mondän gekleidet und im vollen Königsschmuck, aber mit einer großen, kunstvoll frisierten Perücke, wie man sie in Amarna nicht mehr trägt, und nun sitzen alle am reichgedeckten Tisch, Braten und Gemüse, Früchte und Kuchen speisend: Die Königin knabbert anmutig an einer kleinen Ente, Teje führt mit der einen Hand ein Fleischstück zum Munde und reicht mit der anderen ihrer Enkelin Baketaton einen saftigen Bissen, zwei andere kleine Prinzessinnen essen artig aus demselben Teller, der Haushofmeister prüft aufgeregt die Schüsseln, die zum Servieren kommen. Dazu konzertieren abwechselnd zwei Musikkapellen, eine

ägyptische und eine syrische, und den Rahmen bilden Hof-
würdenträger in Staatsgewändern, die, offenbar als Abzei-
chen ihres hohen Ranges, große Straußenwedel in den Händen halten. Sehr vornehm wirkt es, daß die königliche Familie fast niemals Schmuck trägt.

Auch bei offiziellen Anlässen zeigte sich Echnaton niemals ohne seine Angehörigen: seine Schwestern und Stief-
schwestern, seine Töchter und Schwiegersöhne. Am meisten von allen aber liebte er seine schöne Königin, die bekanntlich niemand anders war als die berühmte Nofretete.
Sie war die Tochter eines gewissen Eje, der noch in seiner
Grabschrift begeistert von ihrer Schönheit spricht: ihren
Gazellenbeinen, ihrer süßen Stimme, ihren wundervollen
Händen (nach anderer Ansicht war Eje, der später vorüber-
gehend selber König wurde, bloß der Gatte der Amme No-
fretetes oder der Amme Echnatons; aber eine „Geborene"
war Nofretete keinesfalls). Ihre Büste, die jedermann zumindest aus Abbildungen vertraut ist, läßt ein Geschöpf
von edelster Rasse erkennen, das sich, zumal durch den aristokratisch überlangen Hals, zu dessen Charakterisierung
sich das Wort „Schwanenhals" kaum vermeiden lassen wird,
als fast schon überzüchtet erweist; die Details: Die mit
Schminkstift gemalten Lippen, die rasierten und nachge-
zogenen Augenbrauen, der Bubikopf, die „blaue Krone"
(die offenbar den Zweck hat, den Schädel möglichst lang
erscheinen zu lassen, was damals die große Mode war) zeigen eine tadellos soignierte Weltdame, die ebensogut aus
Paris sein könnte; daß das Porträt von stupender Ähnlichkeit gewesen sein muß, spüren wir noch heute nach 3300
Jahren. [...]

Das Genie des Zeitalters war der Bildhauer Thutmosis,
dessen Arbeitskammer, angefüllt mit Rundplastiken und
Reliefs in allen Stufen der Vollendung, von der Deutschen
Orientgesellschaft ausgegraben worden ist. Es war dies
wahrscheinlich nicht bloß eine Werkstätte, sondern auch
eine Art Kunstschule. Was für eine Potenz Thutmosis ge-

wesen sein muß, geht schon daraus hervor, daß die herrliche Büste der Nofretete nicht etwa eines seiner Standardwerke war, sondern ein schlichtes Unterrichtsmodell zum Kopieren für Schüler und Handwerker. Und was für ein ungewöhnlicher Mensch und Mäzen Echnaton gewesen sein muß, zeigt sich daran, daß er einen Thutmosis an die erste Stelle berief: Im allgemeinen pflegen Könige nicht gerade den bedeutendsten und modernsten Künstler zum Hofbildhauer und Akademiedirektor zu ernennen. Solange Echnaton lebte, war Thutmosis offenbar unumschränkter Geschmacksdiktator. Der dekadente Typus wurde sofort Mode, bis zur Verzerrung; der Naturalismus wurde zum Gesetz und damit zum Schema, das mindestens ebenso leer und starr war wie das bisherige. Auf einmal sieht man jetzt überall hektische Gestalten, schlaffe Arme, eingefallene Gesichter. Da ist zum Beispiel der Wesir Ramose in seiner thebanischen Grabkammer auf der einen Seite der Wand, die noch aus der Zeit Amenophis' des Dritten stammt, ein wohlgenährter Ägypter mit breiten Schultern, kurzem Hals und Schädel und gesunder Körperhaltung; auf der anderen Hälfte ist das alles umgekehrt. Daß er inzwischen schmale Schultern, langen Hals und geknickte Beine bekommen hat, wäre noch hinzunehmen; daß er aber auch den Spitzbauch Echnatons und den (krankhaft oder künstlich) deformierten Hinterkopf der Prinzessinnen aufweist, ist der Gipfel des Byzantinismus; feiner sieht er aber ohne Zweifel in der zweiten Fassung aus. In bescheidenerem Ausmaß hat übrigens der Hof überall in der Welt das Exterieur der Zeitgenossen beeinflußt: Als die Prinzessin Isabella von Spanien, die Tochter Philipps des Zweiten, gelobt hatte, ihr Hemd nicht eher zu wechseln, bis ihr Gemahl Ostende erobert hätte, kamen „isabellfarbige" Stoffe auf, die die mutmaßliche Couleur jenes Hemdes nachahmten; ein anderes hemdartiges Gewand, die weite, bauchige *tunique* des Empire, geht darauf zurück, daß Napoleon um jeden Preis Geburtenüberschüsse erzielen wollte und es daher zum guten

Ton gehörte, schwanger zu sein; die Bartlosigkeit der Spätantike rührt daher, daß es durch Alexander den Großen Mode wurde, ein Jüngling zu sein, bis es unter den antoninischen Kaisern Mode wurde, ein Philosoph zu sein, und damit der Vollbart des Stoikers zu Ehren kam, der aber durch das Vorbild Konstantins, unter dem es Mode wurde, alles Heidnische zu verleugnen, neuerlich der Rasur weichen mußte.

Ganz versunken in seine religiösen und künstlerischen Reformen, hatte Echnaton die politische Verwaltung seines Reiches völlig vernachlässigt. Eine schwache Zentralregierung war für die syrischen Vasallen immer das Signal zum Abfall. Es scheint, daß unter dem femininen König die asiatischen Besitzungen ebenso verlorengegangen sind wie anderthalb Jahrhunderte früher unter dem weiblichen Szepter der Hatschepsut. Immer dringender wurden die Warnungen und Hilferufe der königstreuen Suzeräne; aber es geschah nichts oder nichts Zureichendes. Von allen Seiten zogen sich die Wolken zusammen: Die Militärpartei grollte wegen der lässigen Außenpolitik, die noch immer im geheimen mächtige Amonpriesterschaft wegen ihrer Enteignung, das Volk wegen der Entthronung seiner geliebten Götter, vor allem des Osiris, den ihm keine noch so fein empfundene Solartheologie zu ersetzen vermochte. Dazu kam noch der wirtschaftliche Niedergang infolge des Ausfalls der syrischen Tributzahlungen und die ungeklärte Frage der Erbfolge. Echnaton besaß nur sechs Töchter, und so mußte er sich entschließen, Sakere, den Gatten seiner ältesten Tochter Meritaton („von Aton geliebt"), zum Mitregenten zu ernennen. Zugleich gab er, durch die steigende Opposition immer mehr in die Psychose der Verfolgungssucht gedrängt, den verhängnisvollen Befehl, die Namen aller anderen Gottheiten ebenso auszutilgen wie das Zeichen des Amon; selbst der Plural „Götter" sollte nirgend mehr geduldet werden. Bald darauf ist er, im dreiundvierzigsten Lebensjahre, ins Grab gesunken. In der Erinnerung seines Landes lebte er

fortan nur noch als der ungenannte „Frevler von Achetaton".

Trotz der furchtbaren Gegnerschaften, die rings um ihn
emporgewachsen waren, spricht alles dafür, daß er eines natürlichen Todes gestorben ist.

André Parrot

Sargon und sein Enkel Naram-Sin

Der Aufstieg der Akkader war vermutlich die Reaktion auf
die Expansionsbestrebungen des Königs Lugalzaggesi von
Uruk, der um 2450 v. Chr. seine Macht über ganz Mesopotamien ausgedehnt hatte. Umfaßte die Regierungsgewalt
früher Stadtstaaten, so jetzt Königtümer, ja Reiche. Der ehr-
geizige Herrscher behandelte seine sumerischen Nachbarn
mit derselben Strenge wie seine entferntesten Feinde. Ein
aus Lagasch Entkommener hat Lugalzaggesis Brandschat-
zung und Plünderung auf einer Tontafel aufgezeichnet und
dabei die göttliche Rache auf des Königs Haupt herabbe-
schworen. Es ist möglich, daß auch die Stadt Mari und ihre
Heiligtümer unter den Eroberungszügen des Herrschers ge-
litten haben, denn die dort aufgefundenen Kunstwerke weisen Brandspuren und Merkmale systematischer Zerstörung
auf. Lugalzaggesi hielt während seiner fünfundzwanzigjäh-
rigen Regierungszeit – wenn man den Angaben der sumerischen Königsliste Glauben schenken darf – alle Gebiete unter Kontrolle, die zwischen dem „Unteren Meer" und dem
„Oberen Meer" lagen, also zwischen dem Persischen Golf
und dem Mittelmeer. Seiner Herrschaft wurde durch einen
akkadischen Krieger ein Ende gesetzt.

Dieser Mann von einfacher Herkunft, der Legende nach
Pflegesohn eines Wasserschöpfers, stellte sich mit seinen
Truppen dem „Herrscher des Landes" entgegen. Wir ken-

nen zwar die Vorgänge nicht im einzelnen, doch wir wissen, daß die Unternehmung gelang. Der siegreiche Akkader zwängte Lugalzaggesi in eine Nackengabel und stellte seinen Gefangenen vor dem Tor des Enlil-Tempels in Nippur zur Schau. Vor diesem sichtbaren Beweis war an dem Sieg des Akkaders nicht mehr zu zweifeln. Die Rollen waren vertauscht: der gestern noch Unbekannte, Scharrukin, wurde König. Wir nennen ihn Sargon (nach der im Alten Testament verwendeten hebräischen Form des Namens), und wir fügen gewöhnlich „von Akkad" hinzu, um ihn von dem späten Sargon von Assyrien zu unterscheiden. Um seinen Erfolg zu besiegeln, beschloß der neue König, sich in einer neuen Stadt niederzulassen, die er zu seiner Hauptstadt machte, nämlich Akkad (oder Agade), das noch nicht mit Sicherheit identifiziert worden ist. Das gesamte sumerische Reich des Lugalzaggesi fiel rasch in die Hände Sargons, so daß dieser in seinem Königstitel stolz die Herrschaft über „die vier Weltufer" beanspruchen konnte.

Die Akkader waren Semiten und als solche von den Sumerern verschieden. Sie hatten nahe Verwandte in anderen Volksgruppen und Stämmen, die am mittleren Euphrat und oberen Tigris saßen. Die südmesopotamischen Akkader beherrschten das „Zentrum" mit Babylon und Kisch, und ihre Stellung schien unangreifbar oder doch abgesichert gegen irgendeine Auflehnung der Herren von gestern, die in den südlicheren Gebieten konzentriert waren. Fast zwei Jahrhunderte hindurch übten die Akkader ihre Macht aus, und sie hätten sich wahrscheinlich noch länger behauptet, wenn die Zentralgewalt den Zusammenhalt bewahrt hätte, den sie zur Zeit Sargons und seiner unmittelbaren Nachfolger gehabt hatte.

Die Akkader besaßen zunächst die Klugheit, sich viel mehr als Sachwalter denn als Gegner derer zu zeigen, die sie im politischen Bereich ersetzten. Weder in der Kultur noch in der künstlerischen Entwicklung entstand irgendein Bruch. Die sumerische Strenge, das oft beherrschende hieratische Element, wurde lediglich für einige Zeit durch einen semitischen Zug gemildert, der sich in stärkerer Nuancierung, Sensibilität und Phantasie ausdrückte. Manche Schranken fielen, und das Leben konnte sich freier entfalten. Doch diese Freiheit bedeutete keineswegs Unordnung und Anarchie. Sargon, ein Mann mit eiserner Hand, hätte dies sicher auch niemals geduldet.

Der Bronzekopf, den M.E.L. Mallowan in Ninive fand und in dem man möglicherweise ein Porträt des Dynastiegründers sehen darf, läßt daran keinen Zweifel. Alles an dem Kopf ist faszinierend, auch wenn ihm der flammende Blick fehlt: Statt der Augen gähnen zwei Höhlen, von denen eine gewaltsam erweitert worden ist. Der Mund mit den sinnlichen Lippen deutet ein leises Lächeln an, das ironisch und hochmütig zugleich wirkt. Mit seinem vollen Haupthaar, das in Flechten gelegt ist, dem Stirnband, unter dem muschelartig Haarsträhnen hervortreten, dem Haarknoten, dessen Ende von einem dreifachen Goldband gehalten wird, und schließlich dem gekräuselten Bart zeigt sich der Porträtierte als in der Tradition der großen Könige stehend, deren Haartracht er übernommen hat. Sie ist mindestens so fein ziseliert wie der Helm des Meskalamdug aus Ur, und der Herrscher von Akkad wußte das Erbe, das er angetreten hatte, wohl zu schätzen.

Die gleiche Treue zum Althergebrachten bezeugte er, als es darum ging, seine Siege aufzuzeichnen. Nach sumerischer Tradition ließ er den Bericht von seinen Kämpfen in eine Stele aus Diorit meißeln. Wie bei Eannatum sind die einzelnen Szenen in Felder aufgeteilt, und man sieht Geier und ein großes Netz. Die Darstellung hätte kaum stärker traditionsgebunden sein können. Erst mit Rimusch, der nach dem Tode seines Vaters den Thron bestieg, begann man sich etwas von der Überlieferung zu lösen. Bedeutende Fragmente im Louvre gehören zu einer Stele, die ebenfalls der Erinnerung an Kämpfe gewidmet ist. Die Einteilung in Felder ist beibehalten worden, aber bei der Darstellung der

Personen ist eine beträchtliche Veränderung eingetreten. Die schwerfällige Phalanx der sumerischen Soldaten wird abgelöst durch bewegungsvolle Einzelgruppen akkadischer Kämpfer. Auch die Bewaffnung hat sich geändert. Die Krieger sind nicht mehr so schwer gewappnet, sie sind in ihren Bewegungen freier und beherrschen mit Pfeil und Bogen eine größere Distanz. Die Stele von Tello, wenngleich nur in fragmentarischem Zustand überliefert, kündet bereits das Denkmal Naram-Sins an. Naram-Sin, der Enkel Sargons, war einer der größten orientalischen Herrscher. Sein Ruhm dokumentiert sich in Bauten wie in figürlichen Stelen. Seit 1976 wird sein Palast in Tell Brak (Chabur-Gebiet) von D. Oates erneut erforscht. Seine Taten, die er mit seinen Heeren auf zahlreichen Eroberungszügen vollbrachte, wurden an Ort und Stelle verewigt, so in Pir Hüssein, inmitten von Kurdistan, nordöstlich von Dijarbekr. Das Denkmal jedoch, das diesen Krieger für immer unsterblich macht, bleibt die Stele im Louvre. Sie stand ursprünglich in Sippar, der Stadt des Gottes Schamasch, wurde aber in Susa aufgefunden, wohin sie tausend Jahre später als Kriegsbeute verschleppt worden war. Hier zeigt sich die akkadische Kunst in ihrer vollen Größe, befreit aus aller Abhängigkeit von der Vergangenheit.

Auf dieser Stele aus rosa Sandstein, einem Monolithen, dessen Umrisse der Meißel kaum zu verändern brauchte, sind knapp zwanzig Personen dargestellt. Man könnte sie für zwei Armeen halten: neun Krieger auf der einen Seite, neun auf der andern; doch der König an der Spitze seiner Truppe überragt die Kämpfer mit seiner hohen Gestalt. Die Szene spielt in der gebirgigen, bewaldeten Gegend der Lulubäer. In zwei aufsteigenden Reihen rücken die akkadischen Krieger vor und entfalten ihre Feldzeichen, vor denen die Feinde, um Gnade flehend, zurückweichen. Naram-Sin setzt seinen Fuß auf zwei miteinander verschlungene Gefallene, während ein weiterer die Felsen herabstürzt. Bogen und Streitaxt in der einen, den Wurfspieß in der anderen

Hand, ist der Herrscher, der wie ein Gott die Hörnerkrone trägt, am Fuß einer Bergspitze angelangt, die der Künstler kühn schematisiert hat. Am Firmament zwei Strahlensterne, einzige Hinweise auf die wohlgesinnten Gottheiten, die diesen Kampf begünstigt haben. An seinem siegreichen Ausgang kann es keinen Zweifel geben: Die feindliche Armee besteht nur noch aus Toten, Verwundeten und Flüchtenden.

Jan Assmann
Šuppiluliuma, der Hethiter

Hier bedeutet nun die zweite Hälfte des 2. Jahrtausends, also die späte Bronzezeit, einen dramatischen Einschnitt. Die Texte werden reicher, greifen weiter in die Vergangenheit zurück, erzählen genauer, konstruieren größere Zusammenhänge. Den Höhepunkt bilden dabei die hethitischen Texte, und unter diesen wiederum drei Werke, die in unmittelbarer zeitlicher Nachbarschaft entstanden sind: die *Taten des Šuppiluliuma*, die *Zehnjahresannalen* und die *Großen Annalen* des Muršiliš. In diesen um 1320 entstandenen Werken legt Muršiliš II. nicht nur Rechenschaft von seiner Regierung, sondern auch von der seines Vaters Šuppiluliuma ab. [...]

Die *Mannestaten des Šuppiluliuma* stellen denn auch den Gipfel hethitischer Geschichtsschreibung dar, und innerhalb des Textes bildet wiederum die VII. Tafel den unverkennbaren Glanzpunkt:

„Während mein Vater sich im Lande Kargamiš aufhielt, sandte er Lupakki und Tarḫunta-zalma in das Land Amka. Sie gingen, griffen das Land Amka an und brachten Deportierte, Rinder (und) Schafe zurück vor meinen Vater.

Wie aber die Ägypter von dem Angriff auf Amka hörten, gerieten sie in Furcht.

Weil ihnen ihr Herr Pipḫururijas überdies gestorben war,

sandte die Königin von Ägypten Taḫamunzu (Gemahlin des Königs) einen Botschafter zu meinem Vater und schrieb ihm folgendermaßen:

‚Mein Gemahl ist gestorben, und ich habe keinen Sohn. Die Leute sagen, daß du viele Söhne hast. Wenn du mir einen deiner Söhne sendetest, könnte er mein Gatte werden. Niemals werde ich einen meiner Diener zum Gatten nehmen.‘

Als mein Vater das hörte, rief er die Großen zur Beratung zusammen und sagte: ‚Seit alters ist mir so etwas niemals vorgekommen!‘ Er ging und sandte Ḫattu-zitiš, den Kammerherrn, und sagte: ‚Geh und bring mir verläßliche Kunde! Sie könnten versuchen, mich zu täuschen. Ob sie vielleicht doch einen Prinzen haben, darüber bringe mir verläßliche Kunde!‘ …

Der ägyptische Gesandte, der ehrenwerte Herr Hanis, kam zu ihm. Weil mein Vater Ḫattu-zitiš beauftragt hatte, als er ihn nach Ägypten sandte mit den Worten: ‚Vielleicht haben sie doch einen Prinzen; sie könnten versuchen, mich zu täuschen und wollen gar nicht wirklich einen meiner Söhne zum König‘, antwortete nun die ägyptische Königin in einem Brief wie folgt:

‚Warum sagst du: ‚Sie möchten versuchen, mich zu täuschen‘? Wenn ich einen Sohn hätte, würde ich einem fremden Land in dieser Weise schreiben, die für mich und mein Land erniedrigend ist? Du traust mir nicht und sagst mir so etwas. Er, der mein Mann war, starb und ich habe keine Söhne. Soll ich vielleicht einen meiner Diener zum Mann nehmen? Ich habe keinem anderen Land geschrieben, ich habe nur dir geschrieben. Die Leute sagen, daß du viele Söhne hast. Gib mir einen deiner Söhne, und er ist mein Gemahl und König von Ägypten.‘

(Das folgende ist ziemlich zerstört, Šuppiluliuma ist über den Nachdruck befremdet, mit dem die ägyptische Seite von ihm einen Sohn geradezu fordert. Ferner erörtert er seine Bedenken, die Ägypter könnten seinen Sohn vielleicht nur als Geisel mißbrauchen, mit dem ägyptischen Gesandten, der ihn beruhigen kann.)

So beschäftigte sich denn mein Vater ihnen zuliebe mit der Frage eines Sohnes. Und dann forderte mein Vater die Vertragsurkunde ‚wie früher der Wettergott den Mann von Kuruštama, den Hethiter, nahm und ihn in das Land Ägypten brachte und sie (die Leute von Kuruštama) zu Ägyptern machte; wie der Wettergott zwischen dem Lande Ägypten und dem Lande Ḫatti einen Vertrag schloß; wie sie auf ewig untereinander befreundet waren; wie man vor ihnen die Tafel vorlas‘. Dann sprach mein Vater folgendermaßen zu ihnen: ‚Von alters her waren Ḫattuša und Ägypten befreundet. Jetzt hat sich auch dies noch zwischen uns ereignet. Das Land Ḫatti und das Land Ägypten werden weiterhin auf ewig untereinander befreundet sein.‘ “

Das ist in der Tat eine Art von Geschichtsschreibung, die an Detailreichtum, Farbigkeit, Nuanciertheit alles weit in den Schatten stellt, was man aus Ägypten und aus dem Vorderen Orient kennt. Besonders außergewöhnlich aber ist die lange und komplexe Verkettung von Ereignissen, die hier vorgeführt wird:

1. Šuppiluliuma steht vor Karkemiš.

2. Gleichzeitig eröffnet er einen Nebenschauplatz und schickt eine Truppe unter Führung zweier Generäle nach Amka, in ägyptisches Gebiet.

3. Die Ägypter geraten in Furcht, zumal ihr König (Echnaton) gerade gestorben ist.

4. Die ägyptische Königin bittet um einen hethitischen Prinzen als Nachfolger des verstorbenen ägyptischen Königs.

5. Lange Verhandlungen und Erkundigungen, Briefwechsel und Gesandtschaften. Offenbar (hier ist eine Lücke im Text) berufen sich die ägyptischen Gesandten auf einen alten Vertrag.

6. Der Vertrag mit Ägypten wird konsultiert.

7. Auf der Grundlage dieses Vertrages gibt Šuppiluliuma schließlich seine Zustimmung.

Dazu wird uns hier Einblick in eine Affäre gewährt, die ebenfalls ihresgleichen sucht. Aus ägyptischen Quellen hätte man hierüber nie etwas erfahren. Eine ägyptische Königin, die einem ausländischen Prinzen eine politische Heirat anträgt, ein Hethiter auf dem ägyptischen Thron: Das sind in der Tat Ungeheuerlichkeiten, die sich allenfalls aus der exzeptionellen Situation der ausgehenden Amarnazeit erklären.

Aber das sind Gesichtspunkte, die diese Affäre für *uns* interessant machen. Wo liegt das hethitische „Inzentiv" für dieses Interesse an der Vergangenheit? Der Schlüssel dafür liegt in einem anderen Text, ebenfalls von Muršiliš, der genau die gleichen Vorgänge behandelt, aber im Rahmen einer anderen literarischen Gattung und das heißt, in anderem Funktionszusammenhang. Es handelt sich um Gebete an den hethitischen Sturmgott, eine Pest abzuwenden, die seit Jahren im Land wütet und der das ganze Volk zum Opfer zu fallen droht. Die Orakel wurden befragt und verwiesen auf zwei alte Tafeln. Die eine behandelt Opferriten für den Fluß Mala, die aufgrund der Pest vernachlässigt wurden. Die andere behandelt den Kuruštama-Vertrag.

„Der Sturmgott von Ḫatti brachte die Leute von Kuruštama nach Ägypten und schloß einen Vertrag über sie mit den Hethitern, so daß sie ihm unter Eid standen. Obwohl nun sowohl die Hethiter als auch die Ägypter dem Sturmgott eidlich verpflichtet waren, ignorierten die Hethiter ihre Verpflichtungen. Sie brachen den Eid der Götter. Mein Vater sandte Truppen und Wagen, das Land Amka, ägyptisches Gebiet, anzugreifen. Die Ägypter aber erschraken und baten sogleich um einen seiner Söhne, das Königtum zu übernehmen. Aber als mein Vater ihnen einen seiner Söhne gab, töteten sie ihn, während sie ihn dorthin brachten. Mein Vater ließ seinem Zorn freien Lauf, er zog gegen Ägypten in den Krieg und griff es an. Er schlug die Truppen und Streitwagen des Landes Ägypten. Der Sturmgott von Ḫatti, mein Herr, gab meinem Vater durch seinen Ratschluß den Sieg; er besiegte und schlug die Truppen und Wagen des Landes Ägypten. Aber als sie die Gefangenen nach Ḫatti brachten, brach eine Pest unter ihnen aus, und sie starben.

Als sie die Gefangenen nach Ḫatti brachten, brachten diese Gefangenen die Pest in das Land Ḫatti. Von dem Tage an sterben die Menschen im Lande Ḫatti. Als ich nun die Tafel über Ägypten gefunden hatte, ließ ich darüber das Orakel befragen: ‚Diese Vereinbarungen, die der hethitische Sturmgott machte, nämlich daß die Ägypter ebenso wie die Hethiter vom Sturmgott unter Eid genommen wurden, daß die Damnassaras Gottheiten im Tempel anwesend waren und daß die Hethiter sogleich ihr Wort gebrochen hatten – ist dies vielleicht der Grund für den Zorn des Sturmgottes von Ḫatti, meines Herrn?' So wurde es bestätigt."

In diesem Text wird dieselbe Ereigniskette vorgeführt und noch um die letzten, tragischen Glieder ergänzt:

8. Der König entsendet den Prinzen, der aber auf der Reise umgebracht wird.

9. Šuppiluliuma eröffnet den Krieg gegen Ägypten und gewinnt eine Schlacht.

10. Die ägyptischen Gefangenen schleppen die Pest in Ḫatti ein, die seit 20 Jahren im Lande wütet und der mit einem Großteil der Bevölkerung der König selbst und sein Sohn und Nachfolger Arnuwandas zum Opfer gefallen sind.

Abb. 19: Sumerisch – Tello – Geierstele, Historische Seite. Aus-
schnitt: König Eannatum an der Spitze seiner Krieger. Erste
Hälfte drittes Jahrtausend – Kalkstein, Gesamthöhe 1,88 m – Paris,
Louvre.

X. Krieg

Dieter Ruloff

Kriegsursachen und Kriegsbeginn

Krieg, ein epidemischer Tatbestand?: Die politologische Kriegsursachenforschung wird traditionell in zwei verschiedene Schulen oder Richtungen eingeteilt. Die eine Schule bevorzugt den sogenannten systemischen Ansatz. Kriege sind aus dieser Sicht das Nebenprodukt sozialer, wirtschaftlicher und politischer Umwälzungen. Machtverschiebungen zwischen Staaten mit nachfolgender, gewaltsamer Revision der internationalen „Hackordnung" sind eine häufige Folge, oder auch expansiver („lateraler") Druck, der für Reibungen mit den Nachbarn sorgt. Die (vor allem quantitative) Forschung hat eine große Fülle solcher Prozesse und Strukturmomente des internationalen Systems entdeckt, die sie für Kriege verantwortlich macht. Für individuelles Handeln und Entscheiden bleibt in systemischen Ansätzen dagegen kaum Raum: Kriege entstehen und verschwinden wie ansteckende Krankheiten; Politiker, Militärs und gemeine Soldaten füllen nur jene Rollen aus, die ihnen die Geschichte zuweist. Sie sind Statisten im Drama von Krieg und Frieden, nicht aber Akteure.

Strategische Sicht: Die andere Schule bevorzugt den entscheidungstheoretischen („strategischen") Ansatz. Kriege sind aus dieser Sicht die Folge von Entscheidungsprozessen, in denen sich einzelne oder Gruppen von Akteuren für den Griff zur Waffe entschließen – weil bei einer gegebenen Situation unter Abwägung von Kosten und Nutzen eine solche Entscheidung aus ihrer Sicht vernünftig („rational") erscheint. Der entscheidende Schritt in den Krieg wird getan, und die „Falle" schnappt zu, denn die tatsächliche Entwicklung des Kriegs verläuft dann in der Regel anders als vermutet, auch wenn historisch gesehen jene in der Mehrzahl der Fälle siegreich aus Kriegen hervorgingen, die sie begonnen hatten. Ob der Lohn der Angst dies wert war, ist eine andere Frage. Der strategische Ansatz ist in den Militärwissenschaften weit verbreitet und läßt sich bis zu den Klassikern der Militärwissenschaft zurückverfolgen. Grundlagenforschung aus strategisch-entscheidungsorientierter Sicht betreibt seit den bahnbrechenden Arbeiten von Rapoport vor allem die experimentelle Spieltheorie. Quantitative, empirische Forschung ist jedoch selten, weil die notwendigen Daten (etwa Nutzeneinschätzungen durch Entscheidungsträger) kaum zu beschaffen sind. In Simulationsexperimenten ist es nur bedingt gelungen, Entscheidungsabläufe beim Beginn von Kriegen durch Versuchspersonen „nachspielen" zu lassen

Unbefriedigend: Allein genommen befriedigen beide Ansätze nicht. Zwischen Krieg und Frieden kann man wählen, zumindest in größerem Maße als zwischen krank und gesund. Auch wenn sich Analogien aufdrängen mögen, ein epidemischer Tatbestand ist Krieg im strengen Sinne nicht. Die Wahl zwischen Krieg und Frieden kann allerdings auch kaum wie andere gewöhnliche Entscheidungen nach dem Modell der rationalen Nutzenoptimierung begriffen werden. Der Griff zur Waffe war nie politisches Alltagsgeschäft, auch nicht im Zeitalter der Kabinettskriege des 18. Jahrhunderts.

Kriegsträchtige Situationen: Beide Ansätze helfen vor allem kaum weiter, wenn es gilt, die Frage nach der Wahrscheinlichkeit eines Krieges in Europa zu beurteilen. Der Kriegsursachenforschung wäre vielleicht mit einem Blick auf das benachbarte Gebiet der Revolutionsforschung nicht schlecht gedient, obschon auch diese ihre Probleme besitzt. Kriege und Revolutionen beginnen nicht von heute auf morgen; sie kündigen sich vielmehr an. Voraussetzung innergesellschaftlicher Umwälzungen ist nach einhelliger Meinung der Forschung die Entstehung einer revolutionären Situation. Den parallel zu bildenden Begriff der „kriegerischen Situation", der die strukturelle Disposition von (staatlichen oder auch nicht-staatlichen) Konfliktparteien zur Kriegführung bezeichnen könnte, gibt es dagegen nicht – die Sache, erkennbar kriegsträchtige Situationen, aber sehr wohl. Die folgende Untersuchung arbeitet die historische Erfahrung mit derartigen Situationen auf. Einfache historische Analogien haben keinen großen Erkenntniswert; aber die Sichtung der historischen Erfahrung mit dem Kriegsbeginn schärft den Blick auch für die Beurteilung der Gegenwart.

André Parrot

Assur und der Krieg

In der zweiten Phase ist Assyrien ausschließlich auf den Krieg eingestellt. In seinem Verlauf wird die östliche Welt erobert, zerstückelt und ihrer Substanz beraubt. Ihre Völker werden ausgerottet oder verschleppt. Die assyrische Flut brach sich immer weiter von ihren Ausgangspunkten entfernt und brandete gegen den einzigen wirklichen Feind, gegen Ägypten, das sie nur hatte erreichen können, nachdem nacheinander alle Dämme weggespült waren. Die historischen Bücher der Bibel haben ebenso wie die Annalen der assyrischen Könige die Stationen dieses unerbittlichen Vordringens aufgezeichnet: Auf Damaskus und Syrien folgte Samaria, die Hauptstadt Israels, dann das Land der Philister und schließlich der „Strom von Ägypten", der die amtliche Grenze bildete. Von den Ufern des Tigris kommend, waren die Krieger Ninives bis auf Sichtweite an die Nilschleife gelangt. Im 12. Jahrhundert v. Chr. hatte Ägypten unter Ramses III. schon den Überfall der Philister erlebt, doch war der Ansturm rechtzeitig und brutal aufgehalten worden. Dieses Mal war die Gefahr weit ernster. Den Truppen Asarhaddons gelang, was alle anderen bisher vergeblich versucht hatten: die Einnahme von Memphis. Assurbanipal übertraf

ihn dann noch; seine Krieger, die dem Laufe des Nils strom-
aufwärts folgten, drangen in Oberägypten ein und betraten
das Hunderttorige Theben (663 v. Chr.). Demnach schien es
also, als ob alles, und zwar auf lange Zeit, fest geordnet sei.
Allein schon fünf Jahrzehnte später bleibt von diesem fest-
gefügten Reiche nichts mehr übrig. Ninive sinkt in Schutt
und Asche und erfährt das traurige Los der Besiegten. [...]

Der Krieg stellt bei weitem das am meisten verherrlichte
Thema dar. Er ist vor allem das Werk des Königs, der an jedem Feldzug teilnimmt und in ihm eine entscheidende Rolle innehat. Aber aus diesem Schauspiel siegreicher Kraft –
denn es handelt sich offensichtlich immer um Erfolge –
zeigt man immer wieder die gleichen Szenen: Feinde, die
schwimmend flüchten; Transporte von Baumstämmen; die
Übergabe von Städten wie zum Beispiel Lachisch.

In der Konzeption dieser beschreibenden Darstellungen
zeichnet sich eine sehr klare Entwicklung ab. Der Stil hat
sich von Assurnasirpal bis Assurbanipal gewandelt. Im
9. Jahrhundert sind die Szenen noch arm an Figuren, aber
diese wenigen sind repräsentativ für eine ganze Gruppe, das
heißt, zwei oder drei Soldaten müssen das Bild von Hunderten beschwören. Alle Gesetze der Perspektive werden über-
gangen. Auf Maßstab und Proportionen wird nicht geachtet. Gelegentlich ist der in seinem Streitwagen stehende König größer als die von ihm belagerte Stadt, und oft sind die
Verteidiger der Festungen ebenso mächtig in ihrer Erscheinung wie der Turm, aus dem sie auftauchen. Um Tiefe anzu-
deuten, setzt man einfach Personen oder Nebensächlichkei-
ten in den Teil oberhalb der Hauptszene des Reliefs.

Zunächst mag ein solches Vorgehen Anstoß erregen. Bei
näherer Betrachtung stellt man jedoch fest, daß dieses Verfahren jedem anderen durchaus gleichwertig ist und einen
viel lebhafteren Ausdruck ermöglicht als das der übereinander angeordneten Bildstreifen. Zwischen diesen beiden Dar-
stellungsweisen, der statischen und der dynamischen, hat
sich die assyrische Kunst nie zu entscheiden vermocht. Es

kommt vor, daß wir beide auf demselben Denkmal vereint finden, zum Beispiel auf den Reliefs aus der Zeit Assurbanipals, die von den siegreichen Feldzügen gegen Elam berichten. Aber der Stil hat sich bereits weitgehend geändert. Zwischen den Bildwerken des 9. und denen des 7. Jahrhunderts ist keine Verwechslung möglich. Nach einer Zeit des Überganges, in der auch die „Szene auf dem Meer" aus Chorsabad, die Belagerung der Stadt Lachisch durch Sanherib und die Kämpfe des gleichen Königs in den Sümpfen entstanden, wurden die Reliefs sehr flach gearbeitet, so daß die Szenen weit mehr graviert als gemeißelt erscheinen; die Maßstäbe wurden immer kleiner und die Figuren immer zahlreicher. Der Bericht von der Niederlage der Elamiter wird zu einem Gewimmel von Körpern, das an einen gestörten Ameisenhaufen erinnert. Zur gleichen Zeit erscheint die bis dahin allzusehr vernachlässigte Landschaft immer häufiger: das Dickicht und das Schilf des Sumpfes werden dargestellt, die fischreichen Wasserläufe, die Palmen und Feigenbäume, kurz alles, was die Ereignisse örtlich bestimmt und sie in ihren genauen geographischen Rahmen verweist.

Allmählich hat so die Erzählung ein persönlicheres Gesicht gewonnen und aufgehört, eine auswechselbare Schablone zu sein. Das hindert jedoch die Darstellung keineswegs, die gleichen Episoden zu wiederholen: die Triumphfahrt des Königs auf seinem Streitwagen, den langen Zug der Gefangenen, die mit Kindern überladene zweirädrige Karren hinter sich herziehen und ihr Vieh führen – das erschütternde Schauspiel eines jeden Exodus. „Wehe den Besiegten", scheinen alle diese Reliefs völlig ungerührt zu rufen, einem Aphorismus gleich, der nicht den geringsten Einspruch hervorrufen kann, obgleich es hier nicht nur Verschleppte, also geschonte Leben gibt, sondern eine ganze Kette von Hinrichtungen, Greueltaten und Folterungen. Alles das wird ebenso im vollen Sonnenlicht der großen Höfe in den Palästen wie auf den verborgeneren Wänden der Säle erzählt, gepriesen, verherrlicht. Der Palast von

Chorsabad ist bedeckt mit Schilderungen von Blutbädern und Grausamkeiten, die dem Besucher zur nachdenklichen Betrachtung gezeigt wurden, ob sie nun Fremde oder Vertraute des Hofes waren; für viele mag das gewiß eine heilsame Lehre gewesen sein.

Wie hätte die Welt einem so überlegen geschmiedeten Instrument der Macht widerstehen können? Die assyrische Armee schien unbesiegbar. Es brauchte schon ein gut Teil Kühnheit, um sich mit einer so vollkommenen und mit allen taktischen Verfahren vertrauten Organisation messen zu wollen, von der die Reliefs Kunde gaben. Kampfwagen, Kavallerie, Infanterie, Pioniere, alle wesentlichen Waffengattungen moderner Kriegsführung sind schon vorhanden.

Alles liegt offen vor unseren Augen. Sogar hinter die Kulissen der Schlacht werden wir geführt, denn wir erfahren, wie es in den Lagern zuging. Ein Detail wird gezeigt, das uns für einen Augenblick die amtliche und herkömmliche Fassung des Berichts über die Feindseligkeiten vergessen läßt: unter dem Zelt bereitet eine Ordonnanz das Bett des Offiziers; neben dem Nachtlager wird er in Reichweite auch einen irdenen Krug mit Wasser gegen den Durst finden. Hier erzählt uns die assyrische Kunst in einer „kleinen Geschichte" – leider viel zu selten – von dem Leben hinter der dekorativen Fassade.

Die Erholung des Soldaten zu zeigen, ist auch der Sinn der berühmten Gartenszene. Assurbanipal ist nach Ninive zurückgekehrt. Er liegt auf seinem Ruhebett, die Trinkschale in der Hand, vor ihm auf einem Sessel mit hoher Lehne die Königin, die ihm zuhört. Trotz der zahllosen Kunstwerke bleibt diese Szene eine der ganz seltenen Ausnahmen, in denen eine Assyrerin dargestellt wird. Der König erzählt seine Heldentaten. Im Blätterwerk rankt sich der Weinstock hoch, eine Laube bildend, in der sich Vögel tummeln. Eine idyllische Stimmung mit Fliegenwedeln und sanfter Musik – und ein bedeutsamer, vielsagender Kontrast: an einem Zweig, nur wenige Schritte entfernt, hängt der blutige Kopf Te'umans, des Königs von Elam.

William H. McNeill
Pferde und Eisen für den Krieg

Der Streitwagen wurde zu einem überlegenen Kampfmittel, vor allem durch die Erfindung des Speichenrades, das durch seine Naben- und Achsenkonstruktion bedeutend mehr Laufruhe hatte als die Holzscheibenräder. Die Herstellung von Nabenrädern aus Holz, vollkommen rund und so exakt ausgewuchtet, daß sie auch bei rascher Fahrt und mit mehreren Zentnern Last nicht zusammenbrachen, konnte nur von hochqualifizierten Stellmachern ausgeführt werden. Der zusammengesetzte Bogen – kurz, aber schußkräftig – war ein kaum weniger wichtiger Teil der Ausrüstung der Streitwagenkrieger, und seine Anfertigung verlangte gleichfalls großes handwerkliches Geschick.

Als die Konstruktion der Streitwagen vervollkommnet war, konnte ein guter Bogenschütze, der neben dem Wagenlenker stand, gegnerische Fußtruppen mit Pfeilen überschütten, während er selbst, dank der raschen Fahrt des Wagens, relativ ungefährdet war. In freiem Gelände konnten schnelle Streitwagen feindliches Fußvolk mühelos umfahren oder es von seiner Nachschubbasis abschneiden. Sie waren durch nichts aufzuhalten – zumindest in den ersten Jahren, als Kriegswagen noch neu waren –, wenn auch unebenes Terrain oder steile Hänge immer sicheren Schutz vor ihnen boten. Doch da zu der Zeit, als der Streitwagenkampf aufkam, alle großen Zivilisationszentren auf ebenem Gelände angesiedelt waren, hatte diese Einschränkung keine ausschlaggebende Bedeutung. Ein kritischer Punkt dagegen war, daß ständig Pferde, aber auch gut ausgebildete Stell-

und Bogenmacher zur Verfügung standen. Auch die Bronzemetallurgie behielt ihre Bedeutung, denn die Streitwagenkrieger waren mit Schwertern und Speeren ausgerüstet und schützten sich mit Metallrüstungen, wie es die Krieger zivilisierter Länder seit langem zu tun pflegten.

Die besonderen Vorteile des Streitwagenkampfes lagen für Steppenvölker auf der Hand, die sich ihrer Lebensform wegen leicht Pferde verschaffen konnten. So überrannten denn auch Wellen erobernder Barbaren, die mit Streitwagen ausgerüstet waren, zwischen 1800 und 1500 v. Chr. alle zivilisierten Länder des Vorderen Orients. Die einströmenden Barbaren gründeten eine Reihe von „Feudalstaaten", in denen eine kleine Elite von Streitwagenkriegern die maßgebliche militärische Macht darstellte und sich in die praktische Ausübung der Souveränität mit Oberherren teilte, deren Befehle nur dann Wirkung hatten, wenn eine Mehrheit der Streitwagen besitzenden Klasse damit einverstanden war. Indem siegreiche Scharen von Streitwagenkriegern sich über die eroberten Länder im Vorderen Orient ausbreiteten, zogen sie den größten Teil der verfügbaren landwirtschaftlichen Überschüsse an sich, entweder als Plünderungsgut (beim ersten Angriff) oder in Form von Pachtleistungen (wenn die Zwangseintreibungen etwas geregelter wurden). Dies schwächte natürlich die Zentralautorität, wenngleich es auch im Vorderen Orient, wo sich bereits bürokratische Traditionen imperialer Herrschaft zu entwickeln begonnen hatten, nicht lange dauerte, bis die wiedererstarkten Zentralgewalten sich die neue Kampftechnik zu eigen machten. Beispielsweise warb nach 1250 v. Chr. das ägyptische Neue Reich mit nubischem Gold Streitwagenkrieger an und verschaffte sich damit eine stehende Streitmacht aus Berufskriegern, die sich mehrere Generationen lang allen Gegnern als überlegen erwies.

In China und Indien bezeichnete das erste Auftreten von Streitwagen einen drastischeren Wandel. In Indien richteten Streitwagenkrieger um 1500 v. Chr. die ältere Induskultur zugrunde, worauf ein mehrere Jahrhunderte währendes „dunkles Zeitalter" folgte, bis sich ein neues Muster zivilisierten Lebens herauszubilden begann. In China vollzog sich eine umgekehrte Umwandlung, denn in der Shang-Dynastie, die Streitwagen einsetzte, entwickelte sich eine differenziertere Gesellschaft, als sie vordem im Tal des Gelben Flusses bestanden hatte. Das gestiegene Luxus- und Einkommensniveau der Adelsklasse der Shang-Streitwagenkrieger machte es möglich, daß mehrere der für die spätere chinesische Zivilisation charakteristischen Kulturmerkmale sich klarer herausbildeten als vorher.

In Europa spielten die Streitwagen anscheinend eine minder bedeutende Rolle. Mit dem Übergang von der minoischen zur mykenischen Hegemonie im ägäischen Raum oder kurze Zeit danach erschienen zwar in Griechenland zum erstenmal Streitwagen, und einige Jahrhunderte später traten sie auch im fernen Skandinavien und im randständigen Britannien auf. Doch wenn zutrifft, was Homer uns über die mykenische Kampftaktik berichtet, dann verzichteten die europäischen Krieger darauf, sich die Mobilität und Schußkraft, die sich beim Streitwagen wirkungsvoll verbanden, zunutze zu machen. Statt dessen stiegen Homers Helden von ihren Wagen herab, um zu Fuß mit dem Speer und dem Schwert zu kämpfen. Sie benutzten ihre Streitwagen nur, um damit zu prunken und um das Schlachtfeld bequem erreichen und verlassen zu können.

Die Streitwagen waren kostspielig, einerseits wegen des Arbeitsaufwandes für ihren Bau und andererseits der Kosten wegen, die aufgewendet werden mußten, um in Landstrichen ohne ganzjährigen Graswuchs die Pferde mit Getreide ernähren zu können. Von Streitwagenkriegern beherrschte Gesellschaften waren deshalb ausgeprägt aristokratisch. Eine sehr kleine Kriegerklasse beanspruchte den Löwenanteil an den landwirtschaftlichen Überschüssen, die sich den bäuerlichen Produzenten abpressen ließen, für sich. Handwerker und Händler, Barden und sogar Priester umdienerten die herrschenden Kriegereliten. Wenn solche Eliten anderer ethnischer Abkunft waren als die Mehrheit – ein häufiger Fall –, entwickelte sich eine herzliche gegenseitige Abneigung zwischen den Herrschenden und den Beherrschten.

Die gesellschaftlichen Verhältnisse veränderten sich rasch in die entgegengesetzte Richtung, als der nächste große Wandel in den Waffensystemen der antiken Welt eine radikale Demokratisierung der Kriegführung brachte. Die Entdeckung, wie sich aus Eisen brauchbare Geräte und Waffen herstellen ließen, wurde um das Jahr 1400 v. Chr. irgendwo im östlichen Kleinasien gemacht, doch die neue Technik breitete sich erst gegen 1200 v. Chr. auch in andere Länder aus. Da Eisenerzvorkommen weit verbreitet waren, verbilligte sich das Metall enorm – auch die für das Schmelzverfahren notwendige Holzkohle war leicht zu produzieren. Zum erstenmal gab das einfachen Leuten die Möglichkeit, zumindest in kleinen Mengen Metall zu erwerben und zu benutzen. Eiserne Pflugscharen verbesserten die Bodenbestellung und ermöglichten die Ausdehnung des Ackerbaus auch auf schwere Lehmböden. Dies führte zu allmählich wachsendem Wohlstand. Die kleinen Landwirte begannen zum erstenmal aus Dingen Nutzen zu ziehen, die sie nicht selbst anfertigen konnten. Anders gesagt, die Bauern profitierten nun spürbar von der Differenzierung der Fertigkeiten, die das Kennzeichen der Zivilisation war. Diese Entwicklung führte überdies zu einer zunehmenden Stabilisierung der Sozialstrukturen. Der Sturz einer herrschenden Elite gefährdete nun nicht mehr sofort das ganze gesellschaftliche System, wie das früher – zum Beispiel im Industal – zuweilen eingetreten war.

Für die Kriegführung konnte sich nun, weil Eisen billig war, ein relativ großer Teil der männlichen Bevölkerung Waffen und Rüstungen aus Metall anschaffen. Bauern und Hirten wuchs damit eine bis dahin unbekannte Kampfkraft zu, und das veränderte die bislang aristokratisch bestimmte

Gesellschaftsstruktur des Zeitalters der Streitwagen vollkommen. Eine demokratische Epoche zog herauf. Invasoren, die sich auf die Eisenverarbeitung verstanden, stürzten die herrschenden Eliten, deren Machtmonopol sich auf den Besitz von Streitwagen gegründet hatte.

Gebirgsbewohner und andere Barbaren, die an den Rändern der zivilisierten Gesellschaft lebten, zogen den unmittelbarsten Nutzen aus der Verbilligung der Metallbereitung. In solchen Gemeinschaften bestand eine feste, ungezwungene Solidarität zwischen den Führern und ihrer Gefolgschaft, da eine traditionsgeprägte, schlicht egalitäre Lebensform die gesamte Bevölkerung verband. Die Streitwagenkrieger konnten es sich nicht leisten, ihre an Zahl überlegenen Untertanen zu bewaffnen, um den so unvermittelt kriegstüchtigen, mit Metallpanzern geschützten Barbaren Paroli zu bieten: Es hätte nur bewirkt, daß es zu einer Rebellion gegen ihre Machtstellung gekommen wäre. Daher wurden die Streitwagen-Aristokratien, denen es an zuverlässiger Unterstützung von unten fehlte, von Angehörigen barbarischer Stämme gestürzt, deren Eisenschilde und -helme sie so gut gegen die Pfeile der Streitwagenkrieger schützten, daß die vormals unbesiegbare Kriegswagentaktik auf dem Schlachtfeld ihre Wirkung einbüßte.

Im Vorderen Orient löste daher die Ausbreitung der Eisenbearbeitung zwischen 1200 und 1000 v. Chr. eine neue Runde von Invasionen und Migrationsbewegungen aus. Neue Völker – die Hebräer, Perser, Dorer und viele andere mehr – traten in die Geschichte ein und führten ein ausgesprochen egalitäres barbarisches Zeitalter herauf. So schreibt der Verfasser des Buches der Richter am Ende einer blutigen Schilderung von Gewalttat und heilloser Unordnung:

Zu der Zeit war kein König in Israel;
ein Jeglicher tat, was ihm recht däuchte. [...]

Berittene Krieger, die ohne Sattel zu Pferd saßen, waren ein neues Element in der militärischen Koalition, die 612 v. Chr.

die Hauptstadt Ninive einnahmen, plünderten und zerstörten und Assur damit für immer vernichteten. Niemand kann mit Gewißheit sagen, wann der Brauch entstand, auf einem Pferd zu reiten, noch, wo das geschah. Schon frühe Darstellungen zeigen assyrische Krieger zu Pferde. Es ist daher wahrscheinlich, daß die Assyrer bei ihrer rastlosen Suche nach effektiveren Möglichkeiten der Kriegführung es lernten, ein Pferd zu reiten und in der Gewalt zu behalten, selbst dann, wenn der Reiter mit beiden Händen den Bogen führen mußte. Zunächst geschah dies so, daß sie zwei Reiter zusammenspannten, von denen der eine die Zügel beider Tiere hielt, während der andere den Bogen spannte. In dieser Verbindung wiederholte sich das Zusammenwirken von Lenker und Bogenschütze auf dem Streitwagen. Solche Reiterpaare waren eigentlich Streitwagenkrieger ohne Streitwagen. Als sie gelernt hatten, ihre Gespanne zu reiten, konnten sie einfach den Wagen abspannen, der überflüssig und hinderlich geworden war. Danach spielten sich Mann und Pferd so gut aufeinander ein, daß Einzelreiter es wagten, die Zügel fallenzulassen und beide Hände zum Spannen des Bogens zu gebrauchen.

Die meisten Historiker nehmen an, daß Steppenvölker, die von der „Reiterei-Revolution" in spektakulärem Maße profitierten, die Wegbereiter dieser neuartigen Nutzung von Pferden, ihrer Ausdauer und Schnelligkeit waren. Dies mag zutreffen, belegen aber läßt sich eine solche Ansicht nicht. Der Umstand, daß Nomaden in späteren Epochen zu wahren Virtuosen im Reiten und Schießen wurden, beweist nicht, daß sie die Technik erfunden haben; es zeigt nur, daß sie aus dieser neuen Form des Kriegführens mehr Vorteile zu ziehen vermochten als andere Völker. Daß Reiter-Paare zum erstenmal im assyrischen Heer eingesetzt wurden, spricht stark dafür, daß sie die bedeutendsten Wegbereiter dieser neuartigen Nutzung der Beweglichkeit und Schnelligkeit von Pferden zu Kriegszwecken gewesen waren.

Selbst nachdem Steppennomaden in ausreichender Zahl

zu Reitern geworden waren, so daß sie massive Einfälle in zivilisierte Länder unternehmen konnten, vergingen noch mehrere Jahrhunderte, bis sich die Techniken des Reiterkriegs über die Grassteppen Eurasiens ausbreiteten. Zu Reiterangriffen aus der Steppe kam es erstmals um 690 v. Chr., als ein von den Griechen Kimmerier genanntes Volk den größten Teil Kleinasiens überrannte. Dies geschah, nebenbei bemerkt, beinahe zwei Jahrhunderte nachdem die Assyrer damit begonnen hatten, ganze Reiterheere im Krieg einzusetzen. Die Kimmerier lebten in der südrussischen Steppe und kehrten dorthin zurück, nachdem sie das Königreich Phrygien verwüstet hatten. Dann zog ein anderes Volk, die Skythen, aus der Altai-Region in Zentralasien westwärts und überrannte die Kimmerier.

Mireille Simoni-Abbat

Krieg für die Sonne

Der „Stein des heiligen Kriegs" gehört ebenfalls zu den Auftragswerken, ist jedoch anders konzipiert. Er hat eine rechteckige Form und trägt einen 10 cm breiten Rahmen, der in den Stein selbst gemeißelt ist und an den *petlatl* erinnert, die zopfartig geflochtene Matte, auf die man sich setzte. Ein solcher Zopf kommt häufig auf der Rückseite von Skulpturen vor oder umrahmt ein Motiv, wie ein gemaltes Beispiel in der *„Historia Tolteca-Chichimeca"* zeigt. Der „Stein des heiligen Kriegs" stellt zwei aufrechtstehende Tiere dar, einen Adler und einen Jaguar mit Federschmuck auf dem Kopf. Aus ihrem Schnabel, beziehungsweise Maul, entweichen Voluten, stets Zeichen für das gesprochene Wort. Auf diesem Stein sind die zwei Kriegerkasten der Adler und der Jaguare im Bild festgehalten, von denen die eine Huitzilopochtli und die andere Tezcatlipoca untergeben war, Gegner auf immer, aber ein und derselben Bestimmung unterworfen – Gefangene zu machen, im Krieg zu sterben und auf diese Weise Würde in dieser Welt und ein ruhmreiches Schicksal im Jenseits zu erringen. Vielleicht hat dieses Stück auch einen Bezug zum „Blumenkrieg", jenem seltsamen Brauch, der auf Betreiben von Tlacaelel unter Moctezuma II. eingeführt worden war. Seitdem die Welt besteht, waren die Menschen für den Lauf der Sonne verantwortlich und mußten sie ernähren. Trotz expansionistischer Bestrebungen dieser Völker kam es vor, daß es an Menschenblut fehlte. Damit die Welt nicht stehenblieb, führte man den „Krieg unter Verbündeten", also unter verwandten Stämmen, ein, zwischen der Dreierallianz auf der einen Seite und Tlaxcala und Huexotzingo auf der anderen Seite; alle waren Opfer desselben Mystizismus. Das Ziel bestand ausschließlich darin, Gefangene zu machen, damit man sie den Göttern opfern konnte. Dieses Werk ist kompositionell deshalb so interessant, weil man hier – ein seltenes Phänomen in Mesoamerika – keinen *horror vacui* feststellen kann. Die beiden einander zugewandten Figuren sind durch eine große leere Fläche voneinander getrennt und jeweils so sehr an die Seite gedrängt, daß sie auf den Zopfrahmen übergreifen. Vielleicht kommt den Voluten im oberen Bereich der Komposition tragende Bedeutung zu, oder sogar der leeren Fläche selbst.

Der „heilige Krieg" ist auch das zentrale Thema des sogenannten *„teocalli* (deutsch: Tempel) des heiligen Kriegs". Dieses Stück hat eine sehr strenge Form, ist mit vielen schwer zu deutenden Symbolen versehen und gehörte gewiß zu den mustergültigsten Werken jener offiziellen Kunst, in der für den Zufall kein Platz war. Es stellt einen Miniaturtempel dar, mit einem Treppenaufgang an der Vorderfront als einzige schräge Partie an dem ganzen Stück und mit nur einem rechteckigen Heiligtum auf der Plattform anstelle des zur Zeit der Azteken üblichen Doppeltempels. Mit diesem Werk gedachte man des Jahres 1507, als das letzte „neue Feuer" vor der Eroberung durch die Spanier entzündet wurde. Einige Fachleute haben dieses Werk als Thron gedeutet, den *icpalli* (deutsch: Hocker) mit Rückenlehne, der ausschließlich Herrschern vorbehalten war; vielleicht hat er Moctezuma II., der damals gerade an der Regierung war, als Thron gedient. Oben an der Rückenlehne befindet sich die runde Glyphe von *ollin,* unserer Sonne, zu deren Linken Huitzilopochtli und zu deren Rechten Tezcatlipoca stehen; an der Seite ist der tiaraähnliche Kopfputz, das Symbol der höchsten Gewalt, zu erkennen. Die Sitzfläche wird von dem Erdungeheuer in seiner üblichen Position geschmückt. Auf der Rückseite des Monuments hat man mit dem Adler, der Schlange und dem Nopal die Gründung von Mexiko-Tenochtitlán genau wiedergegeben. [...]

Die „große Coatlicue" genießt die gleiche Berühmtheit wie der „Aztekenkalender" und wurde auch zur gleichen Zeit im 18. Jahrhundert aufgefunden. Aber beide unterscheiden sich in ihrer künstlerischen Konzeption stark voneinander. Die „große Coatlicue" besitzt mit ihrer würfelähnlichen Gestalt zwar ebenfalls eine geometrische Grundform, vermittelt aber einen so unmittelbaren Eindruck von Gewalttätigkeit, daß man sich sehr gut vorstellen kann, welches Entsetzen sie bei dem katholischen Klerus hervorgerufen hat. Auf dem „Sonnenkalender" wird der Mythos gewissermaßen schulmäßig geschildert. Bei der Coyolxauhqui ist er unter Nutzung der gesamten Fläche bis in alle Einzelheiten eingemeißelt. Bei der Coatlicue verhält es sich anders: hier hat der Mythos das Stadium der Erzählung überschritten und kommt nur noch in Symbolen zum Ausdruck. Einige davon werden uns immer unverständlich bleiben, soweit sie sich nämlich auf Abweichungen oder Einzelheiten des Dogmas bezogen, die uns nicht überliefert sind. Diese gewaltige, nach europäischen Maßstäben häßliche Statue sollte zweifellos Furcht erregen. Nur bei wenigen Kunstwerken, nicht nur in Amerika, sondern auf der ganzen Welt, findet man solch eine kühne Mischung von Realismus und Abstraktion wie hier. Der Name Coatlicue (von *coatl,*

Schlange, *cueitl,* Rock; „diejenige mit dem Rock aus Schlangen") wurde hoch geehrt. Obwohl sie im Mythos als betagte Frau relativ konkret Gestalt annimmt, hat sie hier kein Gesicht; es wird durch zwei aneinandergefügte Schlangenmäuler ersetzt. Die Schlangen bestehen aus Blutströmen, die aus den bei Fruchtbarkeitsriten enthaupteten Opfern emporschossen. Der Körper setzt sich aus ineinandergeschlungenen Symbolen zusammen: Schlangen, abgetrennte und als Opfergabe dargebrachte Menschenhände, offenliegende Menschenherzen, Totenschädel, Adlerklauen, Blutströme. Die alte Erdgöttin Coatlicue hatte auf wunderbare Weise von einer Federkugel empfangen. Sie gebar Huitzilopochtli, der sofort nach seiner Geburt seine Brüder und Schwestern, Mächte der Finsternis, tötete. Auch hier ist die Absicht zu erkennen, den Mythos „umzuschreiben". Der Stammesgott verkörperte die Macht der siegreichen Sonne. Deshalb befinden sich hier die blutigen Symbole der Sonne, flache, wie geöffnete Hände, herausgerissene Herzen, Blut, die den Triumph der Azteken und das Menschenopfer versinnbildlichen. Die Azteken hatten das Menschenopfer keineswegs erfunden, es aber in extremem Maß praktiziert. Da das bewaffnete Kind Huitzilopochtli von einer alten Erdgöttin zur Welt gebracht und der Stamm selbst im Hochtal bäuerlichen Traditionen verhaftet war, befinden sich hier auf dem Stein auch Symbole der Erde. Auf diese Weise vollzog sich die erstaunliche Symbiose von Gut und Schlecht, von Tod und Leben, des Irdischen und des Himmlischen, von Angst und Hoffnung. Und hat nicht Octavio Paz geschrieben: „*La muerte es la madre de las formas*" (deutsch: „Der Tod ist die Mutter der Formen")? Bestimmt waren damals viele, so wie wir, nicht in der Lage, die Funktion der Göttergestalt Coatlicue zu deuten. Für die Eingeweihten hat sie wohl eine diffuse Vermischung ihres doppelten Erbes verkörpert, für das Volk aber ausschließlich Angst.

Olaf Höckmann

Seekrieg

Wer hat die Langschiffe und Kriegsschiffe bauen lassen? Wie wurde das Baumaterial beschafft? Woher kamen die Besatzungen, und in welcher Form sind sie für den Flottendienst gewonnen worden? Die Fragen lassen sich nur zu oft nicht oder lediglich mit Vermutungen beantworten.

Dies gilt besonders für die Frühzeit. In Ägypten haben die Pharaonen selbst für den Schiffsbau gesorgt und das Langholz dafür aus dem Libanon und aus Anatolien heranholen lassen. Aber das Nilland war ein zentral regierter Staat, wie er im 3. Jt. v. Chr. in Europa nirgendwo existierte. Die kykladischen und kretischen Langschiffe dieser Zeit dürften demgegenüber von wohlhabenden Einzelpersonen, etwa von lokalen Kleinfürsten, oder von lockeren Interessengemeinschaften erbaut worden sein, wie viel, viel später die Wikingerschiffe Skandinaviens. Im mittleren 2. Jt. v. Chr. scheint es, als ob im Kreta des mythisch verklärten Königs Minos der Bau und Unterhalt der Flotte Sache des Königs gewesen wäre: die unterworfenen kykladischen Piraten mußten ihm im Kriegsfall Mannschaften für seine Schiffe stellen. Das klingt nach einer „königlichen" Flotte.

Die spätmykenischen Militärakten des Reichs von Pylos lassen ähnliche Verhältnisse vermuten. Jedenfalls weist das Hauptquartier den Wachgeschwadern an der Küste zentral „Wehrpflichtige" als Rojer zu, und der Marschbefehl für ein Schiff zeigt, daß auch der Einsatz vom Oberkommando selbst gelenkt wird. Allerdings wissen wir nicht, ob die Flotte in Friedenszeiten ebenso organisiert gewesen ist oder ob der König die Schiffe nur wegen des Krieges unter militärisches Kommando gestellt hat.

In der Ilias ist gelegentlich von Schiffen einzelner Fürsten die Rede, z. B. dem des Protesilaos, das beim trojanischen Sturm auf das Achäerlager von Hektor in Brand gesetzt wird. Doch spricht Homer auch von den Geschwadern ganzer Volks- oder Stammesverbände, wie denen der Böoter. Beides braucht sich nicht zwangsläufig auszuschließen: Vielleicht bestanden die „Stammesflotten" aus den Schiffen adliger Herren, die ihrem König oder Oberfeldherrn als eine Art Vasallen Heeresfolge leisteten. – In der Odyssee verdichtet sich der Eindruck, daß auch die Langschiffe persönlicher Besitz sind – so bei den Phäaken oder in Ithaka, als Telemachos für die Reise nach Pylos ein Schiff ausleiht und mit Anhängern seiner Familie als Freiwilligen bemannt. Wir dürfen vermuten, daß diese Privatbauten dem Eigentümer u. a. für Piratenfahrten im Sinne eines „freien Unternehmertums" dienen sollten. Alles in allem ist der Befund aber nicht eindeutig, und das bleibt auch in den folgenden Jahrhunderten so; denn Pauschalbezeichnungen („die Schiffe der Kerkyräer") sind noch in der Klassik geläufig.

Greifbar wird die Flottenorganisation erst in Samos zur Zeit des Polykrates, um die Mitte des 6. Jhs. v. Chr. Hier ist es eindeutig der Tyrann selbst, der die Triérenflotte bauen läßt und nach Ägypten schickt.

Ähnliches zeigt sich (abgesehen von dessen demokratischer Staatsform) in Athen während der Jahre vor 480 v. Chr., als Themistokles unter dem Vorwand eines Krieges gegen Ägina die Volksversammlung überredet, auf Staatskosten jene 200 „Dreier" bauen zu lassen, die dann bei Salamis die Perser zurückschlagen. Es kann wohl vorausgesetzt werden, daß die Wälder Attikas nicht ausgereicht haben, die benötigten Mengen an Bauholz zu liefern: Gewiß hat man schon jetzt im Ausland einkaufen müssen. Jetzt bilden Bürger der unteren Steuerklassen, zugewanderte Ausländer (Metöken) und Söldner die Rojermannschaften; die Kapitäne werden von den Feldherren ernannt. Im Seebund gilt dann das Prinzip, daß der Staat die Kriegsschiffe bereitstellt, während die Betriebskosten als eine Art Vermögenssteuer wohlhabenden Bürgern aufgebürdet werden, die jährlich als Trierarchen das Kommando über einen „Dreier" erhalten.

Im 5. Jh. v. Chr. haben sie dieses Amt der Trierarchie selbst wahrgenommen. Im 4. Jh. ist das nicht mehr so sicher; manchmal teilen sich wohl zwei Bürger in die aufwendige Trierarchie eines Schiffes. Das mag eine Folge der Verarmung Athens durch die Niederlage im Peloponnesischen Kriege sein. Stets sind die Trierarchen aber dem Staat gegenüber für das Schiff und seine Ausrüstung an Remen, Segeln und Tauwerk verantwortlich. Verliert ein Kapitän sein Schiff, so muß er sogar den bronzenen Rammsporn bergen und im Arsenal im Piräus abliefern – oder dessen Geldeswert ersetzen.

Im Hellenismus wird die persönliche Trierarchie durch eine allgemeine Trierensteuer ersetzt. Hier und in Rom sind die Trierarchen Berufsoffiziere aus dem Stand der Bürger oder der Metöken (in Rom: Peregrini).

Welch ungeheure Zahlen von Rojern für die Seebundsflotten benötigt worden sind, läßt sich andeutungsweise abschätzen. Gehen wir davon aus, daß normalerweise um 200 Triéren einsatzbereit gewesen sind, so ergibt das schon einen Bedarf an Rojern von 200 x 170 Mann: 34 000 Mann, mehr, als selbst eine Weltstadt wie Athen im 5. Jh. aus eigenen Kräften aufbieten konnte. Es überrascht daher nicht, daß beide Parteien im Peloponnesischen Krieg in aller Herren Ländern Söldner als Rojer geworben haben, sogar bei feindlichen Staaten. Daß zu dieser Zeit im Piräus erstmals das Fest der thrakischen Göttin Bendis öffentlich gefeiert worden ist, läßt annehmen, daß Athen auch „Barbaren" in Sold genommen und ihnen die Ausübung der heimischen religiösen Bräuche gestattet hat.

Trotz dieses drückenden Mangels an Rojern hat man nur selten, meist in Notlagen, auf Sklaven als Rojer zurückgegriffen. Als Beispiel sei etwa die Schlacht zwischen Korinthern und Kerkyräern zu Beginn des Peloponnesischen Krieges genannt, in der die Korinther 800 Sklaven, aber nur 250 Freie gefangengenommen haben. Offensichtlich wurden die Kerkyräer so überrascht, daß sie überalterte Schiffe notdürftig herrichten und mit allem bemannen mußten, was gesunde Arme und Beine hatte. Andere Gründe hat es, als 414/413 v. Chr. vor Syrakus attische Rojer sich beim schweren Schiffsdienst durch sizilische Kriegsgefangene, Sklaven, vertreten lassen. Thukydides rügt das mit Recht als moralische Verfallserscheinung. Neun Jahre später ist Athen aber gezwungen, vor der Arginusenschlacht von Staats wegen Sklaven auf der Flotte einzusetzen. Nach dem Sieg werden sie großenteils freigelassen.

Rom hat seine Seekriege wenn möglich mit den Schiffen und Mannschaften seiner griechischen Verbündeten geführt. Wenn – etwa im 1. Punischen Krieg oder in den Bürgerkriegen des 1. Jhs. v. Chr. – eigene Flotten gebaut werden, bemannt man sie mit Freien: des Kriegsdienstes sind Sklaven eigentlich nicht würdig. Wenn man sie, wie Octavian bei Naulochos, zum Flottendienst heranziehen muß, werden sie erst freigelassen. Nur in der frühen Kaiserzeit scheinen die Flotten so eng zum kaiserlichen Haushalt (fiscus) gehört zu haben, daß der Herrscher sie mit eigenen Sklaven und Freigelassenen (sogar als Trierarchen) bemannen konnte. – Die Galeerenstrafe für Verbrecher ist eine Erfindung der nachantiken Zeit.

Während der, zur See zunächst meist friedlichen, Kaiserzeit hat wieder der griechische Osten des Reiches den Großteil der Flottenmannschaften gestellt. Den Steuermann Horus aus Alexandria hat es bis zur Rheinflotte nach Köln verschlagen.

Doch kehren wir nochmals kurz zum Peloponnesischen Krieg zurück, um auch einen Blick auf die materiellen Grundlagen der Flottenrüstung zu werfen. Es zeigt sich deutlich, wie sehr die Versorgungsprobleme mit Schiffsbauholz die Politik und Kriegführung beeinflußt haben. Attika hat von Thrakien bis Unteritalien Holz eingekauft bzw. Lieferverträge abgeschlossen, und die Gegner haben mit gleicher Energie versucht, dieses Nachschubsystem zu stören. Denn der Zusammenbruch der Holzversorgung hätte die attische Seemacht am Lebensnerv getroffen, nicht anders als eine Folge vernichtender Niederlagen im Kampf. Ebenso zeigt sich der Einfluß der Logistik auf die Kriegführung im 5. Jh. v. Chr. bei den Flottenüberfällen auf feindliche Kriegshäfen, bei denen die Zerstörung der Werften und Holzlager das Hauptziel ist.

Man muß außerdem bedenken, daß hochwertiges Langholz ja nicht nur zum Bau von Kriegsschiffen benötigt wurde, sondern ebenso für die Handels- und Fischereiflotten, für Befestigungs- und Hafenbauten und zahllose Bauvorhaben sonst. Ziehen wir in Betracht, daß zudem ja auch der Holzkohlebedarf der Rüstungsindustrie und der Brennholzbedarf der Zivilbevölkerung die Waldungen dezimierte, so möchten wir für wahrscheinlich halten, daß Griechenland schon im 5. Jh. v. Chr. weitgehend entwaldet war und zu verkarsten begann. Italien dürfte diesen Zustand während der Punischen Kriege oder spätestens während der Bürgerkriege im 1. Jh. v. Chr. erreicht haben. Gewiß hat die Antike bereits als Preis für politische und wirtschaftliche Aktivität ähnliche Verwüstungen der natürlichen Umwelt in Kauf nehmen müssen, wie sie jetzt uns bedrohen.

Wir sprachen oben von der Thalassokratie des Kreterkönigs Minos und vermuteten, daß sie nicht durch Seeschlachten errungen worden ist, sondern durch Landungsüberfälle auf die Städte der kykladischen Seeräuber. Schiffsschlachten, wie sie in der Levante und in Ägypten zumal gegen die „Seevölker" geschlagen wurden, sind für die bronzezeitliche Ägäis nicht bezeugt. Dies schließt nicht aus, daß gelegentlich von Schiff zu Schiff gekämpft worden ist, und das nicht nur bei Piratenüberfällen.

Homer erwähnt riesige, bis 6 m lange „Schiffskampflanzen" *(naumacha xystá)*. Und als in der Odyssee (bes. 16,355 ff., 471 ff.) die Freier den Telemachos auf der Heimfahrt von Pylos abfangen und ermorden wollen, wird die beabsichtigte Taktik sogar deutlich beschrieben: Waffen werden an Bord gebracht (Od. 4,784), dann läuft das Schiff aus und legt sich bei einem Inselchen in einer Meeresstraße vor Ithaka auf die Lauer. Bei Tage bleibt man an Land, hält aber scharf Ausguck nach dem Opfer. Nachts hingegen kreuzt das Schiff der Freier in der Durchfahrt. Als es schließlich erfolglos wieder in Ithaka einläuft, „starrt das Schiff von Schilden und doppelt gespitzten Lanzen" – Waffen, die normalerweise im Nahkampf zu Lande eingesetzt werden. Man wollte also entern, mit anderen Worten: nach Piratenart kämpfen. So wird es in der Ägäis noch jahrhundertelang geblieben sein, und wir dürfen vermuten, daß noch im 7. Jh. v. Chr. bei der „ersten Seeschlacht" zwischen Korinthern und Kerkyräern die beiden Flotten ohne große taktische Kunststücke aufeinander losgegangen sind.

Sehr wahrscheinlich ist bei dieser Schlacht auch schon gerammt worden. Sicher bezeugt ist der Rammangriff zur Versenkung des feindlichen Schiffs aber erstmals bei der Schlacht der Phokäer gegen Etrusker und Punier („Alalia", 535 v. Chr.). Allerdings fällt auf, daß es sich wohl um wenig leistungsfähige Rammwaffen handelt – um recht locker an den Rumpf angefügte „Einwegsporne", wie sie frühe etruskische Vasenbilder und viel später das punische Kriegsschiff von Marsala zeigen.

[...]

Die griechischen Siege bei Artemision und dann besonders bei Salamis dürfen nicht darüber hinwegtäuschen, daß 480 v. Chr. die strategische Planung und Logistik der Perser Bewunderung verdient. Dies beginnt lange vor dem Krieg mit der Erkundung und „Aufzeichnung" der griechischen Küsten. Dann wird, als Folge der schlimmen Erfahrungen beim ersten Invasionsversuch von 490 v. Chr., das gefährliche Athos-Kap durch einen Kanal am Ansatz der Halbinsel umgangen. Nachschubdepots für Heer und Flotte werden am Anmarschweg angelegt, und zudem requiriert man riesige Zahlen von Frachtschiffen, die den vorrückenden Streitkräften Lebensmittel zuführen. Schiffsbrücken werden über den Hellespont geschlagen – technische Großtaten, bei denen sich die Phöniker und Ägypter besonders auszeichnen. Schließlich ist es keine geringe Leistung, über 1200 Kriegsschiffe aus verschiedenen Teilen des Reichs zusammenzubringen und einheitlich zu führen. Die persischen General- und Admiralstäbe müssen ebenso tüchtig gewesen sein wie die zivile Verwaltung.

Auch in der großräumigen Planung der Operationen selbst ist die persische Seite überlegen. Schon bei Artemision wird ein starkes Geschwader auf dem Umweg um Skiathos herum, d. h. außerhalb der Sicht der Griechen, ausgeschickt, das um Euböa herumfahren und die Griechen im Rücken fassen soll. Die Hellenen haben Grund, dessen Vernichtung durch einen Seesturm göttlicher Hilfe zuzuschreiben. Auch bei Salamis ist die Dislokation der persischen Flotte tadellos. Wieder wird ein Geschwader (über dessen Verbleib die Quellen merkwürdigerweise schweigen) um die Insel Salamis herum in den Rücken der Griechen geschickt und die kleine Insel Psyttaleia von Gardeinfanterie besetzt, während das Gros in mehreren Wellen von Süden in den Sund zwischen Salamis und dem attischen Festland eindringt. Daß dieses glänzende Konzept mißlingt, dürfte drei Gründe haben: Der Perserkönig Xerxes durchschaut das raffinierte Doppelspiel des attischen Admirals Themistokles nicht, der als vorgeblicher Perserfreund Xerxes zur Umzingelung einlädt und dadurch die demoralisierten Griechen zum vollen Einsatz zwingt. Am Morgen der Schlacht ist jedem an Bord der griechischen Schiffe klar, daß man rings eingeschlossen ist und mit dem Rücken zur Wand steht: die Rettung kann nur noch im entschlossenen Kampf liegen. – Zweitens sind die persischen Schiffe schon die ganze Nacht auf See, um eine Flucht der Feinde zu verhindern: die Rojer sind müde und hungrig, als es zum Kampf kommt, während die Griechen ausgeruht in die Schlacht gehen. – Schließlich postiert sich Xerxes persönlich auf einem Hügel oberhalb der Straße von Salamis, um Augenzeuge der Leistung seiner Schiffe zu werden – mit einer Schar von

Schreibern, um Verdienst oder Schande der einzelnen Kapitäne festzuhalten. Vielleicht hat gerade dieser Erfolgszwang die Disziplin der Flotte untergraben. Die hinteren Treffen der Perser dringen so rücksichtslos vor, daß sie in die flüchtenden Teile des eigenen Vordertreffens hineinfahren. Andererseits rammt die tapfere karische Königin Artemisia auf der Flucht vor einem griechischen Verfolger ebenfalls ein persisches Schiff. Der Grieche hält sie für einen Überläufer und läßt von ihr ab. Xerxes irrt nicht weniger, als er Artemisias Opfer für ein Griechenschiff hält und die Königin seinen männlichen Kapitänen als Vorbild hinstellt.

Die lange Dauer der Schlacht zeigt, daß zumindest einige persische Geschwader tapfer und ausdauernd gekämpft haben müssen. Aischylos hebt die Gefährlichkeit der Kiliker hervor, deren König im Kampf fällt. Herodot setzt später die Akzente anders, aber auch er gibt Schiffsverluste der Griechen zu. Die Besatzungen hätten sich schwimmend nach Salamis retten können, während die persischen Schiffsleute als Nichtschwimmer viel größere Verluste gehabt hätten.

Abb. 20: Korinthisches Tontäfelchen mit der Darstellung von Grubenarbeitern (6. Jh. v. Chr.), Berlin, Antikensammlungen.

XI. Wirtschaft und Alltag

Egon Friedell

Altägyptischer Gutsbetrieb

Das Grab des Ti gewährt uns unter anderm einen kompletten Einblick in einen altägyptischen Gutsbetrieb. Die Feldbestellung war von der heutigen nicht wesentlich verschieden. Der Boden wurde zuerst aufgehackt und dann mit einem hölzernen oder steinernen Pflug [...] bearbeitet, der von Ochsen gezogen und von zwei Männern bedient wurde: Der eine drückte die Sterzen nieder, der andere trieb die Tiere an. Das Eintreten der Saat erfolgte durch Esel, Schweine und Rinder, die von hinten gedrängt, von vorne mit Futter gelockt wurden: alles unter großem Geschrei. Auch Lieder wurden dabei gesungen. Ein Hirt, der seine Schafe über die nassen Saatfelder treibt und dabei im Wasser waten muß, summt zu ihnen: „Euer Hirt ist im Wasser, da sind viele Fische, er spricht mit dem Wels, er begrüßt auch den Hecht!" Die reifen Ähren wurden mit Sicheln, [...] deren Schneide mit Feuersteinsplittern besetzt war, gemäht und auf der Tenne von Haustieren ausgedroschen. Dabei gibt es wieder großen Lärm: Ein Esel läuft in der falschen Richtung, einer will überhaupt nicht vorwärts und muß am Vorderbein über die Tenne gezerrt werden. Das Arbeitslied lautet: „Drescht für euch und drescht für euch, Ochsen, drescht für euch! drescht für euch das Stroh zum Futter und das Korn für euren Herrn! gönnt euch keine Ruhe, heute ist's ja kühl." Die Landwirtschaft war aber nicht bloß mühevoll, sondern auch keineswegs so sorgenlos, wie man nach der einzigartigen Natur des Landes annehmen sollte: „Gedenkst du nicht, wie es dem Ackersmann geht?" heißt es in einer Schrift des Neuen Reiches, „der Wurm hat die Hälfte des Korns geholt und das Nilpferd hat tüchtig gehaust. Mäuse gibt's viel auf dem Felde und die Heuschrecke ist eingefallen. Das Vieh frißt und frißt und die Vögel stehlen –

wehe über den Ackersmann! Der Rest, der auf der Tenne liegt, dem machen die Diebe ein Ende."

Auch die Ernährung des ägyptischen Bauern war der heutigen nicht unähnlich. Eine große Rolle spielten die Hülsenfrüchte. Was die Griechen „ägyptische Bohne" nannten, waren die Fruchtkörner des Lotus, die grün oder getrocknet ein schmackhaftes Gemüse abgaben. Ein beliebtes Gericht war Schrotmehl mit Linsen. Hekataios nennt die Ägypter die „Brotesser". Die Mühle war ihnen unbekannt. Das Korn, meist Weizen oder Gerste, wurde zwischen zwei Steinen zerrieben und dann im Ofen verbacken. Aus Gerste wurde auch das Bier erzeugt, das den Ägyptern ebenso unentbehrlich war wie das Brot; sogar den Kindern wurde es zur Erfrischung in die Schule gebracht. Es ist heute noch immer oder vielmehr schon wieder Volksgetränk, da es zur Zeit Mohammeds in Ägypten nicht mehr gebraut wurde; daher ist es auch im Koran nicht ausdrücklich verboten. Daneben trank man Milch von Kühen, Schafen, Ziegen. Butter und Käse werden nie erwähnt. Zum Kochen, auch zum Salben und zur Beleuchtung verwendete man Öl von der Rizinusstaude, später von der Sesampflanze, das für das feinere galt. Der Flachsbau ist in Ägypten uralt, und der Bedarf an Leinenzeug, besonders für die sehr oft gewechselten Gewänder und die vielfach gewickelten Mumienbinden, war immer außerordentlich groß. Zur Feuerung diente getrockneter Tiermist, denn das Düngen besorgte ja der Nil und die Holzarmut gestattet kein anderes Material. Diese hat schon frühzeitig zu staatlichen Maßnahmen geführt: Bäume durften nur auf Befehl des Wesirs gefällt werden, und der Export war streng verboten. Die wichtigsten Ausfuhrartikel nächst dem nubischen Gold waren in Salz eingepökelte Dörrfische und Glaswaren. Mit dem Glas verhält es sich ähnlich wie mit dem Alphabet: man hielt es lange Zeit für eine Erfindung der Phoiniker, während es diese nur von den Ägyptern übernommen hatten. Spätestens seit der sechsten Dynastie wurde es bereits zu Perlen, Salbegefäßen, Schalen,

Bechern, Figürchen verarbeitet; glasierte, „mit Glas gesalbte" Tonwaren gab es schon im vierten Jahrtausend, bunte Kacheln, gelbe, grüne, rote Ziegel während des ganzen Alten Reichs. Durchsichtiges Glas hingegen verwendeten die Ägypter nicht.

Im Handwerk herrschte eine Art Zunftwesen, das Gewerbe vererbte sich zumeist vom Vater auf den Sohn; und dies hat zu der irrigen Annahme geführt, die Ägypter hätten Kasten gehabt wie die Inder. Daß im allgemeinen jedem sein Stand schon von der Geburt vorgezeichnet war, hatte seinen Grund im ägyptischen Traditionalismus, und zudem war technische und künstlerische Fertigkeit damals noch eine Art Geheimnis, das man gern in der Familie behielt. Wir sagten vorhin, die Ägypter hätten niemals ein Kreditsystem besessen; aber selbst das Geld war ihnen im Grunde unbekannt; sie verwendeten als Zahlungsmittel Kupferbarren und Goldringe, die immer erst wieder gewogen und geprüft werden mußten wie jede andere Ware. Wenn sie von „Weißgold" sprechen, so meinen sie Silber, das das seltenere und wertvollere Metall war; daneben gab es später auch noch Elektron, eine Legierung aus Gold und Silber. Die erste richtige Münze, die Dareike, wurde in Ägypten erst um 500 vor Christus durch die Perser eingeführt. Die eigentliche Form des ägyptischen Handels ist zu allen Zeiten der Tausch gewesen; sie ist sogar noch heute auf dem Lande nicht verschwunden. Auf den Darstellungen sieht man, wie ein Fisch gegen einen Kasten, ein Beutel gegen ein Paar Sandalen, ein Kuchen gegen ein Halsband, Gemüse gegen einen Fächer, ein Schlauch gegen einen Topf Öl, ein Angelhaken gegen eine Schreibtafel eingetauscht wird. Wer jemals den „Fischmarkt" in Kairo besucht hat, wird sich das wilde Gefeilsche der Kinder des Re vorstellen können. Übrigens schachert der Orientale nicht bloß aus Gewinnsucht, sondern geradezu aus Liebhaberei: er wäre sehr enttäuscht, wenn man auf den unverschämten Preis, den er zuerst verlangt, ohne Widerrede einginge; ebensowenig aber wäre es nach seinem Geschmack, das angemessene Entgelt ohne vorheriges Überfordern anzugeben. Im Grunde ist das Tauschprinzip gar nicht so dilettantisch und primitiv, wie die Nationalökonomen von der hohen Warte ihrer After-wissenschaft behaupten: Es reguliert den Wert einer Ware nach der persönlichen Einschätzung und dem momentanen Bedürfnis der Partner, und das ist ein sehr gesunder Stand-punkt. Jedenfalls zeigt das Beispiel Ägyptens, das länger in wirtschaftlicher Blüte stand als irgendein anderes Land der Erde, daß es auch ohne Schatzscheine, Schecks und Aktien geht.

Ein großer Teil der Wirtschaft befand sich in den Händen des Staates, vor allem fast der gesamte Außenhandel, ferner die Ausbeutung der Bergwerke und der Papyrussümpfe; auch die Großfischerei und die Ziegelfabrikation waren kö-nigliches Monopol. Eine weitere Einnahme gewährten dem Staat die örtlichen Stromzölle und die hohen Steuern, deren Objekte durch Nilmesser, Kataster, Feldpolizei sehr genau kontrolliert wurden. Alljährlich mußte der Hausvorstand bei der Behörde erscheinen, genaue Angaben über seinen Besitzstand machen und diese beschwören. Bei der Eintrei-bung der Abgaben scheint es nicht sehr rücksichtsvoll zuge-gangen zu sein. In der vorhin erwähnten Schrift, die vom Schicksal des Bauernstandes handelt, heißt es: „Da landet der Schreiber am Uferdamm und will die Ernte aufschrei-ben. Die Türhüter tragen Stöcke und die Nubier Palmruten. Sie sagen: ‚Gib Korn her!‘ ‚Es ist keins da.‘ Da schlagen sie ihn lang ausgestreckt, er wird gebunden und in den Graben geworfen." Auch im Grabe des Ti werden die Dorfältesten von Männern mit Stöcken zur Abrechnung in die Guts-kanzlei geschleppt. Diese unhöflichen Einhebungssitten scheint es aber im Orient zu allen Zeiten gegeben zu haben; denn niemand zahlt weniger gern Steuern und weiß sich ih-nen auf raffiniertere Weise zu entziehen als der Morgenlän-der, ob er Chinese oder Inder, Mesopotamier oder Ägypter ist. Jedenfalls gab es immer ein großes Gedränge und Geplapper. Auf einem Bild des Neuen Reichs sieht man das Vorführen der Gänseherden vor einen hohen Beamten. Ein Schreiber überreicht die Liste, die Hirten schieben sich vor und wollen sprechen; ein Aufseher sagt: „Sitzt still und redet nicht", ein anderer: „Weißt du keine andere Zeit für dein Gerede?" Ein zweites Bild zeigt das Vorführen der Ochsenherden vor denselben Beamten: ein Sekretär hat die Liste in der Hand, ein junger Hirt spricht lebhaft auf ihn ein, wird aber mit den Worten zurechtgewiesen: „Lauf, mach, daß du wegkommst, rede nicht vor dem Seligen, ein schwatzender Mann ist ihm ein Greuel." Die Kehrseite zu alldem bildet der ägyptische Moralkodex, der immer wieder Milde, Wohltätigkeit, Achtung auch vor dem Niedrigeren einschärft. Unzählige Male versichern die Grabinschriften: „Ich war des Greises Stab, des Kindes Amme, der Hort der Armen, das Brot der Bedrängten, die Halle, die jeglichen wärmte, der Frost litt; niemals zog ich den Großen dem Geringen vor." Wenn es sich auch vielleicht hier zum Teil nur um schöne Reden handelt, so war es doch schon sehr viel, daß dies alles wenigstens als Ideal galt, und schließlich wurde, wie im christlichen Mittelalter, aus dem Gebot der Caritas Leben. Solches Elend wie im Norden gab es übrigens in Ägypten überhaupt nicht: die Bedürfnislosigkeit des Südländers und der Reichtum der Natur ließen es dazu nicht kommen. Eine Handvoll Bohnen oder Datteln und einen Krug Nilwasser, das der Ägypter ungemein liebt, hatte ein jeder, und Wohnung, Beheizung und Bekleidung sind im Nilland keine Probleme. Öffentliche Ausspeisungen scheinen regelmäßig und zu allen Zeiten stattgefunden zu haben.

Der vornehme Ägypter aber führte auf seinem Landsitz ein sehr bequemes und heiteres Leben. Zwar im Hausbau entfaltete er keinen übermäßigen Luxus, da er ja die meiste Zeit im Freien zubrachte und die Hauptsorge der Totenwohnung widmete. War diese aus „ewigem Stein", so genügte für den Lebenden ein luftiger Bau aus Holz, Rohr und Schlammziegeln, die, in hölzernen Kasten sauber geformt und an der Sonne getrocknet, ein nicht sehr dauerhaftes, aber leicht ersetzbares Material waren; als Bindemittel diente ebenfalls der Nilschlamm. Die Villen waren manchmal nur ebenerdig, aber oft auch mehrstöckig und empfingen den Besucher zunächst mit einem Vorhof, einer Art ungedeckter Halle; dahinter lagen das Vorzimmer und das Stübchen des Portiers. Von da kam man in den großen säulengetragenen Speisesaal mit dem breiten Familientisch und vielen kleinen Tischchen für die Gäste. Nach hinten gingen die Schlafzimmer und Wirtschaftsräume; ein sehr beliebter Aufenthalt war das flache Dach. Alle Bauteile waren lustig bemalt, die Fassaden häufig mit Bildern verziert. Die Wände waren mit koloriertem Stuck oder auch mit bunten Schilfmatten belegt, an den Fenstern hingen Rollmatten. Die Türen, Pfeiler und Gesimse trugen farbige Einlagen aus Fayence und Glasfluß, die sich von vergoldeten Knöpfen, Leisten und Bändern wirksam abhoben, den Fußboden schmückte ein Sumpfdickicht mit Fischen und tanzenden Käfern oder ein grünender Acker mit hüpfenden Kälbern, den Plafond ein Himmel mit flatternden Tauben und Schmetterlingen. Im Schlafzimmer stand das mächtige Bett mit dem Treppchen, häufiger als aus Holz aus Stein oder Ton, von blühenden Pflanzen umgeben; am Kopfende befand sich die Nackenstütze, eine hölzerne Gabel, auf der der Hals ruhte, so daß das Haupt frei in der Luft schwebte: In dieser unbequemen Lage verbrachte der Ägypter die Nacht, um seine kunstvolle Frisur zu schonen. Dazu kamen eine Menge anderer Möbel und Gebrauchsgegenstände: steife Sessel und niedrige Schemel, Klappstühle und Polstersitze, Waschschränke und Toilettetische, Kasten und Truhen, Krüge und Körbe, Lampen und Kandelaber, Kupferspiegel und Glasflakons; auch Badezimmer mit Plattenbelag und Klosetts mit fließendem Wasser fehlten nicht. Das Haus stand inmitten eines weiten Gartens, der mit zierlichen Kiosken, prächtigen Topfbäumen und künstlichen Teilchen versehen war: Hier konnte man Gemüse und Fi-

sche züchten, baden und gondeln und im kühlen Schatten
sich ausruhen. Natursinn in unserer romantischen Bedeutung haben die Ägypter nicht besessen, das Erhabene des
Sternenhimmels, des Meeres, der Wüste haben sie nie emp-
funden: sie ist für sie nur der Ort der Gespenster. Ihr Interesse für Tiere zeigen die zoologischen Gärten, in denen seltene oder exotische Exemplare zu sehen waren. Der ägyptische Modehund war das Windspiel, ohne jedoch der Mode
unterworfen zu sein, denn wir finden es zu allen Zeiten; wie
beliebt es war, zeigt ein Gleichnis: „Ich war wie ein Hund,
der im Zelt schläft, ein Windhund des Bettes, geliebt von
seiner Herrin." Gern gesehene Haustiere waren auch *mau-
mi,* die Katze, und der Affe, zumal der Pavian und die
Meerkatze, deren Schabernack der Karikatur willkomme-
nen Stoff bot: Sie springen einem Zwerg auf den Kopf, pak-
ken einen Opferträger am Bein, bringen die Schiffstaue in
Unordnung und ziehen den heiligen Ibis am Schwanz. Bisweilen konnten sie recht jähzornig werden; deshalb bedeutet ihre Hieroglyphe [...] auch „Wut". Auch sieht man sie
auf Bildern von Früchten naschen: Daß aber ein Ägyptologe daraus schließt, sie seien zur Feigenernte verwendet worden, ist sonderbar.

Massimo Montanari

Olivenöl und Haferbrei

Landwirtschaft und Baumzucht waren die Grundlage der
griechisch-römischen Wirtschaft und Kultur (zumindest,
wenn wir uns auf die vorherrschende Gewohnheit beziehen). Korn, Wein und Ölbäume waren die wichtigsten Nah-
rungsquellen, eine Triade produktiver und kultureller Werte, die diese Zivilisation zum Symbol ihrer eigenen Identität
gemacht hatte. „Alles nämlich, was meine Töchter immer

berührten, wurde in fruchtendes Korn verwandelt, in lauteren Wein, in Früchte Minervas." Diese Worte des Anios, Königs und Priesters von Delos, die Ovid in seinen *Metamorphosen* wiedergibt, sprechen weitschweifig von den Ernährungsgewohnheiten und Begierden dieser Menschen (verbirgt sich im Mythos des Anios nicht auch eine Utopie?). Und Plutarch berichtet, daß die jungen Athener beim Erreichen des Erwachsenenalters zum Heiligtum von Agraulos geführt worden seien, um ihrer Heimat die Treue zu schwören. „Sie schwören da nämlich, Weizen, Gerste, Reben, Feigen- und Ölbäume als Grenzen Attikas anzusehen, womit sie angewiesen werden, das urbar gemachte und fruchttragende Land für ihr eigen anzusehen." Diese Elemente waren ausreichend und notwendig, um die Heimat anzuerkennen. Daneben spielten vor allem der Obst- und Gemüseanbau sowie die Schafzucht eine gewisse Rolle – die einzige Nutzungsform natürlicher Ressourcen, der die griechischen und lateinischen Autoren echte Aufmerksamkeit und Sympathie entgegenbrachten. Die Fischerei hatte natürlich vor allem in den Küstenregionen einige Bedeutung. Vor diesem Hintergrund entwickelte man eine Ernährungsweise – wollen wir sie „mediterran" nennen? –, die stark vegetarisch ausgerichtet war und auf Mehlbrei und Brot, auf Wein, Oliven und Gemüse basierte. Ein wenig Fleisch und vor allem Käse ergänzten diesen Speiseplan, denn Schafe und Ziegen wurden überwiegend ihrer Milch wegen und als Wollieferanten gehalten.

Ganz anders waren dagegen die Anbaumethoden und kulturellen Werte der „Barbaren", wie Griechen und Römer sie nannten. Die keltischen und germanischen Völker, seit Jahrhunderten gewohnt, die großen Wälder Nord- und Mitteleuropas zu durchstreifen, hatten eine große Vorliebe für die Nutzung der unberührten Natur und der unkultivierten Landstriche entwickelt. Die Jagd und die Fischerei, das Sammeln wilder Früchte sowie die Zucht wildlebender Tiere in den Wäldern (hauptsächlich Schweine, aber auch Pferde und Rinder) waren für ihre Lebensweise charakteristisch. Nicht Brot oder Polenta, Fleisch war ihr Hauptnahrungsmittel. Sie tranken keinen Wein, der ohnehin nur in den Grenzregionen ihres Herrschaftsgebietes bekannt war, sondern die Milch weiblicher Lasttiere und die säuerlichen Flüssigkeiten, die sie daraus gewannen. Getrunken wurde auch Obstwein aus vergorenen Wildfrüchten oder Bier – dort nämlich, wo man auf kleinen, dem Wald abgerungenen Lichtungen Getreide anbaute. Nicht Öl, die einzige Art von Fett, die in dem Apicius Caelius zugeschriebenen Handbuch der römischen Küche vorkommt, verwendete man zum Einfetten und Kochen. Vielmehr benutzte man dazu Butter und Speck.

Doch darf man es nicht allzu eng sehen. Auch die Germanen aßen Getreide, Haferbrei oder Fladen aus Gerste, nicht jedoch Weizenbrot, das wahre Symbol der mediterranen Ernährung. Andererseits kannten die Römer auch Schweinefleisch, das die Kaiser zusammen mit Brot an die Bewohner der Hauptstadt verteilen ließen. Doch handelt es sich nicht so sehr darum, die Existenz oder das Fehlen bestimmter Nahrungsmittel zu verifizieren, denn in diesem Fall würde man feststellen, daß alle mehr oder weniger dasselbe aßen. Vielmehr gilt es, die spezifische Rolle einzelner Produkte des Nahrungsangebotes zu bestimmen sowie den Platz und die Bedeutung, die jedem einzelnen von ihnen innerhalb der verschiedenen Systeme zukommen, die sich in jeweils unterschiedlicher Art und Weise zu einer zusammenhängenden Einheit ausbilden. So treten vor allem die Gegensätze hervor, die für die Zeitgenossen Indikatoren ihrer kulturellen Identität und der Andersartigkeit Außenstehender waren. Wenn die homerischen Verse den Menschen als „Fleischesser" bezeichneten und diesen Umstand als sinnbildliche Zusammenfassung der Zivilisation annahmen, so versetzt es in Erstaunen – oder bringt vielleicht sogar Befriedigung, da das „andere" immer dazu dient, unsere eigenen Gewißheiten zu bestätigen und uns ihrer zu versichern –, daß andere griechische und lateinische Schriftsteller die Gewohnheiten fremder Völker beschreiben, die weder Brot noch Wein kennen. „Ackerbau betreiben sie wenig", schreibt Cäsar über die Germanen, „ihre Ernährung besteht zum größten Teil aus Milch, Käse und Fleisch." Zu Beginn des 2. Jahrhunderts unterrichtet uns Tacitus darüber, daß zumindest die in der Nähe des Rheins siedelnden Germanen auch Wein kauften. Doch ihr gewohntes Getränk sei „ein Saft aus Gerste oder Weizen, der durch Gärung eine gewisse Ähnlichkeit mit Wein erhält": das Bier – oder nennen wir es besser Cervisia, wenn wir den Unterschied zwischen dieser dicken dunklen Flüssigkeit und dem klaren Bier festhalten wollen, das man erst ein Jahrtausend später durch die Beimischung von Hopfen erzeugen wird. „Die Kost ist einfach: wildes Obst, frisches Wildbret oder geronnene Milch." Einige Jahrhunderte darauf, die germanischen Völker haben dem Territorium des Römischen Reiches bereits Fuß gefaßt und behaupten mit Waffengewalt ihre Macht, werden auch über andere, „am Rande der Welt" lebende Völker analoge Berichte verfaßt. Über die Lappen schreibt Prokop im 6. Jahrhundert, sie „trinken auch keinen Wein und kennen keine Feldfrüchte (...) Männer und Frauen widmen sich vielmehr einzig und allein der Jagd." Wie uns Iordanes versichert, ist den Kleingoten dagegen der Wein durch den Handel mit benachbarten Völkern bekannt, doch bevorzugen sie noch immer Milch. Iordanes (wir befinden uns noch immer im 6. Jahrhundert) erwähnt skandinavische Völker, die ausschließlich von Fleisch leben. Über die Hunnen schreibt er, sie würden keine andere Beschäftigung kennen als die Jagd. Die Lappen, so Paulus Diaconus, der im 8. Jahrhundert davon erfährt, äßen außerdem „nichts anderes als das rohe Fleisch wilder Tiere" – ein zusätzlicher Hinweis auf die Wildheit der Ernährungssitten, die wir, ohne zu zögern, als einen Topos betrachten können. Allerdings reichen die überlieferten Gebräuche in der Landwirtschaft noch nicht aus, um ein Volk in den Bereich der „Zivilisation" einzuordnen. In einem Traktat über die Mauren schreibt Prokop, daß sie sich sehr wohl von Getreide ernähren (Weizen und Gerste), doch „ungekocht und ungemahlen und nicht anders wie die Tiere". Darauf nämlich kommt es an: sich aktiv in die Nahrungsproduktion einzuschalten; die Nahrung künstlich zu erzeugen; sie zu „erfinden" und sich nicht darauf zu beschränken, nur das zu empfangen, was die – auch durch den Menschen beeinflußte – Natur zu bieten hat.

Man darf nicht glauben, daß der Stolz auf die eigene Ernährungskultur lediglich auf einer Seite vorhanden war. Auch die Kelten und Germanen waren sich der eigenen Errungenschaften stolz bewußt. Doch werden wir bei diesen Völkern vergeblich die Pflanze der Zivilisation suchen (um den schon berühmten Ausdruck Braudels zu benutzen), die eine ähnliche Rolle spielt wie der Weizen in der griechischen oder römischen Welt, der Mais in Amerika oder der Reis in Asien. Allenfalls werden wir ein „Zivilisationstier" entdecken, das Schwein, eine omnipräsente Realität der keltischen Welt und möglicherweise als einziges in der Lage, deren produktive und kulturelle Errungenschaften zum Ausdruck zu bringen: denn die Mythologie dieses Volkes ist durchwoben von Ereignissen, in deren Mittelpunkt immer das Schwein steht, die erste und unentbehrliche Nahrungsgrundlage des Menschen. Man denke nur an das nach dem *Schwein von Mac Datho* benannte Gedicht. Es beschreibt ein riesiges Tier, das sieben Jahre lang mit der Milch von sechzig Kühen genährt und anschließend mit vierzig Ochsen auf dem Rücken serviert wird.

Dem nicht unähnlich, beschrieb die germanische Mythologie ein überirdisches Paradies, in dem sich die in der Schlacht gefallenen Helden vom unerschöpflichen Fleische Sachrimnirs nährten, dem Großen Schwein, das der Mythos als Ursprung des Lebens angesehen hat, als die Grundlage aller Nahrung und Ernährung. „Dieser Eber wird täglich von neuem gesotten und ist abends wieder heil", erklärt die

Snorra-Edda. Auch die Kuh Audhumla, „aus deren Euter (...) vier Milchflüsse" rannen, nimmt in den von Snorri erzählten Ursprungsmythen eine herausragende Stellung ein – wiederum ein Tier, wiederum spielt die Bewirtschaftung des Waldes und der Weiden eine Rolle.

Dagegen hatten die griechischen und lateinischen Schriftsteller keinerlei Bedenken, sich ein glückliches und vegetarisches Goldenes Zeitalter zu ersinnen. Ihre Kultur sah in den Früchten der Erde das erste und höchste aller Nahrungsgüter. Zur Zeit des Kronos, berichtet Hesiod, lebten die Menschen „dahin wie Götter ohne Betrübnis (...) Frucht bescherte die nahrungsspendende Erde immer von selber, unendlich und vielfach." Demokrit, Dikaiarchos und Platon erwähnen dasselbe; ebenso Lukrez, Vergil und viele andere. Immer wieder taucht das Bild der Erde auf, die, wie im biblischen Eden, zunächst von selbst und dann durch die Arbeit des Menschen Nahrung spendet. Und dann erscheinen auch hier die Mythen von Korn, Wein und Trauben. Was die Tiere betrifft, so gibt es Varro zufolge keinen Zweifel, daß der Mensch als erstes die Schafe domestizierte und nutzte. Wie dem auch sei: „Das Universum beginnt mit dem Brot", behauptet Pythagoras – durch jenes Brot, das es, zusammen mit dem Wein, dem frühen Menschen ermöglicht, zivilisiert zu werden, wie wir im *Gilgamesch-Epos* lesen, einem der ältesten Zeugnisse der Mittelmeerkultur. Ein besonders kritischer Augenblick bei dieser Begegnung unterschiedlicher Kulturen scheint sich um die erste Hälfte des 3. Jahrhunderts abzuzeichnen, als neue gesellschaftliche Kräfte und Völker die Bühne des Römischen Reiches betreten und als es während der raschen, durch die tiefgreifende institutionelle Krise bedingten Kaiserwechsel sogar Persönlichkeiten „barbarischer" Herkunft gelingt, den Thron zu erobern. Sehr bezeichnend sind hierfür die in der sogenannten *Historia Augusta* wahrscheinlich im 4. Jahrhundert vereinigten Biographien, in denen sich auch hinsichtlich der Ernährung ganz deutlich die unterschiedlichen Wertvorstellungen begegnen. Unsere in traditionellen ideologischen Vorstellungen fest verankerten Texte beharren oftmals auf dem „römischen" Charakter der kaiserlichen Nahrungswahl, vor allem, wenn es darum geht, positive Schlüsselfiguren zu präsentieren. „Und schon ging von den neuen Widersachern Iulians das Gerücht aus, dieser habe gleich am ersten Tag Pertinax' [seines Vorgängers] Hausmannskost verschmäht und ein Schlemmermahl ausgerichtet, bei dem er Austern, Geflügel und Fische auftragen ließ. Daß dies erlogen war, steht fest; Iulian soll nämlich so haushälterisch gewesen sein, daß er ein ihm gelegentlich in die Küche geschicktes Ferkel oder einen Hasen auf drei Tage streckte; auch soll er sich häufig bei der Hauptmahlzeit mit Gemüsen und Hülsenfrüchten begnügt und auf Fleisch verzichtet haben, ohne daß ein ritueller Zwang bestand." Mit außergewöhnlicher Klarheit beleuchtet dieser Abschnitt die positiven Vorstellungen, die der Kulturkreis, dem sein Autor Aelius Spartianus angehört, mit der vegetarischen Nahrung verbindet: Auf Fleisch könne man verzichten, und das sei auch besser so (nicht ohne Grund wimmelt es in der griechischen und lateinischen Überlieferung nur so von „vegetarischen" Philosophien). Doch betrachten wir einige weitere Beispiele: Gordian II., der seiner Nahrung nicht allzuviel Beachtung schenkte, war „ein großer Freund von Obst und Gemüse". Septimius Severus, auch er anspruchslos und genügsam, war „auf heimische Hülsenfrüchte aus; dem Wein sprach er mitunter tüchtig zu, von Fleisch wollte er häufig nichts wissen". Sogar einige Personen, die einer gewissen sittlichen Immoralität sowie einer entschiedenen Neigung zur Völlerei verdächtigt werden, scheinen ihre Aufmerksamkeit hauptsächlich einem Luxusartikel zu widmen – dem Obst, das trotz allem dem gedanklichen Umfeld der vegetarischen Diät angehört. Claudius Albinus war „ein Leckermaul", und zwar habe er „Obst in solchen Mengen verschlungen, wie sie kein normaler menschlicher Magen verträgt". Denn er habe „fünfhundert Sperlingsfeigen (...) nüchtern verspeist und hundert kampanische Pfirsiche, zehn Ostiamelonen, zwanzig Pfund Labikanertrauben, hundert Feigendrosseln und vierhundert Austern." Ein Beleg für Gallienus' „beklagenswerte Erfindungsgabe" war, daß er aus Obst „ganze Festungen" baute. „Trauben wußte er drei Jahre lang zu konservieren. Mitten im Winter ließ er Melonen auftragen."

Das „barbarische" Kulturmodell, das viele römische Gelehrte lange und vergebens einzudämmen versuchen, taucht mit Maximinus Thrax auf, dem ersten Soldatenkaiser, „Sohn barbarischer Eltern; der Vater war, so heißt es, Gote, die Mutter Alanin". Es hat den Anschein, schreibt sein Biograph Iulius Capitolinus mit Verachtung, daß er bis zu einer Amphore Wein täglich trank (was ungefähr 20 Litern entspricht) und daß er „vierzig Pfund Fleisch verzehrt hat", wenn nicht sogar sechzig; weiter soll er sich anscheinend, und dies wäre für einen echten Römer undenkbar gewesen, „des Gemüses stets enthalten" haben. Sein Sohn, Maximinus der Jüngere, stand ihm darin nicht nach. Er hatte „einen starken Appetit, besonders auf Wildbret; so verzehrte er nur Schwarzwild, Enten, Kraniche und alle Wildarten". Ein großer Trinker und Fleischesser war auch Firmus, über den geschrieben wird, er verspeiste „täglich einen Strauß". Derartige Porträts und Beschreibungen sind offensichtlich mit Vorsicht zu behandeln. Aber es geht nicht darum, sie als wahr anzuerkennen, sondern darin kulturelle Spannungen einer extrem kritischen Epoche der europäischen Geschichte zu erblicken.

Olaf Höckmann

Lebensmittelversorgung der Großstädte

Rom ist von frührepublikanischer Zeit an bei Hungersnöten auf Getreideimporte aus Sizilien oder Ägypten angewiesen. Anfangs entsendet man allerdings nicht private Händler, sondern Beamte zum Korneinkauf in die Nachbarländer. Später zwingt die anwachsende Bevölkerungszahl der Hauptstadt zur regelmäßigen Einfuhr von Brotgetreide *(Annona)*. Sowohl der Einkauf als auch der Transport wird wohl von Fall zu Fall improvisiert. Als dann Sardinien, Sizilien, Nordafrika und schließlich Ägypten in römische Hand fallen, wird ihnen die regelmäßige Lieferung von 10% der Getreideernte als Steuer auferlegt. Wenn durch besondere Umstände, z. B. einen Krieg, ein zweiter „Zehnter" im Jahr benötigt wird, vergütet der Staat das Korn zu Preisen, die für den Bauern attraktiv sind. Während das Getreide selbst Staatsbesitz ist, werden die Transporte – wie einst in Athen – von privaten Reedern durchgeführt, die den Staatsauftrag nach römischem Brauch ersteigern. Auf ähnliche Weise werden bei Feldzügen in Übersee auch die römischen Heere versorgt; die vielen Frachter, die im 2. Punischen Krieg zur Flotte gehören, sind wahrscheinlich gecharterte Privatfahrzeuge (unter militärischem Kommando?). In Situationen wie etwa beim unerwartet schnellen Ende eines Krieges, für den man zuvor reichlich eingekauft hat, kann in Rom der Kornpreis zusammenbrechen. Im Jahre 202 v. Chr. ist der Preisverfall so drastisch, daß die Händler das Getreide den Reedern überlassen, um die Frachtraten bezahlen zu können.

Die Versorgung gerät in eine Strukturkrise, als Rom beginnt, regelmäßig Korn an Bedürftige zu subventionierten Vorzugspreisen beziehungsweise gratis auszuteilen. Manche Reiche erschweren die Lage noch, indem sie pro forma Sklaven freilassen und dadurch deren Unterhalt auf den Staat abwälzen. Die Lage wird so schwierig, daß 57 v. Chr. der Senat Gnaeus Pompeius damit beauftragt, die *Annona* zu reorganisieren. Offenbar hat er die Politik verfolgt, einerseits durch Langzeitverträge mit Schiffseignern einen größeren Teil der vorhandenen Frachtschiffe an die *Annona* zu binden, andererseits durch persönliche Verhandlungen mit den Produzenten zusätzliche Kornlieferungen zu erwirken. Hilfsbereite Lieferanten in den Provinzen konnten dafür das römische Bürgerrecht erhalten.

Das reibungslose Funktionieren der *Annona* ist für Rom ein Politikum ersten Ranges gewesen, um Unruhen in der Hauptstadt zu vermeiden. So zieht 49 v. Chr. beim Bürgerkrieg zwischen Caesar und Pompeius der letztere eine große Flotte zusammen, um Rom von der Versorgung abzuschneiden; demgegenüber verwendet Caesar das Gros seiner Flotte zur Sicherung der Getreideversorgung aus Sardinien und Sizilien. Später verfolgt Sextus Pompeius dieselbe Blockadestrategie wie sein Vater und versetzt dadurch die Stadtbevölkerung in solche Unruhe, daß schließlich der Druck der öffentlichen Meinung in Rom den kurzlebigen Frieden von Misenum mit Sextus erzwingt. Sogar in der Kaiserzeit haben gelegentlich Thronprätendenten wie 69 Vespasian zum Mittel der Blockade gegriffen, um mißliebige Herrscher in der Hauptstadt in die Knie zu zwingen.

Der erste Kaiser Augustus hat der *Annona* die Organisation gegeben, die sie im wesentlichen bis zum Ende des weströmischen Reichs behalten hat. Während das Sammeln des Getreides in den Erzeugerländern und die Austeilung in Rom von staatlichen Behörden vorgenommen wird, bleibt der Seetransport nach Puteoli oder Ostia bzw. Portus und die Weiterbeförderung auf Küsten- oder Flußschiffen privaten Reedern überlassen. Auch die Lagerhäuser *(horrea)* scheinen anfangs noch privaten Unternehmern gehört zu haben. Die Dienstleistungen werden aber durch den Präfekten der *Annona* in Rom, zeitweilig Augustus selbst, und seine Beamten in den wichtigsten Häfen koordiniert und gesteuert. Sie bedienen sich hierbei gildenartiger Zusammenschlüsse der Schiffseigner. Im späteren 2. Jh. konzentrierten diese ihre Agenturen in Ostia an der „Piazza delle corporazioni". Die rechtsverbindlichen Transportverträge werden aber nicht mit den Gilden abgeschlossen, sondern mit den einzelnen Schiffseignern; in Rom waren nur natürliche Personen rechtsfähig.

In Ausnahmesituationen wie bei einer Hungersnot unter Claudius muß der Kaiser besondere „Steuervorteile" für den Bau von Frachtern über 10 000 *modii* Tragfähigkeit und für die Durchführung von *Annona*-Reisen auch im Winter ausbieten. Dafür haftet der *Fiscus* bei Schiffsverlusten auf diesen riskanten Fahrten. Claudius hat auch als erster an der Tibermündung einen Kunsthafen – Portus – erbauen lassen, um von dem zu weit entfernten *Annona*-Hafen Puteoli unabhängig zu werden. Der Claudius-Hafen gerät aber so groß, daß er bei Seestürmen nicht genug Schutz bietet. Um 64 sinken dort, unter Nero, im Sturm 200 noch nicht entladene Kornschiffe, und da im selben Jahr nochmals 100 Tiberkähne der *Annona* durch eine Brandkatastrophe in Rom zerstört werden, muß es zu schweren Versorgungskrisen gekommen sein. Ähnliche Folgen hatte zuvor schon der verschrobene Einfall des Caligula gehabt, alle irgend verfügbaren Frachter zum Bau einer sinnlosen Schiffsbrücke über den Golf von Baiae heranzuziehen.

Immerhin hat der Claudius-Hafen schon staatliche Lagerhäuser umfaßt. – Der Hafenengpaß wird erst später unter Trajan durch den Bau eines neuen kleineren, weiter im Lande gelegenen und besser geschützten Kunsthafens beseitigt.

Im 1. und 2. Jh., als im Mittelmeer Tausende von großen Frachtschiffen auf Fahrt sind, hat die Verpflichtung zu einer *Annona*-Fahrt in jedem zweiten Jahr die Reeder wohl nicht sehr belastet. Das ändert sich im 3. Jh. Grenz- und Bürgerkriege, Verarmung der Bauern und Proletarisierung der Stadtbevölkerung sowie eine fortschreitende Geldentwertung schwächen das Wirtschaftsgefüge des Reichs bedrohlich. Die bedrückende Situation trifft das Reedergewerbe hart. Sowohl die Zahl der Schiffe als auch ihre Größe und bauliche Qualität gehen drastisch zurück. Nun muß wirklich alles, was ein Segel tragen kann, bis hinunter zum kleinen Küstenfrachter für die *Annona* und andere Staatsaufgaben wie z.B. die Versorgung der öffentlichen Bäder (Thermen) mit Brennholz fahren. Da die Frachtraten hierbei anscheinend weit unter denen auf dem freien Markt liegen, versuchen die Reeder, die *Annona*pflicht zu umgehen. Man spiegelt Schiffsverluste vor, betrügt und versucht sich schadlos zu halten, wo es nur geht. Der Staat reagiert einerseits mit brutaler Überprüfung aller Unfälle auf *Annona*fahrten, andererseits mit Steuervorteilen für die Schiffseigner. Doch daß um 526 Theoderich den Bau von 1000 *Dromonen* befiehlt, die auch als Kornfrachter verwendbar sein sollen, läßt wohl nur den Schluß zu, daß die *Annona* in ihrer bisherigen Form nicht mehr funktioniert.

Da die Kornlieferung Ägyptens in der späten Kaiserzeit der neuen Hauptstadt Konstantinopel zugeteilt werden, ist Rom vom 4. Jh. an wieder auf seine ursprünglichen Kornkammern Sardinien, Sizilien und Afrika angewiesen. Anscheinend hat man bei Bedarf auch aus anderen Ländern wie Gallien Getreide bezogen.

Welche Mengen an Getreide Rom benötigte, geht z. B. aus dem Tatenbericht des Augustus hervor. Damals sind bis zu 320 000 Familienväter der Unterschicht zum freien Empfang von je *5 modii* Korn (ca. 45 kg) im Monat berechtigt gewesen. Nach Rickman werden also mindestens 750 000 Menschen weitgehend von frei verteiltem Staatsgetreide gelebt haben. Der Bedarf der Oberschicht, die ihr Brot für sich und ihre Sklaven auf eigene Kosten bezieht, kommt hinzu. Demnach müßten im Jahr etwa 40 Millionen *modii* Korn importiert worden sein, etwa 270 000 Tonnen. Die Größe der regelmäßig zu befördernden Kornmengen zwingt dazu, die Frachtschiffe so rationell einzusetzen wie nur möglich. Da besonders auf der weiten Alexandria-Route mit ihren ungünstigen Wind- und Stromverhältnissen nur eine Reise pro Saison durchführbar ist, läßt sich eine optimale Transportleistung nur mit sehr großen Schiffen erzielen. Manche alexandrinischen Frachter wie die „Isis" mögen über 1000 Tonnen Getreide getragen haben, aber das sind vielleicht Ausnahmen. Insgesamt müssen im Jahr etwa 800

Schiffsladungen Korn in Rom ankommen; in Anbetracht der Schiffsverluste unterwegs heißt das, daß pro Saison kaum weniger als 1000 Fahrzeuge für die *Annona* eingeplant werden müssen. Da die stolzen Reeder von Alexandria ihre mächtigen Segler wie eine Schlachtflotte im geschlossenen Verband nach Rom fahren lassen, läßt sich erahnen, welche Probleme das Einlaufen dieser Flotte für die Hafenbehörden in Portus mit sich gebracht hat. In einem Brief aus dem späten 2. Jh. heißt es, das alexandrinische Schiff habe am 30. 6. in Portus angelegt. Erst am 12. 7. wird es entladen, und am 2. 8. wartet man immer noch auf die Genehmigung der Hafenbehörde zur Rückkehr nach Ägypten. Dabei ist Portus gewiß ein besonders „schneller" Hafen gewesen, mit leistungsfähiger Verwaltung und Infrastruktur an Leichtern, Schleppbooten, Lade- und Werftmannschaften.

Angesichts der Langsamkeit und exorbitanten Kosten des Gütertransports zu Lande muß das Getreide ebenfalls zu Schiff von Portus nach Rom weiterbefördert werden. Da die Treidelkähne auf dem Tiber nur klein sein können, muß ihre Zahl ein Mehrfaches der Anzahl der eingesetzten Seeschiffe betragen haben; gewiß hat es strenger „Verkehrsregeln" bedurft, um den reibungslosen Verlauf dieses Treidelverkehrs zu gewährleisten. Die Vorratshaltung und Verteilung des Brotgetreides ist dann Sache spezieller Behörden.

Daß die *Annona*, trotz ihrer komplizierten Zusammenarbeit zwischen dem Staat und privaten Schiffseignern, viele Jahrhunderte lang ihre lebenswichtige Aufgabe erfüllt hat, stellt der Organisations- und Verwaltungskunst Roms ein glänzendes Zeugnis aus. Im Hinblick auf unser Thema ist wesentlich, daß es wohl in erster Linie den besonderen Bedingungen der *Annona* zuzuschreiben ist, daß die kaiserzeitlichen Frachtschiffe im Mittelmeer Größen erreichten, die erst im 19. Jh. wieder üblich geworden sind.

Moses I. Finley

Sklaven

Im Jahre 1860 bestand die Bevölkerung in den Südstaaten der USA zu 33% aus Sklaven, ein nur geringfügig niedrigerer Prozentsatz galt für Kuba und Brasilien. Nach vorsichtigen Schätzungen – 60 000 Sklaven in Athen am Ende des 5. Jahrhunderts v. Chr., zwei Millionen im Italien der ausgehenden Republik – bewegten sich die vergleichbaren Prozentsätze in demselben Rahmen, schätzungsweise bei 30 bis 35%. Das ist eine mehr als genügende Menge, besonders wo alle Anzeichen darauf hindeuten, daß in der Antike Sklavenbesitzer noch auf einem beträchtlich niedrigeren sozialen und wirtschaftlichen Niveau zu finden waren als in der Neuen Welt, und angesichts der Tatsache, daß man diesen Anteil an Sklaven in der Antike über einen langen Zeitraum aufrechterhielt. Die gesamte Geschichte der Sklaverei in den Vereinigten Staaten dauerte nicht länger als der Zeitraum von Augustus bis Septimius Severus.

Es ist auch unmöglich, zahlenmäßig zu bestimmen, wie die Sklaven unter den Freien verteilt waren. Einige gesicherte Zahlen werden jedoch eine Vorstellung von der Konzentration am oberen Ende der Skala vermitteln. Zu Beginn des 4. Jahrhunderts v. Chr. hatte der Vater des Demosthenes zwei Gruppen von Sklaven, 52 oder 53 insgesamt, die Möbel sowie Schwerter und schmiedeeiserne Waren herstellten. In der vorhergehenden Generation erbten der Redner Lysias zusammen mit seinem Bruder die doppelte Anzahl, die mit der Herstellung von Schilden beschäftigt waren. Dies war der größte einzelne Manufakturbetrieb, der für die gesamte Antike überliefert ist. Die Zahl der Sklaven in den athenischen Silberminen erreichte während der klassischen Zeit oft eine fünfstellige Zahl. Ein Präfekt in Rom zur Zeit Neros, Lucius Pedanius Secundus, hatte allein in seinem Stadthaus 400 Sklaven. Zur ungefähr gleichen Zeit unterhielt die Verwaltung der römischen Aquädukte die Zahl von 700 Sklaven als ständiges Personal, die „Architekten" eingerechnet.

Ich habe diese wenigen, zugegebenermaßen außergewöhnlich hohen Zahlen zitiert als Einleitung zu der allgemeinen Feststellung, daß eine Einschätzung der Bedeutung der Sklaven in einer Gesellschaft nicht von ihrer Gesamtzahl abhängt, wenn die erst einmal genügend hoch ist, sondern von ihrem Standort. Ihrem Standort in zweierlei Hinsicht: Erstens, wer ihre Besitzer waren; zweitens, welche Rolle sie in der Wirtschaft spielten, aber nicht nur dort. Es gab keine eigentlichen Sklavenberufe, außer grundsätzlich den Bergbau und die Hausarbeit, soweit unter letzterer der Dienst in einem Haushalt zu verstehen ist, der nicht der der eigenen unmittelbaren Familie war. Ebensowenig gab es eigentlich freie Berufe, außer die Rechtsprechung und die Politik (im Unterschied zur Verwaltung) sowie normalerweise den Militärdienst (allerdings nicht den in der Flotte und ausgenommen die Dienerschaft einzelner Soldaten). Wie immer auch Moralisten wie Aristoteles und Cicero eine Arbeit eingeschätzt haben, in der Praxis wurden alle übrigen Beschäftigungen sowohl von Sklaven als auch von Freien ausgeführt, und oft arbeiteten sie Seite an Seite an der gleichen Aufgabe. Xenophons Bemerkung, daß „diejenigen, die es sich erlauben können, Sklaven kaufen, um Mitarbeiter zu haben" (Memorabilia 2,3,3), ist nicht nur eine Phrase. Der Anteil von Sklaven und Freien war für die jeweiligen Berufe je nach Ort und Zeit sehr unterschiedlich. Man vergleiche nur die normalerweise freien und geachteten Ärzte Griechenlands und ihre oft unfreien, stets gering geachteten Kollegen in Rom und Italien. Solche Unterschiede sind interessant, aber nebensächlich. Die Bedeutung der Sklaverei läßt sich nicht durch Untersuchung der Berufe bestimmen.

Eine wesentliche Nuance in Xenophons Bemerkung ist, daß ein Sklavenbesitzer und sein Sklave oder seine Sklaven zusammenarbeiten und nicht Sklaven mit freien Lohnarbeitern. In jedem griechischen oder römischen Betrieb, der die Größe eines Familienbetriebs überschritt, ob auf dem Lande oder in der Stadt, setzte sich die Zahl der ständigen Arbeitskräfte aus Sklaven zusammen oder aus Zwangsarbeitern anderer Art, wo es so etwas noch gab. Ich betone ausdrücklich das Wort „ständig", da Gelegenheitsarbeit und zeitlich begrenzte Lohnarbeit von Freien, wie ich schon erwähnt habe, oft genug vorkam und tatsächlich für die Landwirtschaft und für so außergewöhnliche Vorhaben wie z. B. einen Tempelbau unerläßlich war. Es gibt nicht viele grundsätzliche Bemerkungen zur Antike, die so eindeutig zu belegen sind und bei denen so wenige Ausnahmen in den Quellen auftauchen. Das Pachtwesen, das oft als eine Alternative zur Sklaverei in der Landwirtschaft angeführt wird, war keine Ausnahme von dieser Regel. Pächter waren keine Angestellten: Entweder übernahmen sie einen Hof, den die Familie ohne zusätzliche Arbeitskräfte bewirtschaften konnte, oder sie pachteten größere Besitzungen und beschäftigten selbst Sklaven. In keinem der beiden Fälle durchbrachen sie die normale Arbeitsstruktur auf dem Lande. Auch gab es keine Arbeit, die vom „Niveau" her Sklaven vorbehalten war. In den größeren Betrieben, gleich ob städtisch oder auf dem Lande, übernahmen Sklaven alle möglichen Aufgaben, von den Hilfsarbeiten bis zu den handwerklichen und verwalterischen Tätigkeiten.

Wir können daher die Sklaverei kurz und bündig lokalisieren. Mit einer Ausnahme, die ich sofort erklären werde, dominierten die Freien bei den landwirtschaftlichen Kleinbetrieben, von denen viele nur für den Eigenbedarf produzierten, ebenso bei der Warenproduktion im Kleinbetrieb und im Kleinhandel in den Städten. Sklaven beherrschten und monopolisierten buchstäblich das Bild in den großen Produktionsbetrieben, sowohl im ländlichen als auch im städtischen Bereich. Daraus folgt, daß Sklaven den größten Teil des direkten Einkommens aus Besitz (das heißt also das Einkommen, das nicht aus politischen Quellen stammte, wie etwa die gewaltigen Beträge, die von den Feldherrn der römischen Republik und den Provinzstatthaltern oder Steuerpächtern eingesteckt wurden, und auch nicht das Nebeneinkommen, das die Reichen durch Geldverleihgeschäfte erzielten) für die wirtschaftlich, sozial und politisch herrschende Schicht erwirtschafteten. Die erwähnte Ausnahme ist in erster Linie eine Verfahrensfrage. Die Praxis, wohl in Italien viel verbreiteter als in Griechenland, nach der Sklaven ihren Besitzern dadurch reiches Einkommen verschafften, daß sie als „unabhängige" Handwerker, Ladenbesitzer und „Geschäftsleute" arbeiteten – die Römer hatten dafür den Ausdruck „peculium" –, war nur ein anderes Verfahren zum Vorteil der herrschenden Schicht. Einerseits führte es zu einer beträchtlichen Beteiligung der Sklaven an der Warenproduktion im Kleinbetrieb und hatte wichtige soziale Folgen, änderte aber andererseits in wirtschaftlicher Hinsicht nichts an der Bedeutung der Sklaverei als der Haupteinnahmequelle der herrschenden Schicht. Die Freilassung schließlich war oft nichts weiter als eine Fortsetzung des „peculium"-Gedankens.

Ich bin natürlich nur auf die „zentralen" Zeiträume eingegangen, in denen andere Formen von Zwangsarbeit durch Sklaverei ersetzt wurden. Das waren die Gesellschaften der Sklaverei der griechisch-römischen Antike, und sie waren dies eben auf Grund der Bedeutung, die die Sklaverei in ihnen hatte. Und so wird es Zeit zu fragen, wie und warum dieses seltene Phänomen entstand. Traditioneller Ausgangspunkt einer Betrachtung war fast immer der „natürliche" Kriegszustand, der angeblich in früher Zeit und in primitiven Gesellschaften zwischen verschiedenen Stämmen und Völkern geherrscht hat. Schon in der Antike und dann in der Neuzeit, beginnend mit den Völkerrechtlern des 16. und 17. Jahrhunderts, wurde immer wieder die Litanei heruntergebetet, daß die Sklaverei ursprünglich eine gemilderte Form barbarischer Kriegsführung war. Das war Fustel de Coulanges „uranfängliche Erscheinung".

Andere Historiker, die sich mit der Antike befaßten, gingen dann einen Schritt weiter und behaupteten, daß Krieg und Eroberung die notwendige Voraussetzung für die Entstehung einer Gesellschaft der Sklaverei gewesen seien. Dagegen muß ich einigermaßen ausführliche Einwände vorbringen. Der Irrtum entsteht aus einer Sicht der römischen Geschichte, die von dem gewaltigen Ausmaß der Eroberungen und Versklavungen der beiden letzten vorchristlichen Jahrhunderte so geblendet ist, daß sie gegenüber dem nicht zu übersehenden, beträchtlich früheren Anwachsen der Sklaverei in Rom blind ist. Keiner wird einen sprunghaften Anstieg nach dem 2. Punischen Krieg leugnen wollen. Ein ähnlicher sprunghafter Anstieg war ebenfalls im Verlauf der amerikanischen Geschichte zu verzeichnen, wenn auch aus anderen Beweggründen, aber das spricht nicht gegen die Überzeugung, daß die Südstaaten auch schon in der ersten Hälfte des 18. Jahrhunderts eine Gesellschaft der Sklaverei waren. Und das war auch Rom spätestens seit dem 3. Jahrhundert v. Chr. Alle kraftvollen neuen Einrichtungen entwickeln sich und breiten sich aus, aber dieser Vorgang folgt erst auf ihre Entstehung und darf mit dieser nicht verwechselt werden.

Michel Austin/Pierre Vidal-Naquet

Hierarchie der Berufe

Zu den Hauptgedanken, die das wirtschaftliche Verhalten der Griechen bestimmten, gehörte zuallererst, daß ein grundlegender Unterschied zwischen den verschiedenen Berufen gemacht wurde, wie häufig aus klassischer Zeit belegt. Nur einige Berufe entsprachen der Würde eines ehrenhaften Mannes, andere hingegen galten als niedrig, und sie paßten daher nur für die unteren Klassen, für Fremde oder Sklaven.

In dieser Hierarchie der Berufe nahm die Landwirtschaft fast immer einen Platz für sich an der Spitze der Skala ein und war streng getrennt von den anderen wirtschaftlichen Tätigkeiten. Fast für alle stellte der freie, unabhängige und autarke Grundbesitzer ein Ideal dar. Schon in den frühesten literarischen Quellen, bei Homer und Hesiod, findet man die Vorstellung von der Landwirtschaft als einer der Grundlagen des zivilisierten Lebens in enger Verbindung mit dem Opfer, dem Kochen und dem Familienleben.

Am unteren Ende der Skala finden wir die anderen Formen wirtschaftlicher Tätigkeit, den Handel und die sogenannten „banausischen" Berufe, die Handarbeit bedeuteten. Diese Berufe waren der allgemeinen Auffassung nach eines ehrenhaften Mannes nicht würdig. In der Praxis konnte der soziale Status eines Mannes entscheidenden Einfluß auf den von ihm ausgeübten Beruf haben; umgekehrt findet man, daß Handwerk, Handel und dergleichen oft und zumindest in gewissem Ausmaß den unteren Schichten und den Fremden überlassen blieben.

Dennoch könnte man den Handwerker den Helden der griechischen Geschichte nennen, doch ist er es nur im verborgenen. Es gibt nicht eine einzige materielle Schöpfung der griechischen Zivilisation, die er nicht geprägt hat: Der Architekt des Parthenon war ebenso ein Handwerker (und kein Architekt im heutigen Sinne) wie der Bildhauer, der die Goldelfenbeinstatue der Athena geschaffen hat. Das Werk Platons, der die Handwerker von der Lenkung des Staatswesens ausschloß, ist reich an Bildern aus dem Handwerk und an Lob handwerklicher Tätigkeit. Darüber hinaus hat man gezeigt, daß sich in der Kosmologie Platons der *dēmiourgos,* der Schöpfer der Welt, aller handwerklichen Fertigkeiten bedient, die man zu seiner Zeit kannte, in erster Linie der Techniken des Metallhandwerks. Platon stellt wie Xenophon die Landwirtschaft weit über das Handwerk, selbst wenn es die minderen Bestandteile der „Schöpfung" sind, die auf landwirtschaftliche Fertigkeit zurückgehen, und das Wort, das die Welt des Materiellen bezeichnet *(chōra)*, dasselbe ist, das auch zur Bezeichnung der Landschaft und des bestellten Landes dient. Zusammenfassend können wir für das klassische Altertum ganz allgemein feststellen, daß der Handwerker als Person gering geachtet und herabgesetzt wurde, auch wenn man sein Werk bewunderte. Und was am wichtigsten ist, es gab niemals eine eigene Kategorie der Handwerker, außer vielleicht in den Konstruktionen einiger Theoretiker, wie z. B. des Städteplaners und Philosophen Hippodamos von Milet.

Das Wort *dēmiourgos* selbst hatte in verschiedenen Teilen der griechischen Welt zwei ganz verschiedene Bedeutungen: In Athen zum Beispiel bezeichnete es die Handwerker, die im allgemeinen kleine Leute waren. In anderen Staaten hingegen, so auf der Peloponnes und in Mittel- und Nordwestgriechenland, gebrauchte man das Wort zur Bezeichnung der Oberbeamten, Persönlichkeiten von gehobener sozialer Stellung. In der klassischen *polis* waren gewerbliche und politische Funktion unabhängig voneinander: Das waren zwei verschiedene Ebenen, die sich nicht berührten. In Athen konnte man Bürger, Metoiken und Sklaven dieselben Arbeiten verrichten sehen, aber Zugang zur politischen Macht hatten nur die Bürger. Natürlich war die Stadt so aufgeteilt, daß manche Viertel durch ihre wirtschaftliche Funktion definiert waren (Viertel, in denen ein bestimmtes Gewerbe ausgeübt wurde, Hafenviertel usw.), aber Stadtviertel, die Metoiken oder Sklaven vorbehalten waren, gab es nicht.

Einige religiöse Gegebenheiten können dazu dienen, die zwiespältige Rolle gewerblicher und wirtschaftlicher Tätigkeit im griechischen Denken zu illustrieren. Der Heros Prometheus war eine zweideutige Gestalt. Durch seine Erfindungen ist er der Wohltäter der Menschheit, aber gleichzeitig ist er der Gegner des Zeus. Aus Hermes hat man den Repräsentanten einer sozialen Klasse, nämlich der Händler, machen wollen, doch in Wirklichkeit leitet sich seine Stellung als Beschützer des Handels vor allem aus seiner Rolle als Mittelsmann ab. Hephaistos, der Gott des Handwerks, dessen Fähigkeiten besonders auch bei Homer gefeiert wurden, war im Gegensatz zu den anderen Göttern ein hinkendes und häßliches Geschöpf. Athena hingegen, die unter anderem die Göttin hausfraulicher Tätigkeiten ist, kann dem Vorwurf schändlicher Gestalt entgehen. Ohne Frage gilt nicht derselbe Wertmaßstab für weibliche wie für männliche Wesen, aber die Rolle der Athena war ohnehin viel umfassender: Sie repräsentiert eine besondere Form der Klugheit, einer besonnenen und praktischen Klugheit *(mētis)*, die besonders in ihrer Verbindung mit der Schiffahrt (dem Bau der Schiffe und der Navigation) ihren Ausdruck findet, und es gibt nicht das geringste Anzeichen für eine negative Bewertung dieser Seite ihrer Tätigkeit.

Neben einer Hierarchie der Berufe gab es, wenn auch kaum davon abzuheben, eine Hierarchie der Erwerbszweige: Einige davon sah man als legitim an, andere wiederum hielt man für moralisch verwerflich oder auch nicht, je nachdem in welchem Geiste man ihnen nachging. Von neuem treten ethische Erwägungen der Entwicklung rein wirtschaftlicher Wertvorstellungen entgegen. Der Handel an und für sich wurde nicht notwendigerweise für gut oder schlecht angesehen. Er war zu billigen, sofern er allein darauf abzielte, durch die Beschaffung fehlender lebensnotwendiger Güter die Autarkie zu sichern. Doch wenn der Handel zum Selbstzweck wurde und nur den größtmöglichen Gewinn suchte, dann war er moralisch zu verurteilen. Diese Ansicht findet sich schon bei Homer; einige Jahrhunderte später, am Ende der klassischen Zeit, erläutert Aristoteles sie ausführlich. Der Kleinhandel ist am schlechtesten, denn er erfordert Verschlagenheit und Betrügerei: Wesentliches Merkmal des Kleinhändlers ist es, daß er seine Ware für einen höheren Preis verkauft, als sie wirklich wert ist.

Krieg und Politik jedoch sind höchst respektable oder wenigstens doch legitime Arten des Erwerbs, und das gilt unter gewissen Voraussetzungen für alle Epochen der griechischen Geschichte. Wer den Krieg gewonnen hatte, der konnte über die Person und das Vermögen des Besiegten frei verfügen, und diese grundsätzliche Berechtigung wurde niemals bestritten. Der Krieg blieb in der Tat in der ganzen Antike eine der wichtigsten Quellen für die Beschaffung von Sklaven. Aber natürlich hatte der Krieg als Erwerbszweig auch seine Grenzen. Selten zielten Kriege zwischen griechischen Staaten auf eine Gebietserweiterung (bei Kriegen gegen Nichtgriechen war das etwas anderes, wie man im Zusammenhang mit der Kolonisation sehen wird); doch auch da gibt es Ausnahmen, wie z. B. im Fall Spartas zu Beginn der archaischen Zeit oder der sizilischen Tyrannen im 6. und 5. Jahrhundert. Athen hat im 5. Jahrhundert eroberte Gebiete nicht annektiert; was athenische Ansiedlungen auf fremdem Gebiet angeht, so waren das in der Regel Garnisonen, und die Gründung von Kolonien, die im Interesse der Herrschaft standen wie Amphipolis, ging im allgemeinen zu Lasten von Nichtgriechen. Selbst nach diesen Einschränkungen wäre es noch falsch, wenn man nun allen Kriegen unterstellen wollte, sie seien einzig und allein im Hinblick auf den Erwerb unternommen worden. Und noch gefährlicher wäre es zu behaupten, Kriege in Griechenland hätten „wirtschaftliche Gründe" gehabt. Die Gründe für einen Krieg waren sehr häufig im politischen Bereich zu suchen. Aber war der Krieg einmal erklärt, so wurde die Berechtigung des Erwerbs durch Eroberung niemals in Frage gestellt. Man kann zwar sagen, daß die Griechen oft Wirtschaftliches durch den Druck des Krieges erreichten, aber umgekehrt kaum, daß Kriege durch den Druck der Wirtschaft entstanden. Die Auseinandersetzung von Griechen und Persern zum Beispiel hatte ganz sicher keine „wirtschaftlichen Gründe". Auf seiten der Perser bestand ein Verlangen nach Macht und Herrschaft, auf seiten der Griechen das Bestreben, die politische Freiheit zu bewahren. Aber in ihrem Verlauf konnten diese Auseinandersetzungen ohne weiteres wirtschaftliche Dimensionen annehmen. Der athenische Feldherr Kimon z. B. bereicherte sich und seine Mitbürger durch die Plünderung persischen Territoriums. Niemand hätte damals im Traume daran gedacht, ihn deswegen zu kritisieren, wenn er sich aber dem Handel zugewandt hätte, um ein Vermögen zu erwerben, wäre das ganz anders gewesen (Plutarch, Kimon 9,3-6; 13,5-7).

Eine Reihe anderer wichtiger Erwägungen im Zusammenhang mit der griechischen Wirtschaft betrifft die Arbeit. Zuerst einmal ist festzustellen, daß es eine einheitliche Vorstellung von „der Arbeit" als einer der wichtigen Funktionen des Menschen in all ihren Erscheinungsformen nicht gab. Dort, wo wir hinter zahlreichen Formen menschlicher Tätigkeit eine einzige große Produktivkraft von sozialem Wert erkennen, nämlich „die Arbeit", sahen die Griechen nur eine Vielzahl verschiedener Berufe (deren Status, wie gezeigt wurde, höchst unterschiedlich bewertet werden konnte) und zogen keine einheitliche Verbindungslinie. Sie sahen vielmehr gelegentlich einen Beruf (die Landwirtschaft) ganz im Gegensatz zu den anderen (Handwerk, Handel usw.).

Festzuhalten ist auch die Tatsache, daß Arbeit als solche bei den Griechen nie einen positiven inneren Wert annahm. Vergeblich wird man in der griechischen Literatur nach Spuren einer Ideologisierung der Arbeit suchen. Die Arbeit war natürlich für viele Griechen eine unvermeidliche Notwendigkeit, aber sie war kein Wert an sich. Hesiod predigt in den „Werken und Tagen" seinem Bruder Perses unermüdlich die Notwendigkeit der Arbeit als Mittel zur Überwindung der Not, aber er macht daraus kein wahres Lob der Arbeit, jedenfalls sieht Hesiod es für ganz natürlich an, daß Sklavenarbeit die Arbeit des freien Mannes ergänzt.

Ein anderer Unterschied muß noch betont werden, der sich wiederum auf der moralischen Ebene bewegt. Es war nicht unbedingt die Arbeit an sich, die für gut oder schlecht angesehen wurde. Das, worauf es ebensosehr, wenn nicht noch mehr ankam, waren die Bedingungen, unter denen diese Arbeit durchgeführt wurde. In der Moderne sind Arbeiter und Arbeit voneinander getrennt: Es handelt sich um eine Ware, die der Arbeiter anderen verkaufen kann, ohne daß damit, wenigstens der Theorie nach, eine Unterwerfung seiner Person verbunden ist. In der griechischen Welt aber gab es eine solche Trennung nicht: Für jemanden zu arbeiten bedeutete, sich ihm zu unterwerfen, während es „Zeichen eines freien Mannes ist, nicht für einen anderen zu leben" (Aristoteles, Rhetorik, 1, 9, 1367a 33). Ein freier Mann wollte, wenn er arbeiten mußte, für sich selbst arbeiten und nicht für andere.

Nelson Glueck

Eine Bergwerksstadt König Salomos

„Und Salomo baute auch Schiffe zu Ezjon-Geber, das bei Eloth liegt, am Ufer des Schilfmeers, im Lande der Edomiter ... Die Meerschiffe des Königs kamen in drei Jahren einmal und brachten Gold, Silber, Elfenbein, Affen und Pfauen ... sehr viel Sandelholz und Edelsteine." (1. Könige 9 Vers 26; 10 Vers 22 und 11)

Ezjon-Geber war für die Kenner der alten Geschichte stets ein romantischer Name – freilich nicht mehr. Es erschien in den biblischen Berichten über die Zeit vor Salomo als Ort einer kurzen Ruhepause der Israeliten während ihres Wüstenzuges und wird auch als Seehafen Josaphats, eines der Nachfolger Salomos, erwähnt, dessen soeben gebaute Flotte freilich noch vor der ersten Ausreise an den Klippen zerschellte. Dann aber schwand für fast dreitausend Jahre das Wissen von seiner Lage aus der Erinnerung der Menschen – einer Kerzenflamme gleich, die einmal in der Nacht kurz aufgeflackert, dann aber erloschen war.

Die biblische Beschreibung von der Lage Ezjon-Gebers

vermag eine ungefähre Vorstellung von seiner Situation zu geben. Einmal erfahren wir, daß die Israeliten auf ihrem Marsch durch die Araba von hier aus nach Moab und ins Gelobte Land zogen (Deuteronomium 2 V. 8). Das Wadi Araba ist, wie gesagt, die große Senke zwischen dem Süden de des Toten Meeres und dem Golf von Aqaba, die ihren alten Namen bis heute bewahrt hat, während es sich bei letzterem um den nördlichsten Arm des Roten Meeres, das „Schilfmeer" der Bibel, handelt. Am Südende des Wadi Araba und an der Küste des Aqaba-Golfs lag einst der Hafen Ezjon-Geber, der später unter dem Namen Elath bekannt war.

Über die genaue Lage der ursprünglichen Siedlung gab es verschiedene Theorien. Man nahm allgemein an, daß das Rote Meer während der seither vergangenen dreitausend Jahre um 25 bis 35 km zurückgetreten sei und man somit Ezjon-Geber nicht nahe der gegenwärtigen Küstenlinie suchen dürfe. [...]

Einem deutschen Forscher namens Fritz Frank gelang dann die Entdeckung des zunächst wenig imponierenden Trümmerhügels Tell el-Chlēfi, der etwa 500 m vom Strand entfernt ungefähr in der Mitte der Golfspitze liegt. Auf seiner Oberfläche fand er große Mengen ihm alt erscheinender Tonscherben. Als eine Expedition der *American School of Oriental Research* in Jerusalem die Keramik des Platzes prüfen konnte, ergab sich sofort, daß sie der Tonware von den alten Minen im Nordteil des Wadi Araba entsprach und die Hauptbesiedlungszeit des Tell el-Chlēfi in der Periode König Salomos und den folgenden Jahrhunderten gelegen hatte. Die Expedition konnte danach dem Vorschlag Franks zustimmen, daß Tell el-Chlēfi mit Ezjon-Geber zu identifizieren sei.

Damit war endlich die so lange gesuchte alte Stadt gefunden – und zwar etwa da, wo man sie logischerweise erwartet hatte. Durch vorläufige Untersuchungen wurden die ungefähre Stärke der Schuttschicht und die Ausdehnung der versunkenen Siedlung festgestellt. Es ergab sich, daß der Treibsand aus dem Wadi Araba die Ruinen des Hafens auf weite Strecken überdeckt hatte. Die Freilegung und die Enthüllung einiger seiner Geheimnisse erforderten also umfangreiche Grabungsarbeiten. Im März 1938 begann die *American School,* durch einen Zuschuß von der *American Philosophical Society* unterstützt, mit den Ausgrabungen, die zunächst bis zum Mai dauerten. Eine zweite Kampagne fand von April bis Mai 1939 statt; sie wurde wiederum hauptsächlich durch die *American Philosophical Society* finanziert.

Die Lage von Ezjon-Geber war durch mehrere Faktoren bedingt. Auf den ersten Blick fragt man sich verwundert, was die Begründer der Stadt gerade zur Wahl dieser Stelle hatte bewegen können; ist sie doch fast die ungünstigste am ganzen Nordrand des Aqaba-Golfes. Sie liegt am Grund einer Senke, die im Osten von den sich nach Arabien fortsetzenden Edomiterbergen, im Westen von den zum Sinai verlaufenden Hügeln Palästinas eingefaßt wird, und ist der vollen Gewalt der Winde und Sandstürme ausgesetzt, die wie durch einen Windkanal das Wadi Araba hinabwehen. [...]

Aus verschiedenen Gründen, nicht zuletzt in Anbetracht der Windrichtung, begannen wir mit der Ausgrabung am Nordwestende des Hügels. Wie sich ergab, bestanden alle Häuser aus Lehmziegeln. Ein großes Gebäude mit zehn Räumen, das die ganze Nordwestecke einnahm, wurde freigelegt; dabei zeigte sich bald, daß es sich um keins der üblichen großen Bauwerke oder Paläste, sondern um einen völlig neuen Bautyp handelte, wie er bisher im ganzen Vorderen Orient noch nicht entdeckt worden war. Die Raumwände wiesen zwei Reihen Rauchfänge auf, und die Hauptmauern waren an der Innenseite miteinander durch ein System von Luftkanälen verbunden, in die die oberen Heizröhren mündeten, während die unteren Rohrreihen die Mauern zwischen den Räumen in ihrer ganzen Dicke durchbohrten. Die ursprünglich nur sonnengetrockneten, gelblichen Lehmziegel waren durch die Hitze der Feuer in den Räumen in feste Backsteine verwandelt. Mengen hartgebrannten Ziegelschutts, auf dem Schmelztiegel gestanden hatten, vervollständigten das Bild. Unverkennbar war das Gebäude ein wohldurchdachtes Schmelzwerk – eine Raffinerie, in der vorher „geröstete" Erze zu Barren aus reinerem Metall verwandelt wurden. Aus der schwefligen Verfärbung der Wände und aus Bruchstücken von Rohmetall sowie zahlreichen fertigen Objekten, die aufgefunden wurden, ergab sich einwandfrei, daß die Schmelze von Ezjon-Geber hauptsächlich für Kupfer bestimmt war. Wir hatten schon gehört, daß es dieses Metall sowohl in unmittelbarer Nähe als auch fast überall im ganzen langen Wadi Araba und ebenso im angrenzenden Sinai reichlich gab. Daneben wurde in dieser Anlage auch Eisen verarbeitet.

Während der zweiten Ausgrabungskampagne stellten wir fest, daß das Schmelzwerk an der Nordwestecke des Hügels nicht das einzige von Ezjon-Geber war, sondern zu einem wohldurchdachten Komplex industrieller Anlagen ähnlicher Art gehörte. In ihnen allen wurden Kupfer und Eisen geschmolzen und gereinigt sowie Metallwaren für den inländischen Markt und für den Export hergestellt. Die gesamte Stadt war in ihrer ersten wie auch den folgenden Perioden ein großer Industrieort. Für die Schmelzöfen war ein fein ausgedachtes Belüftungssystem in Anwendung, das später aufgegeben und vergessen wurde; erst in moderner Zeit erfand man es neu. So erscheint Ezjon-Geber sowohl als Palästinas bedeutendster Hafen wie auch als sein größter Hüttenort; seine Anlagen waren sozusagen *air conditioned* für Hitze.

Die Ursache dafür, daß die Begründer von Ezjon-Geber für die Anlage ihrer Stadt einen so wenig einladenden Platz wählten, liegt also in ihrer Absicht, die starken, aus stets gleicher Richtung wehenden Winde als Zugluft für die Schmelzräume der Verhüttungsanlagen auszunutzen. Indem sie das taten, konnten sie auf ein ganzes System großer und teurer Blasebälge verzichten. So wurden hier tatsächlich bereits Naturkräfte für industrielle Zwecke ausgenutzt. Wichtiger als reichlich Wasser für die Palmenhaine, wichtiger auch als der Schutz vor den Sandstürmen an einem weiter östlich gelegenen Platz war hier der starke, regelmäßige Wind, mit dessen Hilfe sich die Raffinerien mit ihrem verwickelten System von Feuerzügen und Luftkanälen in Gang halten ließen.

Neben der Tatsache, daß das gesamte älteste Ezjon-Geber („Ezjon-Geber I") einen sorgsam organisierten Industriekomplex darstellte, ergaben die Ausgrabungen, daß es völlig auf jungfräulichem Boden errichtet und nicht langsam und nach und nach gewachsen, sondern binnen kurzer Zeit – in ein oder zwei Jahren – nach vorheriger genauer Planung erbaut worden war. Landmesser, Architekten und Ingenieure hatten vorher offenbar die ganze Nordküste des Golfs von Aqaba im Hinblick auf die ihnen bekannten, speziellen Anforderungen überprüft. Sie waren Kundschafter der Industrie mit dem Auftrag, das Land abzusuchen – und sie wählten einen Platz, den normalerweise kein Städtegründer für die Anlage einer Siedlung bestimmt hätte. Was sie benötigten, war, wie wir gesehen haben, ständiger Wind aus der gleichen Richtung für die Zugluft der Hochöfen, Trinkwasser, ein strategisch beherrschender Punkt an den Handels- und Militärstraßen sowie Zugang zum Meer. Große Kupfer- und Eisenlager standen im Wadi Araba zur Verfügung und gaben den Hauptanstoß für die Gründung der ersten Stadt auf dem heute Tell el-Chlēfi genannten Platz.

Nachdem der Ort gewählt war, mußten die genauen Pläne einer komplizierten Fabrikanlage entworfen werden. Dicke, hohe Mauern aus Lehmziegeln mit Rauchfängen und Windkanälen waren unter Berücksichtigung des Gewichts der auf letzteren aufliegenden Wände zu errichten. Die Ekken der Gebäude mußten so liegen, daß der aus Norden kommende Wind voll ausgenutzt wurde. Es galt, Tausende von Ziegeln herzustellen, und sie mußten von erfahrenen

Maurern verlegt werden. In keiner der auf dem Trümmerhügel Schicht nach Schicht aufeinander folgenden Städte sind die Ziegel so vorzüglich geformt und so geschickt verlegt wie in der ältesten Periode – und noch viel weniger in dem ärmlichen, einige Kilometer östlich gelegenen Flecken Aqaba, der in moderner Zeit Ezjon-Geber überflügelt hat. Das gesamte Ziegelwerk ist bei gutem Eckverband der Mauern in einem entwickelten System von Bindern und Läufern aufgemauert. Heute liest man von neuen, vorgeplanten Städten, die mit Hilfe der modernen Transportmöglichkeiten und der eingesetzten Maschinen wie durch ein Wunder aus dem leeren Boden emporschießen. Ezjon-Geber, das noch jetzt fernab von jeder Zivilisation liegt, war von ihr in alter Zeit durch eine schwierige und lange Reise getrennt. Noch vor einigen Jahren hatte ich vom Südende des Toten Meeres (wohin es von Jerusalem schon ein recht weiter Weg ist) einen Kamelritt von dreizehn Tagen zu überstehen, um den Nordrand des Golfs von Aqaba zu erreichen! Es bedurfte gewiß eines großen Maßes an Energie wie ebenso an städtebaulichem Können, Ingenieurskunst und metallurgischem Wissen, um die Fabrik- und Hafenstadt Ezjon-Geber aus dem Boden zu stampfen und in ihr eine ständige Produktion in Gang zu halten.

Man kann sich unschwer vorstellen, welche Bedingungen bestanden, als vor 3000 Jahren zum ersten Mal der Plan zur Anlage einer Stadt an diesem Platz auftauchte und dann so großartig in die Tat umgesetzt wurde. An der vorgesehenen Baustelle waren Tausende von Arbeitern zu sammeln, unterzubringen, zu verpflegen und zu schützen. Ohne Zweifel handelte es sich bei ihnen in der Hauptsache um Sklaven, die bewacht und zur Arbeit angetrieben werden mußten. Es galt, geschickte Techniker jedes Fachs auszuheben. Große Karawanen für den Transport des Materials und der Verpflegung waren zusammenzustellen. Eine wirksame Geschäftsorganisation, die die Lieferung des Rohmaterials sowie Abtransport und Absatz der fertigen oder halbfertigen

Erzeugnisse zu regeln verstand, mußte ins Leben gerufen werden. Es gibt unseres Wissens nur eine Persönlichkeit, die genug Energie, Kapitalkraft und Umsicht besaß, um ein so vielfältiges und spezialisiertes Unternehmen zu planen und durchzuführen: König Salomo. Als einziger seiner Zeit verfügte er über die Fähigkeit, Vorstellungskraft und Macht, um in so großer Entfernung von seiner Hauptstadt Jerusalem einen mächtigen Industriemittelpunkt und Seehafen zu schaffen.

Israels weiser Herrscher war Kupferkönig, Großreeder, Handelsherr und Baumeister in einem. Durch seine vielfältige Wirksamkeit wurde es seinem Lande ebenso zum Segen wie zum Fluch. Mit der Zunahme an Macht und Reichtum ging eine Zentralisierung der Regierungsgewalt von immer stärker diktatorischem Charakter Hand in Hand, die die demokratischen Überlieferungen seines Volkes mißachtete. Dadurch wurden reaktionäre und revolutionäre Gegenkräfte ausgelöst, die unmittelbar nach Salomos Tod sein Reich auseinanderrissen. Solange er aber lebte, regierte Salomo glanzvoll; seine Mißgriffe wirkten sich erst nach seinem Tode aus. Seine Wirksamkeit reichte in einem weitgespannten Netz von Ägypten bis Phönikien, von Arabien bis Syrien. Ezjon-Geber bedeutet eine seiner größten, freilich bis heute unbekanntesten Leistungen.

Ludwig Pauli

Reichtum aus dem Berg

Am Anfang standen wagemutige Männer, die auf dem Balkan Kenntnisse in der Kupferverhüttung erworben hatten und in Mitteleuropa nach verwertbaren Erzen suchten. Sie wußten, daß diese nur im Gebirge zu erwarten waren und unternahmen Streifzüge in die Berge nahe dem Alpenrand. In der Grauwackenzone, die von Salzburg bis hinein nach Nordtirol streicht, wurden sie fündig. Hier ist Kupfer in schmalen Gängen, ehemaligen tektonisch bedingten Spalten, vorhanden, und zwar in Form von schwefelhaltigem Kupferkies. Wo die Gänge an die Oberfläche treten, sind sie teils als schwache Buckel in den Hängen zu erkennen (weil sie aus härterem Gestein als die Umgebung bestehen), teils verraten sie sich durch einen etwas anderen Pflanzenbewuchs (infolge des leichten Schwefelgehaltes). Am besten erforscht ist der urzeitliche Kupferbergbau im Revier des Mitterberges oberhalb Mühlbach westlich Bischofshofen. Schon im 19. Jahrhundert stießen die modernen Bergleute auf Spuren der alten Stollen und Abbauräume, und die Salzburger Urgeschichtsforscher interessierten sich von Anfang an für die Probleme des alten Bergbaus. [...]

Heute kann nur der kundige Besucher noch erkennen, wo der frühe Bergbau in die Tiefe ging, wo Abraumhalden und eingesunkene Stollenmundlöcher vorhanden sind. Sie konzentrieren sich am „Mitterberger Hauptgang", der etwa vom Arthur-Haus (1502 m) zwischen den eindrucksvollen Felswänden des Hochkönigs (2941 m) und dem Nordhang des Hochkeils (1783 m) nach Osten streicht. Wer heute an einem sonnigen Sommertag das mautpflichtige Sträßchen zum Arthur-Haus hinauffährt und oben eine kleine Wanderung unternimmt, genießt zwar die Schönheit der Landschaft, kann sich jedoch nur schwer vorstellen, welche Mühen und Risiken die alten Bergleute dort auf sich genommen haben.

Der Bergbau am Mitterberg setzte schon in der frühen Bronzezeit ein, erlebte seine Blüte in der späten Bronzezeit und scheint ab der frühen Eisenzeit kaum mehr betrieben worden zu sein. Der Archäologe liest diese gut 1000 Jahre während Zeitspanne an den Funden aus den Stollen, den Aufbereitungsplätzen und den dazugehörigen Siedlungen ab. Der Abbau erfolgte durch Stollen, mit denen die Bergleute den kupferhaltigen Gängen in die Tiefe folgten. Wo diese durch Verwerfungen unterbrochen oder verschoben waren, suchten die erfahrenen Männer mit schmalen Querstollen nach dem Anschluß. Als Hauwerkzeuge dienten Bronzepickel und Steinschlegel mit Holzkeilen, aber sie traten erst in Aktion, wenn das Gestein durch Feuer und Abschrecken mit Wasser mürbe gemacht worden war. Die Kupfererzgänge erreichten oft eine Höhe von vielen Metern, so daß der Bergmann hohe Stollen oder große Räume anlegen mußte. Dann errichteten Zimmerleute Bühnen aus Holzbalken, auf denen die Feuer zur Erhitzung des Gesteins an der Decke brannten. Die neuesten Forschungen haben ferner bestätigt, daß es auch einen Abbau ohne Feuersetzen gegeben hat, wenn das Gestein schiefrig, also allein durch Hauen zu bearbeiten war, oder wenn die Stollenführung Luftzufuhr und Rauchabzug nicht ausreichend gewährleistete. Die Stollen wurden, wo es nötig war, mit Holzbalken verzimmert oder wenigstens abgestützt, Steigbäume mit eingehauenen Trittkerben halfen besonders steile Strecken zu überwinden. Die tiefsten Zeugnisse urzeitlichen Bergbaus fanden sich etwa 100 m unter der heutigen Oberfläche – ein Beweis für das Können und die Unerschrockenheit der Bergleute.

Was die Träger aus den Stollen herausbeförderten, war jedoch kein gediegenes Kupfer, sondern das Erz war innig mit dem umgebenden Gestein verwachsen. Daher erforderte die weitere Aufbereitung einen großen Aufwand. Das Gestein mußte mit schweren Steinschlegeln bis auf Nußgröße, teilweise bis auf Stecknadelkopfgröße zerkleinert werden, damit die Erzpartikel ausgelesen werden konnten. Um auch das letzte Körnchen Kupfer zu gewinnen, zerrieb man in besonderen Fällen das Gestein auf schweren Handmühlen mit künstlich gerauhter Oberfläche. Den mehlfeinen Staub schwemmte man dann durch Holzkästen, in denen die Kupferkörner rascher zu Boden sanken als der Sand und sich in dort ausgelegten Tüchern oder Fellen fingen – ein

Verfahren, das bei der Goldgewinnung aus Flüssen zu allen Zeiten üblich war.

Die Weiterverarbeitung des Erzkonzentrats erfolgte unten im Tal, wo die klimatischen Bedingungen günstiger waren und genügend Holz zur Verfügung stand. Zunächst wurde das Erz mit den noch anhaftenden Gesteinspartikeln mit Holzkohle vermischt und durchgeglüht, um die störenden Schwefelanteile zu entfernen. Danach kam es in die eigentlichen Schmelzöfen, die in ihrer primitiven Form nur aus einer Grube bestanden, in die das geröstete Erz und Holzkohle geschichtet wurden. Wichtig war allerdings eine kräftige Luftzufuhr, um eine ausreichend hohe Temperatur zu erzielen (Kupfer schmilzt bei etwa 1083° C). Wo die natürlichen Aufwinde an einem Hang nicht genügten, waren Blasebälge aus Tierhäuten erforderlich. Bei diesem einfachen Verfahren, das durch die Beifügung bestimmter Mineralien, die die Fließfähigkeit steigerten, verbessert werden konnte, sammelte sich das ausgeschmolzene Metall am Boden der Grube, während die übrigen Beimengungen (vor allem das damals nicht verwertbare Eisen in Form von Schlacke und die Gesteinsreste) sich wegen ihres geringeren spezifischen Gewichts darüber ablagerten. Es waren wohl mehrere dieser Schmelzprozesse nötig, um Kupfer in halbwegs reinem Zustand zu gewinnen; insbesondere die Beseitigung der am Mitterberg vorhandenen Eisenanteile scheint Schwierigkeiten bereitet zu haben. Das erste Produkt waren die „Gußkuchen" in fladen- oder brotlaibförmiger Gestalt, wie sie im Grubenofen entstanden. Sie wogen ein bis mehrere Kilogramm und waren für weite Transportwege nicht sehr geeignet. So kam bald die Sitte auf, das Kupfer in handliche und genormte Formen zu gießen, sei es als Ringe oder schwach gebogene Stangen von rund 200 g, sei es als Beile mit einem Gewicht bis zu 3,7 kg. Solche Gegenstände dienten in gewissem Sinne als „Geld". [...]

Der Metallreichtum der Alpen war zwar eine wichtige Grundlage für alles Handwerk und für die wirtschaftliche

Blüte dieses Raumes seit der Bronzezeit, doch ebenso notwendig war ein unscheinbarer Stoff, das Salz. Hallstatt im Salzkammergut und Hallein südlich Salzburg verdankten ihm ihren überwältigenden Reichtum während der Eisenzeit, der in den zahlreichen Funden zum Ausdruck kommt. [...]

Nach dem derzeitigen Stand der Kenntnisse begann in Hallstatt der Salzbergbau zwischen 1000 und 800 v. Chr. und hielt bis in römische Zeit an. Bemerkenswert ist dabei, daß die ältesten Funde aus dem großen Gräberfeld in dem Hochtal über dem See erst aus dem 8. Jahrhundert v. Chr. stammen, die Bergleute also mindestens 100 Jahre ihre Toten an anderer Stelle bestattet haben müssen. Eine etwas geringere Diskrepanz ergeben die Datierungen vom Dürrnberg über Hallein. Das älteste Datum aus dem Bergwerk lautet 720 ± 80 v. Chr., während man mit den bisher bekannten Gräbern nicht über 600 v. Chr. zurückkommt. Hier hört der Bergbau schon vor der römischen Zeit auf, denn die Besiedlungsspuren werden dann so spärlich, daß die geringe Zahl der dort wohnenden Menschen schwerlich ausgereicht hat, den Bergwerksbetrieb in Gang zu halten.

Ein solches Bergwerk erforderte eine straffe Organisation und zunächst auch Bereitschaft zur Investition. In Hallstatt wie in Hallein mußte der Bergmann mit seinen Stollen erst einmal 30–65 m Moräne und ausgelaugten Ton durchstoßen, bis er ans Ziel kam. In den Salzstöcken ist das Salz mit „taubem" Gestein vermengt. Dieses sogenannte Kerngebirge enthält 40–70 % Salz und ist manchmal auch von fast reinen Salzzügen durchsetzt, denen der Bergmann natürlich bevorzugt folgte. In engen Stollen arbeitete sich der Häuer mit Pickeln vorwärts, der Träger förderte die Brocken in Ledertragsäcken ans Tageslicht, lange Kienspäne sicherten die Beleuchtung. Othmar Schauberger errechnete als Arbeitsleistung etwa 1 m Streckenvortrieb pro Monat, was Abbauversuche mit nachgebauten Werkzeugen kürzlich gut bestätigten. Im Sommer, wenn die Sonne auf die Mundlöcher der Stollen schien, war eine Arbeit wegen der Schwierigkeiten der Luftzufuhr (Bewetterung) wohl kaum möglich. Denn 330 m unter der Oberfläche liegt in Hallstatt der tiefste Punkt, an dem Spuren des urzeitlichen Bergbaus entdeckt wurden; im Dürrnberg sind es immerhin rund 200 m. Es handelt sich dabei um Werkzeuge samt ihren Holzstielen, sonstige Holzstücke und Kienspäne, Gewebe-, Leder- und Fellreste, Wetzsteine und Ledertaschen, sogar menschliche Exkremente. Auch die organischen Materialien werden durch das Salz konserviert, und obwohl der Bergdruck die Stollen im plastisch reagierenden Gebirge nach einigen Jahrzehnten wieder schließt, konnte doch der mittelalterliche und neuzeitliche Bergmann sehr wohl erkennen, daß er in solchen Fällen auf Zeugnisse eines uralten Bergbaues gestoßen war. Diese Stellen nannte er ehrfurchtsvollängstlich „Heidengebirge".

Gefährlich war die Arbeit unter Tage sicherlich zu allen Zeiten. Der Stollen konnte einstürzen und den Rückweg abschneiden; Wasser konnte von oben einbrechen und die Bergleute ertränken. Ein Signalhorn aus Hallstatt zeugt von der Notwendigkeit, die Bergleute rasch vor drohenden Gefahren zu warnen. So hat man tatsächlich auch insgesamt drei mumifizierte Bergmannsleichen gefunden, von denen leider keine so aufbewahrt wurde, daß sie der Nachwelt und der Forschung erhalten blieb. Eine kam 1734 in Hallstatt zum Vorschein, zwei im Dürrnberg. Über letztere gibt es einen aufschlußreichen Bericht aus dem Jahre 1666 von Franz Dückher von Haslau in seiner „Saltzburgischen Chronica":

„Anno 1573. hat man auss dem Dürnberg in dem Saltzberg 6300. Schuch tieff auß einem gantzen harten Saltzstein ein vollkommnen Mann mit Fleisch, Haut und Haar, so 9. Spannen lang gewesen, außgehauen, so etwan vor langer Zeit allda verfallen gewesen. Er ist an Haut und Fleisch gelb, wie ein geselchter Stockfisch gewesen, und im haissen Sommer etlich Wochen lang bey der Kirchen gelegen, ehe er zu faulen angefangen. Deßgleichen auch einer Anno 1616 allda gefunden unnd etlich Jahr unverwesen behalten worden."

Aber auch über Tage können die Lebensumstände nicht sehr erfreulich gewesen sein. Abgesehen davon, daß Hallstatt am Fuße des Dachsteins lange Winter hat (der Dürrnberg am Alpenrand mit dem Siedlungsareal in 700–850 m Höhe liegt etwas günstiger), waren die hygienischen Bedingungen sehr schlecht. Jedenfalls fanden sich auf den im Bergwerk erhaltenen Geweberesten zahlreiche Spuren der Kleiderlaus, und die Bergleute litten unter überaus starkem Wurmbefall, der manchen in seiner Arbeitsfähigkeit ernstlich beeinträchtigt haben muß. Insgesamt besaß die Dürrnberger Bevölkerung eine erschreckend geringe Lebenserwartung. […]

Weder in Hallstatt noch in Hallein gibt es sichere Anhaltspunkte, ob und wie das aus dem Berg geförderte Salz weiterverarbeitet wurde. Das fast reine Kernsalz bedurfte ohnehin keiner Raffinierung, und leichte Verunreinigungen konnte der Endverbraucher – wenn ihm daran gelegen war – selbst vom Salz trennen. Meist war dies jedoch nicht nötig; denn das Salz diente nur in geringem Umfang zum Würzen, sondern war begehrt als Konservierungsmittel verderblicher Speisen, also vor allem Fleisch. Rein-weißes Salz, wie wir es gewohnt sind (natürlich gewonnenes Meersalz beispielsweise ist grau), war dafür überflüssig, denn die Verunreinigungen setzten sich von selbst in der Pökellake ab.

Eine überschlägige Rechnung, die mit vielen Unsicherheiten behaftet ist, ergibt, daß im Dürrnberger Bergwerk zu normalen Betriebsbedingungen mindestens 2000 kg Salz pro Jahr gefördert und weiterverhandelt wurden. Der heutige Salzverbrauch (1977 in der Bundesrepublik Deutschland 5,6 kg pro Kopf) läßt sich schwer dazu in Beziehung setzen. Doch sind auch für frühgeschichtliche Perioden mehrere Kilogramm pro Familie zu veranschlagen: Fleisch und Fisch pökelte man in einer 10- bis 20prozentigen Salzlake, um die

Eiweißversorgung über den Winter zu sichern. Der römische Großgrundbesitzer Cato rechnet in seinem Lehrbuch über die Landwirtschaft mit 1 Scheffel Salz (= 8,7 Liter oder 10,4 kg) für jeden Angehörigen des Gesindes. Noch im 19. Jahrhundert herrschten bei den Bergbauern die alten Zustände: „Ein mittelmäßiger Haushalt schlug, zumeist in der Zeit knapp vor Weihnachten, ein Rind und zwei Schweine für den Eigenbedarf. Das Fleisch wurde in kleine Stücke von ein bis zwei Kilogramm geteilt, Henkel genannt, welche, durch Einpökeln (Suren) und durch Selchen haltbar gemacht, gewöhnlich für dreiviertel Jahre lang im Haushalt ausreichen mußten." Danach können die Salzbergwerke von Hallein und Hallstatt zusammen kaum mehr als 1000 Familien beliefert haben. [...]

Aber noch etwas kam hinzu, was die Verhältnisse im Alpenraum revolutionierte: das Eisen. In der zweiten Hälfte des 8. Jahrhunderts begann in Italien und in Mitteleuropa die Eisenzeit. Wie die Kenntnisse für die Kupferverarbeitung gelangten auch die für die Eisenverarbeitung aus dem östlichen Mittelmeerraum nach Westen, gewiß nicht zufällig gleichzeitig mit der griechischen Kolonisation. Die Etrusker hatten rasch die Bedeutung der überreichen Erzvorkommen auf Elba erkannt, und noch in frührömischer Zeit war das Gebiet um Populonia auf dem gegenüberliegenden Festland, wo man die Erze wegen des großen Holzbedarfes verhüttete, das „Ruhrgebiet Italiens". Von hier breiteten sich die neuen Fertigkeiten auch nach Norden aus.

Das Eisen brachte einige grundlegende wirtschaftliche Änderungen mit sich. Erstens gibt es Eisenerzlager vielfältiger Größe und geologischer Herkunft fast überall. Eisen war für den frühgeschichtlichen Menschen mit seinen geringen Ansprüchen an „Rentabilität" wesentlich leichter und damit billiger abzubauen oder zu erwerben als Kupfer. Binnen kurzem konnte also die Bronze, wo es technisch vorteilhaft war, durch das Eisen ersetzt werden. Weil dies vor allem Waffen und Geräte betraf, war damit eine Steigerung der Produktion auf landwirtschaftlichem und handwerklichem Gebiet verbunden. Das bedeutete einen weiteren Schritt vorwärts hinsichtlich der besseren Bewältigung der Umwelt und schuf die Voraussetzungen auch für einen Bevölkerungszuwachs, ganz ähnlich wie am Übergang von der Stein- zur Bronzezeit. Zweitens beeinträchtigte die leichtere Verfügbarkeit des Eisens die Monopolstellung jener Gemeinschaften und Machthaber, die bis dahin die Gewinnung und vor allem Verhandelung des Kupfers kontrolliert hatten. Dadurch kamen drittens wohl auch gewisse politische Prozesse in Gang, die allzu krasse Gegensätze zwischen den verschiedenen Bevölkerungsschichten zu beseitigen suchten; auf jeden Fall ist die Entwicklung zur „Demokratie" in Griechenland und Rom durch entsprechende wirtschaftliche Entwicklungen begünstigt worden.

Für den Alpenraum hatte dies alles wichtige Konsequenzen. Zwar wurde natürlich nach wie vor Kupfer benötigt (hauptsächlich für den persönlichen Schmuck, der wegen seiner Kleinteiligkeit und feinen Verzierung immer noch gegossen werden mußte), aber die Nachfrage ging doch stark zurück, weil Waffen, Geräte und andere großformatige Gegenstände aus Eisen geschmiedet werden konnten. Dementsprechend verlor der Kupferbergbau an Bedeutung. Für das wichtigste Revier der Bronzezeit, den Mitterberg bei Bischofshofen, sind kaum noch eisenzeitliche Funde nachgewiesen; dasselbe gilt für die nordtirolischen Vorkommen. Kleinere Lagerstätten, etwa bei Uttendorf im Pinzgau, bei Welzelach und Zedlach in Osttirol, scheinen allerdings noch länger ausgebeutet worden zu sein. Wie lückenhaft unsere Kenntnis über die Dauer und Intensität des Abbaus einzelner Kupferlagerstätten auch sein mag (noch in römischer Zeit lieferte z.B. das Gebiet der *Ceutrones* in den Westalpen Kupfer, aber offenbar nur für wenige Jahrzehnte, weil dann die Vorkommen ausgebeutet waren), eines ist sicher: mit der Eisenzeit beginnt der wirtschaftliche und kulturelle Aufstieg einer Region, die bis dahin nur eine sehr untergeord-

nete Rolle gespielt hat, nämlich des südöstlichen Alpenge-
bietes: Steiermark, Kärnten und Slowenien.

Hier befinden sich die wichtigsten Eisenvorkommen der
Alpen, und sie waren auch für die frühgeschichtlichen Menschen so leicht abzubauen und zu verhütten, daß sie die Be-
lieferung größerer Gebiete übernehmen konnten. Gewiß
sind im Westen auch kleinere Lagerstätten ausgebeutet worden, aber sie haben nur den örtlichen Bedarf befriedigt, wie
schon die kleinen Kupfervorkommen zuvor.

Friedrich-Karl Kienitz
Die Erfindung der Münze

Seit früher Zeit sind verschiedenste Völker beim Austausch
von Waren über das primitive System des Tauschhandels
hinausgekommen und haben Edelmetalle als Zahlungsmittel
verwendet. Dieses Edelmetall wurde vielfach in Form von
Barren oder Ringen gebracht, immer mußten aber in jedem
Einzelfall Gewicht und Feingehalt dieses Zahlungsmittels
nachgewogen und nachgeprüft werden, wollte man es nicht
einfach auf Treu und Glauben annehmen, mit allen damit
verbundenen Risiken. „Die Münze ist dadurch entstanden,
daß der Staat für die von ihm ausgegebenen Stücke die Ga-
rantie übernimmt, indem er sein Wappen auf dieselben setzt
und sich verpflichtet, sie ohne weitere Prüfung als vollgültig
anzunehmen. Es liegt im Wesen der Münze, daß sie nur von
einem Gemeinwesen oder von einem Herrscher geprägt
werden kann und daß die vom Staat geprägten Münzen in-
innerhalb seines Gebietes notwendig Zwangskurs haben."
„Die Lyder sind die ersten Menschen, von denen wir wissen, daß sie Gold- und Silbermünzen geprägt und verwendet haben", sagte hierzu der Grieche Herodot (I, 94), und
diese Feststellung entspricht den Tatsachen. Einmal abgese-

hen von der phönikischen Schöpfung des Buchstabenalphabets, haben wenige Leistungen des menschlichen Erfindergeistes einen solchen Siegeszug erlebt wie die von den Lydern erfundene Münze. Noch heute, im Zeitalter der Banknote aus Papier und des „Buchgeldes", ist die Münze aus dem Wirtschaftsleben kaum fortzudenken, auch wenn sie jetzt in erster Linie die Rolle des Kleingeldes übernommen hat. Sie ist uns heute nur allzu selbstverständlich, als daß wir ohne weiteres die Genialität nachempfinden könnten, die hinter der ersten Münzprägung in der Geschichte aller Völker und Kulturen überhaupt gestanden hat.

Daß die Lyder in späteren Jahrhunderten als verweichlicht und allein dem luxuriösen Leben zugeneigt galten, darf nicht darüber hinwegtäuschen, daß sie zur Zeit der Mermnadenkönige auch militärisch Großes geleistet haben. Wir haben bereits gesehen, daß sie nach schweren und wechselvollen Kämpfen mit den Kimmerierhorden fertig geworden sind, die zuvor ein so mächtiges Reich wie das des Phrygerkönigs Midas über den Haufen geworfen hatten. Auch weiterhin war speziell die lydische Lanzenreitertruppe eine hervorragende und überall respektierte Waffe. Das bekamen auch die griechischen Küstenstädte in Westkleinasien zu spüren. Schon Gyges hat die Stadt Kolophon nordwestlich von Ephesos erobert, seine Nachfolger Ardys und Sadyattes errangen weitere Erfolge. Unter Gyges' Urenkel Alyattes (etwa 605–560 v. Chr.) erreichte dann das Lyderreich den Gipfel seiner Macht. Gegen ihn konnten sich nur ganz wenige westkleinasiatische Städte unabhängig behaupten, so vor allem Milet, damals die führende Griechenstadt überhaupt. Nach langen Kämpfen einigten sich schließlich König Alyattes und Milet und schlossen sogar ein Bündnis miteinander. Die lydische Herrschaft über die Griechenstädte war aber alles andere als drückend, im wesentlichen beschränkte sie sich auf eine Tributpflicht der letzteren. In gewissem Sinne bedeutete die Lyderoberhoheit für die Griechenstädte sogar einen Gewinn, kam sie doch den wirtschaftlichen Verbindungen der Küstenstädte mit dem weiten Hinterland entschieden zugute und hinderte obendrein die Griechen Westkleinasiens an ihren ständigen gegenseitigen Auseinandersetzungen. Eine Rolle spielte dabei auch, daß Lydien ganz und gar keine Seemacht war und es auch kaum lydische Handelsschiffe gab. So konnten sich die seeverbundenen Griechenstädte und die weite Teile Westkleinasiens umfassende lydische Landmacht zum beiderseitigen Vorteil ergänzen.

Im Osten mußte sich das Lyderreich des Alyattes gegen die neuaufgestiegene Großmacht der iranischen Meder unter ihrem König Kyaxares behaupten. Fünf Jahre lang, von 590–585 v. Chr., tobte ein großer Krieg. Dann soll die Sonnenfinsternis vom 28. Mai 585 v. Chr. – der griechische Naturwissenschaftler und Philosoph Thales von Milet hatte sie übrigens vorausberechnet – die beiden kampfbereit einander gegenüberstehenden Heere so beeindruckt haben, daß sich die Könige Alyattes und Kyaxares zum Frieden entschlossen. Doch dürfte in Wirklichkeit eher die diplomatische Vermittlung des Chaldäerkönigs Nebukadnezar von Babylon und des kilikischen Fürsten Syennesis den Ausschlag gegeben haben. Beim Friedensschluß wurde der Halys-Fluß, von den Türken Kizil-Irmak, der „Rote Fluß" genannt, als Grenze zwischen den beiden Reichen festgelegt. Die Ehe zwischen Alyattes' Tochter Aryenis und dem medischen Kronprinzen Astyages besiegelte die Aussöhnung zwischen den beiden Reichen. Angesichts der Macht und der Expansionsgelüste der Meder, in denen, wie wir aus Anspielungen im Alten Testament wissen, mancher Zeitgenosse bereits die kommenden Weltherrscher sah, bedeutete die im Friedensschluß festgelegte Halys-Grenze für den Lyderkönig entschieden einen Erfolg. Als Alyattes nach jahrzehntelanger Regierung 560 v. Chr. starb, war sein Reich eine achtunggebietende Großmacht. Alyattes' Sohn und Nachfolger Kroisos wurde für die Griechen zur legendenumwobenen Symbolgestalt für Reichtum und Glanz. In der Namensform „Krösus" ist er es in unserem Sprachgebrauch bis zum heutigen Tag geblieben. Sein Untergang und das Ende seines Reiches im Jahre 546 v. Chr. war ein von niemandem vorausgesehenes Ereignis, eine weltpolitische Sensation ersten Ranges.

Michel Austin/Pierre Vidal-Naquet
3000 Drachmen für Artemon und Apollodoros

Androkles aus dem Demos Sphettos und Nausikrates aus Karystos haben dem Artemon und Apollodoros, beide aus Phaselis, dreitausend Drachmen geliehen für eine Fahrt von Athen nach Mende oder Skione, und von da zum Bosporus, oder wenn sie wollen, an der linken Küste entlang nach Borysthenes, und wieder zurück nach Athen, für Zweihundertfünfundzwanzig pro Tausend Zinsen; wenn sie aber nach Aufgang des Arktouros aus dem Schwarzen Meer nach Hieron fahren, dann für Dreihundert pro Tausend Zinsen. (Sie haben es ausgeliehen) auf dreitausend Amphoren Wein aus Mende, der von Mende oder Skione auf einem zwanzigrudrigen Schiff ausgeführt werden soll, das dem Schiffseigner Hyblesios gehört. Sie verpfänden das, wobei sie sonst niemandem darauf Geld schulden oder schulden werden. Und sie werden die Waren, die sie im Austausch dafür vom Schwarzen Meer bringen, alle wieder auf demselben Schiff nach Athen zurückführen. Wenn die Waren sicher nach Athen gelangt sind, sollen die Schuldner den Gläubigern das fällige Geld vertragsgemäß innerhalb von zwanzig Tagen nach ihrer Ankunft in Athen zahlen, und zwar die volle Summe außer in dem Falle, daß auf gemeinsamen Beschluß der Passagiere (ein Teil der Ladung) über Bord geworfen wurde oder man eine Zahlung an Feinde geleistet hat; in allen anderen Fällen ist die volle

Summe zu zahlen. Und sie sollen den Gläubigern das Pfand unversehrt zur Verfügung halten, bis sie das fällige Geld vertragsgemäß zahlen. Aber wenn sie nicht in der festgelegten Zeit zahlen, so haben die Gläubiger das Recht, das Pfand (ihrerseits) zu verpfänden oder zum gängigen Preis zu verkaufen. Und wenn dann etwas fehlt an der Summe, die den Gläubigern nach dem Vertrag zusteht, sollen die Gläubiger gegen Artemon und Apollodoros das Recht auf Vollstreckung haben, und zwar aus ihrem gesamten Besitz zu Lande und zu Wasser überall, wo er sich auch befindet, als ob diese eine gerichtlich anerkannte Schuld über die Frist hinaus schuldeten; dieses Recht soll jedem einzelnen Gläubiger und beiden gemeinsam zustehen. Und wenn sie nicht in das Schwarze Meer einlaufen, sollen sie für zehn Tage nach Aufgehen des Hundssterns im Hellespont bleiben, die Ladung löschen, wo man gegen Athener das Recht auf Zugriff nicht ausübt, von dort nach Athen auslaufen und sollen die Zinsen zahlen, die im Jahr davor im Vertrag festgelegt wurden. Wenn das Schiff, auf dem die Waren befördert werden, Schiffbruch erleidet, von den verpfändeten Gütern aber etwas gerettet wird, so soll das, was noch da ist, den Gläubigern gemeinsam gehören. Im Hinblick auf all dieses soll nichts anderes größere Rechtskraft haben als dieser Vertrag. Zeugen: Phormio aus dem Demos Piräus, Kephisodotos aus Boiotien, Heliodoros aus dem Demos Pithos.

Pseudo-Demosthenes, Gegen Lakritos 10–13

[...]

Die Seedarlehen, die es schon im 5. Jahrhundert gegeben hatte, wurden im Athen des 4. Jahrhunderts sehr viel häufiger. Da ihnen bares Kapital fehlte, sahen sich Seekaufleute gezwungen, Geld für ihre Handelsfahrten zu leihen. Auf diese Weise entstand eine Art von Anleihe, die sich sehr deutlich von denen unterschied, die auf Grund und Boden aufgenommen wurden und von denen bald noch die Rede sein wird. Die ausgeliehenen Summen übertrafen selten den

Betrag von 2000 Drachmen, die Darlehensverträge wurden nur für die Dauer einer einzigen Handelsfahrt (höchstens einige Monate) geschlossen und wurden schriftlich niedergelegt. Der Geldgeber hatte das Risiko der Handelsfahrt zu tragen, und der Schuldner bot entweder sein Schiff oder die Ladung oder beides als Sicherheit. Die Zinsen waren äußerst hoch, ihr Satz konnte aber auch sehr stark schwanken. Das Risiko war groß aufgrund der Gefährdungen der Schiffahrt durch Piraten, Krieg und Sturm, aber der Gewinn für den Geldgeber konnte dafür beträchtlich sein.

Im 4. Jahrhundert erfuhr auch das Bankwesen eine gewisse Entwicklung. Einige athenische Bankiers der Zeit sind durch die Gerichtsreden bekannt. Der berühmteste, Pasion, der im Jahre 370 starb, war Sklave gewesen, hatte dann die Freiheit erlangt und war später auch athenischer Bürger geworden. Er war Besitzer einer Werkstatt, die Schilde fabrizierte, und ihm gehörte auch eine Bank; bei seinem Tode hinterließ er seinem Sohn Apollodoros Ländereien in drei Demen im Wert von 20 Talenten und seiner Frau ein Witwengeld von 2 Talenten sowie ein Haus im Werte von 200 Minen, Gold, Kleider und Juwelen.

Auch das Anwachsen beweglicher Vermögen war charakteristisch für das 4. Jahrhundert. Diese Entwicklung hatte zu Beginn des Peloponnesischen Krieges begonnen, zur gleichen Zeit, als die „Demagogen" wie Kleon, Hyperbolos und andere an die Macht gekommen waren. Ihr Reichtum bestand gewöhnlich aus Manufakturbetrieben, in denen Sklaven arbeiteten. Im Laufe des 4. Jahrhunderts nahm diese Tendenz zu, und es sind eine Anzahl von Fällen belegt, in denen das Vermögen reicher athenischer Bürger auf dem Besitz derartiger Werkstätten gründete und nicht auf Landbesitz.

John Boardman

Massalia und die Kelten

Eine Route von den Zinninseln Britanniens als Alternative zu jener anderen, die nach Südspanien führte, verlief quer durch Frankreich. Auf der Südroute mußten die ostgriechischen Händler – wie es scheint, hauptsächlich Phokäer – die Konkurrenz der Phönizier fürchten, und nicht einmal ihre Inselstützpunkte auf Korsika, Sardinien und den Balearen waren sicher. Solange Etrurien freundschaftlich gesinnt war, konnten sie allerdings längs der Küste sicher nach Frankreich und zu der anderen Zinnstraße gelangen, auf der die Phönizier sich nicht oder doch nur in geringer Zahl betätigten. Wie sie es anderswo hielten, so sicherten sie auch hier ihren Handel dadurch, daß sie Kolonien gründeten. Doch vielleicht waren sie gar nicht die ersten Griechen, die diese Küste besuchten.

Der kritischste Punkt war offensichtlich die Rhônemündung. Hier hat man in Dörfern der einheimischen Bevölkerung in Saint-Blaise und La Couronne griechische Keramik aus dem späteren siebenten Jahrhundert gefunden. Die frühesten datierbaren Stücke sind korinthisch, aber der größte Teil der Töpferware ist ostgriechisch; dazu kommen in Saint-Blaise einige athenische Stücke, die nach der Mitte des sechsten Jahrhunderts auftauchten. Die griechische Gemeinde wuchs hier sehr schnell und hat den Platz vielleicht schließlich ganz übernommen; einen antiken Namen für ihn kennen wir allerdings nicht. Wir wissen auch nicht, welche Griechen dort im siebten Jahrhundert zuerst auftraten. Literarisch bezeugt ist vor der Gründung von Marseille eine rhodische Kolonisation, wahrscheinlich in diesem Gebiet, und mit Sicherheit längs der Küste bis hin nach Rhoda in Nordspanien reichend. Leider gibt es keine archäologischen Zeugnisse für das Gründungsdatum von Rhoda. Die Bronzevasen, die auf diesem Weg in den Jahren um und vor 600

v. Chr. nach Südfrankreich und sogar nach Deutschland gelangten, zeigen einen Typus, den wir bereits in Spanien feststellten und von dem wir glaubten, daß er mit Phokäern in Verbindung zu bringen sei.

Die Phokäer gründeten Massalia (Marseille) unmittelbar östlich der Rhônemündung um 600 v. Chr. In der modernen Stadt stoßen Grabungen auf Schwierigkeiten, aber man hat Gelegenheiten sinnvoll wahrgenommen, und die Ergebnisse sind – mit Vorsicht behandelt – höchst aufschlußreich. Die griechische Stadt lag auf dem Hügel nördlich des alten Hafens. Am Anfang unseres Jahrhunderts wurden hier und in Fort St. Jean (das die Nordseite der Hafeneinfahrt einnimmt) Funde gemacht, und Zerstörungen während des letzten Krieges ermöglichten bald danach Grabungen in der Nähe des Hafenquais unmittelbar östlich von Fort St. Jean.

Die Funde zeigen, daß die Stadt im Laufe des sechsten Jahrhunderts eine erstaunliche Vielfalt von Importen aus der griechischen Heimat empfing. Neben der üblichen korinthischen und dann athenischen Ware gibt es spartanische, etruskische und „chalkidische" Stücke. Wie zu erwarten, wurde auch eine ganze Menge ostgriechischer Keramik gefunden, die allerdings nur teilweise mit Sicherheit aus Rhodos kam. Schöne Vasen und auch Weinkrüge aus Chios kamen zutage. Die übrige Ware hat jeweils charakteristische Merkmale, ist aber nicht leicht zu lokalisieren. Es gibt gestreifte Vasen eines Typs, der am Ort viel nachgeahmt wurde, und es gibt auch blaßgraue Buccherokeramik. Diese Ware ist in den nördlichen Staaten Ostgriechenlands verbreitet und wird, wenn man sie im Westen findet, oft als phokäisch – importiert oder nachgeahmt – angesprochen. In Menge findet sie sich in Marseille und auch sonst überall an der französischen Küste, wo griechische Töpferware auftritt. In den letzten Jahren ist deutlich geworden, wie gründlich Südfrankreich im sechsten Jahrhundert hellenisiert war und wie vielfältig die Ware ist, bei der ostgriechische Anregung oder Herkunft einwandfrei feststeht. Der Wohlstand Marseilles im späten sechsten Jahrhundert zeigt sich an den verhältnismäßig reichlich vorhandenen Münzen und an dem schönen, von der Stadt in Delphi errichteten Schatzhaus. Die Palmkapitelle der Säulen in seiner Vorhalle lassen einen Typ erkennen, dem wir schon in Phokaia begegneten.

Eine Tochtergründung von Marseille befand sich in Emporion, dem heutigen Ampurias in Nordspanien. Sie liegt weit ab vom Landweg für die Zinntransporte und sollte, obwohl sie als Zugang zu den Metallvorkommen in den Pyrenäen gedient haben mag, eher als eine Station bei der Küstenerkundung der Phokäer angesehen werden. Avienus, ein spätrömischer Autor, schrieb ein geographisches Lehrgedicht, das teilweise auf der Beschreibung einer Reise von Marseille über Gibraltar nach Irland und Britannien zu beruhen scheint. Einzelheiten in diesem Werk, so etwa der Umstand, daß Emporion nicht erwähnt ist, lassen vermuten, daß es auf einen Bericht über phokäische Reisen vor der Gründung dieser Stadt zurückgehen könnte. Emporion scheint nur kurze Zeit nach, wenn nicht gleichzeitig mit Marseille angelegt worden zu sein. Vom Anfang des sechsten Jahrhunderts an gibt es korinthische und ostgriechische Keramik und schließlich auch athenische. Die erste Siedlung lag auf einer kleinen Insel unmittelbar vor einer Eingeborenenstadt, doch ihren Friedhof scheinen die Griechen auf dem Festland gehabt zu haben. Strabon berichtet, die griechische Niederlassung habe, als sie an die Küste verlegt wurde, neben der Eingeborenenstadt gelegen, sei aber von ihr abgesetzt gewesen, später seien sie vereinigt worden. Ausgrabungen in der Stadt haben gezeigt, daß Griechen im letzten Viertel des sechsten Jahrhunderts dort lebten; sie sagen viel über die spätere Geschichte aus, aber die Einzelheiten der Topographie in den frühen Jahren der griechischen Kolonie sind noch bei weitem nicht geklärt.

Die Gründung von Marseille war ein wichtiger Markstein in der Geschichte der Völker Galliens. Ihre Kultur war ein Zweig der bronzezeitlichen Hallstattkultur, die einen großen Teil Mitteleuropas umfaßte, und zumindest für den Westen war dies das erste Mal, daß sie in enge Verbindung mit den Griechen geriet. Es gibt einige Auswirkungen über einfache Importe hinaus, die der Archäologe feststellen kann. Eine davon ist die örtliche Produktion von Vasen, die großzügig mit einem Vielfachpinsel bemalt sind. Das konnte man nur von den Griechen gelernt haben; im Süden Frankreichs und im Norden Spaniens ist das Verfahren seit dem sechsten Jahrhundert festzustellen. Es ist auch möglich, daß der neue Typ des bronzenen Gürtelhakens, der in diesem Gebiet um diese Zeit üblich wird, von den Bronzegürteln beeinflußt ist, denen wir bereits in Phrygien und in Ionien begegneten und die von den Phokäern im Westen eingeführt worden sein mögen. Einige Stücke dieses westlichen Typs fanden den Weg nach Griechenland (Olympia, Korkyra).

Bei dem römischen Geschichtsschreiber Justinus heißt es: „Von den Griechen lernten die Gallier einen zivilisierteren Lebensstil, und sie gaben ihre barbarische Lebensweise auf. Sie begannen ihre Felder zu bestellen und ihre Städte mit Mauern zu umgeben. Sie gewöhnten sich sogar daran, nach Gesetzen zu leben, statt Waffengewalt zu gebrauchen, und begannen Weinreben und Oliven anzubauen. Ihr Fortschritt in Verhalten und Wohlstand war so großartig, daß es aussah, als wäre Gallien ein Teil Griechenlands, und nicht, als hätte Griechenland Gallien kolonisiert."

Dafür, daß die Griechen den Wein und sogar die Olive im südlichen Frankreich eingeführt haben, müssen wir heute noch dankbar sein. Marseille wurde bald zum rührigen Exporteur der eigenen Produkte, und wenn auch im sechsten Jahrhundert gelegentlich Krüge aus Chios und Athen eingeführt wurden, so stellte man doch bald selbst Gefäße für Wein oder Öl her und trieb einen lebhaften Handel mit den Einheimischen. Der erste Wein, der in Burgund getrunken wurde, war griechischer Wein aus Marseille. Mit den Weinkrügen fand griechische Keramik – hauptsächlich athenische und ostgriechische Ware aus der zweiten Hälfte des sechsten Jahrhunderts – Eingang in dieses Gebiet. In größten Mengen finden sich solche Objekte natürlich nahe der Küste um Marseille und die Rhônemündung – etwa in Arles –, doch gibt es auch viele an einer Anzahl von Plätzen im Languedoc, nördlich und südlich von Narbonne, vor allem in Ensérune, wo sich eine griechische Siedlung befunden haben muß. Östlich von Marseille und unmittelbar westlich von Toulon liefert ein neuer Fundort (Mt. Garou) ein stratifiziertes Bild der Archäologie dieses Bereichs; hier folgt auf die Hallstattsiedlung der Einheimischen eine gemischte Schicht aus dem frühen sechsten Jahrhundert, die etruskische, griechische und phönizische Töpferware enthält, ehe die griechische Ware vorherrscht. Ein ähnliches Schema schält sich an Plätzen im Binnenland, etwa in le Pègue, heraus.

Im Binnenland, längs der Zinnstraße und zu den reicheren keltischen „Hallstatt"-Städten hin, werden die griechischen Funde spärlicher, aber eindrucksvoller. Einen Ort allerdings gibt es, an dem die Menge der Keramik die Vermutung nahelegt, daß sie im Handel der Stadt Marseille eine wichtige Rolle gespielt haben müsse. Es handelt sich um die Stadt am Mt. Lassois über der Seine, etwas mehr als hundertsechzig Kilometer südöstlich von Paris. Sie liegt an dem entscheidenden Punkt, von dem an der Fluß mit Schiffen nur mehr schwer zu befahren ist und die Waren für den Transport nach Süden zur Saône, zur Rhône und nach Marseille in die Eingeborenenstädte im Osten oder durch die Schweiz nach Norditalien umgeladen werden mußten. Man hat gelegentlich angenommen, daß die griechischen Funde in Mittel- und Ostfrankreich auf der letztgenannten Route dorthin gelangt seien, aber im sechsten Jahrhundert ist die Marseiller Route durch die am Mt. Lassois gefundene massaliotische Keramik bezeugt, während ein starkes griechisches Interesse an Norditalien und der Po-Ebene erst später festzustellen ist.

1953 wurde in Vix auf dem Friedhof am Fuß des Mt. Lassois der Grabhügel einer Prinzessin ausgegraben; er lieferte Funde, die an künstlerischer Qualität ihrer geschichtlichen Bedeutung nicht nachstehen. Unter den Grabbeigaben befanden sich der größte und schönste bisher bekannte griechische Bronzekrater, dessen Hals einen Reliefdekor von Kriegern und Streitwagen aufweist, wähend die Henkel mit Gorgonen geschmückt sind; alle Schmuckbänder sind hervorragend gegossen und ziseliert. Er ist mit seinem gewölbten Deckel – den als Griff in der Mitte eine herrliche Frauenstatuette ziert – 1,64 m hoch. Man hatte ihn für den Transport zerlegt und die Stücke zum Teil mit Buchstaben bezeichnet, um das Zusammensetzen nach der Ankunft zu erleichtern. Der Krater ist wahrscheinlich spartanische Arbeit, doch fanden sich außerdem drei etruskische Bronzevasen, zwei athenische Tonschalen, von denen eine aus den 20er Jahren des sechsten Jahrhunderts stammt und damit das Grab auf das Ende des sechsten Jahrhunderts datiert, sowie weitere Bronzen, Schmuckstücke und Geschmeide, darunter das Golddiadem auf dem Kopf der jungen Frau.

Neunzig Jahre vor der Entdeckung des Schatzes von Vix war ein anderer, etwa drei Kilometer entfernter Tumulus ausgegraben worden, der ein griechisches Bronzegefäß von ganz anderem Typ enthielt. Es war ein Kessel mit vier Greifenprotomen unterhalb des Randes, komplett mit seinem Dreifußständer. Orientalisierende Kessel dieser Art wurden bereits besprochen. Dieser ist ein spätes Beispiel aus der ersten Hälfte des sechsten Jahrhunderts, und man hat angenommen, daß er im Westen, in Kyme, angefertigt worden ist. Er kann aber ebensogut wie so viele andere aus einer anderen westgriechischen Stadt oder sogar aus Ostgriechenland kommen. Ein Greif von einem anderen derartigen Kessel wurde bei Angers in der Loire gefunden. Das führt uns weit in den Westen, zu einer der anderen möglichen Zinnstraßen vom Ärmelkanal und Britannien, die längs der Loire zur Rhône führte. Und diese gleichen Kessel lassen sich noch weiter bis nach Schweden verfolgen, wo einer bei

Stockholm gefunden wurde, dem zwar seine Greifen fehlen, der aber deutliche Spuren ihrer einstigen Befestigung zeigt.

Weit östlich vom Mt. Lassois, in Süddeutschland, bezeichnen andere ostgriechische Vasen und ein wenig athenische Keramik die Verbreitung griechischer Waren im sechsten Jahrhundert. Ein bemerkenswerter Fund ist die um 600 v. Chr. entstandene spartanische Bronzevase aus Grächwyl in der Schweiz. In Asperg bei Stuttgart gibt es eine Hallstatt-Grabstätte aus dem frühen sechsten Jahrhundert, die insofern an Mt. Lassois erinnert, als sie einen Dreifußständer und griechische Elfenbeinsphingen mit Bernsteingesicht enthielt, die aus Italien stammen. Und im nicht weit entfernten Hochdorf fand man 1978 ein anderes Hallstattgrab mit einem Bronzekessel, der drei Schlaufenhenkel und Löwen auf der Schulter hat, sowie weitere Arbeiten, die wohl im Mittelmeergebiet, wahrscheinlich in Italien und Etrurien, entstanden sind. Der wichtigste bisher ausgegrabene Platz, der griechische Waren erbracht hat und griechischen Einfluß verrät, ist die südöstlich von Stuttgart gelegene Heuneburg in der Nähe der schwäbischen Donau. Hier hat man griechische Töpferware aus dem späteren sechsten Jahrhundert gefunden, aber erstaunlicher ist, daß die Konstruktion der Burgmauern um diese Zeit möglicherweise von griechischer Bautechnik angeregt oder sogar nach ihrem Vorbild durchgeführt wurde. Ein Teil des Mauerrings zeigt die übliche, dort heimische Bauweise aus Feldsteinen und Balken, aber es gibt auch ein langes Mauerstück, das auf einem Steinsockel aus Lehmziegeln errichtet ist und in regelmäßigen Abständen rechtwinklige Bastionen aufweist. Grundriß und Bauweise sind in Mitteleuropa um diese Zeit ungewohnt, an archaischen griechischen Plätzen dagegen durchaus üblich. Man ist versucht anzunehmen, daß die Fürsten, die griechische Kunstwerke so hoch schätzten, sich auch des technischen Beistands der Griechen versichert hätten.

Peter C. Bol

Ein Prunkgefäß für 1200 Liter Wein

In demselben Maße, wie gegen Ende des 7. Jh. v. Chr. Bedeutung und Beliebtheit der Greifenkessel sinken, steigen Aufwand und Pracht bei anderem Bronzegeschirr. Zwar hatten auch im 8. und früheren 7. Jh. v. Chr. Gefäße, die für den täglichen Gebrauch aus Ton bestanden, durch den Bronzeschmied dauerhaftere Gestalt erhalten. Mehr und mehr werden sie nun aber mit Ornamenten und figürlichem Schmuck bereichert.

Diese Entwicklung geht überein mit der Erfindung oder zumindest der Vervollkommnung eines neuen Verfahrens, verschiedene Teile zu einem Ganzen zu vereinen. Wie bei den Dreifüßen Henkel oder Beine und bei den Greifenkesseln Attaschen oder Protomen mit Nieten an den Gefäßleib geheftet wurden, hat man zwar nach wie vor Gefäßhenkel angenietet, doch war es den Künstlern von nun an auch möglich, solche anzulöten.

Wir unterscheiden heute zwischen Weichlot, einem Metall mit niedrigem Schmelzpunkt (unter 450°), also vor allem Blei oder Zinn, und Hart- oder Hammerlot, einem Verbindungsmetall oder einer Legierung, deren Schmelzpunkt dem der Bronze nahekommt und die Einzelteile daher dauerhafter miteinander vereint.

In den antiken Textquellen ist zwischen beiden nicht grundsätzlich unterschieden. Verwirrend kommt hinzu, daß Plinius, dem wir die meisten technischen Mitteilungen über das Löten verdanken, selbst nur ganz ungefähre Vorstellungen vom Bronzehandwerk hatte und Verschiedenes miteinander verwechselte. Als Lötmasse nennt er daher Materialien, die dafür kaum in Frage kommen. Tonerde für Eisen war natürlich kein Bindemittel, sondern diente nur dazu, die Form zu bilden, die die Lötmasse beim Löten an der Nahtstelle hielt; sie wurde nach dem Erkalten abgeschlagen.

Öl und vor allem Harz zur Verbindung von Zinn und Blei mag dagegen tatsächlich bei Gegenständen, die keiner Hitze ausgesetzt waren, als Klebstoff gedient haben. Wahrscheinlich benützte man sie jedoch wie noch heute, um zu verhindern, daß das Metall beim Löten zu stark der Luft ausgesetzt wurde, da es bei größerer Hitze sonst zu schnell oxydiert und das Lot dann nicht mehr haftet.

Als Erfinder des Lötens von Eisen nennt die antike Literatur Glaukos von Chios. Von seiner Hand stammte der Dreifuß, den der Lyderkönig Alyattes, der um 600 v. Chr. regierte, nach Delphi geweiht hatte, während nach Eusebios die Erfindung des Lötens bereits in der 22. Olympiade (692 v. Chr.) gelang. Von dem Stabdreifuß des Alyattes berichten Herodot und Pausanias ausdrücklich, daß die einzelnen Stücke nicht vernietet seien, sondern durch eine Verbindungsmasse zusammengehalten würden, über deren Art wir jedoch nichts Näheres erfahren.

Den praktischen Anforderungen hatte die Niettechnik an sich durchaus genügt. Flicken an Kesseln zeigen, daß man auch mit Nieten Bleche wasserdicht an andere zu heften wußte und die Nietköpfe an Henkeln so gut zu vertreiben verstand, daß das Gefäß seinen Inhalt bewahrte. Tatsächlich sind während der ganzen Antike immer wieder Gefäße zusammengenietet worden. In erster Linie entsprang die Löttechnik wohl dem ästhetischen Bedürfnis, die Einzelteile eines Geräts unsichtbar miteinander zu vereinen. Entsprechend hat man auch dort, wo man auf Nieten nicht zu verzichten wagte, sie doch möglichst zu verbergen gesucht. Attaschen wurden daher nun nicht mehr ausschließlich durch Nieten, die von innen nach außen reichten und beiderseits in Köpfen endeten, an einen Kessel geheftet, sondern immer häufiger waren sie bereits beim Guß mit einem Stift versehen, dessen Ende nur im Inneren des Gefäßes erschien.

Während das Nieten verlangt, daß die Teile übereinandergreifen, lassen sie sich durch Löten scheinbar spurlos verbinden. Der technische Aufwand wird damit unsichtbar. Wie die geometrischen Dreifüße oder die Greifenkessel der orientalisierenden Zeit, bestehen auch die archaischen Kratere, Schalen oder Becken aus gegossenen und aus getriebenen Teilen. Nach wie vor sind Henkel, Füße und das figürliche Beiwerk sowie jetzt auch die Gefäßmündungen gegossen, der eigentliche Gefäßleib aber ist getrieben. Die Fugen entsprechen hierbei der formalen Gliederung des Gefäßes. Bei dem Fuß liegen sie in der Einziehung am unteren Rand des Gefäßkörpers, während oben oft an dem Knick zwischen der Schulter des Gefäßkörpers und dem Hals die gegossene Partie beginnt.

Um die Verbindungsfläche zu vergrößern und damit die Haltbarkeit zu steigern, verlaufen die Fugen oft nicht senkrecht zur Außenwand, sondern sind schräg geschnitten. Noch in römischer Zeit ist in die Fügungsfläche der gegossenen Teile oft auch eine Kerbe eingeschnitten, in die die Blechränder auch noch eingehämmert werden konnten.

Das Blech der Gefäßkörper ist in der Schulterzone oft wesentlich dicker als in den unteren Partien. Da getriebenes Metall der Korrosion sehr viel weniger widersteht als Gußstücke, blieb außer den gegossenen Teilen nicht selten nur jene dickere Schulterpartie bewahrt.

Die wechselnde Dicke resultierte auch aus der unterschiedlichen Beanspruchung der einzelnen Gefäßteile, denn die flächigeren Schulterzonen besaßen von sich aus eine geringere Stabilität als die stärker gewölbten unteren Partien. Aber auch aus dem Ablauf des Treibens konnten sich solche Differenzen ergeben. Trieb nämlich der Kupferschmied zunächst aus der Mitte einer Kupferplatte den unteren Gefäßteil heraus, wurde vor allem das Blech der steileren Seitenpartien stärker ausgedünnt, während die nach innen eingeschlagene Schulter entsprechend dicker ausfiel. So jedenfalls würde heute ein Handwerker vorgehen, der seinen Werkstoff als Blech gleichmäßiger Dicke aus einem Walzwerk bezieht. Das Auswalzen von Kupfer war in der Antike jedoch wohl unbekannt. Statt dessen konnte man zwar Bronzeplatten gießen, doch waren diese immer noch mehrere Millimeter dick, und bei reinem Kupfer war auch dieser Weg durch die geringe Gießfähigkeit dieses Metalls weitgehend verstellt. So werden die griechischen Gefäßschmiede vielleicht nicht von Blechen, sondern von Barren oder mehr oder weniger amorphen Kupferklumpen ausgegangen sein. Dann aber erübrigte es sich, das Metall zunächst flach zu schlagen. Auch ohne diesen Umweg ließ es sich in die gewünschte Form treiben.

Wie unter den Waffenschmieden scheinen auch bei der Gestaltung aufwendiger Bronzegefäße die Werkstätten der Peloponnes führend gewesen zu sein. Neben dem korinthischen und argivischen blühte jedoch noch bis ins 5. Jh. v. Chr.

Abb. 21: Bronzekrater aus Vix, um 530 v. Chr. – Höhe 1,64 m – Châtillon-sur-Seine.

vor allem das spartanische Kunsthandwerk. Einer spartanischen Werkstatt verdanken wir vielleicht auch das wohl stattlichste griechische Bronzegefäß, das bislang vollständig geborgen werden konnte, den nicht weniger als 1200 Liter fassenden, 164 cm hohen Krater, der in Frankreich in Vix zutage kam und sich heute in Châtillon-sur-Seine befindet.

Der riesige Kesselleib ist in reiner Kaltarbeit getrieben, ohne ihn beim Hämmern, bei dem das Metall seine Geschmeidigkeit mehr und mehr verliert, zu erhitzen. Dennoch erscheint das dünne Blech makellos, ohne Fehler und Reparaturen. Mit dem Schaber und mit Schleif- und Poliermitteln ist die Oberfläche so fein geglättet, daß die Abdrücke des Hammers nur unter dem Mikroskop noch zu erkennen sind. Wie der Vasenkörper mit dem Hals wurde auch der Fuß aus Blech getrieben, aber aufgelötet. Die Gefäßmündung setzt sich aus zwei gegossenen Hälften zusammen. Einzeln oder in Gruppen gegossen und sorgfältig

Abb. 22: Bronzekrater aus Vix, um 530 v. Chr. – Höhe 1,64 m – Detail, Châtillon-sur-Seine.

nachgearbeitet sind die Figuren des Frieses, der sich um den Gefäßhals zieht. Das Ganze bekrönt eine freistehende Statuette auf einem Deckelsieb, durch das man den Wein in das Mischgefäß goß. Henkel und andere Einzelteile sind aufgenietet, wobei ihre Plazierung teilweise Versatzmarken in alphabetischer Reihenfolge markierten. Mit diesen Versatzmarken wurde die Theorie begründet, daß man zur Transporterleichterung die Henkel getrennt mitlieferte. Bei einem Gewicht von jeweils 45 kg gegenüber einem Gesamtgewicht von über 208 kg wäre dies durchaus sinnvoll, doch scheint gerade der Platz für die Henkel nicht durch Versatzmarken bestimmt zu sein. Im übrigen hat man in der Antike auch gewichtigere Kunstwerke intakt zu transportieren gewußt. In Gallien wurde der Krater in einem Grab gefunden. Wir wüßten gerne, an was für eine Bestimmung der griechische Meister dachte, der ihn schuf. Mit einem Gelage, bei dem aus einem einzigen Gefäß 1200 Liter Wein ausgeschenkt werden sollten, wird auch er kaum gerechnet haben.

Abb. 23: Bronzereiter aus Grumentum, Mitte 6. Jh. v. Chr. – Höhe 25,2 cm – die Füße sind ergänzt, London, British Museum.

XII. Expansionen

Friedrich-Karl Kienitz

Der große Seevölkersturm

Wir werden niemals erfahren, welches Ereignis die Stämme
der Balkanhalbinsel in Bewegung gebracht hat und wo die
Völkerbewegung ihren Ausgang nahm. An kühnen Theorien ist freilich kein Mangel, und – wie immer in solchen
Fällen – je geringer unser gesichertes Wissen ist, desto größer ist die Überzeugungskraft, mit der solche Theorien vor-
getragen werden. Das gilt etwa für eine hartnäckig verfoch-
tene Hypothese, die eine große Sturmflut im Nordseeraum
zum Ausgangspunkt der ganzen Bewegung erklärt, wobei
natürlich der Mythos von Atlantis nicht fehlen darf. Lassen
wir solche phantasievollen Kombinationen lieber beiseite
und halten wir uns an Tatsachen. Da müssen wir feststellen,
daß die mächtigen, dick ummauerten Herrscherburgen
Griechenlands im ostthessalischen Jolkos, in Böotien, zu
Mykene und Tiryns in der Argolis bis hin nach Pylos in der
südwestlichen Peloponnes genauso zugrunde gingen wie die
großen Hethiterstädte Chattuscha (Bogazköy), Alaca-
Hüyük und Kanisch (Kültepe) im Herzen Kleinasiens. Die
kriegstüchtigen Königreiche der frühen Griechen verschwanden ebenso aus der Geschichte wie die Großmacht
der Hethiter, die doch noch kurz zuvor mit den Pharaonen
Ägyptens um den Vorrang in der Welt der großen Kultur-
staaten gewetteifert hatte. Hier wie dort muß die staats-
und kulturtragende Oberschicht völlig ausgelöscht worden
sein, fielen doch sogar ganz Griechenland und weite Teile
Kleinasiens in den Zustand der Schriftlosigkeit zurück. Im
Westen wie im Osten des Ägäischen Meeres herrschten für
Jahrhunderte ausgesprochen primitive Verhältnisse. Doch
die Welle der Zerstörung überflutete auch die Gebiete im
äußersten Nordostwinkel des Mittelmeers: Zugrunde gingen das städtische Zentrum der Kilikischen Ebene, der Ort
von Gözlükule bei Tarsus, die altberühmte nordsyrische

Hafenstadt Ugarit (Ras Schamra), ebenso aber auch das ihr gegenüberliegende ostcyprische Alaschia (Enkomi). Auch verschiedene Orte entlang der syrisch-palästinensischen Küste lassen Spuren von Zerstörungen erkennen. Ein Teil der Stämme, die in Kleinasien das Hethiterreich vernichtet hatten, ist jedenfalls weiter nach Südosten gezogen, durch die Kilikische Pforte und die Amanus-Pässe nach Nordsyrien, dann entlang der Ostküste des Mittelmeers, bis sie schließlich im ägyptischen Nildelta Einlaß begehrten.

Die große Völkerbewegung hat nicht nur binnenländische Stämme des südöstlichen Europas in Bewegung gebracht. Auch die längst schon aus Arabien ins Kulturland Palästina vorgestoßenen Beduinen regten sich erneut, und weiter kamen auch die Libyer des nördlichen Afrikas ins Wandern. Wahrscheinlich ist es falsch, ein einziges Moment allein für alle Vorgänge verantwortlich zu machen, vielmehr dürften mehrere Ursachen zusammengewirkt haben. Dennoch ist das Bild einer Lawine, die von einigen ersten Steinen ausgelöst wird, mehr und mehr anschwillt und schließlich alles mit sich reißt, ein guter Vergleich. So kam es auch zu den größten Völkerverschiebungen über See, die die Mittelmeerwelt bis dahin erlebt hatte.

Aus der letzten Zeit kurz vor der Zerstörung von Ugarit stammen Briefe, die der König von Alaschia (Cypern) mit dringenden Warnungen vor einer herannahenden Flotte dorthin gesandt hatte. Nach Lage der Dinge kann es sich nur um eine Flotte gehandelt haben, die von Westen her, entlang der Südküste Kleinasiens, im Anmarsch war. Kurz nach der Übermittlung dieser Briefe erfolgte dann die Zerstörung sowohl des ostcyprischen Alaschia (Enkomi) wie des nordsyrischen Ugarit (Ras Schamra). Schuppiluljuma II., der letzte uns bekannte König des Hethiterreiches (um 1200 v. Chr.), berichtet seinerseits auf einer Anfang der 50er Jahre in Bogazköy zutage geförderten Schrifttafel, daß er vor Alaschia (Cypern) in einer Seeschlacht feindliche Schiffe vernichtet habe und anschließend in Kämpfe auf dem

Lande verwickelt worden sei. Noch bevor also die zu Lande von Nordwesten her in das Kerngebiet des Hethiterreiches vordringenden Scharen die großen inneranatolischen Städte erreicht und vernichtet hatten, müssen andere Gruppen zu Schiff entlang der südkleinasiatischen Küste weit nach Osten vorgestoßen sein. Dort haben sie den letzten Hethiterkönig in einen Seekampf verwickelt, der nochmals einen, in seiner Wirkung jedoch rasch vorübergehenden Erfolg der hethitischen Waffen brachte. Kurz darauf ereilte sowohl das Hethiterreich als auch Ugarit und das ostcyprische Alaschia die Katastrophe.

Weiteres über das, was sich damals ereignet hat, erfahren wir aus den Inschriften der Pharaonen. Schon Pharao Merenptah (etwa 1234–1220 v. Chr.) berichtet aus seinem 5. Regierungsjahr von einer Koalition von Völkern „aus den Ländern des Meeres" bzw. von „aus allen Ländern gekommenen Nordleuten" mit den Libyern Nordafrikas. Zu den letzteren gehörten die Stämme der Libu und der Maschwesch, ihre Verbündeten waren die Akawascha, Turscha, Scheklesch, Schirdana und Lukka, wobei die Akawascha offenbar das Hauptkontingent, die Lukka dagegen nur eine kleine Schar stellten. Die „Nordleute" waren über See an die Küste der Kyrenaika gefahren, dann waren sie zusammen mit den Libyern auf dem Landweg gegen Ägypten vorgerückt. Dort hatte Pharao Merenptah sie in einer großen Schlacht besiegt: auf seiten der Libyer gab es 6111 (oder 6200), auf seiten ihrer Verbündeten 2370 Tote, 9376 Männer und Frauen gerieten in Gefangenschaft. Was wissen wir über die einzelnen „Meerland-Stämme", die Merenptah erwähnt? Die Lukka haben wir bereits kennengelernt, sie saßen seit dem beginnenden 14. Jahrhundert v. Chr. nachweislich an der südwestkleinasiatischen Küste. Doch auch die Schirdana sind uns nicht unbekannt. Sie erscheinen nämlich genau wie die Lukka in den Berichten Ramses II. unter den Verbündeten der Hethiter in der großen Schlacht bei Kadesch in Syrien um das Jahr 1296 v. Chr., werden aber auch schon in der Zeit des Pharao Amenophis III. (etwa 1413–1377 v. Chr.) erwähnt, wo sie als Söldner in den ägyptischen Garnisonen Vorderasiens Dienst taten. Auch sie müssen also bereits lange vor dem großen „Seevölkersturm" im ostmittelmeerischen Raum beheimatet gewesen sein, wahrscheinlich irgendwo im kleinasiatischen oder auch ägäischen Küstengebiet. Es kann also keine Rede davon sein, daß sie erst in der Zeit des ausgehenden 13. Jahrhunderts v. Chr. aus weiter Ferne in den Ostmittelmeerraum gelangt seien. Die übrigen von Pharao Merenptah genannten „Seevölker-Stämme" werden uns in früherer Zeit noch nicht genannt, mit ihnen werden wir uns noch zu beschäftigen haben.

Obwohl Pharao Merenptah nicht nur die von Westen her angreifenden Libyer und „Seevölker" besiegte, sondern auch in Palästina über eingebrochene Beduinenstämme Erfolge errang – in diesem Zusammenhang wird übrigens zum ersten Mal in einer ägyptischen Inschrift der Name „Israel" erwähnt –, war die Gefahr für das Pharaonenreich noch nicht vorüber. Im 5. Regierungsjahr Pharao Ramses' III. (etwa 1197–1165 v. Chr.) drangen die drei libyschen Stämme der Libu, Maschwesch und Seped ins Nildelta ein, wurden jedoch in einer neuen großen Schlacht besiegt und verloren 12 535 Menschen; unter den in ägyptischen Diensten stehenden Söldnern kämpften auch Schirdana. Im 8. Regierungsjahr Ramses' III. erfolgte ein weiterer großer Ansturm, diesmal von Nordosten her. Die Feinde drangen gleichzeitig zu Lande und zu Wasser vor. Mit pferdebespannten Streitwagen, denen große Scharen von Nichtkombattanten auf Ochsenkarren folgten, zogen sie durch Palästina heran; das typische Bild eines Volkes auf Wanderschaft. Auf einmastigen Segelschiffen mit eigentümlich senkrecht emporgezogenen Bug- und Achtersteven drangen andere in die Nilmündungen ein. Das Hauptkontingent der Angreifer stellten diesmal die Stämme der Peleset und der Zeker, neben ihnen werden Danauna, Maschwesch, Tur-

scha, Schirdana und Scheklesch genannt. In einer Doppel-
schlacht zu Lande und auf dem Wasser, das heißt nicht auf
offener See, sondern im Nildelta, gelang es dem Pharao, die
Feinde zu schlagen und aus Ägypten zu vertreiben. Wieder
ein paar Jahre später, im 11. Regierungsjahr Ramses' III.,
drangen nochmals die Libyer vor; unter den Truppen, mit
denen Ramses' III. abermals den Sieg errang, befanden sich
wiederum Schirdana und diesmal auch Peleset, sei es als
Söldner, sei es als ehemalige Kriegsgefangene, die der Pharao dem eigenen Heere einverleibt hatte. Diesmal beliefen
sich die Verluste der Libyer auf 2175 Tote und 2052 Gefangene. [...]

„Völker aus den Ländern des Meeres", „aus allen Ländern gekommene Nordleute", „Leute von den Inseln",
„Leute von der See", so lauten die ägyptischen Bezeichnungen, die die verschiedenen Fremdvölkernamen begleiten.
Deshalb spricht man heute auch zusammenfassend meist
von der „Seevölkerbewegung". Speziell der Ausdruck
„Nordleute" hat mitunter zu höchst phantasievollen Annahmen geführt. Dabei sollte man sich doch vor Augen halten, daß für die Ägypter das Mittelmeer „das Meer im Norden" war. Herkunft und weiteres Schicksal der „Seevölker"
sind allerdings ein Problem, dessen Lösung nicht leicht fällt.
[...]

So muß zusammenfassend gesagt werden, daß alle Indi-
zien darauf hinweisen, daß die Herkunft der „Seevölker" in
der Hauptsache im Raume Griechenland, Ägäis, West- und
Südwestkleinasien zu suchen ist. Man wird die Dinge richtig sehen, wenn man annimmt, daß das Vordringen balkani-
scher Stämme nach Süden und Südosten die verschiedenen
dort ansässigen Gruppen lawinenartig in Bewegung gebracht hat. So sind von Hause aus ganz verschiedenartige
Elemente – Vorgriechen aller möglichen Art, Frühgriechen
und Neueinwanderer – bunt durcheinander gewürfelt worden. Dabei ist natürlich auch nicht auszuschließen, daß zum
Beispiel einzelne Stämme illyrischer Abkunft von der dal-

matinischen Adriaküste her über See nach Süden vorstießen und ihrerseits Anteil an der großen „Seevölkerbewegung" hatten. Als diese schließlich in den Gesichtskreis der Ägypter trat, denen wir ja unsere wichtigsten Kenntnisse verdanken, hatten sich die einzelnen Gruppen oft schon so weitgehend miteinander vermischt, daß ihre Zusammensetzung kaum noch der ethnischen Ausgangslage entsprach.

Die große Völkerbewegung, die den Riesenraum von der Balkanhalbinsel bis nach Syrien/Palästina und Nordafrika erfaßte, hat Ströme von Blut gekostet: beim Eindringen der Balkanier nach Griechenland, wo sich die königlichen Herren der mächtigen Burgen gewiß nicht kampflos ergeben haben, bei der Zerschlagung der Hethiter-Großmacht, bei den wiederholten Vorstößen gegen Ägypten, schließlich bei den gewiß nicht selten vorgekommenen Kämpfen der Wanderstämme untereinander. In den kritischen Jahrzehnten gegen Ende des 13. und zu Beginn des 12. Jahrhunderts v. Chr. müssen Hunderttausende von Menschen aller möglichen Völker ihr Leben gelassen haben. Wenn aber auch in Griechenland der versinkenden Mykenezeit und im Anatolien des zerschlagenen Hethiterreiches die besonders exponierten Kreise, die bis dahin das staatliche Leben bestimmt und die mit diesem verbundene Kultur getragen hatten, weitgehend ausgelöscht wurden, die breiten Massen der Bevölkerung haben hier wie dort die Katastrophe zu einem nicht geringen Teil überlebt. Ebenso führten die blutigen Niederlagen, die die Libyer wie die „Seevölker" bei ihren Angriffen auf Ägypten erlitten, nicht zu einem völligen Untergang dieser Stämme. Besonders bei einem von ihnen können wir gut beobachten, was weiterhin aus ihm geworden ist: bei den von Pharao Ramses III. zu Wasser und zu Lande geschlagenen Peleset, den Philistern.

Die Philister tauchen nach ihren schweren Niederlagen in Ägypten wieder auf im südlichen Palästina – der Landesname ist von ihrem Stammesnamen abgeleitet und bedeutet „Philisterland".

Sabatino Moscati

Die phönizische Expansion

Die Expansion der Phönizier vom Orient bis zum Atlantik entlang den Mittelmeerküsten, ein für die Antike geschichtlich und kulturell grandioses Phänomen, wirkte bestimmend auf die Ereignisse ein, die der hellenistischen und römischen Ära vorangingen. Dieser kommerziell bedingte, in seinen Konsequenzen politisch bedeutsame Vorgang führt zur Entstehung einer okzidentalen phönizischen Welt, mit Karthago, ihrer wichtigsten Kolonie als Schwerpunkt, der Substanz nach anders geartet als das orientalische Phönizien, das gleichwohl ihr Modell bildet.

Phönizier des Orients und Phönizier des Okzidents: der Unterschied, der im Adjektiv „punisch" für alles, was okzidental oder karthagisch ist, zum Ausdruck kommt, scheint, geographisch gesehen, auf der Hand zu liegen. Unter anderen Gesichtspunkten verschränken sich diese Worte und Begriffe auf verschiedene Weise und aus mancherlei Gründen; wenn wir unter „punisch" alles, was mit Karthago und seiner Machtausweitung zusammenhängt, verstehen, so leuchtet es ein, daß man im Westen auf Zeugnisse der „phönizischen" Kultur stößt, die älteren Datums als die Gründung Karthagos sind oder die seinem Einfluß nicht unterlagen; da überdies Karthago eine Schöpfung Phöniziens ist, wie vermöchte man innerhalb der karthagischen Kultur zwischen importierten und bodenständigen Elementen Unterschiede oder *a fortiori* Gegensätze wahrzunehmen?

Mehr noch: die phönizische Kultur ist allgemein sehr aufnahmefreudig, sie assimiliert Elemente und Einflüsse der benachbarten Regionen; so haben Ägypten und Griechenland, um nur die wichtigsten Beispiele zu nennen, tiefe Spuren in ihr hinterlassen. Ist aber dieser Einfluß primär oder sekundär, erreicht er den Westen über Phönizien, oder ist er auf den Kontakt mit der ägyptischen Welt in Afrika, mit der griechischen an den Mittelmeerküsten zurückzuführen?

Somit wirft jeder Versuch, die Komponenten der phönizischen Kultur des Westens zu unterscheiden und gegeneinander abzuwägen, eine Fülle von Fragen auf. Es scheint jedoch angebracht, schon jetzt darauf hinzuweisen, daß wir die Kultur, insbesondere die Kunst der westlichen Phönizier, auf Grund ihrer objektiv gegebenen regionalen Manifestationen beurteilen und hier wie dort, nach Maßgabe des Möglichen, ohne *a priori* das Erbe des Mutterlandes berücksichtigen werden: Erfindungen, Varianten, Entwicklungen und lokale Einflüsse.

Diese Art, die Studie über eine der bedeutsamsten, zugleich aber verwirrendsten Mittelmeerkulturen anzulegen, trägt auch gewissen Zügen Rechnung, die ihr von ihren orientalischen Anfängen her anhaften: das Fehlen einer großen Baukunst; das Übergewicht einer zunächst kommerziell ausgerichteten handwerklichen Kleinkunst; die Schwierigkeit, Künstlerpersönlichkeiten und Schulen zu erkennen, eindeutige, allgemeinverbindliche Entwicklungen zeitlich und räumlich zu fixieren. Sowohl die phönizische wie die punische Produktion, vielfach serienmäßig hergestellt, homogen und somit innerhalb der handwerklichen Gattungen nicht unterscheidbar, häufiger importiert als an Ort und Stelle entstanden, entzieht sich weitgehend einer näheren Bestimmung.

Die phönizische Expansion ist fraglos die Folge eines ausgedehnten, alle Mittelmeerküsten erfassenden kommerziellen Tatendrangs. Warum aber spezialisierten sich die Phönizier, im Unterschied zu anderen, größeren und mächtigeren Völkern des Alten Orients, auf diese Form der Betätigung? Der Hauptgrund hängt mit der Beschaffenheit der phönizischen Landschaft als solcher und der Art, in der ihre Geschichte verlief, zusammen.

Die etwa zwischen Schukschan im Norden und Akko im Süden verlaufende Küstenzone Vorderasiens hat die Gestalt eines schmalen Streifens zwischen Meer und binnenländischen Bergen, die an verschiedenen Stellen an die Küste heranreichen. Diese Vorgebirge, die mit Flußmündungen abwechseln, schränken die phönizische Region nicht nur ein, sondern zerteilen sie und verursachen ihre Aufgliederung in einzelne autonome Stadtstaaten, deren Machtstreben von Natur aus meerwärts gerichtet war.

Die Invasion der „Seevölker" um 1200 v. Chr., die den Einfluß der benachbarten Mächte, Ägyptens und Mesopotamiens, schwächen, begünstigt diese Tendenz, während landeinwärts neuauftretende Völker (Hebräer, Aramäer) jede Machtausweitung verhindern. In diesem Augenblick werfen sich die syro-palästinischen Küstenbewohner nicht nur auf eine umfassende maritime Expansion im Mittelmeerraum, die durch das Vakuum, das der Niedergang der mykenischen Handelsschiffahrt schuf, erleichtert wird, sondern gewinnen damit auch eine eigene Physiognomie: Die bis dahin von übergeordneten Geschehnissen verschleierte Geschichte der Phönizier wird sichtbar.

Was die Phönizier verlockte, sich der mykenischen Schiffsrouten zu bemächtigen, sagt ausdrücklich schon die Bibel: die Suche nach Metallen im fernsten Westen, nach Gold, Silber, Eisen, Zinn und Blei, was alles man von iberischen Minen billig erwerben, aber, sobald man es nach dem Orient zurückgebracht und dort bearbeitet hatte, zu sehr viel höheren Preisen wieder verkaufen konnte. Hinzu kamen die Stoffe, die die Phönizier mit dem bekannten Purpur färbten, gewonnen aus Seemuscheln, deren Reste zu Tausenden an ihren Küsten gefunden wurden und die diesen Handel, zumal bei den Griechen, berühmt machten; ferner die Produkte einer höchst ansprechenden Kleinkunst, von Elfenbeinarbeiten bis zu Amuletten und Skarabäen aus harten Steinen oder Glasfluß, bei denen der ägyptische Einfluß die Ausgangsbasis einer synkretistischen Verarbeitung der verschiedensten kulturellen Elemente bildet. Dies waren die Dinge, die die Phönizier für ihren Handel produzierten, die sie auf ihren Fahrten entlang der Mittelmeerküsten mit sich führten.

Über die kommerziellen Methoden der Karthager besitzen wir einen berühmten Passus von Herodot. Darin wird geschildert, wie sie nach ihrer Ankunft in einem fremden Land ihre Waren am Ufer ausladen und ein Feuer machen; angelockt vom Rauch eilen die Umwohner herbei, besehen die Waren und legen daneben das Gold, das sie dafür bieten. Die Karthager, die sich entfernt hatten, kommen wieder und prüfen das Angebot, nehmen es an, wenn es ihnen zusagt, oder ziehen sich zurück, wenn sie damit unzufrieden sind; der Vorgang wiederholt sich so lange, bis das Angebot der Eingeborenen angenommen wird. Wir können sicher sein, daß es dabei nicht immer so friedlich zuging; man braucht zur Bestätigung dessen nur auf die griechischen Berichte über die phönizische Piraterie zu verweisen; aber sicher ist auch, daß die Herodotsche Beschreibung dem wirklichen Hergang eines Handels entspricht, der zumeist ohne Überrumplungsabsichten abgewickelt wurde.

Auf ihren von Riemen und Segeln getriebenen und von einem Steuerruder gelenkten Fahrzeugen, deren Gestalt uns assyrische Reliefs überliefert haben, schifften die Phönizier entlang den Küsten in der Regel nur am Tage und machten nachts halt. Auch hat man in Rechnung gestellt, daß bei einer täglichen Wegstrecke von dreißig bis vierzig Kilometern zwangsläufig Stationen eingelegt werden mußten, die die Keimzellen der späteren Kolonien bildeten. Über die ganze Küstenregion hin, von den Säulen des Hercules und der Iberischen Halbinsel bis zu den italienischen Inseln einschließlich Maltas, entstanden auf diese Weise phönizische Brückenköpfe, die die Karthager vergrößerten und verstärkten. Im weiteren Verlauf erfolgte der Vorstoß über die Säulen des Hercules hinaus, in Richtung sowohl auf Marokko wie auf die iberische Atlantikküste; waghalsige Entdeckungsfahrten führten einerseits zur Umsegelung Afrikas, andererseits über die „Zinnstraße" zu den Britischen Inseln. [...]

Die Datierung der phönizischen Kolonisation ist ein bedeutendes historisches Problem. Die klassischen Quellen, auf die sich die Historiker bis zum Beginn unseres Jahrhunderts beriefen, geben 1110 für Cádiz, 1100 für Utica an und gründen auf diesen Daten eine Chronologie, die das erstmalige Vordringen der Phönizier nach Westeuropa im 12. Jahrhundert v. Chr. ansetzt.

John Boardman

Die griechische Kolonisation

Die Annahme, daß die Griechen alle ihre Kolonien nur gegründet hätten, um mit Bevölkerungs- und Versorgungsschwierigkeiten in der Heimat fertigzuwerden, ist schwer aus der Welt zu schaffen. Die antiken Schriftsteller geben gewöhnlich nur diese Gründe an, aber die Archäologie, die Geographie und auch der gesunde Menschenverstand legen die Vermutung nahe, daß meist der Handel einer Besitznahme vorausging und daß im Falle einiger der frühesten Kolonien die Handelsbeziehungen und nicht die Bodenbeschaffenheit bei der Wahl eines Platzes den Ausschlag gaben. Wenn man sich mit den überseeischen Handelsunternehmungen der Griechen befaßt, wäre es sinnlos, leugnen zu wollen, daß kaufmännische Überlegungen bei den Motiven für die Gründung mancher Kolonien mitspielten und bei einigen sogar überwogen. Fest steht, daß man Informationen über Plätze, die für koloniale Entwicklung geeignet waren, nur aus den Berichten von Kaufleuten gewonnen haben konnte, die bereits die Küsten des westlichen Mittelmeers ausgekundschaftet hatten. Beweise für ihre Betätigung liefern die in Etrurien (in Veii), Kampanien (in Capua und Pontecagnano) und Sizilien (Villasmundo) gefundenen Vasen aus vorkolonialer Zeit.

Die ältesten Kolonien im Westen wurden von Euböern nicht auf dem nächstgelegenen, landwirtschaftlich gut nutzbaren Ackerland gegründet, sondern in einer Lage, welche die besten Gelegenheiten für den Handel mit Etrurien bot, und sie wurden durch Gründungen unterstützt, die eine Fahrt durch die Straße von Messina absichern konnten. Wir werden sehen, daß man vielleicht sogar im voraus Erkundungen in Südfrankreich und Nordafrika durchführte. Wie im Osten war die meistgesuchte Ware Metall – Eisen, Kupfer und (aus entfernteren Lagerstätten, die Etrurien versorgten) Zinn. Wie im Osten waren die griechischen Staaten, die diese Handelsniederlassungen gründeten, die euböischen Städte Eretria und Chalkis; in diesem Fall allerdings besitzen wir sowohl literarisches als auch archäologisches Beweismaterial. Viel später wurde auch Marseille, das an der Zinnstraße vom Norden her lag, in erster Linie als Hafen für den Handel mit Gallien gegründet; und als der Stadt ihre Handelswege versperrt waren, traten neue Städte an der nördlichen Adria an ihre Stelle.

Bei den meisten Kolonien jedoch wurde die Wahl einfach aus strategischen und wirtschaftlichen Gründen getroffen. Zuerst mußte ein Platz gefunden werden, der sich verteidigen ließ – eine steile Akropolis, eine Halbinsel oder eine vor der Küste gelegene Insel –, wobei letztere ein Ort ist, wie ihn Kaufleute, die mit den Eingeborenen Handel trieben, wohl schon ausgesucht hatten. Zweitens galt es sicherzustellen, daß gutes anbaufähiges Land verfügbar war, von dem sich eine wachsende Gemeinde ernähren konnte. Solche Plätze gab es nicht viele, und die meisten waren schon besetzt, so daß man mit der Eingeborenenbevölkerung gewöhnlich durch geschicktes Verhandeln oder mit Gewalt ins reine kommen mußte; sehr bald stießen Griechen auf Griechen, und die zwischenstaatlichen Streitigkeiten, die für die frühgriechische Gesellschaft so typisch sind, nahmen in den neuen Gründungen einen ebenso lebhaften und bösartigen Charakter an wie in der Heimat und konnten – auch nur in manchen Fällen – höchstens angesichts eines gemeinsamen Feindes, der Perser im Osten und der Karthager im Westen, vergessen werden.

Soweit die Städte – etwa die von Euböa – am Handel interessiert waren, entschlossen sie sich zur Kolonisierung aus den gleichen Gründen, die sie mehr als eine Generation zuvor veranlaßt hatten, die Märkte des Nahen Ostens aufzusuchen. Bei den übrigen hatte die Bevölkerungszunahme die landwirtschaftlichen Ressourcen erschöpft, und sie waren nicht bereit, dieser Krise wie die Spartaner durch Angriff auf die Nachbarn zu begegnen oder, wie in Athen und Chios, die heimische Wirtschaft durch eine Forcierung des Exports grundlegend umzustellen. Und nicht nur die großen Städte hatten Ursache, einen Teil ihrer Bevölkerung wegzuschicken, der dann in Übersee selbst für sich sorgen mußte, obwohl gerade sie im allgemeinen über die Ressourcen und die Transportmittel verfügten, um eine solche Expedition auszurüsten, an der sich Familien aus kleineren Städten beteiligten. Nicht immer jedoch wanderten geschlossene Familien aus, und die Leute gingen auch nicht immer freiwillig. Die Theräer, die in der Kyrenaika landeten, waren durch das Los bestimmte Männer, einer aus jeder Familie; sie gingen gegen ihren Willen und wurden gesteinigt, wenn sie heimzukehren versuchten. Solche oft nur aus einigen Dutzend Männern bestehende Gruppen fanden ihre Frauen dann unter den Eingeborenen. Die Spartaner wiederum, die ausgeschickt wurden, um Tarent zu gründen, waren illegitim Geborene, die in Kriegszeiten zur Welt gekommen waren, als die Spartaner geschworen hatten, nur als Sieger heimzukehren, dann aber den Klagen ihrer Frauen nachgegeben und einige junge Leute auf Sonderurlaub nach Hause gesandt hatten. Als die Kinder herangewachsen waren, nahmen sie es übel auf, daß man sie nicht als Gleichberechtigte behandelte; sie rebellierten und wurden abgeschoben mit dem Auftrag, eine Kolonie zu gründen. Bei den Theräern war eine Dürre in der Heimat Ursache des Aufbruchs, bei den Bewohnern von Chalkis, die ein Zehntel ihrer Bevölkerung nach Rhegion sandten, eine Hungersnot. Auch von anderen Orten wird berichtet, daß eine Gruppe von Andersdenkenden sich entschloß oder gezwungen wurde, auszuwandern, so etwa die Messenier, die in Rhegion zu den Chalkidiern stießen. Tragischer war der Anlaß etwa bei den Phokäern, deren Stadt von den Persern belagert wurde, und die auszogen, eine neue Heimat zu suchen. Hatten sie erst ihre neue Heimat gefunden, so waren die Kolonisten politisch von ihrer Mutterstadt unabhängig und bildeten neue Stadtstaaten aus eigenem Recht; allerdings bestanden immer noch Verbindungen durch Verwandtschaft, Religion und, wie wir sicher annehmen dürfen, auch durch Handel.

Die Chalkidier, Theräer und Spartaner folgten einem Rat Delphis, als sie auswanderten, und das Orakel scheint auch bei vielen anderen Gelegenheiten mit seinem Rat wirksam eingegriffen zu haben. Seine Priester konnten ihre Rolle als Vermittler von Informationen in der griechischen Welt ausnützen und sich so für den politischen Vorteil ihrer Freunde einsetzen. [...]

Ehe wir uns den einzelnen Städten zuwenden, wollen wir noch kurz auf ältere griechische Beziehungen zu diesem Teil des Mittelmeergebiets eingehen. Es gibt Zeugnisse für ein lebhaftes kretisches und mykenisches Interesse an den Liparischen Inseln und an Teilen Siziliens (vor allem im Südosten) von etwa 1600 v. Chr. bis zum Ende der Bronzezeit. Zumindest auf den Inseln scheint es kleine Handelsniederlassungen gegeben zu haben. Im eigentlichen Italien gab es eine solche sicher in Tarent, nicht unmittelbar an der Stelle der späteren Kolonie, sondern gegenüber in Scoglio del Tonno. Sie stand von etwa 1400 bis 1200 v. Chr. in Blüte, und nach dem Stil der dort gefundenen mykenischen Vasen ist anzunehmen, daß sie Händlern aus Rhodos als Stützpunkt diente. Unbedeutende mykenische Funde hat man in Italien gemacht, vor allem auf der Insel Ischia, wo später die Stadt Pithekussai gegründet wurde, ferner in Etrurien und auf Malta. Während sich Anklänge an die mykenische Kultur noch in Spanien, ja sogar in Britannien feststellen lassen, kann von unmittelbaren Verbindungen mit der ägäischen Welt keine Rede sein. Die Erinnerung an Griechen in Italien und Sizilien blieb höchst undeutlich in manchen Mythen erhalten, vor allem in den Erzählungen von den Irrfahrten des Odysseus, aber nach 1200 waren die Verbindungen so gut wie vollständig abgerissen, und die späteren Reisen von Griechen in den Westen scheinen von der Erfahrung ihrer mykenischen Vorfahren nicht so beeinflußt oder geleitet gewesen zu sein wie im Osten, wo der Bruch nicht vollständig war oder sich nicht so lange auswirkte.

Paul-Marie Duval

Die keltischen Wanderungen

Die Kelten wurden zum ersten Mal im 5. Jahrhundert v. Chr. bei Herodot im Zusammenhang mit der Iberischen Halbinsel erwähnt. Aber damals existierte dieses Volk schon lange. Doch ist das 5. Jahrhundert genau die Zeit, da sich seine künstlerische Eigenart archäologisch erstmals fixieren läßt. Daß es vorher schon Kelten gegeben habe, läßt sich nur erschließen, freilich sehr überzeugend. Livius hat die Besetzung Italiens und des Donauraumes durch keltische Horden ungefähr in dieser Zeit angesetzt; eine attische Schale aus der Mitte des 5. Jahrhundert v. Chr., die in einem Grab im Kleinaspergle (Baden-Württemberg) gefunden wurde, ist über und über mit kleinen Goldblechen bedeckt, und damit im gleichen keltischen Stil wie die sonstigen, etwas jüngeren Grabbeigaben. Das Volk, das sich damals in starker Expansion befand und dessen Stammesfürsten auf großem Fuß lebten, wie ihre Grablegen bezeugen, kann sich nicht innerhalb weniger Jahrzehnte konstituiert haben.

Die jüngere Eisenzeit sah also eine schon historische Kultur heraufziehen, und zwar die erste in Europa außerhalb des Mittelmeerraums. Man nennt sie die Latènezeit nach einem Fundort am Neuenburger See, wo man Waffen und Münzen in großer Zahl fand. Ihr voraus ging die Hallstattzeit, so benannt nach Hallstatt in Oberösterreich. In der ersten Hälfte des 1. Jahrtausends v. Chr. also muß sich dieser Bevölkerungsblock etabliert haben, dessen Wiege in Mittel- und Süddeutschland, Bayern, Württemberg und Baden, Thüringen und der Oberpfalz stand. Die Germanen wohnten damals noch weiter nördlich. Wie die Germanen sprachen die Kelten eine indogermanische Sprache, die allerdings den italischen Dialekten und somit dem Lateinischen näherstand. Varro (116–27 v. Chr.) schreibt, daß man zu seiner Zeit in Massilia (Marseille) Griechisch, Lateinisch und Gallisch (das heißt Keltisch) sprach.

Wenn die für uns anonymen Vorfahren der Kelten auch westlich des Rheins schon einige sehr frühe Spuren hinterlassen haben, dann denken wir an jene Brandgräbernekropolen, das heißt die „Urnenfelder", die sich zu Beginn des 1. Jahrtausends v. Chr. bis nach Spanien hinzogen. Chronologisch noch weiter zurückzugehen und *faute de mieux* bereits während der Bronzezeit von „Protokelten" zu sprechen, wäre aber gewagt und für unsere Zwecke auch nicht von Interesse. Ebensowenig ist für uns die Frage nach der Inselbevölkerung vor der Latènezeit relevant, wobei wir freilich fest annehmen, daß die Britischen Inseln auch damals schon besiedelt waren. Da wir aber ohnehin nicht wissen, welche Art von vorindogermanischem Substrat in den später von Kelten bewohnten Ländern vorherrschte, können wir weder behaupten noch abstreiten, daß die Träger der Hallstattkultur, über die wir historisch nichts wissen, bereits keltisch gesprochen haben. Auf jeden Fall waren es die unmittelbaren Erben bronzezeitlicher Erfahrung, die die Herstellungstechniken und das Gerät der Eisenzeit wie Waffen, Werkzeug und Schmuck schufen, all das, was in

veränderter und verbesserter Form in die Latènezeit überging.

Nachrichten der klassischen Schriftsteller, Ortsnamen,
Fundstücke der materiellen Kultur und ganz besonders
Kunstobjekte geben uns einen Hinweis, wo Kelten gesiedelt
haben. Schon vor der Mitte des 4. Jahrhunderts v. Chr. hat
der griechische Geograph Ephoros das barbarische Europa
zwischen Kelten und Skythen aufgeteilt: Die einen saßen im
Westen, die anderen im Norden. Allerdings haben keltische
Dialekte nicht nur in Westeuropa einschließlich der Britischen Inseln, sondern auch in Mitteleuropa mit seinen südlichen Ausläufern und mit einer donauabwärts sich erstrek-
kenden Zunge ihre Spuren hinterlassen: in Tausenden von
Orts- und Gewässernamen, Landschaftsnamen, aber auch
in den Namen von Bergen und Gebirgen, zum Beispiel
London, Paris, Leiden, Mailand, Mainz, Wien, die Seine, die
Marne, die Ardennen, Kent, Gallien, Böhmen und so weiter. In Gegenden, die lange vom Einfluß des Lateinischen
frei geblieben sind, wie Irland und Schottland, haben sich
keltische Sprachen bis heute erhalten, ebenso in Wales, von
wo aus im 5. Jahrhundert v. Chr. das Bretonische nach Ar-
morica gelangte, um dort das gallische Element zu verstärken und ihm zum Überleben zu verhelfen. Als später die iri-
schen Mönche begannen, die durch die Barden seit mehr als
einem Jahrtausend mündlich überlieferten Legenden aufzuzeichnen, sammelten sie damit eine Unzahl von Daten über
Sitte und Religion der Latènezeit. Die epische Literatur beruht somit auf der Grundlage der heidnischen „Urzeit", als
die Festlandskelten den Kanal noch nicht überquert hatten.
Ebenso hat die christliche irische Kunst Motive und Kom-
positionsprinzipien bewahrt, die auf die Künstler der Latènezeit zurückgehen.

In der Tat hat die archäologische Forschung nachgewiesen,
daß alle Kelten des Altertums die gleichen Sitten und Gebräuche hatten. Unter ihren Waffen, die aus Gräbern oder aus dem
Flußsand geborgen wurden, sind manche für sie allein ty-

pisch. Sie sind auch auf späteren Denkmälern, wie gallischen Münzen oder römerzeitlichem Gerät, abgebildet, werden in den Texten erwähnt oder kommen bei Ausgrabungen zutage, und sie lassen einen ganz bestimmten Kriegertypus erkennen, der den Mittelmeeranrainern ebenso auffiel wie uns noch heute. Nicht weniger charakteristisch ist keltischer Schmuck, der ebenso wie bestimmte Keramikgattungen quer durch Europa und auf den Inseln eindeutige Verwandtschaft zeigt. Was die Münzen betrifft, so herrschen – wenn auch kein einförmiger Stil – von England bis an die mittlere Donau doch Motive, Bildzeichen und Verfahrensweisen bei der Umstilisierung vor, die es uns selbst ohne die gelegentlich vorhandene gallische Legende ermöglichen würden, sie Werkstätten der Latènezeit zuzuweisen. Auch eine typisch keltische und mit nichts anderem vergleichbare Sakral- und Militärarchitektur ist bezeugt: ein bestimmter, nur in der Römerzeit vertretener Tempeltyp sowie rechteckige Einfriedungen, vermutlich von Gräbern; ferner eine Befestigungstechnik, bei der Erde, Gestein ohne Mörtel sowie Balkenwerk miteinander verbunden werden. Nicht weniger originell ist schließlich die Skulptur, die graphische Tradition in Stein umsetzt und noch ihre Vorläufer in der Holzschnitzerei erkennen läßt.

Das keltische Europa entstand am Rand der Machtbereiche von Griechen, Etruskern und Römern durch Wanderungen von verschiedener Größenordnung und Reichweite. [...]

Die weite Ausbreitung der Kelten von Irland bis zum Schwarzen Meer war, genaugenommen, eine Folge ihrer Schwäche. Wir müssen allerdings unterscheiden zwischen West- und Osteuropa. Im Westen sind die Inseln im Atlantik Auffangstation und Bewahrungsort für Kulturgut der Latènezeit geworden, während es sich in Ostspanien wie auch im Süden von Gallien nur spärlich niedergeschlagen hat. Im Osten, wo sich am Anfang des 3. Jahrhunderts v. Chr. der Eroberungszug an der Donau entlang in Richtung auf die griechische Staatenwelt der Nachfolger Alexanders zubewegte, werden die Hinterlassenschaften der Kelten immer seltener. Es wurden ja die Reserven an männlicher Bevölkerung auch durch das Söldnertum erschöpft. Schließlich und endlich haben die Kelten überall dort, wo sie nicht durch die Römer unterworfen wurden, ihr zu weit gefächertes Gebiet an dynamischere Völker verloren: an die Iberer Spaniens, die Germanen in Böhmen, Mähren und der Slowakei, an die Daker in Ungarn, Siebenbürgen und Rumänien, an die Thraker in Bulgarien, an die Skythen nördlich des Schwarzen Meers. Nur in Irland und Schottland konnten sie in aller Freiheit überdauern. Nirgends die Spur von einem Reich, alles spricht für Varietät, Zerfall, Zersplitterung, Versprengung – verursacht durch eine Stammesverfassung, die der Grund für ewige Rivalität war. Das zeigt sich noch vor den Toren Galliens, als Caesar die Helvetier aufhielt, die auf der Wanderung zum Meer begriffen waren. Wenn während der zwei Jahrhunderte vor dem Einmarsch der Römer zwischen benachbarten *oppida* Bündnisse oder Klientelverhältnisse entstanden, die zur Fusion oder Konföderation unter der Oberherrschaft eines mächtigeren Stammes führten (wie im Fall der Arverner im 4. bis 2. Jahrhundert v. Chr. oder dem der von den Römern unterstützten Häduer), so war das nur ein Grund für noch erbittertere Rivalität, da die Parteien nun gemeinsame und um so wirkungsvollere Mittel einsetzen konnten.

Aus dem Gebiet, in dem sich die Kelten niederließen, pflegte die männliche Jugend auf Abenteuer auszuziehen; sie begab sich in den Sold griechischer Tyrannen, Diadochenfürsten oder karthagischer Feldherrn. Von der Wanderung zum Söldnertum ist es nur ein Schritt. So durchstreiften Kelten vom 4. bis zum 2. Jahrhundert v. Chr. sämtliche Küstenregionen des Mittelmeeres, obwohl ihre Siedlungen fast alle im Inneren Europas und abseits der südlichen Schiffahrtswege lagen. Sie wanderten in östlicher und südöstlicher Richtung zwischen den Küsten des Südens und den Ebenen des östlichen Einflüssen zugänglichen Nordens, wo Germanen und Skythen zu Hause waren, zwei völlig verschiedene Welten, zwischen denen ein beständiger Austausch stattfand. Die Kelten zogen ihren Nutzen aus dieser zweifachen Nachbarschaft, konnten aus zwei Quellen schöpfen, stets bereit, sich niederzulassen und einzufügen oder auch wieder aufzubrechen, besonders in den Krieg. Sie waren keine regelrechten Nomaden, auch keine Nomaden auf dem Wege zur Seßhaftigkeit; denn nicht die Wüste war ihre Lehrmeisterin. Sie wechselten den Ort, wenn sie die Wälder, Felder und Weidegebiete genügend ausgebeutet hatten, Seßhafte auf Wanderung sozusagen oder Räuberhorden. Dabei nahmen sie wie Pioniere zu allen Zeiten Technik, Brauchtum, Glaubensvorstellungen, Kulturgüter, Landeskenntnis, Produktionsmittel, Geld und Gold mit; so begründeten sie auch Königreiche. Die Barden, Waffenschmiede und Goldschmiede waren die Stifter ihres Ruhmes und die Garanten für ihr Prestige. Viele Jahrhunderte später wurde am Hofe König Artus' dem Fremden, der des Abends eintraf, nur dann Einlaß gewährt, wenn er „der Sohn eines Königs von Ruf oder ein Künstler war, der seine Kunst darbot". [...]

Der häufige Ortswechsel der Fürsten und ihrer Krieger sowie ganzer Stämme, die sich bisweilen in zwei oder mehr Unterstämme aufteilten und an weit voneinander entfernten Orten niederließen, hatte zur Folge, daß man im Verlauf der Wanderungen Anleihen bei fremden Kulturen, solchen Südeuropas oder des Orients, machte und daß ein Austausch mit den verschiedenen unterworfenen Völkern stattfand. Die vom Mittelmeerraum importierten oder mitgebrachten Stücke sind um so wertvoller, als sie einerseits zur Datierung des keltischen Fundkontextes verhelfen und andererseits als Vorbild für Form- und Dekorserien dienten. Dies beides trifft besonders für den italienischen Fundanteil zu, während skythische Gegenstände als formale Vorbilder bezeugt sind. Wanderung und Söldnertum waren es also, die für eine gehörige Verbreitung latènezeitlicher Stile und Objekte sorgten.

Werner Huß

Hannibals Alpenübergang

Der Plan der Invasion Italiens dürfte in der Zeit nach dem Eintreffen der ersten römischen Gesandtschaft in Carthago Nova Gestalt angenommen haben. Um den Krieg rasch nach Italien hinüberzutragen – und darauf kam ja alles an! –, war es aber erforderlich, den Landweg über Südfrankreich zu wählen; denn die karthagische Flotte war keinesfalls imstande, Truppen und Material in erforderlicher Zahl und Menge nach Italien zu transportieren. Karthago war in Spanien zu einer Landmacht geworden.

Bereits im Winter des Jahres 219/18 schickte Hannibal Boten zu den Fürsten der keltischen Stämme, deren Gebiete er auf seinem Weg nach Italien durchziehen mußte, insbesondere zu den Fürsten der in den Alpen und in der Po-Ebene wohnenden keltischen Stämme. Diese Boten sollten die unter militärischem Gesichtspunkt bedeutsamen Aspekte dieser Gegenden erkunden, von den Fürsten, deren Gebiete westlich der Alpen lagen, freien Durchzug erbitten und die Fürsten, deren Stämme in der Po-Ebene wohnten, zum Abschluß von Bündnisverträgen auffordern. Sie sparten bei der Erfüllung dieser Aufgaben nicht mit Geschenken und Versprechungen. Von besonderer Bedeutung war natürlich die Antwort auf die Frage, wie die Kelten der Po-Ebene, die vor wenigen Jahren zu einem beträchtlich großen Teil von den Römern unterworfen worden waren und die immer noch unter den Folgen ihrer Niederlagen zu leiden hatten, sich zum Vorschlag einer militärischen Kooperation mit den Karthagern stellen würden. Hannibal war davon überzeugt, daß der Erfolg in Italien zu einem bedeutenden Teil vom Verhalten der Kelten der Po-Ebene abhängen würde. Er fühlte sich daher sehr erleichtert, als endlich die Boten der keltischen Fürsten in Carthago Nova eintrafen und deren Bereitschaft zur Zusammenarbeit signalisierten.

Nach der Rückkehr der Soldaten der spanischen Verbündeten nach Carthago Nova führte Hannibal eine Musterung sämtlicher Abteilungen des Heeres durch. Dann traf er als Feldherr Libyens und Iberiens Abwehrmaßnahmen gegen die zu erwartenden römischen Angriffe auf Afrika und Spanien. Dabei ging er von dem Grundsatz aus, daß in Afrika möglichst spanische und in Spanien möglichst afrikanische Truppen kämpfen sollten. Offensichtlich befürchtete er, daß sich in Krisensituationen einheimische Truppenteile in den schützenden Raum ihrer Städte und Stämme zurückziehen und die karthagische Sache verlassen, wenn nicht gar die antikarthagische Front verstärken würden. Der Libysche Krieg schreckte! So verlegte er 13 850 Infanteristen und 1200 Kavalleristen aus den spanischen Stämmen der Thersiten, der Mastiener, der iberischen Oreten und der Olkaden – und dazu 870 Balearer - nach Afrika, und zwar den größeren Teil dieser Verbände in die sog. Metagonia Afrikas und den kleineren Teil nach Karthago selbst. In den Städten der Metagoniten hob er überdies 4000 junge Männer aus, die er in Karthago stationierte – sie sollten in gleicher Weise die Funktion von Soldaten wie die von Geiseln haben. Nach Spanien beorderte er 12 650 Infanteristen, und zwar 11 850 Libyer, 300 Ligurer und 500 Balearer, außerdem 450 libyphoinikische und libysche, 300 lergetische und 1800 numidische Kavalleristen aus den Stämmen der Massylier, der Masaisulier, der Makkoier und der Maurusier. Das Heer wurde außerdem durch 21 Elefanten verstärkt. Die in Spanien stationierte Flotte, die in erster Linie nur defensive Aufgaben wahrnehmen konnte, umfaßte 50 Penteren, 2 Tetreren und 5 Trieren – und von diesen Schiffen waren 18 Penteren und die beiden Tetreren unbemannt. Den Oberbefehl über diese Truppen übertrug Hannibal seinem jüngeren Bruder Hasdrubal. Zwar bezeichnen Polybios und Livius nur Iberien als Befehlsbereich des Hasdrubal, doch unterstand seinem Kommando allem Anschein nach auch Libyen.

Nachdem Hannibal eine Wallfahrt zum Mlqrt von Gades

unternommen hatte, um ein Gelübde einzulösen und ein neues Gelübde abzulegen, das er zu erfüllen versprach, „wenn das übrige gut endete" (Livius), brach er etwa Ende April 218 mit ungefähr 90 000 Infanteristen und 12 000 Kavalleristen von Carthago Nova auf. Er zog auf der Küstenstraße – an Onussa vorbei – zur Mündung des Ebro. In drei Abteilungen setzte er seine Truppen – etwa Ende Mai – über den Fluß. Er befand sich nunmehr in einem Gebiet, dessen Bewohner keineswegs alle gewillt waren, mit fliegenden Fahnen zu ihm überzugehen. Zudem scheint das Auftreten römischer Diplomaten, die hier antikarthagische Stimmung gemacht hatten, nicht ganz ohne Wirkung geblieben zu sein – sie hatten bei den Bargusiern eine freundliche Aufnahme erfahren, waren allerdings von den Volcianern abgewiesen worden. Hannibal konnte sich nicht damit begnügen, sich einen Weg zu den Pyrenäen freizukämpfen; es war vielmehr erforderlich, wenigstens einige der bedeutenderen Widerstandszentren zu nehmen, um zumindest eine teilweise Befriedung dieses Gebiets zu erreichen – dies war nicht zuletzt wegen der dauerhaften Sicherung des Übergangs über die Pyrenäen von Bedeutung. Die Stämme der Ilergeten, Bargusier, Airenosier und Andosiner wurden zwar in relativ kurzer Zeit unterworfen, die Verluste der Karthager waren aber erstaunlich hoch. Hannibal ließ den Offizier Hanno (?) als Statthalter über das Gebiet zwischen Ebro und Pyrenäen zurück und unterstellte ihm 10 000 Infanteristen und 1000 Kavalleristen. In den Pyrenäen verließen ihn etwa 3000 Karpesier. Er suchte sie keineswegs mit Gewalt zurückzuhalten, sondern entließ noch weitere 7000 Spanier, von denen er den Eindruck hatte, sie seien unsichere Kantonisten. Der Gewinn dieses Verlustes bestand darin, daß einerseits die Disziplin des Heeres gefestigt wurde und andererseits Hannibal das Wohlwollen der zurückbleibenden Spanier und ihrer Stämme nicht verlor. Mit angeblich 50 000 Infanteristen und etwa 9000 Kavalleristen zog er schließlich – etwa Ende Juli – über die Pyrenäen. Die Stimmung der Stämme Südfrankreichs war keineswegs prorömisch. Dies hatten die römischen Diplomaten zu ihrem Schrecken erfahren müssen, als sie auch in der Provence Station gemacht hatten. Die Maßnahmen der Römer gegen die Kelten Oberitaliens waren auch bei den Kelten der Provence nicht unbekannt geblieben! Doch trotz der keineswegs römerfreundlichen Haltung strömten die Soldaten einiger keltischer Stämme in Ruscino zusammen, um notfalls ihre Freiheit mit der Waffe zu verteidigen. Sie waren durch Nachrichten, die aus dem Gebiet zwischen dem Ebro und den Pyrenäen zu ihnen gedrungen waren, verunsichert worden. Hannibal, der bei Iliberri lagerte, beteuerte gegenüber den Fürsten dieser Stämme seine friedlichen Absichten, lud sie zu einer Unterredung ein und überzeugte sie durch Worte und Geschenke. Der Vormarsch zur Rhône ging ohne größere Schwierigkeiten vonstatten.

Etwa am 19. August erreichte Hannibal die Rhône. (Dieses Datum und damit auch die Daten der folgenden Darstellung sind hypothetischer Art.) Er beabsichtigte, möglichst rasch über den Fluß zu gehen, und zog an eine Stelle, an der sich der Fluß noch nicht geteilt hatte – diese Stelle war vier Tagesmärsche von der Mündung entfernt. Auf beiden Seiten des Flusses wohnten Uolker. Ein Teil der am rechten Ufer der Rhône wohnenden Uolker war vor der Ankunft des Karthagers auf die andere Seite des Flusses gegangen, um zusammen mit den dort wohnenden Stammesgenossen dem karthagischen Heer den Übergang zu verwehren. Hatten die Massalioten bei der Organisation des Widerstands ihre Hände im Spiel gehabt? Wir wissen es nicht. Hannibal sah, daß es nicht möglich war, schnurstracks über den Fluß zu gehen – ein derartiger Versuch hätte hohe Verluste gebracht, wenn nicht gar eine Niederlage nach sich gezogen. Ein anderer Weg mußte gefunden werden. Der karthagische Feldherr detachierte zunächst eine Abteilung, die er Hanno, dem Sohn des Bomilcar, unterstellte, und diese Abteilung brach am 21. August nach Einbruch der Dunkelheit auf und überquerte am nächsten Tag an einer Stelle, die 200 Stadien nördlich des Lagers der Karthager lag, unbemerkt den Fluß. Im Morgengrauen des 24. August nahmen dann die Truppen des Hanno – es waren größtenteils Spanier – und das Gros des Heeres, das auf Befehl des Hannibal über den Fluß setzte, die Feinde in die Zange. Die Kelten flohen nach nur kurzer Gegenwehr. Noch am gleichen Tag setzte der Rest des Heeres über.

Am 25. August erfuhr Hannibal, daß die römische Flotte – sie stand unter dem Befehl des Consuls P. Cornelius Scipio, dem die spanische „Provinz" zugefallen war – an der „massaliotischen" Mündung der Rhône vor Anker gegangen war. Er schickte daraufhin 500 numidische Kavalleristen ab, die die Position, die Stärke und die Absicht des Feindes erkunden sollten. Denselben Plan hatte P. Scipio verfolgt, der 300 römische Kavalleristen und eine unbekannte Zahl von keltischen Kavalleristen, die in massaliotischem Kriegsdienst standen, rhôneaufwärts entsandt hatte. Nicht weit von der Stelle des Rhône-Übergangs entfernt trafen die beiden Schwadronen aufeinander, und es entwickelte sich das erste, hitzig geführte Gefecht des 2. Punischen Kriegs. Beide Seiten scheinen sich als Sieger dieses Gefechts betrachtet zu haben.

Am gleichen Tag hielt Hannibal eine Versammlung ab, auf der er dem Heer den Fürsten und die Grafen der in der Po-Ebene wohnenden Boier vorstellte. Die Moral der Truppe bedurfte vor dem gefürchteten Weg über die Alpen dringend der Stärkung.

Am nächsten Tag brachen die 38 000 Infanteristen nordwärts auf. Hannibal ließ den Abmarsch durch die Kavallerie decken und wartete das schwierige Übersetzen der 37 Elefanten ab. Vermutlich am übernächsten Tag, am 27. August, verließ er die Stelle des Flußübergangs und zog mit über 8000 Kavalleristen und den Elefanten rhôneaufwärts. [...]

Nach einem Marsch von vier Tagen, am 30. August, kam Hannibal beim Zusammenfluß der Rhône und der Isère an.

In dem Gebiet zwischen Rhône und Isère (auf der sog. Insel) wohnte der mächtige Stamm der Allobrogen, dessen Gefüge damals durch den dynastischen Kampf zweier Brüder auseinanderzubrechen drohte. Von Braneus, dem älteren der beiden Brüder, um Unterstützung gebeten, setzte Hannibal dessen Ansprüche, die auch von der optimatischen „Partei" unterstützt wurden, durch. Er erhielt daraufhin von Braneus alle erdenkliche Unterstützung – Braneus geleitete ihn sogar isèreaufwärts von etwa Pont-de-l'Isère bis etwa St. Pierre-d'Albigny.

Waren bis St. Pierre-d'Albigny keine größeren Schwierigkeiten aufgetreten, so änderte sich dies in den folgenden Tagen und Wochen. Der Kampf gegen die Natur und gegen den nachrückenden Feind setzte dem karthagischen Heer zu. Die feindlich gesinnten Allobrogen besetzten im Tal des Arc – in dieses Tal war Hannibal am 10. September abgebogen – strategisch wichtige Punkte, um von ihnen aus die karthagischen Truppen, die hier vorbeiziehen mußten, anzugreifen. Hannibal erkannte die Absicht der Allobrogen. Er schlug daher vor einer gefährlichen Engstelle ein Lager auf und schickte einige seiner keltischen Führer zur Erkundung aus. Als diese berichteten, die feindlichen Soldaten pflegten nach Einbruch der Dunkelheit größtenteils ihre Stellungen zu verlassen und sich in ein benachbartes Wehrdorf zurückzuziehen, rückte er nachts mit einer Elitetruppe vor und besetzte die feindlichen Stellungen. Die Allobrogen konnten daher am nächsten Tag nur noch den Troß angreifen. Aber auch der Verlust des Trosses hätte verheerende Folgen gehabt. Daher sah sich Hannibal gezwungen, seine Elitetruppe gegen die Allobrogen einzusetzen. Und diese Truppe kämpfte mit Erfolg. Allerdings waren die Einbußen nicht nur auf allobrogischer, sondern auch auf karthagischer Seite hoch. Neben den Verlusten an Menschen schmerzten auf karthagischer Seite vor allem die Verluste an Pferden und Lasttieren. Doch wurden die Einbußen an Pferden und Lasttieren aufgrund der Einnahme des fast menschenleeren

Wehrdorfs zumindest teilweise wieder ausgeglichen. Außerdem erbeutete Hannibal Lebensmittel, die für zwei bis drei Tage die Versorgung des Heeres sicherstellten. Im übrigen war der Abschreckungseffekt dieses karthagischen Erfolgs hoch.

Nach einem Rasttag setzte das Heer den Aufstieg fort. Am folgenden Tag kamen die Ältesten eines in dieser Gegend wohnenden Bergstamms und baten um die Zusicherung eines friedlichen Durchzugs. Da sie Geiseln stellten, das Heer mit Schlachtvieh versorgten und auch sonst einen vertrauenerweckenden Eindruck hervorriefen, begann das Mißtrauen auf karthagischer Seite zu schwinden. Beim Weitermarsch bediente sich Hannibal sogar ihrer Ortskenntnisse. Doch ein Rest von Mißtrauen war geblieben – und dies, wie sich am übernächsten Tag herausstellen sollte, zu Recht; denn an diesem Tag griffen die Bergbewohner in einer Schlucht insbesondere die Nachhut des Heeres an. Hätte Hannibal nicht schon vorsorglich die Kavallerie und den Troß in die Vorhut und die Schwerbewaffneten in die Nachhut beordert, wären die karthagischen Verluste wahrscheinlich enorm gewesen – Polybios behauptet sogar, das ganze Heer wäre in diesem Falle zugrunde gegangen. So aber waren die Verluste an Menschen, Pferden und Lasttieren zwar nicht gering, aber doch erträglich. Hannibal war gezwungen, mit der Hälfte des Heeres auf felsigem, aber unangreifbarem Gelände die Nacht zuzubringen, um dem Zug der Pferde und Lasttiere Deckung zu gewähren. Als am Morgen von den Feinden nichts mehr zu sehen war, schloß Hannibal zu den Kavalleristen und dem Troß auf. Das Heer marschierte nun in Richtung Paßhöhe weiter, ohne daß die Bergbewohner, die vor allem vor den Elefanten großen Respekt zeigten, den Vormarsch ernstlich behindert hätten. Die Paßhöhe wurde noch an diesem Tage – es war der neunte Tag seit dem Aufbruch in St. Pierre-d'Albigny (18. September) – erreicht. Auf der Höhe des Col du Clapier – genauer gesagt: des Pas de Lavis-Trafford – schlug Hannibal ein Lager auf und gewährte Menschen und Tieren eine Ruhepause von zwei Tagen.

Am folgenden Tag begann der Abstieg, bei dem Hannibal infolge der Geländeschwierigkeiten – feindliche Angriffe waren nunmehr selten und unbedeutend – nicht weniger Leute verlor als beim Aufstieg. Besondere Schwierigkeiten bereiteten am ersten Tag des Abstiegs die Umstände, daß der abschüssige Weg an einer engen Stelle von Steinlawinen verschüttet und mit Alt- und Neuschnee bedeckt war. Da der Versuch einer Umgehung des hinderlichen Wegstücks fehlschlug, biwakierte Hannibal am Bergrücken. Am nächsten Tag ließ er einen Weg freilegen, den die Pferde und Lasttiere passieren konnten. Erst am dritten Tag war der Durchgang von den Numidern so weit verbreitert worden, daß auch die Elefanten hindurchziehen konnten. Am übernächsten Tag, am 24. September, erreichte er schließlich mit 12 000 libyschen und etwa 8000 iberischen Infanteristen und 6000 Kavalleristen die Ebene.

Ranuccio Bianchi Bandinelli / Antonio Giuliano

Die Vorherrschaft Roms

Tatsache ist, daß der Hannibalische Krieg, der auf beiden Seiten mit erbitterter Grausamkeit geführt wurde, als ein Krieg zwischen zwei Kulturen, für die es jeweils um die nackte Existenz ging, ein Krieg, der fünfzehn Jahre lang die Halbinsel überzog, die Wirtschaft Italiens wenn nicht völlig, so zum großen Teil zerstört hatte. Die unteren Klassen gehen aus diesen Prüfungen mit tiefen Wunden hervor, und selbst die Mittelklasse erlebt den Zusammenbruch einer Wirtschaft, die auf der Familie fußte und die Verbreitung einer hellenisierenden figürlichen Kunst, wie sie für das 3. Jahrhundert charakteristisch war, zunächst ermöglicht

hatte. Aber zugleich findet die Halbinsel unter der Vorherrschaft Roms ihre politische, rechtliche und administrative
Einheit. Nur wenige Gebiete wurden von der Geißel der Invasion verschont. Unter diesen wahrte Campanien, vor allem die Küstenregion, eine gewisse hellenistische Tradition
seines Kunsthandwerks; aber das übrige Süditalien sollte
sich nach dieser Prüfung nicht wieder erholen. Das Anwachsen der Latifundien und die Ausbreitung der Malaria
führten zu einer Verelendung und Entvölkerung, die es
durchaus glaubwürdig machen, daß es zu Plünderungen alter Städte und Tempel kam, wie sie Verres im 1. Jahrhundert
v. Chr. als Statthalter in Sizilien verübte.

Die herrschende Klasse Roms, die den Krieg gewonnen
hatte, erkannte die gewaltigen Möglichkeiten, die der Osten
als Markt für die Republik bot. Die Beziehungen zu den
hellenistischen Staaten, die zunächst zwei Aspekte hatten,
weil sie auf dem Prinzip des Bündnisses beruhten, in der
Praxis aber die Unterwerfung unter Rom bedeuteten, diese
Beziehungen wurden immer enger und immer drückender
für den Partner. Um die Mitte des 2. Jahrhunderts wird Karthago zerstört, ebenso Korinth: Die hellenistischen Staaten,
die mit dem letzten Versuch Antiochos' III., die Unabhängigkeit zu behalten, ihre Autonomie gefunden hatten, waren, als Antiochos von Lucius Scipio, dem Bruder des Sie-
gers über Hannibal, 190 bei Magnesia am Sipylos bezwun-
gen worden war, den Kaufleuten Roms ausgeliefert. Nur
noch Ägypten verstand es, eine mit Vorsicht gehandhabte
Autonomie zu wahren.

Italien mit seiner begrenzten landwirtschaftlichen Produktion und seiner vorwiegend spärlichen Viehzucht, dazu
durch Kriege geschwächt, vermochte nicht, mit den großen
hellenistischen Märkten in Wettbewerb zu treten. Die herrschende Klasse in Rom zeigt sich völlig unvorbereitet für
die Lösung der schwerwiegenden wirtschaftlichen und sozialen Probleme, die die Halbinsel bedrängen.

Was die Kunst betrifft, so herrscht einerseits eine fast fetischistische und nicht immer von kritischem Verständnis zeugende Bewunderung für die geraubten griechischen Kunstwerke, die als Symbol des Sieges gelten und für die sich überdies ein sehr eifriger Kunsthandel interessiert; andererseits steht der Bewunderung auch Mißtrauen gegenüber, ein hemmungsloser Chauvinismus angesichts derselben Kunstwerke, wenn sie zum kulturellen Ausgangspunkt einer neuen herrschenden Klasse gemacht werden sollen, wie Cato 195 v. Chr. in einer Rede erklärte (Livius, XXXIV, 4, 4). Die Griechenfeindlichkeit Catos, die Ausweisung der Philosophen, die Gier nach Land und Gold, das sind die Kennzeichen einer römischen Oberschicht, die sich einer veränderten Welt anpaßt. Es ist eine Welt, die sich an die Stelle einer anständigen, begrenzten Wirtschaft gesetzt hat, eine Welt des Wuchers und des blinden Egoismus von Menschen, die, nachdem sie den mächtigsten Feind besiegt haben, der sich je gegen die Republik erhoben hatte, nun in ihren Gegnern nur noch Objekte der Ausbeutung und ihres Profitstrebens sehen und ihnen, selbst im Genuß ungeheurer Kapitalien, zum eigenen Nutzen die alten Grundsätze der republikanischen Wirtschaft aufnötigen wollen. Die Folge sind Unterdrückung und fortschreitende Verelendung der Italiker und ebenso der unteren Klassen Roms.

Diese Politik führt zum Klientenwesen, das heißt, zu einem immer weiteren Abbau der republikanischen Legalität und der Auflösung der ökonomischen Struktur des Staates, der nun wie nichts sonst den Haß der Italiker erweckt. Mummius, der Zerstörer Korinths, scheint mit der demagogischen Verteilung der aus Griechenland geraubten Kunstwerke selbst in den kleinen Wahlkreisen, die die Basis seiner Macht waren, diese erbärmliche, erpresserische Mentalität geradezu zu verkörpern.

Eine Politik größeren Verständnisses wurde dagegen von den aufgeklärten Kreisen der Republik verfolgt – den Scipionen und Gracchen. Durchdrungen von hellenistischer Kultur, suchen diese verwandtschaftlich miteinander verbundenen Gruppen, die fest in den Traditionen ihrer Familien wurzeln, mit aller Macht, die Republik vor dem drohenden Zusammenbruch zu bewahren. Sie suchen für den römischen Staat nach konstitutionellen Formen, wie sie den neuen wirtschaftlichen Bedingungen entsprächen. Sie wollen eine gerechtere Verteilung des Eigentums einführen, denn sie sind sich bewußt, daß das Festhalten an der verkalkten, nie erneuerten republikanischen Tradition die Grundlagen des Staates zerstören müßte.

Aber der starre, Unterdrückung fördernde Zweck-Konservativismus der Klasse der Neureichen, die mit ihrer Berufung auf Traditionen nichts anderes im Sinn haben, als die eigenen Privilegien beizubehalten, nimmt seine Zuflucht zur Verleumdung – im Prozeß der Scipionen; zum politischen Mord – an Scipio Aemilianus; zur Lynchjustiz – gegenüber den Gracchen; zugleich prangert er den Terrorismus des korrupten Orients an, spricht voller Salbung von der Heiligkeit der Familie, von den militärischen Traditionen und von der Gleichheit vor dem Gesetz, die allerdings nur noch bloßer Schein ist. Dies mag verständlich machen, warum durch die Ablehnung der hellenistischen Kultur – auf die sich ein Großteil der römischen und italischen Gesellschaft des 3. Jahrhunderts stützte – und durch das Pochen auf vorgeblich römische Traditionen –, die es in Wahrheit nicht gab, es sei denn in den Gesetzen, die von denen gebrochen wurden, die sich zu ihren Verteidigern und Lobrednern aufwarfen –, warum also die figürliche Kunst auf der italienischen Halbinsel auf die tiefste Stufe sank und nur einzelne Bauwerke und nur wenige, aus dem hellenistischen Kleinasien nach Rom importierte Kunstwerke eine zuweilen bedeutende Qualität zeigten; gelegentlich erklärt sich auch die Qualität durch die Übersiedlung ganzer Werkstätten aus dem Orient; aber auch diese Qualität hat keinen formenden Einfluß, da der kulturelle Nährboden fehlt.

Diese verhängnisvolle Situation, die völlig zu Lasten der unteren Klassen, der italischen Völker oder des römischen

Proletariats ging, jener Kräfte, die die Republik zum Sieg über Hannibal geführt und Rom zur Vormacht in der ganzen Welt des Mittelmeerraums verholfen hatten, löst zu Beginn des 1. Jahrhunderts v. Chr. eine unerhört heftige Explosion aus. In Rom wird noch immer auf Leben und Tod um die Macht gerungen, als in Italien der Bundesgenossenkrieg ausbricht, das heißt die Revolte aller der Völker, denen das Bürgerrecht für sich und ihre Söhne verweigert worden war; und im Osten gibt Mithridates mit dem Massaker an den italischen Kaufleuten das Signal für den letzten Versuch, die Unabhängigkeit von Rom zurückzuerlangen.

Die wütende Reaktion der herrschenden Klasse Roms kann nicht verhindern, daß Krieg und Aufruhr bis vor die Tore der Stadt getragen werden; vor allem kann sie es nicht abwehren, daß sich gegenüber der hämmernden Propaganda für die alten republikanischen Traditionen, die inzwischen jede Bedeutung verloren haben, Gewissensbisse einstellen, was zum Beispiel Sallust deutlich ausdrückt (vgl. *„Jugurtha"*, 4).

Die Überwindung all dieser Widersprüche ist das Ziel der Politik Caesars: Rom, das die Vorherrschaft im Mittelmeerbereich besitzt, kann nicht länger als bloße Stadt oder als das Zentrum ausschließlich Italiens gelten, vielmehr sollten nun auch sämtliche eroberten Territorien allgemein an der hellenistischen Kultur teilhaben, und zwar auf dem Weg über eine grundlegende Erneuerung des öffentlichen römischen Rechts. Italien sollte nicht mehr die beherrschende Region sein, das Imperium mußte universal sein. Nur durch die Lösung dieses Problems würde man zu einer neuen und intensiveren Kultur gelangen.

Augustus

Meine Taten

Nachstehend die Abschrift des auf zwei in Rom aufgestellten Bronzepfeilern eingegrabenen Berichtes von den Taten des göttlichen Augustus, durch welche er den Erdkreis der Herrschaft des römischen Volkes unterwarf, und von den Aufwendungen, die er für Staat und Volk von Rom machte:

Im Alter von neunzehn Jahren habe ich als Privatmann aus eigenem Entschluß und aus eigenen Mitteln ein Heer aufgestellt, mit dessen Hilfe ich den durch die Willkürherrschaft einer bestimmten Gruppe versklavten Staat befreite. Aus diesem Grund hat mich der Senat unter ehrenvollen Beschlüssen im Konsulatsjahr des C. Pansa und A. Hirtius (43 v. Chr.) in seine Reihen aufgenommen, wobei er mir konsularischen Rang bei den Abstimmungen zuerkannte. Ebenso verlieh er mir militärische Befehlsgewalt. Auf daß der Staat keinen Schaden nehme, sollte ich als Proprätor zugleich mit den Konsuln Sorge tragen. Das Volk aber wählte mich im selben Jahr zum Konsul, nachdem beide Konsuln im Kriege gefallen waren, und zum Triumvirn für die Neuordnung des Staates.

Die meinen Vater ermordet haben, trieb ich in Verbannung, und rächte durch gesetzmäßigen Richtspruch so ihre Untat. Und als sie darauf Krieg gegen den Staat begannen, besiegte ich sie zweifach in offener Feldschlacht.

Kriege zu Wasser und zu Lande, gegen innere und äußere Feinde, habe ich auf dem ganzen Erdkreis oft geführt und als Sieger alle römischen Bürger, die um Gnade baten, geschont. Auswärtige Völker, denen unbesorgt verziehen werden konnte, habe ich lieber erhalten als vernichten wollen. Ungefähr fünfhunderttausend römische Bürger waren als Soldaten auf mich vereidigt. Von diesen habe ich in Neugründungen angesiedelt oder nach Vollendung ihrer Dienstzeit in ihre Heimatgemeinden entlassen um einiges mehr als dreihunderttausend; diesen allen ließ ich Grund und Boden zuweisen oder gab ihnen Geld als Lohn für ihren Militärdienst. Schiffe habe ich sechshundert gekapert, nicht gerechnet diejenigen, die etwa kleiner als Dreiruderer waren. [...]

Bei allen Provinzen des römischen Volkes, denen Völkerschaften benachbart waren, die unserem Spruche nicht gehorchten, habe ich die Grenzen erweitert. Die gallischen und spanischen Provinzen und ebenso Germanien habe ich befriedet, ein Gebiet, welches durch den Ozean von Gades bis zur Mündung der Elbe umschlossen wird. Die Alpen ließ ich von der Gegend nahe der Adria bis zum Tyrrhenischen Meer besetzen, wobei keiner Völkerschaft der Krieg unrechtmäßig erklärt wurde. Meine Flotte segelte über den Ozean von der Mündung des Rhein weg in östliche Gegenden bis zu den Ländern der Cimbern, wohin weder zu Lande noch zu Wasser irgendein Römer bis zu diesem Zeitpunkt je gelangt war. Die Cimbern, Charyden und Semnonen sowie andere germanische Völkerschaften dieses Gebietes erbaten durch Gesandte meine und des römischen Volkes Freundschaft. Auf meinen Befehl und unter meinen Auspizien wurden etwa zur selben Zeit zwei Heere gegen Äthiopien und Arabien, welches *Eudaemon* genannt wird, geführt; und bei beiden Völkerschaften wurden gewaltige Scharen von Feinden in der Schlacht niedergestreckt und mehrere befestigte Plätze eingenommen. In Äthiopien gelangte man bis zur Stadt Nabata, der Meroë benachbart ist. In Arabien rückte das Heer vor bis ins Gebiet der Sabäer zu dem Ort Mariba.

Ägypten habe ich dem Herrschaftsbereich des römischen Volkes hinzugefügt. Als ich Großarmenien nach der Ermordung seines Königs Artaxes zur Provinz hätte machen können, habe ich es nach dem Beispiel unserer Väter vorgezogen, dieses Reich dem Tigranes (II.), dem Sohn des Königs Artavasdes und Enkel des Königs Tigranes (I.), durch Tiberius Nero übertragen zu lassen, der damals noch mein Stiefsohn war. Und als dasselbe Volk später abfiel, einen Aufstand unternahm und von meinem Sohn Gaius unterworfen wurde, habe ich es dem König Ariobarzanes, einem Sohn des Mederkönigs Artabazos, zur Herrschaft übergeben und nach dessen Tod seinem Sohn Artavasdes. Als letzterer ermordet wurde, sandte ich Tigranes (IV.) in dieses Reich, der aus dem armenischen Königsgeschlecht stammte. Alle Provinzen, die sich von der Adria gegen Osten erstrecken, und Kyrene, welches sich schon zum großen Teil in der Hand fremder Könige befand, habe ich ebenso wie vorher die im Sklavenkrieg besetzten Inseln Sizilien und Sardinien wieder zurückgewonnen.

Durch Ansiedlung von Soldaten gründete ich Städte in Afrika, Sizilien, Makedonien, den beiden spanischen Provinzen, in Achaia, Asien, Syrien, der Gallia Narbonensis und Pisidien. In Italien selbst waren achtundzwanzig Städte auf meine Veranlassung hin gegründet worden, die zu meinen Lebzeiten bereits volkreich waren und in höchster Blüte standen.

Zahlreiche militärische Feldzeichen, die durch andere Heerführer verloren worden waren, habe ich durch die Niederringung der Feinde aus Spanien und Gallien sowie von den Dalmatern wiedererlangt. Die Parther habe ich veranlaßt, die Beute und Feldzeichen dreier römischer Heere mir zurückzugeben und demütig die Freundschaft des römischen Volkes zu erbitten. Diese Feldzeichen aber ließ ich im innersten Heiligtum des Tempels des Mars Ultor aufbewahren. [...]

Da ich dies niederschreibe, befinde ich mich in meinem sechsundsiebzigsten Lebensjahr.

Die Niederlage des Varus (9 n. Chr.)

Doch es ist schwieriger, Provinzen zu behalten, als sie zu schaffen. Mit bewaffneter Macht erringt man sie, durch Gerechtigkeit erhält man sie sich. So war die Freude nur kurz. Denn die Germanen waren eher besiegt als gebändigt, und sie achteten unter dem Feldherrn Drusus unsere Lebensart mehr als die Militärmacht. Nachdem dieser gestorben war, begannen sie, die Gier und den Hochmut des Quinctilius Varus nicht weniger als seine Grausamkeit zu hassen. Er wagte es, einen Landtag abzuhalten, und erließ unvorsichtig Vorschriften, als könnte er der Gewalttätigkeit der Barbaren durch die Ruten des Liktors und die Stimme des Herolds Einhalt gebieten. Jene dagegen, die schon längst wegen ihrer roststumpfen Schwerter und der untätig herumstehenden Pferde murrten, griffen, sobald sie der (römischen) Togen gewahr wurden und der Gerichtsentscheidungen, die schlimmer als die Waffen wüteten, unter der Führung des Arminius zu den Waffen. Derweil vertraute Varus dem Frieden so sehr, daß er sich nicht einmal beunruhigte, als Segestes als einziger der Fürsten die Verschwörung verriet. So griffen sie den Ahnungslosen und nichts derartiges Befürchtenden überraschend an, als jener – welche Sorglosigkeit! – Leute vor Gericht lud, und von allen Seiten brachen sie herein. Das Lager wurde ausgeraubt, drei Legionen wurden überwältigt. Varus folgte dem allgemeinen Untergang mit gleichem Schicksal und in gleichem Geist wie (L. Aemilius) Paulus am Tag (der Schlacht) von Cannae. Nichts war blutiger als dieses Gemetzel in Sümpfen und Wäldern, nichts war unerträglicher als der Hohn der Barbaren, besonders aber gegenüber den Gerichtsherren. Den einen stachen sie die Augen aus, den anderen hieben sie die Hände ab; einem wurde der Mund zugenäht, zuvor aber die Zunge herausgeschnitten. Diese hielt ein Barbar in der Hand und sagte:

„Endlich hast du Natter aufgehört zu zischen." Selbst der Leichnam des Konsuls, den die Soldaten aus Ehrfurcht beerdigt hatten, wurde wieder ausgegraben. Feldzeichen und zwei Legionsadler besitzen die Barbaren noch heute; bevor der dritte in die Hände der Feinde geraten konnte, riß ihn der Standartenträger ab, steckte ihn in die Öffnungen seines Wehrgehenks und verbarg sich so im blutigen Sumpf. Diese Niederlage bewirkte, daß die (römische) Herrschaft, die an der Küste des Ozeans nicht haltgemacht hatte, am Rheinufer ihre Grenze fand.

Wolfgang Schlüter

Das Schlachtfeld

Im Jahre 9 n. Chr. brachten westgermanische Stammesverbände unter Führung des Cheruskers Arminius der römischen Armee eine ihrer schwersten Niederlagen bei: In einer dreitägigen Schlacht im *saltus Teutoburgiensis* vernichteten sie ein unter dem Oberbefehl des römischen Statthalters P. Quinctilius Varus stehendes Heer. Die römische Streitmacht umfaßte drei Legionen (XVII., XVIII., XIX.) und neun Auxiliarformationen, und zwar drei Reiter- *(alae)* und sechs Infanterieeinheiten *(cohortes)*. Das Ausmaß der militärischen Katastrophe wird deutlich, wenn man bedenkt, daß die drei Legionen, die mit Varus untergingen – vorausgesetzt, sie besaßen ihre volle Sollstärke –, etwa die Hälfte der römischen Rheinarmee ausmachten und diese wiederum einem Drittel des gesamten römischen Heeres entsprach. Auf jeden Fall vereitelte die Niederlage des Varus den Versuch der Römer, das Land zwischen Rhein und Elbe zu einer regulären römischen Provinz zu machen.

Kein geschichtliches Ereignis hat seit Jahrhunderten die Gemüter so bewegt und die Phantasie und den Tatendrang so vieler Historiker, Archäologen, Heimatforscher u. a. angeregt wie die Varusschlacht. Schon vor rund 800 Jahren begannen erste Versuche, den Schauplatz des Geschehens zu lokalisieren. Mit der Wiederentdeckung der Annalen des Tacitus 1505 im Kloster Corvey in einer im 9. Jahrhundert entstandenen Abschrift schienen erstmals nähere Angaben zur Lage des Schlachtfeldes zur Verfügung zu stehen. Der römische Historiker erwähnt (ann. 1,60,3), daß die Legionen des Varus im *saltus Teutoburgiensis* untergegangen seien, und durch eine Verknüpfung dieses Hinweises mit eindeutigen geographischen Anmerkungen zu einer militärischen Operation des Germanicus im Jahre 15 n. Chr. hielt man es durchaus für möglich, den *saltus Teutoburgiensis* zu identifizieren. Tacitus berichtet, daß Germanicus nach Kämpfen gegen die Brukterer, in deren Verlauf auch der Adler der XIX. Legion zurückgewonnen wurde, bis in die entlegensten Gebiete dieses germanischen Stammes gezogen sei. Dabei sei das Land zwischen Ems und Lippe verwüstet worden, und zwar „unweit des Teutoburger Waldes, in dem die Gebeine des Varus und seiner Legionen unbestattet vermodern sollten".

Mit großer Wahrscheinlichkeit befand sich das Heer des Germanicus nach Abschluß der Aktion gegen die Brukterer im Bereich der Quellgebiete von Ems und Lippe und damit in der Nähe des Osnings zwischen Oerlinghausen und Bad Driburg. Die Annahme, daß die Angabe *haud procul* (unweit, nicht fern, in der Nähe) nicht nur die Entfernung des Standortes des Germanicus zum *saltus Teutoburgiensis*, sondern auch zum Varusschlachtfeld betreffe, führte bereits Mitte des 16. Jahrhunderts zu einer Gleichsetzung von *saltus Teutoburgiensis* und Osning und schließlich zu der Umbenennung des Osnings in Teutoburger Wald.

Zwingend erforderlich ist die Identifizierung des *saltus Teutoburgiensis* des Tacitus mit dem Osning jedoch nicht. Vielmehr dürfte in der Ortsangabe *saltus Teutoburgiensis* eine zusammenfassende Bezeichnung für ein bewaldetes

Berg- und Hügelland zu sehen sein, nämlich für das Weserbergland oder auch nur für das westliche Weserbergland,
das für die römischen Truppen auf ihren Zügen in das nord-
deutsche Flachland immer ein Hindernis darstellte. Der
Standort des Germanicus würde sich dann immer noch
haud procul Teutoburgiensi saltu befunden haben, während
sich die Entfernungsangabe nicht mehr zwangsläufig auch
auf das Schlachtfeld beziehen müßte. In diesem Fall könnten die Kampfhandlungen sowohl nah als auch fern des
Standortes der Legionen des Germanicus stattgefunden haben. Für die Richtigkeit der Gleichsetzung von *saltus Teutoburgiensis* mit dem Weserbergland und damit für die
Möglichkeit, das Varusschlachtfeld auch in größerer Entfernung von den Quellgebieten von Ems und Lippe zu lokalisieren, könnten die umfangreichen Vorkehrungen sprechen,
die Germanicus traf, um mit seinem Heer vom Gebiet der
Brukterer zu den Kampfstätten zu ziehen (Tacitus ann.
1,60,3). Diese aufwendigen Maßnahmen lassen eher an einen einige Tage währenden Marsch und nicht an einen relativ kurzen Weg denken.

Die Angaben des Tacitus zu den Ereignissen des Jahres 9
n. Chr. führten zu einer Verdichtung der vermuteten
Schlachtorte im ostwestfälischen Raum und seinen Nach-
barlandschaften. Die Plätze der etwa drei Dutzend zumindest diskutierbaren Lokalisierungsversuche – insgesamt gibt
es mehr als 700 Theorien – liegen fast alle in diesem Bereich.
Nach H. v. Petrikovits häufen sich diese Orte in vier Gebieten, und zwar

1. am nördlichen Rand des Wiehen- und Wesergebirges
(Nordtheorie),

2. im Teutoburger Wald zwischen Oerlinghausen und
Horn sowie zwischen Teutoburger Wald und Weser (Lippische Theorie),

3. in der südöstlichen Westfälischen Bucht (Münsterlän-
der Theorie) sowie

4. im östlichen Sauerland (Südtheorie).

Die „Lippische Theorie", d. h. Schauplatz der Varusschlacht war das Lipper Bergland bzw. der Osning, stand dabei aufgrund der Gleichsetzung von *saltus Teutoburgiensis* und Osning im Mittelpunkt der Überlegungen, was sich nicht zuletzt in der Errichtung des Hermanns-Denkmals bei Detmold manifestiert hat.

Gemeinsam ist nahezu allen Theorien, daß sie sich fast ausschließlich auf die antiken Schriftsteller stützen – außer Tacitus sind dies Manilius, Strabo, Velleius Paterculus, Florus, Cassius Dio und Sueton –, deren Aussagen allerdings nicht eindeutig sind und in Einzelheiten einander häufig widersprechen. Tatsächliche, mögliche oder vermeintliche archäologische Quellen werden selten herangezogen.

Allein der Althistoriker und spätere Nobelpreisträger Theodor Mommsen stützte seine Theorie 1885 in erster Linie auf Bodenfunde, und zwar auf Gold- (Aurei) und Silbermünzen (Denare) der Römischen Republik und des Augustus. Der Fundplatz dieser Münzen war eine Senke zwischen dem Kalkrieser Berg und dem Großen Moor am Nordrand des Wiehengebirges, Luftlinie etwa 16 km nordöstlich von Osnabrück. Die Auffindung der Münzen in diesem Engpaß ist für das 18. und 19. sowie das frühe 20. Jahrhundert durch Osnabrücker Gelehrte, die die Funde teils mit der Niederlage des Varus 9 n. Chr., teils mit den Kriegszügen des Germanicus 15–16 n. Chr. in Verbindung brachten, mehrfach zweifelsfrei belegt. Mommsen ließ durch den Berliner Numismatiker Julius Menadier 1884 eine Sammlung römischer Münzen – 1 Aureus, 179 Denare, 2 Asse – im Besitz der Familie von Bar erfassen sowie alle Nachrichten über römische Münzfunde in und im Umkreis der Kalkrieser-Niewedder Senke sammeln.

Aufgrund dieser Erhebungen und der Topographie des Fundplatzes kam Mommsen zu der Auffassung, hier den seit Jahrhunderten gesuchten Ort der Varusschlacht gefunden zu haben. Da Mommsen aber seine Theorie weder mit Funden von Militaria noch von Kupfermünzen, d. h. dem eigentlichen „Soldatengeld", untermauern konnte, wurde bald von vielen Seiten bestritten, daß der Fundniederschlag auf die Niederlage des Varus zurückzuführen bzw. überhaupt das Ergebnis kriegerischer Auseinandersetzungen zwischen Römern und Germanen sei. Darüber hinaus führte die Unsicherheit der Fundumstände vieler Münzen zu der häufig vertretenen Ansicht, die Münzen seien gar nicht in dem Engpaß gefunden worden. Diese Bewertung hatte schließlich zur Folge, daß der Fundplatz „Barenaue" (heute „Kalkriese-Niewedde") in der wissenschaftlichen Literatur der vergangenen Jahrzehnte kaum noch eine Rolle spielte. [...]

Das Verdienst, den Blick der Wissenschaft erneut auf den Engpaß am Kalkrieser Berg gelenkt zu haben, gebührt Capt. J. A. S. Clunn. Im Rahmen seiner ehrenamtlichen Tätigkeit für die Archäologische Denkmalpflege Osnabrück entdeckte er im Sommer 1987 in der Gemarkung Kalkriese bei Bramsche einen weitgehend zerpflügten Verwahrfund römischer Silbermünzen. Insgesamt konnten – u. a. bei einer Nachgrabung – 160 Denare geborgen werden.

Aber nicht die 160 Münzen, die „lediglich" bestätigten, daß bei Barenaue in den vergangenen Jahrhunderten tatsächlich Aurei und Denare gefunden worden sein mußten, sondern drei ebenfalls durch Capt. J. A. S. Clunn entdeckte Schleudergeschosse aus Blei, die ersten als Militaria zu bezeichnenden Funde, veranlaßten seit Ende 1987 umfangreiche archäologische Untersuchungen in der Kalkrieser-Niewedder Senke durch die Archäologische Denkmalpflege für die Stadt und den Landkreis Osnabrück. Seit Beginn der Ausgrabungen im Herbst 1989 ist der Landschaftsverband Osnabrück e. V. Träger des Forschungsvorhabens.

Inzwischen ermöglichen zahlreiche, über ein großes Gebiet verteilte Ausrüstungs- und Trachtbestandteile römischer Infanterie- und Kavallerieverbände sowie Geräte und Werkzeuge nichtkämpfender Einheiten – belegt sind u. a. der Troß, Vermessungstrupps, Pioniere, Handwerker, Schreiber und Ärzte –, weiterhin befestigte germanische Stellungen am Fuß des Kalkrieser Berges und schließlich die Datierung der Funde und Befunde durch Gold-, Silber- und Kupfermünzen in das Jahr 9 n. Chr. eine Verknüpfung dieses archäologischen Befundes mit der historisch überlieferten Varusschlacht.

Autoren- und Quellenverzeichnis

Alle genannten Werke – soweit nicht ausdrücklich anders vermerkt – sind im Verlag C. H. Beck erschienen.

WALTER ANDRAE (1875–1956) arbeitete nach seinem Architektur-Staatsexamen (TH Dresden) von 1898 bis 1914 als Ausgräber; 1903 leitete er die Grabung von Assur. Von 1921 bis 1950 wirkte er als Museumsfachmann; in diese Zeit fällt seine Tätigkeit als Direktor der Vorderasiatischen Abteilung des Pergamonmuseums in Berlin. Zugleich wirkte er von 1922 bis 1955 als Hochschullehrer.
Werke: Das wiedererstandene Assur, herausgegeben von Barthel Hrouda, [2]1977.

Aus: Das wiedererstandene Assur, S. 194, 197–199, 201.

JAN ASSMANN, geb. 1938, ist Professor für Ägyptologie an der Universität Heidelberg und über sein eigentliches Fachgebiet der Religions- und Literaturgeschichte Altägyptens hinaus mit Veröffentlichungen zur allgemeinen Kulturtheorie hervorgetreten.
Werke: Ma'at. Gerechtigkeit und Unsterblichkeit im Alten Ägypten, 1990. Das kulturelle Gedächtnis. Schrift, Erinnerung und politische Identität in frühen Hochkulturen, 1992.

Aus: Das kulturelle Gedächtnis, S. 169–174; 56–59; 238–242.

AUGUSTUS (63 v. Chr.–14. n. Chr.), erster römischer Princeps.
Werke: Res gestae

Aus: Augustus, Meine Taten/Res gestae divi Augusti, herausgegeben und übersetzt von Ekkehard Weber, [5]1989, S. 11, 13, 35, 37, 39, 43. © 1989 Artemis Verlag, München-Zürich.

MICHEL AUSTIN, geb. 1943, Schüler Moses I. Finleys, lehrt heute Alte Geschichte an der Universität St. Andrews (Schottland).
Werke: Gesellschaft und Wirtschaft im alten Griechenland (zusammen mit Pierre Vidal-Naquet), 1984.

Aus: Gesellschaft und Wirtschaft im alten Griechenland, S. 10–14; 313–314, 123.

Claude-François Baudez ist Prähistoriker, Mitarbeiter am Centre National de la Recherche Scientifique, Paris.
Werke: Die Maya (zusammen mit Pierre Becquelin, Universum der Kunst, Bd. 31), 1985.

Aus: Die Maya, S. 19, 23, 25; 75–79, 82–83; 12, 14, 291, 293, 295.

Pierre Becquelin ist Historiker und Prähistoriker, Forschungsleiter und Koordinator der archäologischen Forschungen am Centre National de la Recherche Scientifique, Paris.
Werke: Die Maya (zusammen mit Claude-François Baudez, Universum der Kunst, Band 31), 1985.

Aus: Die Maya, S. 19, 23, 25; 75–79, 82–83; 12, 14, 291, 293, 295.

Ignacio Bernal y García Pimentel war von 1949 bis 1979 Inhaber des Lehrstuhls für Archäologie an der Nationaluniversität Mexiko, vorher Direktor am Instituto Nacional de Antropología und am Museo Nacional de Antropología in Mexiko.
Werke: Mexiko. Von den frühen Kulturen bis zu den Azteken (zusammen mit Mireille Simoni-Abbat, Universum der Kunst, Bd. 33), 1987.

Aus: Die vorklassische Periode, in: Mexiko, S. 59–60, 66–68.

Aus: Die klassische Periode, in: Mexiko, S. 119–120, 123–124, 126–128.

Ranuccio Bianchi Bandinelli (1900–1975) wirkte als Professor für Archäologie und Geschichte der griechischen und der römischen Kunst an den Universitäten Cagliari, Pisa, Groningen, Florenz und Rom.
Werke: Rom. Das Zentrum der Macht. Die römische Kunst von den Anfängen bis zur Zeit Marc Aurels (Universum der Kunst, Bd. 15), 1970. Rom. Das Ende der Antike (Universum der Kunst, Bd. 17), 1971. Rom. Etrusker und Italiker vor der römischen Herrschaft (zusammen mit Antonio Giuliano, Universum der Kunst, Bd. 21), 1974.

Aus: Rom. Etrusker und Italiker, S. 154, 156–158, 163, 185, 187; 327–328, 330.

Kurt Bittel (1907–1991), Professor für Archäologie, Direktor des Deutschen Archäologischen Instituts in Kairo und Istanbul, seit 1960 Präsident des Deutschen Archäologischen Instituts in Berlin. Seit 1931 leitete er die Ausgrabungen der alten Hethiterstadt Ḫattuša.
Werke: Die Hethiter. Die Kunst Anatoliens vom Ende des 3. bis zum Anfang des 1. Jahrtausends vor Christus (Universum der Kunst, Bd. 24), 1976.

Aus: Die Hethiter, S. 105–108, 118, 120, 228, 233.

John Boardman, geb. 1927, war Professor für Archäologie in Oxford und Aberdeen, seit 1989 ist er Professor für Alte Geschichte an der Royal Academy in London. Er verbrachte eine Reihe von Jahren in Griechenland und grub in Smyrna, auf Kreta und Kios sowie in Libyen.
Werke: Kolonien und Handel der Griechen. Vom späten 9. bis zum 6. Jahrhundert v. Chr., 1981.

Aus: Kolonien und Handel der Griechen, S. 256–259, 261, 263; 191–195.

Peter C. Bol, geb. 1941, leitet die Antikensammlungen der Städtischen Galerie Liebieghaus – Museum Alter Plastik in Frankfurt am Main und ist Professor für Klassische Archäologie an der dortigen Universität. Seine Forschungsschwerpunkte liegen auf dem Gebiet der antiken Plastik und der Antikenrezeption.
Werke: Großplastik aus Bronze in Olympia, Verlag de Gruyter, Berlin 1978. Antike Bronzetechnik. Kunst und Handwerk antiker Erzbildner, 1985. Argivische Rundschilde, Verlag de Gruyter, Berlin 1989. Forschungen zur Villa Albani Iff., Gebr. Mann Verlag, Berlin 1989ff.

Aus: Antike Bronzetechnik, S. 81–84.

Hellmut Brunner, geb. 1913, ist em. o. Professor der Ägyptologie an der Universität Tübingen.
Werke: Altägyptische Erziehung, Verlag Harrassowitz, Wiesbaden ²1991.

Aus: Die Schrift der Ägypter, in: Allgemeine Grundlagen der Archäologie, herausgegeben von Ulrich Hausmann, 1969, S. 208–209.

Howard Carter (1873–1939), Archäologe und Ägyptologe, seit 1891 an verschiedenen Plätzen in Ägypten als Archäologe und Zeichner tätig. Er fand 1922 das Grab des Tutenchamun.

HARTWIG CLEVE (1928–1994) war Professor für Anthropologie und Humangenetik an der Ludwig-Maximilians-Universität München.

PIERRE DEMARGNE, geb. 1903, war Professor für Klassische Archäologie in Grenoble, Straßburg und an der Sorbonne. Von 1927 an nahm er an den Ausgrabungen der École Française d'Athènes in dem minoischen Fundort Mallia auf Kreta teil. Er leitete die französische Grabungsexpedition in Xanthos in Lykien. Schließlich befaßte er sich mit dem Problem der allmählichen Hellenisierung der Völker in den Mittelmeerländern.
Werke: Die Geburt der griechischen Kunst. Die Kunst im Ägäischen Raum von vorgeschichtlicher Zeit bis zum Anfang des 6. vorchristlichen Jahrhunderts (Universum der Kunst, Bd. 6) [2]1975.

PAUL-MARIE DUVAL, geb. 1912, Professor für Archäologie und Geschichte Galliens am Collège de France, Mitglied des Institut de France, Präsident des Conseil supérieur de la Recherche archéologique, Mitglied der Académie des Inscriptions et Belles-Lettres, Mitglied des Deutschen Archäologischen Instituts. Seit 1946 veröffentlichte er zahlreiche Werke und Aufsätze über die Kelten und das römische Gallien.
Werke: Die Kelten (Universum der Kunst, Bd. 25), 1978.

DIETZ OTTO EDZARD, geb. 1930, Schüler von Adam Falkenstein, ist o. Professor für Assyrologie an der Ludwig-Maximilians-Universität München. Darüber hinaus ist er ord. Mitglied der Bayerischen Akademie der Wissenschaften.
Werke: Sumerische Rechtsurkunden des III. Jahrtausends, 1968. Hymnen, Beschwörungen und Verwandtes (Archivi reali di Ebla V), 1984.

BRIAN M. FAGAN ist seit 1967 Professor für Anthroplogie an der University of California in Santa Barbara.
Werke: Die ersten Indianer. Das Abenteuer der Besiedlung Amerikas, ²1991. Aufbruch aus dem Paradies. Ursprung und frühe Geschichte der Menschen. 1991.

Aus: Aufbruch aus dem Paradies, S. 11–15, 238, 241.

MOSES I. FINLEY (1912–1986) hatte bis zu seiner Emeritierung 1979 den Lehrstuhl für Alte Geschichte in Cambridge inne. Er wurde durch zahlreiche Veröffentlichungen auch in Deutschland bekannt.
Werke: Das antike Sizilien, 1979. Die Sklaverei in der Antike, 1981. Die frühe griechische Welt, 1982. Die Griechen, ²1983. Das politische Leben in der antiken Welt, 1986. Geschichte Siziliens und der Sizilianer (zusammen mit Denis M. Smith und C. J. H. Duggan), 1989.

Aus: Die Sklaverei in der Antike. S. 95–99.

FLORUS, römischer Historiker unter Hadrian, schrieb eine Zusammenfassung der römischen Geschichte.

Aus: Griechische und lateinische Quellen zur Frühgeschichte Mitteleuropas bis zur Mitte des 1. Jahrtausends unserer Zeit, 2. u. 3. Teil, herausgegeben von J. Herrmann, Berlin 1991, Florus 2, 30, S. 188–189. © Akademie Verlag GmbH.

EGON FRIEDELL (1878–1938) lebte als Kabarettist, Schauspieler, Kritiker und Übersetzer in Wien, war vor allem aber als Schriftsteller und Essayist berühmt.
Werke: Die Kulturgeschichte Ägyptens und des Alten Orients, 1980 (Nachdruck von: Kulturgeschichte des Altertums: Ägypten und Vorderasien, Zürich 1936). Kulturgeschichte der Neuzeit, 1984. Kulturgeschichte Griechenlands, 1984.

Aus: Die Kulturgeschichte Ägyptens und des Alten Orients, S. 294–299, 303–305; 187–193.

ROMAN GHIRSHMAN (1895–1979), Archäologe, Professor an der Universität Aix-en-Provence. Expeditionsleiter und Ausgräber im Iran: Grabungen in Gijan, Luristan, Assadabad und Sialk. 1941 Leiter der Délégation Ar-

chéologique Française in Afghanistan. Von 1951 an in Susa tätig, leitete er eine Reihe wichtiger Grabungen in Tschoga Zambil.
Werke: Iran. Parther und Sasaniden (Universum der Kunst, Bd. 3), 1962. Iran. Protoiranier, Meder, Achämeniden (Universum der Kunst, Bd. 5), 1964.
Aus: Iran. Protoiranier, Meder, Achämeniden, S. 154, 156–158, 168, 199, 201, 205–206.

GILGAMESCH-EPOS, mesopotamische Dichtung aus dem 12. Jahrhundert
Aus: Das Gilgamesch-Epos, neu übersetzt von Albert Schott, Stuttgart 1968, S. 77–78. © Philipp Reclam jun. Verlag GmbH, Ditzingen.

ANTONIO GIULIANO, geb. 1930, war Direktor des Archäologischen Instituts der Universität Genua und lehrt heute Klassische Kunstgeschichte in Rom. Herausgeber der Zeitschrift „Xenia" und korrespondierendes Mitglied des Deutschen Archäologischen Instituts, Berlin.
Werke: Rom. Etrusker und Italiker vor der römischen Herrschaft (zusammen mit Ranuccio Bianchi Bandinelli, Universum der Kunst, Bd. 21), 1974.
Aus: Rom. Etrusker und Italiker, S. 154, 156–158, 163, 185, 187; 327–328, 330.

NELSON GLUECK (1900–1971), Reformrabbiner, Professor für biblische Literatur und Archäologie; langjähriger Direktor der American School for Oriental Research in Jerusalem; 1949/50 Präsident des Jewish Institute of Religion; Ausgrabungen in Palästina, Transjordanien, Negev.
Aus: Eine Bergwerksstadt König Salomos, in: Das Abenteuer Archäologie. Berühmte Ausgrabungsberichte aus dem Nahen Osten, ausgewählt und eingeleitet von Leo Deuel, [5]1977, S. 195–202.

ROMAN HERZOG, geb. 1934, war von 1966 bis 1969 Professor für Staatsrecht und Politik an der Freien Universität Berlin, von 1969 bis 1973 an der Hochschule für Verwaltungswissenschaften in Speyer. Nach verschiedenen Ämtern bekleidete er seit 1987 das Amt des Präsidenten des Bundesverfassungsgerichts. Seit Juli 1994 hat er das Amt des Bundespräsidenten inne.
Werke: Evangelisches Staatslexikon, Kreuz Verlag, Stuttgart [3]1987. Staaten der Frühzeit. Ursprünge und Herrschaftsformen, 1988. Staat und Recht im Wandel, Keip Verlag, Goldbach 1994.

OLAF HÖCKMANN, geb. 1935, ist Oberkonservator am Römisch-Germani-
schen Zentralmuseum Mainz (Prähistoriker). Seit Teilnahme an der Ausgrabung römischer Schiffe in Mainz 1981 bis 1982 zunehmende Ausrichtung
auf Schiffsarchäologie sowie antike und prähistorische Schiffahrt.
Werke: Antike Seefahrt, 1985.

WERNER HUSS, geb. 1936, ist o. Professor für Alte Geschichte an der Otto-
Friedrich-Universität Bamberg. Er studierte in München katholische Theo-
logie und habilitierte sich als Schüler von Hermann Bengtson in Alter Geschichte. Seine Schwerpunkte sind: Religionsgeschichte, punische Geschichte, hellenistische Geschichte.
Werke: Untersuchungen zur Außenpolitik Ptolemaios' IV., 1976. Die Karthager, [2]1994.

FRIEDRICH KARL KIENITZ, geb. 1925, studierte Ägyptologie, Orientalistik
und Alte Geschichte. Er lebt als freier Schriftsteller in Appen/Holstein. Im
Selbstverlag (Hauptstraße 99 A, 25482 Appen) veröffentlichte er das Buch
„Der Kapitän und Pascha. Ein Leben im Zeitalter Süleymans des Prächtigen".
Werke: Städte unter dem Halbmond. Geschichte und Kultur der Städte in
Anatolien und auf der Balkanhalbinsel, 1972. Das Mittelmeer. Schauplatz
der Weltgeschichte von den frühen Hochkulturen bis ins 20. Jahrhundert.
1976. Völker im Schatten. Die Gegenspieler der Griechen und Römer von
1200 bis 200 v. Chr. 1981.

FRANK KOLB, geb. 1945, ist o. Professor für Alte Geschichte an der Eber-
hard-Karls-Universität in Tübingen. Er veröffentlichte zahlreiche Arbeiten
zu verschiedenen Themen der griechischen und römischen Geschichte.
Werke: Die Stadt im Altertum, 1984.

GEORG KOSSACK, geb. 1923, ist em. o. Professor für Vor- und Frühgeschichte an der Ludwig-Maximilians-Universität in München.

VENCESLAS KRŬTA, geb. 1939, ist ein international bekannter Prähistoriker an der École des Hautes Études in Paris, leitet dort als Direktor die Erforschung der europäischen Geschichte. Neben einer umfangreichen Publikationstätigkeit, die alle Epochen von der Vorgeschichte bis zum Mittelalter umfaßt, kann er auf eine mehr als dreißigjährige Grabungserfahrung zurückblicken.
Werke: Die Anfänge Europas. 6000–500 v. Chr. (Universum der Kunst, Bd. 38), 1993.

JEAN-PHILIPPE LAUER, geb. 1902, Honorarprofessor am Centre National de la Recherche Scientifique, Paris; von 1964 bis 1973 Forschungsdirektor am CNRS.

DANIÈLE LAVALLÉE ist Forschungsleiterin am Centre National de la Recherche Scientifique, Paris.
Werke: Die Andenvölker. Von den frühen Kulturen bis zu den Inka (zusammen mit Luis Guillermo Lumbreras, Universum der Kunst, Bd. 32), 1986.

AUSTEN LAYARD (1817–1894) machte seine wichtigsten Entdeckungen in Nimrud. Die dort von ihm ausgegrabenen assyrischen Reliefs und geflügelten Stiere befinden sich heute im Britischen Museum, London.

Aus: Die hohen Trümmerhügel Assyriens, in: Das Abenteuer Archäologie. Berühmte Ausgrabungsberichte aus dem Nahen Osten, ausgewählt und eingeleitet von Leo Deuel, [5]1977, S. 106–107, 113–118.

ALBERTO RUZ LHULLIER, geb. 1906, Professor für Anthropologie an der Escuela Nacional de Antropología in Mexiko. Er leitete von 1949 bis 1953 die Forschungsarbeiten in Palenque.

Aus: Das Pyramidengrab von Palenque, in: Kulturen vor Kolumbus, herausgegeben von Leo Deuel, [2]1979, S. 339–340, 342–348.

LUIS GUILLERMO LUMBRERAS ist Ordinarius an der Fakultät für Sozialwissenschaften an der National-Universität San Marcos in Lima.
Werke: Die Andenvölker. Von den frühen Kulturen bis zu den Inka (zusammen mit Danièle Lavallée, Universum der Kunst, Bd. 32), 1986.

Aus: Die Andenvölker, S. 336–337, 343; 343, 346, 348.

WILLIAM H. MCNEILL, geb. 1917, seit 1969 Robert A. Millikan-Professor für Geschichte an der Universität Chicago, Mitglied der American Academy for Arts and Sciences und der American Philosophic Society.
Werke: Krieg und Macht. Militär, Wirtschaft und Gesellschaft vom Altertum bis heute, 1984.

Aus: Krieg und Macht, S. 19–24.

MASSIMO MONTANARI, geb. 1949, ist Professor für Mittelalterliche Geschichte an der Universität Bologna. Seine Spezialgebiete sind Agrargeschichte und Geschichte der Ernährung, ein Forschungsfeld, auf dem er als international anerkannter Spezialist gilt.
Werke: L'alimentazione contadina nell'alto Medioevo, 1979. Campagne medievali, 1984. Alimentazione e cultura nel Medioevo, 1988. Convivio/Nuovo Convivio/Convivio oggi, 1989–1992. Der Hunger und der Überfluß. Kulturgeschichte der Ernährung in Europa, 1993.

Aus: Der Hunger und der Überfluß, S. 16–22.

SABATINO MOSCATI, geb. 1922, bis 1992 Professor für hebräische und vergleichende semitische Sprache an der Tor Vergata Universität Rom.
Werke: Die Phönizier. Die Entwicklung der phönizischen Kunst von den

Anfängen bis zum Ende des Dritten Punischen Krieges (zusammen mit André Parrot u. M. H. Chéhab, Universum der Kunst, Bd. 23), 1977.

Aus: Die Phönizier, S. 145–148.

CLAUDIUS C. MÜLLER, geb. 1945, ist Leiter der Abteilung Ostasien des Museums für Völkerkunde Berlin. Ausstellungen und Kataloge mit dem Schwerpunkt ostasiatische Religionen. Zuletzt hat er das Werk „Zen und die Kultur Japans", Verlag Dietrich Reimer, Berlin 1993, herausgegeben.

Aus: Die Herausbildung der Gegensätze: Chinesen und Barbaren in der frühen Zeit (1. Jahrtausend v. Chr. bis 220 n. Chr.), in: China und die Fremden. 3000 Jahre Auseinandersetzung in Krieg und Frieden, herausgegeben von Wolfgang Bauer, 1980, S. 51–53, 56–57.

ANDRÉ PARROT (1901–1980) war einer der großen Vertreter der Archäologie des Vorderen Orients. Seine hervorragenden Kenntnisse auf diesem Gebiet verdankte er umfassenden Studien und zahlreichen Grabungen, die er in Syrien und im Irak durchgeführt hat.
Werke: Sumer und Akkad (Universum der Kunst, Bd. 1) ⁴1983. Assur. Die mesopotamische Kunst vom XIII. vorchristlichen Jahrhundert bis zum Tode Alexanders des Großen (Universum der Kunst, Bd. 2), ²1972. Die Phönizier (zusammen mit Maurice H. Chéhab und Sabatino Moscati, Universum der Kunst, Bd. 23), 1977.

Aus: Sumer und Akkad, S. 106–108; 292–293, 295, 297; S. 221–222, 224, 232; S. 199–200, 203.
Aus: Assur, S. 6, 39, 41, 43–44, 46, 48–49.

LUDWIG PAULI (1944–1994) war Mitarbeiter der Kommission zur archäologischen Erforschung des spätrömischen Raetien der Bayerischen Akademie der Wissenschaften; seine Hauptarbeitsgebiete: Eisenzeit in Europa, Archäologie im Alpenraum, Religionsgeschichte (Volksglaube).
Werke: Keltischer Volksglaube, 1975. Der Dürrnberg bei Hallein III: Auswertung der Grabfunde, 1978. Die Alpen in Frühzeit und Mittelalter. Die archäologische Entdeckung einer Kulturlandschaft, ²1981. Der Münsterberg in Breisach II: Hallstatt- und Latènezeit (zusammen mit Helmut Bender und Ingo Stork), 1993.

Aus: Die Alpen in Frühzeit und Mittelalter, S. 188, 190; 272–274, 276, 280, 282, 284–285, 287, 41.

DIETER RULOFF, geb. 1947, ist o. Professor für Internationale Beziehungen an der Universität Zürich und Leiter des Schweizerischen Instituts für Auslandforschung/Swiss Institute of International Studies.
Werke: Geschichtsforschung und Sozialwissenschaft, Oldenbourg Verlag, München 1984. Wie Kriege beginnen, 1985.

Aus: Wie Kriege beginnen, S. 8–10.

WOLFGANG SCHLÜTER, geb. 1937, ist Stadt- und Kreisarchäologe in Osnabrück sowie Honorarprofessor an der Universität Osnabrück.

Aus: Die archäologischen Untersuchungen in der Kalkriese-Niewedder-Senke, in: Kalkriese – Römer im Osnabrücker Land. Archäologische Forschungen zur Varusschlacht, Rasch-Verlag, Bramsche 1993, S. 14–15, 17, 19–20.

H. SCHMID, geb. 1929, em. Professor für Baugeschichte an der Fachhochschule Biberach und Honorarprofessor an der Freien Universität Berlin. Inzwischen ist im Auftrag der Staatlichen Museen Preußischer Kulturbesitz die Rekonstruktion durch H. Schmid erfolgt und erstmals in der Begleitschrift zur Ausstellung „Wiedererstehendes Babylon", herausgegeben für das Museum für Vor- und Frühgeschichte der Staatlichen Museen Preußischer Kulturbesitz, vorgelegt worden. © 1991 Museum für Vor- und Frühgeschichte der Staatlichen Museen Preußischer Kulturbesitz, Berlin.

Aus: Rekonstruktionsversuche und Forschungsstand der Zikkurat von Babylon, in: Robert Koldewey, Das wieder erstehende Babylon, herausgegeben von Barthel Hrouda, [5]1990, S. 303–304, 335–342.

MIREILLE SIMONI-ABBAT ist Dozentin und stellvertretende Direktorin am Muséum National d'Histoire Naturelle (Musée de l'Homme), Paris.
Werke: Mexiko. Von den frühen Kulturen bis zu den Azteken (zusammen mit Ignacio Bernal y García Pimentel, Universum der Kunst, Bd. 33), 1987.

Aus: Die Azteken, in: Mexiko, S. 286–288, 290, 293, 295.

Oswald Spengler (1880–1936) lebte ab 1911 als Privatgelehrter in München.
Werke: Der Untergang des Abendlandes. Umrisse einer Morphologie der Weltgeschichte, 1922, Nachdruck 1990.

Aus: Der Untergang des Abendlandes, Bd. 2: Welthistorische Perspektiven. S. 106–111.

Michael Ventris (1922–1956), britischer Architekt und Schriftforscher. Ihm gelang 1952 die Entzifferung von Linear-B-Texten des minoischen und mykenischen Griechenlands sowie der Nachweis, daß diese eine Frühform des Griechischen enthalten.

Aus: Die Entzifferung der ältesten Schrift Europas, in: Das Abenteuer Archäologie. Berühmte Ausgrabungsberichte aus dem Nahem Osten, ausgewählt und eingeleitet von Leo Deuel, [5]1977, S. 320–324.

Denis Vialou ist leitender Mitarbeiter am Muséum National d'Histoire Naturelle in Paris.
Werke: Frühzeit des Menschen (Universum der Kunst, Bd. 37), 1992.

Aus: Frühzeit des Menschen, S. 256–258.

Pierre Vidal-Naquet, geb. 1930, lehrt Sozialgeschichte der griechischen Antike an der École des Hautes Études en Sciences Sociales in Paris.
Werke: (zusammen mit Michel Austin) Gesellschaft und Wirtschaft im alten Griechenland, 1984.

Aus: Gesellschaft und Wirtschaft im alten Griechenland, S. 10–14; 313–314, 123.

Dietrich Wildung, geb. 1941, war Direktor der Staatlichen Sammlung Ägyptischer Kunst München, bevor er 1989 die Leitung des Ägyptischen Museums Berlin übernahm. Seine Forschungsschwerpunkte am Museum und in der Lehre an der Freien Universität Berlin liegen auf dem Gebiet der ägyptischen Kunstgeschichte.
Werke: Sesostris und Amenemhet. Ägypten im Mittleren Reich, Hirmer Verlag, Fribourg-München 1984. Die Kunst des alten Ägypten, Herder Verlag, Freiburg 1988.

Aus: Das Opet-Fest in Altägypten, in: Das Fest. Eine Kulturgeschichte von der Antike bis zur Gegenwart, 1988, S. 14–22.

Leonard Woolley (1880–1960), britischer Archäologe; Ausgrabungen in Obeit, Karkemisch, Amarna und Alalach.

Aus: Die Königsgräber von Ur, in: Das Abenteuer Archäologie. Berühmte Ausgrabungsberichte aus dem Nahen Osten, ausgewählt und eingeleitet von Leo Deuel, ⁵1977, S. 151–154, 156–161.

Reinhold Zippelius, geb. 1928, ist o. Professor für Rechtsphilosophie und Staatsrecht an der Universität Erlangen-Nürnberg und o. Mitglied der Akademie der Wissenschaften und der Literatur zu Mainz.
Werke: Geschichte der Staatsideen, ⁹1994. Recht und Gerechtigkeit in der offenen Gesellschaft, Duncker & Humblot, Berlin 1994. Rechtsphilosophie, ³1994. Allgemeine Staatslehre, ¹²1994. Kleine deutsche Verfassungsgeschichte, 1994.

Aus: Geschichte der Staatsideen, S. 19–25.

Abbildungsverzeichnis

Alte Kulturen bei C.H.Beck

Walter Andrae

Das wiedererstandene Assur

Herausgegeben von Barthel Hrouda.
2., durchgesehene und erweiterte Auflage. 1977. 339 Seiten mit
255 Abbildungen. Leinen. Beck'sche Sonderausgabe

Jan Assmann

Ma'at

Gerechtigkeit und Unsterblichkeit im Alten Ägypten
2. Auflage. 1995. 319 Seiten mit 13 Abbildungen. Broschiert

Brian M. Fagan

Das frühe Nordamerika

Archäologie eines Kontinents
Übersetzt und für die deutsche Ausgabe
eingerichtet von Wolfgang Müller
1993. 496 Seiten mit zahlreiche Abbildungen und Karten. Leinen

Nelly Neumann

Die Mythen des alten Japan

1996. VIII, 231 Seiten mit 16 Abbildungen und 1 Karte. Gebunden

Walter Pohl

Die Awaren

Ein Steppenvolk in Mitteleuropa 567–822 n. Chr.
1988. 529 Seiten mit 4 Karten. Leinen
Reihe „Frühe Völker"

Herwig Wolfram

Die Goten

Von den Anfängen bis zur Mitte des sechsten Jahrhunderts. Entwurf
einer historischen Ethnographie
3., neubearbeitete Auflage. 1990. 596 Seiten mit 9 Karten und
2 Stammtafeln im Anhang. Leinen
Reihe „Frühe Völker"

Verlag C.H.Beck München